# 그림으로
# 공부하는
# TCP/IP 구조

**ZUKAI NYUMON TCP/IP**

**Copyright ⓒ 2021 Hiroshi MIYATA**

Korean translation copyright © 2021 J-Pub Co., Ltd.
Original Japanese language edition published by SB Creative Corp.
Korean translation rights arranged with SB Creative Corp., through Danny Hong Agency.

이 책의 한국어판 저작권은 대니홍 에이전시를 통한 저작권사와의 독점 계약으로 (주)제이펍에 있습니다.
저작권법에 의해 한국 내에서 보호를 받는 저작물이므로 무단 전재와 무단 복제를 금지합니다.

## 그림으로 공부하는 **TCP/IP** 구조

**1쇄 발행** 2021년 10월 27일
**2쇄 발행** 2023년 4월 28일

**지은이** 미야타 히로시
**옮긴이** 김모세
**펴낸이** 장성두
**펴낸곳** 주식회사 제이펍

**출판신고** 2009년 11월 10일 제406-2009-000087호
**주소** 경기도 파주시 회동길 159 3층 / **전화** 070-8201-9010 / **팩스** 02-6280-0405
**홈페이지** www.jpub.kr / **원고투고** submit@jpub.kr / **독자문의** help@jpub.kr / **교재문의** textbook@jpub.kr

**소통기획부** 김정준, 이상복, 송영화, 권유라, 송찬수, 박재인, 배인혜
**소통지원부** 민지환, 이승환, 김정미, 서세원 / **디자인부** 이민숙, 최병찬

**진행** 이주원 / **교정·교열** 이미연 / **내지디자인 및 편집** 북아이 / **표지디자인** 미디어픽스
**용지** 타라유통 / **인쇄** 한길프린테크 / **제본** 일진제책사

**ISBN** 979-11-91600-41-4 (93000)
**값** 30,000원

※ 이 책은 저작권법에 따라 보호를 받는 저작물이므로 무단 전재와 무단 복제를 금지하며,
   이 책 내용의 전부 또는 일부를 이용하려면 반드시 저작권자와 제이펍의 서면동의를 받아야 합니다.
※ 잘못된 책은 구입하신 서점에서 바꾸어 드립니다.

제이펍은 독자 여러분의 아이디어와 원고 투고를 기다리고 있습니다. 책으로 펴내고자 하는 아이디어나 원고가 있는
분께서는 책의 간단한 개요와 차례, 구성과 저(역)자 약력 등을 메일(submit@jpub.kr)로 보내 주세요.

# 그림으로 공부하는 TCP/IP 구조

미야타 히로시 지음 / 김모세 옮김

Jpub
제이펍

**CHAPTER**

# 1   네트워크 기초 _ 1

CHAPTER

# 2 | 물리 계층 _ 51

CHAPTER

# 5 | 트랜스포트 계층 _ 239

**CHAPTER**

# 6 | 애플리케이션 계층 _ 281

아침에 잠자리에서 일어나 가장 먼저 하는 일은 무엇일까요? 머리맡에 놓아둔 스마트폰을 들고 SNS나 포털사이트 등을 방문하며 밤새 무슨 일이 있었는지 찾지 않으시나요? 때로는 활기찬, 때로는 무거운 몸을 버스나 지하철에 싣고 여러 구독 서비스를 이용하거나, 음악이나 동영상 스트리밍을 이용하지는 않으시나요? 네트워크는 이제 우리 삶에서 뗄 수 없는 것이 되어 버렸습니다. 이 책은 특정 서비스가 아니라 스마트폰이나 노트북, 즉 우리를 인터넷이라는 거대한 세상과 연결해 주는 그 친근한(하지만 조금은 먼) 네트워크 자체에 대해 논하고 있습니다.

현대 네트워크의 원형은 1960년대 후반에서 1970년대에 걸쳐 미국에서 연구 및 개발되었습니다. 과거에는 한 대의 대형 컴퓨터(메인프레임) 리소스를 짧은 시간 단위로 나눠 여러 사용자가 이용하는 방식으로 컴퓨터를 이용했습니다. 그리고 대형 컴퓨터뿐만이 아닌 소형의 개인용 컴퓨터가 등장했고, 수많은 컴퓨터를 병렬로 연결한 네트워크가 만들어지기 시작합니다. 미국 방위 고등 연구 계획국(Defense Advanced Research Projects Agency, DARPA)이 학술 연구를 목적으로 만든 ARPANET(Advanced Research Projects Agency NETwork)이 바로 그것입니다. ARPANET은 이후 인터넷으로 발전해 지금까지 이어 오고 있습니다.

네트워크는 본질적으로 커뮤니케이션이고, 커뮤니케이션은 성질이 다른 여러 연결 요소를 묶어 내는 규칙 또는 규약으로 만들어집니다. 네트워크에 조금이라도 관심이 있었던 분들이라면 OSI 레이어와 같이 다소 복잡하게 느껴지는 용어들을 이해하기 위해 무작정 그 규칙들을 암기하려 한 경험도 있을 것입니다. 하지만 이 책은 암기를 통한 이해가 아니라, 이야기를 읽어가며 이해할 수 있도록 구성되어 있습니다. 저 역시 책을 번역하면서 과거 그리고 현재, 제가 업무 중 고민하던 네트워크 문제들에 관한 해결책을 많이 얻을 수 있었습니다. 이 책을 읽는 여러분에게도 분명 도움이 많이 될 것입니다.

좋은 책을 번역할 기회를 주신 제이펍 장성두 대표님, 교정과 편집 과정을 함께해 주신 교정자 이미연 님과 이주원 과장님께 감사드립니다. 또한 베타리딩을 함께해 주신 예비 독자분들께도 감사드립니다. 덕분에 많은 분들이 이 책을 더 쉽게 읽고 이해하실 수 있게 되었습니다. 마지막으로 번역 작업에 몰두하는 가운데도 싫은 소리 없이 옆에서 든든히 지지해 준 아내와 세 아이에게 감사의 마음을 전합니다. 고맙습니다.

옮긴이 김모세

이 책은 네트워크 기술에 관한 기초 지식을 그림으로 설명합니다.

웹 서핑, 온라인 뱅킹, 유튜브나 트위터 등과 같은 인터넷 이용 환경을 일상생활과 분리할 수 없게 된 지금, 세상은 'IoT(Internet of Things, 사물인터넷)'나 'Big Data(빅데이터)', 'AI(Artificial Intelligence, 인공지능)'와 같은 기술에 의해 4차 산업혁명에 돌입했으며, 이제 IT가 새로운 부가가치를 창조하는 시대가 되었습니다. IoT나 빅데이터는 그야말로 모든 정보를 데이터화해서 네트워크를 통해 상호 연결하는 것을 전제로 하며, 네트워크의 중요성은 날로 증가하고 있습니다. 그와 함께 네트워크는 네트워크 엔지니어의 전매특허가 아니라 애플리케이션 엔지니어나 데이터 사이언티스트, 인프라 엔지니어 등 모든 IT 엔지니어에게 반드시 필요한 지식이 되었습니다.

네트워크 구축 현장으로 눈을 돌려 봅시다. 최근 수년간 작은 단위로 구현과 테스트를 반복하는 애자일 개발 방식의 네트워크 구축 프로젝트가 늘어나고, 네트워크의 운용이 단숨에 가속화되었습니다. 하지만 네트워크는 애플리케이션에 비해 설계나 설정을 유연하게 변경할 수 없기 때문에 애자일 개발 방식에 꼭 어울린다고는 할 수 없습니다. 지식이 부족한 상태에서 그 순간밖에 사용할 수 없게 설정하면 네트워크가 마치 누더기같이 구성되어 나중에는 더 큰 영향을 미치게 됩니다. 그러므로 구축 현장에서는 기민한 구축 속도에 대응할 수 있도록 순발력을 키우고 기초 지식을 확고히 해야 합니다.

그러나 아무리 네트워크가 '필요한 지식'이 되고, '기초 지식 습득'이 필요하다 해도 '공부'란 괴로운 것입니다. 필자 또한 현장에서 혼나면서 성장하는 타입이지 공부를 잘하는 타입은 아니기에 그 기분을 잘 알고 있습니다. 하지만 현장에서의 경험을 그 뒤에 지식으로 재확인했을 때, 지식의 깊이가 한층 깊어지는 것 또한 분명합니다. 전혀 다른 기술들이 생각지도 못한 지점에서 연결되었을 때는 마치 지그소 퍼즐의 마지막 한 조각을 맞췄을 때와 같은 희열을 느끼게 됩니다. 이 책을 통해 폭넓은 네트워크 지식을 흡수하기 바랍니다. 그리고 현장 실무나 여러분의 전문 영역과 연결하기 바랍니다. 분명, 엔지니어로서의 영역이 넓어질 것입니다.

마지막으로, 네트워크는 30년 이상의 긴 세월에 걸쳐 숙성된 하나의 세계입니다. 기반 기술이 확실하게 구현된 만큼 애플리케이션과 달리 진화의 속도가 느리며, 새로운 기술도 기반 기술의 조합이거나 파생인 경우가 대부분입니다. 그렇기 때문에 우선 기초를 한 번이라도 확실하게 몸에 익혀 두면 오랜 기간 IT 엔지니어의 무기로 여러분에게 계속 남아 있을 것입니다. 또한, 뒤늦게 학습을 시작했더라도 현재의 기술 수준에 이를 수 있을 것입니다. 자, 이제 지식의 도화선에 불을 붙여 봅시다! 이 책이 매력 넘치는 네트워크의 세상으로 발을 내딛는 계기가 된다면 좋겠습니다.

## ■ 이 책의 콘셉트

이 책은 다음과 같은 콘셉트로 쓰였습니다.

### ■ 지식 저변을 넓힌다

네트워크는 수많은 기술이 다양한 곳에서 교차하며 하나의 세계를 완성하고 있습니다. 여기저기 흩어져 있던 지식들이 연결되는 순간, 단번에 시야가 넓어지고 엔지니어로서의 영역 또한 넓어집니다. 이 책은 다양한 네트워크 기술을 단순하게 나열하는 것이 아니라, 체계적으로 설명해 폭넓은 지식을 몸에 익힐 수 있게 합니다.

### ■ 현장에서 사용하는 기술을 파헤친다

네트워크에는 수많은 기술이 존재하지만, 실제로 사용하는 기술은 그렇게 많지 않습니다. 하지만 구축 현장에서는 그 한정된 기술에 관해 깊은 지식이 필요합니다. 이 책은 구축 현장에 필요한 깊은 지식을 몸에 익힐 수 있도록 실제 자주 사용하는 정통적인 기술이나 기능에 관해서는 특히 깊게 파헤쳐서 설명합니다.

### ■ 그림으로 설명한다

네트워크는 애플리케이션처럼 간단하게 동작을 눈으로 확인할 수 없습니다. 그래서 다양한 기술을 그림으로 얼마나 구체화할 수 있는지가 네트워크를 이해하는 데 중요한 포인트입니다. 이 책은 가능한 네트워크의 동작을 눈으로 확인할 수 있도록 많은 그림을 이용했습니다. 본문의 텍스트뿐만 아니라 그림도 함께 확인하면 내용을 이해하는 데 도움이 될 것입니다.

## 이 책의 대상 독자

이 책의 대상 독자는 다음과 같습니다.

### ■ 주니어 인프라 엔지니어/네트워크 엔지니어

수많은 데이터가 네트워크에 흘러 다니게 된 지금, 24/7 안정적인 서비스를 계속해서 제공해야 하는 인프라 엔지니어나 네트워크 엔지니어의 역할은 그 어느 때보다 중요하게 되었습니다. 이 책은 주니어 인프라/네트워크 엔지니어가 혼자서도 네트워크를 구축/운용하는 데 필요한 네트워크 기초 지식을 폭넓고 체계적으로 설명합니다.

### ■ 네트워크에 관심 있는 애플리케이션 엔지니어

대부분의 애플리케이션 데이터가 네트워크에 흘러 다니게 된 지금, 애플리케이션 엔지니어에게도 네트워크는 관계없다고 말할 수 없게 되었습니다. 이 책은 '네트워크가 왠지 신경 쓰이지만, 어려울 것 같은데…'라며 새로운 영역에 좀처럼 첫걸음을 내딛지 못하는 애플리케이션 엔지니어에게 도움이 될 수 있도록 애플리케이션 레벨의 정보도 폭넓게 다룹니다.

### ■ 추상화에 어려움을 느끼는 클라우드 엔지니어

랙 마운트 서버나 네트워크 기기, LAN 케이블이나 LAN 포트 등 이제까지 눈으로 보던 물리적인 요소가 클라우드로 흡수된 지금, 클라우드 엔지니어와 서버를 연결하는 것은 네트워크뿐입니다. 이 책은 눈으로 볼 수 없는 클라우드에서 추상화된 네트워크 기술을 가능한 한 구체적인 그림으로 표현함으로써 클라우드 엔지니어에게도 확실히 손에 잡히도록 내용을 전달합니다.

## 이 책의 흐름과 구성

이 책은 6장으로 구성되어 있습니다.

1장에서는 HOP(홉, 도움닫기), STEP(스텝, 발 구르기), JUMP(점프, 뛰어오르기)의 3단계에서 'HOP'에 해당하는 장으로, 네트워크의 역사와 기능, 종류 등 배경지식을 얕고 넓게 설명합니다. 2장부터 6장의 내용을 학습하기 위한 토대가 됩니다.

2장부터 6장은 'STEP'에 해당하는 장으로, 다양한 기술에 관해 깊이 있게 설명합니다. 설명하는 기술에 따라 분량이 많거나 적지만, 이는 다분히 의도한 것입니다. 현장에서 잘 사용하는 정통 기술일수록 더 자세히 설명하기 때문에 그만큼 페이지도 많습니다. 해당 내용을 읽는 도중 '분량이 좀 많은데…'라고 느껴진다면 그것은 그만큼 해당 기술이 현장에서 필요한 것으로 생각해 주기 바랍니다.

마지막 단계인 'JUMP'에 해당하는 내용은 이 책에는 없습니다. 2장부터 6장까지의 내용을 확실하게 이해했다면 어디로든 점프할 수 있을 것입니다. 더 많은 기술을 습득하고 경험을 축적해 엔지니어로서 높이 뛰어오르기를 바랍니다.

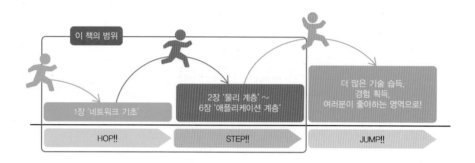

이 책은 많은 분의 협력으로 쓰였습니다. 글을 쓰는 속도가 느린데도 깐깐한 저를 때로는 부드럽게, 때로는 엄격하게 도와주신 SB 크리에이티브의 토모야스 겐타(友保健太) 님에게는 정말로 감사드립니다. 자료를 읽고, 검증 환경을 만들고, 패킷을 보며 언어로 바꾸는 작업을 반복한 하루하루는 저에게도 무엇과도 바꿀 수 없는 자산이 되었습니다.

그리고 본업은 물론 개인 업무로 바쁜 와중에도 몇 번이고 함께 힘을 합해 준 토오와키 타카시히로(堂脇隆浩) 님, 번거로운 지원 케이스를 항상 정확하게 처리해 준 마츠다 히로유키(松田宏之) 님, 변함없이 물리 계층의 장인인 타시로 요시히데(田代好秀) 님, 이직이라는 분주한 시기에도 흔쾌히 원고를 검토해 준 yuka 님, 모두 정말 고맙습니다. 사람으로서, 또한 엔지니어로서 존경하는 여러분의 깊고 날카로운 지적 덕분에 멋진 책을 만들 수 있었습니다.

마지막으로, 두 아이를 기르면서도 너그러이 집필을 허락해 준 아내에게 감사를 전합니다. 밤낮은 물론 주말도 없는 일벌레를 항상 지원해 주어 고맙습니다. 언제나 감사합니다. 그리고 아직은 어린 두 아이에게. 소마는 화장실 훈련 힘내렴! 성공할 때까지 몇 번이라도 화장실에 안아서 데려다 줄게. 아야네는 이제 아빠에게 안겨봐도 되지 않을까? 원격 근무라 거의 온종일 같이 있는데… 아빠는 슬프단다. (T^T)

**공민서**

TCP/IP 네트워크 지식을 굉장히 심도 있게 하나하나 다룬 책입니다. 저도 OSI 7계층을 외울 때 '물데네트세프응'과 같이 맥락 없는 첫 글자를 계속 흥얼거렸는데, 책에서도 똑같이 첫 글자를 되뇌라는 내용이 있어 재밌었습니다. 물리 계층부터 각 계층의 프로토콜이 어떻게 상호작용하는지, 티밍(본딩)의 방식 등을 상세히 서술해 놓은 것을 보고 네트워크 실무에도 백과사전처럼 참고할 만한 책이라 생각했습니다.

 **김용현**(Microsoft MVP)

네트워크를 지탱하고 있는 유무형 구성 요소, 기반 이론, 최신 트렌드 및 간단한 트러블슈팅 등 관련 지식을 망라합니다. 범위가 넓고 일부 내용은 깊이가 있는데도 그림을 많이 활용해 독자들을 포용하고 있습니다. 책상 한편에 참고용으로 두어 단숨에 지식을 정리하기에도 좋습니다. 관련 기술 입문자, 개발자, 학생 등 네트워크 동작 원리가 궁금한 분들께 추천합니다.

개발자 입장에서 돌이켜보면, 거의 모든 프로젝트에서 네트워크 기능을 구현했습니다. 여기에 암호화는 따라가야 되는 필수 요소였고요. 개발자 입장에서는 네트워크 기능(예를 들어 핸드셰이크나 대칭/비대칭키)을 어떻게 사용하는지 검색이 정확히 안 될 때가 많습니다. 아무래도 언어(C/C++/Java)적, 라이브러리적으로 다르다 보니까요. 그동안 고민하고 주먹구구로 진행하던 정답이 이 책에 다 있었습니다. 개발자에게 일독을 추천하고 싶은 책이었습니다. FTP, SFTP, FTPS, TFTP 중 FTP가 아닌 것이 있다는 사실 등 재밌는 사실들도 많이 알았으며, 평소 얼마나 기본기를 간과했는지 성찰할 수 있는 기회였습니다. 출판 과정에 참여하신 모든 분, 수고 많으셨습니다.

**김진영(야놀자)**

저자가 타기팅한 '네트워크가 신경 쓰이는 애플리케이션 엔지니어'에 해당하는 베타리더입니다. 평소에 네트워크에 약한 편이라 보완해 보자는 생각과 그림이 들어가니 조금 쉽지 않을까 하는 생각에 리뷰를 진행하였습니다. 결과적으로, 애플리케이션 엔지니어가 쉽게 접근하기에는 만만치 않은 책이었습니다. 실제 네트워크 엔지니어를 목표로 하시는 분이 읽어보기에 좋은 책입니다.

 **사지원(뉴빌리티)**

복잡한 네트워크 구조를 그림으로 풀어 설명하고, 헷갈리는 많은 용어들을 하나하나 차분히 설명합니다. 네트워크의 가장 밑바닥부터 애플리케이션 영역까지 방대한 내용을 담고 있습니다. 책에서 중요한 내용은 강조되어 있어 읽기 편합니다. 그림도 이해하기 쉽게 잘 그려져 있습니다. 다만, 책 내용이 네트워크에 입문하는 사람에게는 다소 어려운 느낌이 들었습니다(내용이 많다는 것은 장점이 되겠습니다만).

**신진규(JEI)**

네트워크 기술에 관한 기초 지식을 아주 상세하게 그림을 동원하여 설명해 줍니다. 기초 지식이라고 하면 쉽게 생각할 수 있으나, 현업 네트워크 엔지니어도 생각해 보지 않았을 법한 상당히 깊이 있는 내용도 다루고 있습니다. 전문 네트워크 엔지니어가 아닌 사람에게는 다소 깊이 있고 어려울 수도 있겠지만, 한번 읽어보는 것만으로도 네트워킹에 대한 이해도가 높아지리라 생각합니다.

**정현준(Agoda)**

네트워크는 소프트웨어 엔지니어에게 어려운 일일 수도 있고 쉬운 일일 수도 있습니다만, 그 이면을 보고 거기에 맞춰 최적화하기 시작하면 아마 대부분은 쉽지 않다고 생각할 겁니다. 이 책은 개발자가 지나치기 쉬운 네트워크의 내부 구조, 뒤에 담긴 원리를 가능하면 쉽게 설명하려고 노력한(노력은 인정할 만한) 책이었습니다. 요즘은 라이브러리도 추상화 계층이 높아졌고 성능도 좋아져 굳이 내부를 보지 않아도 어느 정도는 성능이 나오지만, 거기서 한두 발만 더 나가려고 해도 결국 네트워크를 알아야 하기 때문에 그 정도 수준에 이른 엔지니어는 의외로 찾기가 어렵습니다. 그런 면에서 스스로를 개발하려는 엔지니어에게 도움이 되는 책입니다.

# 1

# 네트워크 기초

이번 장에서는 앞으로 네트워크를 학습하는 데 필요한 기초 지식과 현대 네트워크의 다양한 형태를 설명합니다. 네트워크는 복잡하게 보이며 어렵게 느껴지지만, 기술의 토대가 확고한 만큼 진화 속도가 빠르지 않습니다. 그래서 학습을 시작하는 시점에 늦고 빠름이 없습니다. 먼저, 네트워크 기초에 관해 학습하면서 지식의 토대를 쌓기를 바랍니다.

스마트폰으로 무언가를 검색하거나 유튜브에서 동영상을 볼 때 '인터넷은 어떤 구조일까?' 하고 생각한 적은 없습니까? 이 책을 선택한 분은 적어도 한 번 정도는 생각해 봤을 것입니다. 인터넷은 세계를 그물처럼 연결한 정보망입니다. 이 정보망을 '컴퓨터 네트워크(이하 네트워크)'라 부릅니다. 검색 결과는 물론 인기 유튜버의 동영상도 모두 '0'과 '1'의 디지털 데이터이며, 인터넷이라는 거대한 네트워크를 빛의 속도로 움직이면서 여러분이 있는 곳까지 도달합니다. 네트워크는 원래 텍스트 데이터만을 교환하는 단순한 것이었습니다. 그러나 시대가 흐름에 따라 그 틀을 크게 뛰어넘어 동영상이나 음악, 음성이나 저장 데이터 등 수없이 다양한 정보를 전송하기 위한 수단으로서 일상생활에서 뗄 수 없는 것이 되었습니다.

# 1.1 | 네트워크란

## 1.1.1 네트워크의 역사

현대 네트워크의 원형은 1960년대~1970년대에 걸쳐 미국에서 연구되고 개발되었습니다. 1960년대에는 한 대의 대형 컴퓨터(mainframe, 메인프레임)의 처리를 짧은 시간으로 나누어서 여러 사람이 사용하는 'TSS(Time Sharing System, 시분할 시스템)' 방식으로 컴퓨터를 이용했습니다. 원격지에 있는 사용자는 TSS 단말[1]에서 대형 컴퓨터에 전화를 걸어 접속한 뒤, 마치 이를 전용 컴퓨터처럼 취급할 수 있었습니다. TSS를 이용함에 따라 대형 컴퓨터와 TSS 단말기 두 대로 구성된 가장 간단한 네트워크가 만들어졌습니다. 이것이 네트워크의 시작입니다.

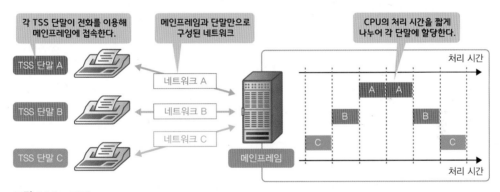

**그림 1.1.1 • TSS**

1960년대 후반부터 1970년대에는 대형 컴퓨터뿐만 아니라 개인용 컴퓨터와 같은 소형 컴퓨터도 등장해, 많은 컴퓨터를 병렬로 연결한 현재의 네트워크의 원형이 만들어지기 시작합니다. 그중에서도 역사에 남은 가장 중요한 네트워크로 **ARPANET**(Advanced Research Projects Agency NETwork)이 있습니다. ARPANET은 미국 방위 고등 연구 계획국(DARPA, Defense Advanced Research Projects Agency)이 학술 목적으로 만든 네트워크로, 인터넷의 뿌리라고도 불립니다. 이 네트워크는 데이터를 **패킷**(packet)이라 부르는 작은 단위로 잘라서 취급하는 **패킷 교환 방식**(packet

---

1 단말(terminal)은 네트워크의 끝에서 정보 입출력을 수행하는 기기를 말합니다. TSS 단말은 문자 입력, 이미지 출력만 가능한 단순한 것이었습니다.

exchange method)이라는 전송 방식을 세계에서 처음으로 채용했습니다. 이 방식은 ARPANET에서 현재 인터넷에 이르기까지 이어져 내려오고 있습니다.

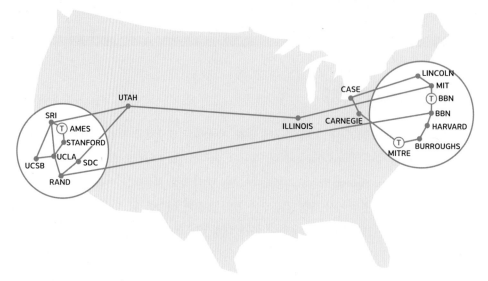

그림 1.1.2 • ARPANET(1970년대 시점)

## 1.1.2 회선 교환 방식과 패킷 교환 방식

데이터 전송 방식에는 **회선 교환 방식**(circuit exchange method)과 **패킷 교환 방식**(packet exchange method)의 두 가지 방식이 있습니다.

회선 교환 방식은 데이터를 교환하기 전에 일대일의 전송로(데이터 통로)를 만들고, 교환을 마칠 때까지 전송로를 계속 사용하는 방식입니다. 회선 교환 방식을 채용하고 있는 고정 전화를 떠올리면 이해하기 쉬울 것입니다. 고정 전화는 회선 교환기로 구성된 회선 교환 네트워크에 일대일의 논리적인 전송로를 만들고, 접속을 끊을 때까지 이를 계속 사용합니다. 그리고 접속한 동안에는 해당 회선을 점유하며 다른 전화를 받을 수 없습니다. 통화 중 상태가 되는 것입니다. TSS를 사용하던 시기에는 원격지에 있는 TSS 단말에서 대형 컴퓨터에 전화를 거는 회선 교환 방식으로 데이터를 교환했습니다. 회선 교환 방식은 회선을 점유할 수 있기 때문에 안정적인 통신 품질을 유지할 수 있었습니다. 하지만 데이터가 흐르지 않을 때도 회선이 연결되어 있기 때문에 회선 이용 효율이 낮아 데이터의 교환에 적합한 통신 방식이라고 할 수는 없었습니다. 웹사이트를 보는 경우를 예로 들어 생각해 봅니다. 이때 데이터 다운로드는 곧바로 완료되고, 대부분의 시간은 표시된 이미지를 보거나 텍스트를 읽는 데 사용합니다. 모처럼 회선을 점유했음에도 그저 낭비에 지나지 않습니다. 그래서 회선 이용 효율을 향상할 목적으로 새롭게 고안된 것이 바로 패킷 교환 방식입니다.

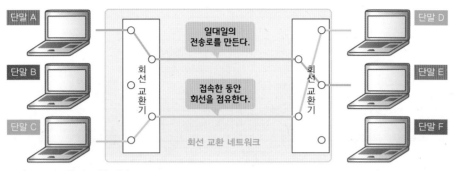

그림 1.1.3 • 회선 교환 방식

패킷 교환 방식은 데이터를 **패킷**(packet)이라 부르는 작은 단위로 나누어 네트워크로 보내는 방식입니다. 패킷은 영어로 '소포'라는 의미입니다. 우체국 소포에 화물표를 붙이는 것처럼, 송신 측 컴퓨터는 데이터에 **헤더**(header)라는 정보를 붙여 패킷 교환기(네트워크 기기)로 구성된 패킷 교환 네트워크로 패킷을 보냅니다. 헤더에는 수신 컴퓨터 정보, 데이터 중 몇 번째에 해당하는 패킷인지에 관한 정보 등 다양한 정보가 포함되어 있습니다.

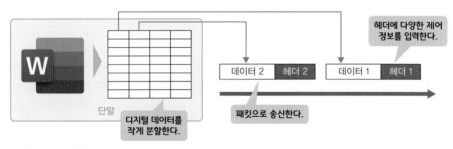

그림 1.1.4 • 패킷

패킷 교환 네트워크는 헤더 정보를 보고 수신 컴퓨터로 패킷을 전달합니다. 그리고 수신 컴퓨터의 헤더의 정보를 보고 원 데이터로 복원합니다. 패킷 교환 방식은 필요할 때 필요한 만큼만 회선을 이용할 수 있을 뿐만 아니라, 같은 회선을 사용해 다른 사용자의 데이터도 전송할 수 있기 때문에 회선을 효율적으로 이용할 수 있습니다. 그리고 경로상의 어딘가에서 패킷이 사라지거나 패킷이 손상되어도 모든 데이터를 전송할 필요 없이 해당 패킷만 다시 전송하면 되므로 곧바로 복구할 수 있습니다. 인터넷을 필두로 하는 현대 네트워크는 거대한 패킷 교환 네트워크로 되어 있으며, 패킷 교환 방식으로 데이터를 교환합니다. 여러분이 보는 유튜브 동영상은 물론 네이버의 첫 페이지도 원래는 어딘가에 있는 컴퓨터(서버)가 인터넷이라는 패킷 교환 네트워크로 보낸 패킷입니다. 여러분의 PC가 해당 패킷들을 원 데이터로 복원해서 볼 수 있게 된 것입니다. 그리고 설령 경로상의 어딘가에서 예상치 못한 사고가 발생하더라도 다시 전송해서 복구할 수 있으므로 신경 쓰지 않고 즐길 수 있습니다.

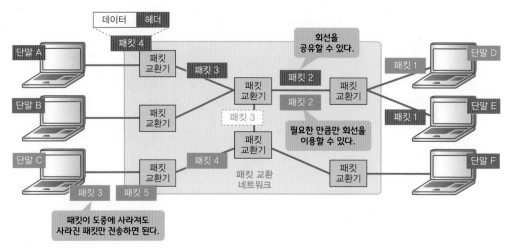

그림 1.1.5 ● 패킷 교환 방식

# 1.2 | 통신을 위한 규칙, 프로토콜

한마디로 '패킷'이라고 해도 여러분 마음대로 만든 패킷을 네트워크로 전달할 수는 없습니다. 애초에 상대에게 패킷이 도착했는지 알 수 없을 뿐만 아니라, 설령 도착했다 하더라도 상대가 패킷을 이해했는지 알 수 없습니다. 그래서 네트워크 세계에서는 패킷을 처리하기 위한 규칙이 존재합니다. 이 규칙을 **프로토콜(통신 프로토콜)**(protocol, communication protocol)이라 부릅니다. 이 프로토콜이 통신에 필요한 기능별로 명확하게 규정되어 있기 때문에 PC 제조사나 운영체제(OS)가 다르더라도, 유무선에 관계없이 동일하게 패킷을 교환할 수 있습니다.

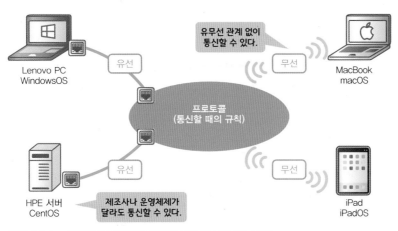

**그림 1.2.1** • 정해진 프로토콜을 따름으로써 통신이 가능해짐

여러분도 웹사이트를 방문할 때 *https://www.google.com/*과 같이 URL을 입력하지 않습니까? 여기에서 처음에 입력한 https가 이 프로토콜에 해당합니다. HTTPS는 Hypertext Transfer Protocol Secure의 약자로, 웹서버와 웹브라우저 사이에서 패킷을 암호화하여 교환할 때 사용하는 프로토콜입니다. 웹브라우저에서 URL 첫 부분에 https라는 문자를 붙임으로써 'HTTPS로 결정된 규약에 따라 패킷을 처리합니다.'라고 선언합니다.

**그림 1.2.2** ● 웹브라우저를 이용해 HTTPS로 통신함

# 1.2.1 프로토콜에 결정되어 있는 것

네트워크에는 많은 프로토콜이 각각 다양한 역할을 하며 존재합니다. 프로토콜에 어떤 것이 결정되어 있는지 대표적인 몇 가지를 설명합니다.

## 물리적 사양

LAN 케이블 소재나 커넥터 형태, 그 핀 할당(핀 배열)에 이르기까지 네트워크에서 눈에 보이는 것들은 모두 프로토콜에 정의되어 있습니다. 그리고 와이파이 환경에서 전파의 주파수는 물론, 패킷을 전파로 변환(변조[2])하는 방식도 프로토콜에 정의되어 있습니다. PC의 NIC(Network Interface Card)[3]는 프로토콜에 정의된 내용에 기반해 케이블이나 전파 등의 전송 매체에 패킷을 보냅니다.

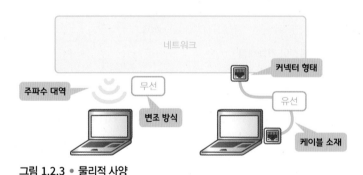

**그림 1.2.3** ● 물리적 사양

---

2 디지털 데이터를 전파에 실어 보내기 위한 기술을 의미합니다.

3 LAN 카드나 무선 LAN 어댑터 등 네트워크에 접속하기 위해 필요한 하드웨어를 의미합니다.

## ■ 송신 상대 특정

이름이나 주소를 모르면 소포가 도착하지 않는 것처럼, 어디에 위치한 누구와 통신하고 싶은지를 모르면 패킷을 전달할 수 없습니다. 그렇기 때문에 네트워크 세계에서도 현실 세계와 같이 주소를 할당해서 송신 상대를 구별합니다.

그림 1.2.4 • 송신 상대 특정

예를 들면, 여러분이 자주 이용하는 구글에는 www.google.com이라는 친숙한 문자 주소와 172.217.175.4[4]라는 생소한 숫자 주소가 할당되어 있습니다. 패킷을 송신할 때는 이 정보를 기반으로 송신 상대를 구별합니다.

## ■ 패킷 전송

송신 상대를 특정한 뒤에는 패킷을 상대에게 전달해야 합니다. 앞에서 설명한 것처럼 컴퓨터는 데이터를 패킷으로 작게 나누어 네트워크로 보냅니다. 그때 실제 우편 소포와 마찬가지로 헤더라는 화물표를 붙입니다. 헤더에는 송신지, 수신지뿐만 아니라 원래 데이터로 복원하기 위한 순번이나 서버(서비스) 정보 등 전송에 필요한 제어 정보가 포함되어 있습니다. 프로토콜에는 헤더의 어디에서 어디까지(몇 번째 비트에서 몇 번째 비트까지) 어떤 정보를 포함하고 어떤 순서로 교환하는지 등이 정의되어 있습니다. 패킷 교환 네트워크를 구성하는 패킷 교환기(네트워크 기기)는 헤더의 정보를 기반으로 릴레이처럼 패킷을 전송합니다.

---

4 구글은 여러 주소를 가지고 있으며, 여기에서는 그 주소 중 하나만 표기했습니다.

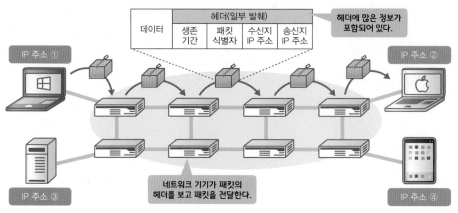

**그림 1.2.5 •** 패킷 전송

## ■ 신뢰성 확립

패킷은 펼쳐진 네트워크를 따라 산과 계곡을 넘고 바다를 건너 전 세계 어디든 다다릅니다. 그러므로 언제, 어디에서, 어떤 상황에서 패킷이 손상되거나 사라지는지 모릅니다. 프로토콜은 그런 상황이 발생해도 이상이 없도록 에러를 알리거나 데이터를 재전송하는 구조를 제공합니다. 또한, 유한한 네트워크 자원[5]이 패킷으로 가득 차서 잠기지 않도록 하기 위한 구조도 제공합니다. MVNO(Mobile Virtual Network Operator)[6] 가입 스마트폰을 이용하는 경우, 점심시간이나 출퇴근 시간대에 웹서비스를 찾지 못한 경험을 했을 것입니다. 이는 한정된 네트워크 대역을 모두 함께 잘 공유할 수 있도록 네트워크에서 제어하기 때문입니다.

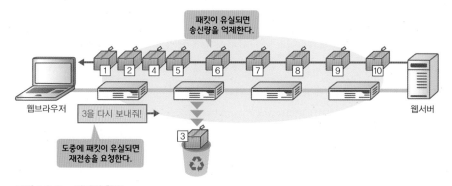

**그림 1.2.6 •** 신뢰성 확보

---

5  네트워크 자원은 네트워크에 접속된 기기가 공유하는 자원을 의미합니다. 구체적으로는 네트워크 대역(한 번에 보낼 수 있는 데이터양)이나 네트워크 기기의 CPU 및 메모리 등을 의미합니다.

6  휴대폰 회사에서 기지국 등의 통신 설비를 빌려 휴대폰 서비스를 제공하는 사업자를 의미합니다. 소위 선불 스마트폰이나 선불 USIM을 제공하는 회사가 MVNO입니다. SK 7 모바일, KT M 모바일, 헬로 모바일 등이 있습니다

## ■ 보안 확보

최근에는 이름이나 주소, 생년월일이나 계좌번호 등 중요한 정보를 인터넷을 통해 교환하는 일이 많습니다. 인터넷은 누구나 연결할 수 있는 공공 네트워크입니다. 언제 어디에서 누가 정보를 보려는지 알 수 없습니다. 낮말은 새가 듣고 밤말은 쥐가 듣습니다. 프로토콜은 중요한 정보를 안심하고 교환할 수 있도록 올바른 통신 상대인지 인증하고 통신을 암호화하는 구조를 제공합니다. 예를 들어, 온라인 스토어에서 무언가를 구입하고자 할 때 먼저 사용자 이름과 비밀번호를 입력해 로그인할 것입니다. 그때 웹브라우저는 접속 대상 서버가 올바른 통신 상대인지 확실히 인증한 후, 사용자 이름과 비밀번호를 암호화해서 송신합니다.

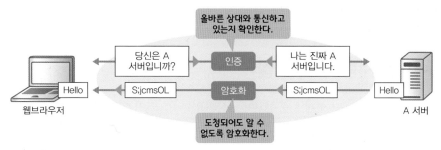

그림 1.2.7 • 보안 확보

## 1.2.2 프로토콜은 계층으로 정리한다

프로토콜로 정의된 다양한 통신 기능은 그 처리에 맞춰 계층 구조로 되어 있습니다. 데이터 송신지가 되는 컴퓨터는 계층별로 준비된 프로토콜에 걸쳐 상위 계층부터 순서대로 데이터를 처리해 패킷 상태로 전송 매체로 보냅니다. 그 패킷을 받은 컴퓨터는 반대로 하위 계층에서 순서대로 계층별로 송신지 컴퓨터와 동일한 프로토콜을 따라 데이터를 처리하고, 최종적으로 원 데이터로 복원합니다. 예를 들어, 와이파이 환경에서 구글로 검색할 때는 검색 내용의 데이터를 상위 계층부터 순서대로 처리해 패킷을 전파로 보냅니다. 그 패킷을 받은 구글 서버는 하위 계층부터 순서대로 처리해 검색 요청을 받아들입니다[7].

---

7  물론, 그 뒤 검색 결과를 반환합니다. 그때 구글 서버는 다시 상위 계층부터 순서대로 검색 결과 데이터를 처리합니다.

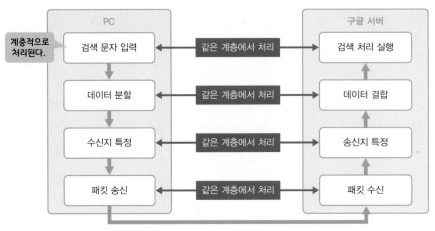

**그림 1.2.8 • 프로토콜은 계층 구조로 구성**

# 1.2.3 두 가지 계층 구조 모델

그렇다면 통신 기능 계층은 어떤 형태로 구성되어 있을까요? 이를 알기 위해서는 먼저 네트워크 기초로서 오랜 기간 존재한 두 가지 계층 구조 모델을 알아야 합니다. 그것은 **TCP/IP 참조 모델**과 **OSI 참조 모델**입니다. 이 두 계층 구조 모델은 만들어진 곳이 다를 뿐, 통신에 필요한 기능을 계층적(레이어)으로 정리한 점에서는 같습니다. 각 계층에서 수행되는 처리는 다음 장부터 세세하게 살펴볼 것이므로 여기에서는 전체 내용을 살펴보겠습니다.

## ■ TCP/IP 참조 모델

TCP/IP 참조 모델은 1970년대 미국 방위 고등 연구 계획국(DARPA)이 개발한 계층 구조 모델로 'DARPA 모델'이라고도 불립니다. TCP/IP 참조 모델은 아래부터 순서대로 **링크 계층**[8], **인터넷 계층, 트랜스포트 계층, 애플리케이션 계층**의 4개 계층으로 구성되어 있습니다. 링크 계층은 디지털 데이터를 물리적인 전송 매체(케이블이나 전파 등)로 보내는 변환/변조 및 그 신뢰성을 확보하는 처리를 수행합니다. 인터넷 계층은 수신지가 되는 컴퓨터까지의 통신 경로를 확보하는 처리를 수행합니다. 트랜스포트 계층은 애플리케이션을 식별하고, 그에 따라 통신을 제어합니다. 애플리케이션 계층은 사용자에게 애플리케이션을 제공합니다.

---

8 링크 계층은 '네트워크 인터페이스 계층'이라고도 불립니다.

각 계층의 역할은 명확하게 구분되어 있으며, 순서대로 처리합니다. 그리고 자신의 처리가 완료되면 다음 계층으로 데이터를 전달한 뒤, 그 처리에는 관여하지 않습니다. 그렇게 함으로써, 설령 특정한 계층의 프로토콜이 다른 프로토콜로 대체된다 하더라도 동일하게 통신할 수 있을 뿐만 아니라 계층별로 문제를 해결하기도 쉽습니다.

**표 1.2.1 •** TCP/IP 참조 모델

| 계층 | 계층 이름 | 역할 |
|---|---|---|
| 4계층 | 애플리케이션 계층 | 사용자에게 애플리케이션을 제공한다. |
| 3계층 | 트랜스포트 계층 | 애플리케이션 식별 및 그에 대해 통신 제어한다. |
| 4계층 | 인터넷 계층 | 다른 네트워크에 있는 단말과의 연결성을 확보한다. |
| 1계층 | 링크 계층 | 같은 네트워크에 있는 단말과의 연결성을 확보한다. |

> 각 계층마다 역할을 가진다.

> 자신의 처리를 완료하면 인접 계층으로 전달한다.

TCP/IP 참조 모델은 OSI 참조 모델보다 역사가 길고 실용성을 중시한 구조이기 때문에 현재 거의 대부분의 프로토콜은 TCP/IP 참조 모델에 대응하는 형태로 만들어져 있습니다. 덧붙여, 현대 네트워크에서 이용되고 있는 대표적인 프로토콜을 TCP/IP 참조 모델에 대응해 보면 다음 표와 같습니다. 일부 상하 관계가 있거나 계층이 뒤바뀐 것도 있습니다. 그 이유는 차차 설명할 것이므로 여기에서는 '이런 프로토콜이 있구나.' 하는 정도만 확인하기 바랍니다.

**표 1.2.2 •** 다양한 프로토콜

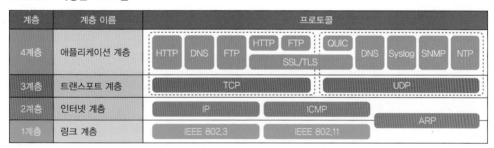

| 계층 | 계층 이름 | 프로토콜 |
|---|---|---|
| 4계층 | 애플리케이션 계층 | HTTP  DNS  FTP  HTTP  FTP  SSL/TLS  QUIC  DNS  Syslog  SNMP  NTP |
| 3계층 | 트랜스포트 계층 | TCP  UDP |
| 2계층 | 인터넷 계층 | IP  ICMP  ARP |
| 1계층 | 링크 계층 | IEEE 802.3  IEEE 802.11 |

## ■ OSI 참조 모델

OSI 참조 모델(Open Systems Interconnection Reference Model)은 국제 표준화 기구(ISO, International Organization for Standardization)가 1984년에 책정한 계층 구조 모델입니다. OSI 참조 모델은 당시 난립하던 벤더 규격들의 국제적인 표준화가 필요해 책정되었습니다.

OSI 참조 모델은 아래부터 순서대로 **물리 계층**(physical layer, 레이어1, L1), **데이터링크 계층**(datalink layer, 레이어2, L2), **네트워크 계층**(network layer, 레이어3, L3), **트랜스포트 계층**(transport layer, 레이어4, L4), **세션 계층**(session layer, 레이어5, L5), **프레젠테이션 계층**(presentation layer, 레이어6, L6), **애플리케이션 계층**(application layer, 레이어7, L7)의 7개 계층으로 구성되어 있습니다. 물리 계층은 디지털 데이터를 물리적 전송 매체로 보내기 위한 변환/변조 처리합니다. 데이터링크 계층은 물리 계층의 신뢰성을 확보하는 처리를 수행합니다. 네트워크 계층은 수신지가 되는 컴퓨터까지의 통신 경로를 확보하는 처리를 수행합니다. 트랜스포트 계층은 애플리케이션을 식별하고, 그에 맞게 통신을 제어합니다. 세션 계층은 로그인 및 로그아웃 등 애플리케이션 레벨의 통신을 관리합니다. 프레젠테이션 계층은 애플리케이션 계층에서 알 수 있도록 데이터를 변환합니다. 마지막으로, 애플리케이션 계층은 애플리케이션의 기능을 제공합니다.

TCP/IP 참조 모델과 마찬가지로, 각 계층의 역할이 나누어져 있어 각각의 처리를 수행합니다. 또한, 자신의 처리가 완료되면 다음 계층에 데이터를 전달하고 그 처리에는 관여하지 않습니다.

**표 1.2.3 ● OSI 계층 모델**

| 계층 | 계층 이름 | 역할 |
|------|-----------|------|
| 7계층 | 애플리케이션 계층 | 사용자에게 애플리케이션을 제공한다. |
| 6계층 | 프레젠테이션 계층 | 애플리케이션 데이터를 통신 가능한 방식으로 변환한다. |
| 5계층 | 세션 계층 | 애플리케이션 데이터를 송신하기 위한 논리적 통신로(세션)를 관리한다. |
| 4계층 | 트랜스포트 계층 | 애플리케이션 식별 및 그에 따라 통신 제어한다. |
| 3계층 | 네트워크 계층 | 다른 네트워크에 있는 단말과의 연결성을 확보한다. |
| 2계층 | 데이터링크 계층 | 물리 계층의 신뢰성을 확보하고, 같은 네트워크에 있는 단말과의 연결성을 확보한다. |
| 1계층 | 물리 계층 | 디지털 데이터를 전기 신호나 광 신호, 전파로 변환해 네트워크로 보낸다. |

> 각 계층마다 역할을 가진다.

> 자신의 처리를 완료하면 인접 계층으로 전달한다.

현재는 이 모델에 순수하게 대응하고 있는 프로토콜은 존재하지 않습니다. 국제적인 표준화를 목적으로 만들어진 OSI 참조 모델이지만, 통신 기능을 너무 세세하게 분류하여 어렵고 사용하기 번잡하게 되었기 때문입니다. 하지만 OSI 참조 모델은 TCP/IP 참조 모델이 명시하지 않는 기능도 폭넓게 다루고 있어서 통신 기능을 체계적으로 논의할 때는 매우 유효합니다. 또한, IT 엔지니어 사이의 대화에서 L3라고 하면 OSI 참조 모델의 네트워크 계층을 의미하고, L4라고 하면 OSI 참조 모델의 트랜스포트 계층을 의미합니다. IT 엔지니어가 알아 두어야 할 중요한 개념임에는 분명합니다.

**NOTE** OSI 참조 모델, 쉽게 기억하기

OSI 참조 모델은 계층이 7개나 되어 기억하기 어려우며, 이러한 점이 네트워크 입문자에게는 높은 허들처럼 느껴집니다. 필자는 암기를 잘하지 못하는 예체능 계열 타입으로, 각 계층의 머리글자를 순서대로 '애, 프, 세, 트, 네, 데, 물'이라고 몇 번이나 주문처럼 읊으면서 몸에 새겼습니다. 아무런 의미도 없는 단어이기에 처음에는 입에 붙지 않겠지만, 주문이란 원래 그런 것입니다. 계속 반복하다 보면 언젠가 입술에 달라붙습니다. 어찌 되었든 우선 몸이 기억하도록 합니다.

## ■ 이 책에서 이용하는 계층 구조 모델

TCP/IP 참조 모델과 OSI 참조 모델은 모두 같은 동작을 하는 것이므로 공통 부분이 많으며 서로의 계층을 연결할 수 있습니다. 먼저, OSI 참조 모델의 물리 계층과 데이터링크 계층은 TCP/IP 참조 모델의 링크 계층에 해당하고, 역할 및 기능도 동일하게 정의되어 있습니다. OSI 참조 모델의 네트워크 계층은 TCP/IP 참조 모델의 인터넷 계층에 해당합니다. 트랜스포트 계층은 그대로 트랜스포트 계층에 해당합니다. 그리고 OSI 참조 모델의 세션 계층에서부터 애플리케이션 계층까지는 TCP/IP 참조 모델의 애플리케이션 계층에 해당하며 프로토콜도 함께 모아서 정의되어 있습니다.

이 책에서는 필자의 경험에 따라 이 두 모델을 '적절하게' 조합한 5계층 모델을 이용합니다. 실제, 대부분의 IT 엔지니어는 트러블슈팅할 때는 물리 계층과 데이터링크 계층을 나누어 생각하며, 네트워크를 설계할 때는 세션 계층에서 애플리케이션 계층까지를 7계층(레이어7, L7)이라 생각하므로 이 5계층 모델이 현실을 설명하는 데 적합하기 때문입니다.

| TCP/IP 참조 모델 | | OSI 참조 모델 | | 이 책에서 사용하는 모델 | |
|---|---|---|---|---|---|
| 계층 | 계층 이름 | 계층 | 계층 이름 | 계층 | 계층 이름 |
| 4계층 | 애플리케이션 계층 | 7계층 | 애플리케이션 계층 | 7계층 | 애플리케이션 계층 |
| | | 6계층 | 프레젠테이션 계층 | | |
| | | 5계층 | 세션 계층 | | |
| 3계층 | 트랜스포트 계층 | 4계층 | 트랜스포트 계층 | 4계층 | 트랜스포트 계층 |
| 2계층 | 인터넷 계층 | 3계층 | 네트워크 계층 | 3계층 | 네트워크 계층 |
| 1계층 | 링크 계층 | 2계층 | 데이터링크 계층 | 2계층 | 데이터링크 계층 |
| | | 1계층 | 물리 계층 | 1계층 | 물리 계층 |

그림 1.2.9 ● 이 책에서 이용하는 5계층 모델

## PDU

네트워크에서 데이터는 하나의 큰 덩어리 그대로 처리되지는 않습니다. 각 계층에서 처리할 수 있도록 작게 분할해서 처리합니다. 계층에서 처리하는 한 덩어리의 데이터, 즉 데이터 단위를 **PDU**(Protocol Data Unit)라 부릅니다. PDU는 제어 정보를 포함한 **헤더**, 데이터 자체인 **페이로드** (payload)로 구성되어 있으며, 처리되는 계층에 따라 명칭이 다릅니다.

표 1.2.4 • PDU의 명칭

| 계층 | 계층 이름 | PDU 이름 |
|------|-----------|----------|
| 7계층 | 애플리케이션 계층 | 메시지 |
| 4계층 | 트랜스포트 계층 | 세그먼트(TCP), 데이터그램(UDP) |
| 3계층 | 네트워크 계층 | 패킷 |
| 2계층 | 데이터링크 계층 | 프레임 |
| 1계층 | 물리 계층 | 비트 |

네트워크를 설명할 때는 이름을 구분해서 사용함으로써 말하는 사람과 듣는 사람이 서로 계층을 의식하며 대화할 수 있으므로 인식의 차이가 발생하기 어렵습니다.

보다 세밀하게 구별하고 싶을 때는 이 이름 앞에 프로토콜 이름을 붙여 보기 바랍니다. 데이터링크 계층의 이더넷이라면 '이더넷 프레임', 네트워크 계층의 IP라면 'IP 패킷'과 같이 조합할 수 있습니다.

> **NOTE** 패킷
>
> 네트워크 데이터를 부르는 이름 중 자주 혼란을 일으키는 것이 '패킷'입니다. 넓은 의미의 패킷과 좁은 의미의 패킷이 있습니다. 전자는 네트워크를 통해 흐르는 데이터 그 자체를 의미합니다. 후자는 네트워크 계층의 PDU를 의미합니다. 덧붙여, 지금까지 본문 안에서 이용한 '패킷'은 넓은 의미의 패킷입니다. 이 책에서 좁은 의미의 패킷을 나타낼 때는 'IP 패킷'으로 구별해서 표기합니다.

## 1.2.4 표준화 단체가 프로토콜을 결정한다

그러면 프로토콜은 누가 만들고 결정할까요? 네트워크에는 많은 프로토콜이 있지만, 그 대부분은 **IEEE, IETF**라는 두 단체가 표준화하고 있습니다. 간단히 말하면 IEEE는 비교적 하드웨어 처리에 가까운 프로토콜, IETF는 비교적 소프트웨어 처리에 가까운 프로토콜을 표준화하고 있습니다.

## IEEE

IEEE(Institute of Electrical and Electronics Engineers, 아이트리플이)는 전기 기술 또는 통신 공학 등의 분야를 전문으로 연구하는 '전기 전자 기술학회'의 약칭입니다. IEEE는 여러 분과회로 구성되어 있으며, 네트워크 인터페이스나 케이블 등 비교적 하드웨어와 관련한 네트워크 기술의 표준화[9]는 IEEE802 위원회[10]에서 연구하고 논의합니다.

IEEE802 위원회는 통신 기술별로 설립된 워킹 그룹(WG, Working Group), 그 안에서 실제 연구나 표준화를 논의하는 태스크 포스(Task Force, 프로젝트 팀)의 두 계층으로 구성되어 있습니다. 워킹 그룹은 IEEE802 뒤에 점(.)과 숫자를 붙여 식별됩니다. 그리고 태스크 포스는 워킹 그룹 이름에 추가로 한 자리 혹은 두 자리의 영문자를 붙여 식별되며, 최종적으로 태스크 포스 이름이 그대로 프로토콜 이름이 되어 세계에 공표됩니다. 예를 들어, 와이파이 프로토콜의 하나인 'IEEE802.11ac'는 IEEE802 위원회에서 무선 LAN을 다루는 IEEE802.11 워킹 그룹에 속하는 IEEE802.11ac 태스크 포스에서 표준화되었습니다.

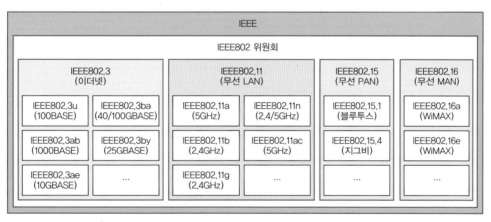

**그림 1.2.10** ● 대표적인 IEEE 프로토콜

## IETF

IETF(Internet Engineering Task Force, 아이이티에프)는 인터넷에 관련된 기술의 표준화를 추진하는 임의의 조직입니다. HTTP나 SLS/TLS 등 OS나 애플리케이션에서 처리되는 비교적 소프트

---

9  정확하게는 LAN(Local Area Network, 구내 네트워크) 또는 MAN(Metropolitan Area Network, 도시 네트워크) 등의 표준화를 추진하는 위원회입니다.

10  802번째로 만들어졌다는 의미가 아니라, 1980년 2월에 발족된 것에서 붙은 이름입니다.

웨어에 가까운 프로토콜의 대부분은 IETF가 책정한다고 생각할 수 있습니다. IETF에서 표준화된 규칙은 'RFC(Request For Comments)'라는 형태로 문서화되어 인터넷에 공개됩니다[11]. RFC에는 순번이 매겨지고, 업데이트가 되면 새로운 번호가 부여됩니다. 예를 들면, 크롬(Chrome) 웹브라우저에서 위키피디아(Wikipedia) 페이지를 볼 때 알아채지 못하게 사용되는 HTTP/2는 'RFC7540'로 표준화되었습니다. 크롬은 RFC7540 'Hypertext Transfer Protocol Version 2(HTTP/2)'에 준거한 형태로 동작하면서 위키피디아 웹서버와 통신합니다.

표 1.2.5 • 대표적인 RFC 및 프로토콜

| RFC | 제안 이름 | 대상 프로토콜 |
|---|---|---|
| 768 | User Datagram Protocol | UDP |
| 791 | INTERNET PROTOCOL | IP(IPv4) |
| 792 | INTERNET CONTROL MESSAGE PROTOCOL | ICMP |
| 793 | TRANSMISSION CONTROL PROTOCOL | TCP |
| 826 | An Ethernet Address Resolution Protocol | ARP |
| 1034 | DOMAIN NAMES – CONCETPS AND FACILITIES | DNS |
| 1035 | DOMAIN NAEMS – IMPLEMENTATION AND SPECIFICATION | DNS |
| 2131 | Dynamic Host Configuration Protocol | DHCP |
| 2460 | Internet Protocol, Version 6(IPv6) Specification | IPv6 |
| 2616 | Hypertext Transfer Protocol -- HTTP/1.1 | HTTP/1.1 |
| 4346 | The Transport Layer Security(TLS) Protocol Version 1.1 | TLS |
| 5246 | The Transport Layer Security(TLS) Protocol Version 1.2 | TLS 1.2 |
| 7540 | Hypertext Transfer Protocol Version 2(HTTP/2) | HTTP/2 |
| 8446 | The Transport Layer Security(TLS) Protocol Version 1.3 | TLS 1.3 |

표준화 단체가 둘이면 어쩐지 혼란스러울 것 같지만, 각각 서로 영역을 침범하지 않고 참조하는 형태로 표준화를 진행하면서 사이좋게 공존하고 있습니다.

## 1.2.5 각 계층이 연계하여 동작하는 구조

지금까지는 계층 구조 모델에 관해 각 계층의 역할을, 가로축으로 잘라 설명했습니다. 이제부터는 실제 통신할 때, 각 계층이 어떻게 세로축으로 연계되는지 살펴봅니다.

---

11 *https://tools.ietf.org/*

## ■ 캡슐화와 비캡슐화

송신 단말은 애플리케이션 계층에서 순서대로 각 계층에서 페이로드에 헤더를 붙여 PDU로 만들어 한 단계 아래 계층으로 전달합니다. 헤더를 추가하는 처리를 **캡슐화**(encapsulation)라고 합니다[12]. 한 단계 아래 계층은 그 PDU를 페이로드로 인식하고, 해당 계층의 헤더를 새롭게 추가합니다. 그럼 계층에 걸쳐서 일어나는 처리를 확인해 봅니다.

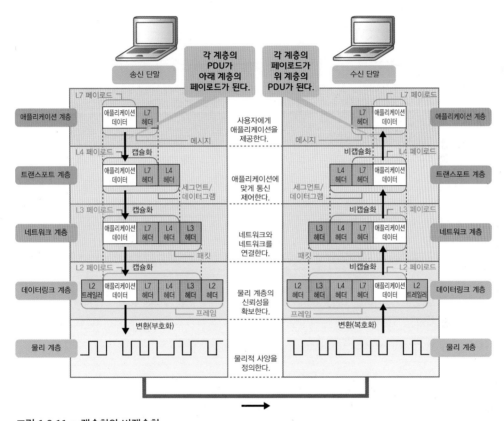

**그림 1.2.11** ● 캡슐화와 비캡슐화

애플리케이션 계층은 애플리케이션에서 입력된 데이터를 L7 페이로드로 인식하고, L7 헤더를 추가해 메시지로 만들어서 트랜스포트 계층으로 전달합니다. 트랜스포트 계층은 전달받은 메시지를 L4 페이로드로 인식하고, L4 헤더를 붙여 세그먼트/데이터그램으로 만들어서 네트워크 계층으로 전달합니다. 네트워크 계층은 전달받은 세그먼트/데이터그램을 L3 페이로드로 인식하고, L3 헤더를 붙여 패킷으로 만들어서 데이터링크 계층으로 전달합니다. 데이터링크 계층은 전달

---

12 데이터링크 계층에서는 페이로드 뒤에 트레일러(trailer)를 붙입니다. 트레일러에는 FCS(Frame Check Sequence)라는 에러 검출 정보가 들어 있습니다. FCS의 역할에 관해서는 86쪽을 참조합니다.

받은 패킷을 L2 페이로드로 인식하고, L2 헤더/트레일러를 붙여 프레임으로 만들어서 물리 계층으로 전달합니다. 물리 계층은 전달받은 프레임을 비트로 인식하고, 전송 매체(케이블이나 전파)로 보냅니다.

대응하는 수신 단말은 물리 계층에서 순서대로, 각 계층에서 PDU로부터 헤더를 제거하고 페이로드만을 한 단계 위 계층으로 전달합니다. 헤더를 제거하는 처리를 **비캡슐화**(decapsulation)라 부릅니다. 한 단계 위 계층은 그 페이로드를 PDU로 인식하고, 해당 계층의 헤더를 제거합니다. 그럼 계층에 따른 처리를 살펴봅니다.

물리 계층은 전송 매체로부터 전달받은 비트를 데이터링크 계층으로 전달합니다. 데이터링크 계층은 전달받은 비트를 프레임으로 인식하고, L2 헤더/트레일러를 제거한 뒤 L2 페이로드만을 네트워크 계층으로 전달합니다. 네트워크 계층은 전달받은 L2 페이로드를 패킷으로 인식하고, L3 헤더를 제거한 뒤 L3 페이로드만을 트랜스포트 계층으로 전달합니다. 트랜스포트 계층은 전달받은 L3 페이로드를 세그먼트/데이터그램으로 인식하고, L4 헤더를 제거한 뒤 L4 페이로드만을 애플리케이션 계층으로 전달합니다. 애플리케이션 계층은 전달받은 L4 페이로드를 메시지로 인식합니다.

## ■ 커넥션 타입과 커넥션리스 타입

각 계층의 프로토콜은 **커넥션 타입**(connection type, 연결형) 또는 **커넥션리스 타입**(connectionless type, 비연결형)이라는 상이한 두 종류의 데이터 전송 서비스를 상위 계층에 제공합니다. **커넥션**이란 통신 단말 사이에 확립된 논리적인 통신로[13]입니다.

커넥션 타입은 데이터를 송신하기 전에 통신 상대에 대해 '데이터를 보내도 좋습니까?' 하고 질문한 뒤 커넥션을 확립하고, 데이터를 교환한 뒤 종료합니다. 전화를 떠올려 보면 쉽게 이해할 수 있습니다. 전화번호를 눌러 상대가 전화에 응답하면 이야기를 한 뒤 전화를 끊는다는 느낌입니다. 커넥션 타입은 확실하게 정해진 순서를 따르므로 전송에는 다소 시간이 걸리지만 데이터를 확실하게 전송할 수 있습니다.[14]

---

13 '통신로'라는 말이 다소 어렵게 느껴질 수 있으나 데이터를 송수신하기 위한 파이프와 같은 것으로 생각하기 바랍니다.
14 대표적인 커넥션 타입의 프로토콜이 TCP(251쪽)입니다.

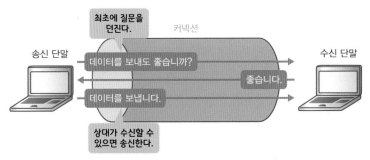

**그림 1.2.12 •** 커넥션 타입

한편, 커넥션리스 타입은 곧바로 데이터를 보내면서 커넥션을 확립한 뒤 마음대로 종료합니다. 상대의 상황과는 관계없이 일방적으로 편지를 보낼 수 있는 우편 배달을 떠올리면 이해하기 쉽습니다. 송신한 데이터가 반드시 상대에게 도착한다고 단정할 수 없으므로 확실하게 전송할 수는 없으나 연결에 필요한 단계를 생략한 만큼 전송에 필요한 시간을 줄일 수 있습니다[15].

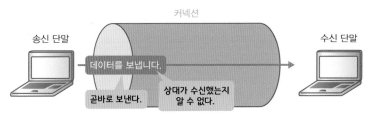

**그림 1.2.13 •** 커넥션리스 타입

## ■ 대표 프로토콜

네트워크에는 많은 프로토콜이 존재하지만, 실제 인터넷 환경에서 이용되는 프로토콜[16]은 극히 드물며, 각 계층에 '거의 이것을 이용한다'고 말할 수 있는 대표적인 프로토콜이 존재합니다.

아래 계층부터 순서대로 설명합니다. 먼저 물리 계층과 데이터링크 계층은 프로토콜로서는 합쳐져 있으며 유선 환경은 **이더넷**(IEEE802.3), 무선 환경은 **IEEE802.11**입니다. 이어서 네트워크 계층은 **IP** 하나입니다. 트랜스포트 계층은 **TCP** 또는 **UDP** 중 하나이며 통신에 신뢰성이 요구될 때는 TCP, 실시간성이 요구될 때는 UDP를 이용합니다. 마지막으로 애플리케이션 계층은 **HTTP**,

---

15  대표적인 커넥션리스 타입의 프로토콜이 이더넷(83쪽), IEEE802.11(99쪽), UDP(241쪽)입니다.

16  여기에서는 대역을 소비하는 프로토콜이라는 의미로 사용하고 있습니다.

HTTPS[17], QUIC, DNS의 4가지를 많이 사용합니다.[18]

실제 통신할 때는 NIC 장치 드라이버나 운영체제, 애플리케이션이 각 계층에서 이용하는 프로토콜을 선택하며, 송신 단말은 캡슐화, 수신 단말은 비캡슐화해서 통신합니다. 이 처리들은 모두 자동으로 이루어지기 때문에 사용자가 의식하는 일은 없습니다.

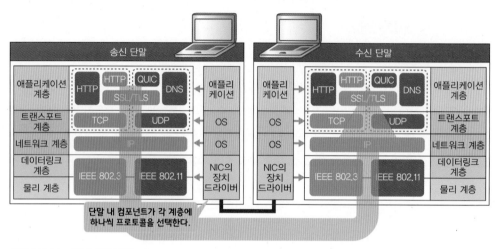

그림 1.2.14 • 대표 프로토콜

---

17  HTTPS는 HTTP를 SSL/TLS로 암호화한 프로토콜입니다. 그림 1.2.14에서는 SSL/TSL 위에 HTTP를 올림으로써, HTTPS를 구현하고 있습니다.

18  옮긴이 이외에 FTP, IMAP, POP3, SMTP 등도 많이 사용하고 있습니다.

# 1.3 │ 네트워크 구성 기기

네트워크는 여러 네트워크 기기가 여러 프로토콜에 기반한 타깃을 여러 형태로 처리함으로써 이루어집니다.

우선 네트워크상에 존재하는 모든 네트워크 기기가 모든 계층의 프로토콜 정보를 보고 처리할 수는 없음을 이해해 두도록 합니다. 네트워크 기기는 종류에 따라 처리할 수 있는 범위가 다릅니다. 어떤 계층에서 동작하는 기기는 해당 계층 하위의 기본 프로토콜은 처리할 수 있지만, 해당 계층 상위의 기본 프로토콜은 처리하지 못합니다[19]. 예를 들어, L2 스위치는 레이어2(2계층)까지 처리할 수 있습니다. L7 스위치(부하 분산 장치)는 레이어7(7계층)까지 모든 계층의 프로토콜을 처리할 수 있습니다.

설명하는 도중 전문 용어가 등장했지만, 지금은 '이런 용어도 있구나.' 정도로만 생각하고 계속 읽기 바랍니다. 각각 참조 페이지를 표기했으므로 이후 필요에 따라 확인하기 바랍니다.

**표 1.3.1** ● 네트워크 기기의 처리 범위

| 계층 | 계층 이름 | NIC | 리피터 | 리피터 허브 | 미디어 컨버터 | 액세스 포인트 | 브리지 | L2 스위치 | 라우터 | L3 스위치 | 방화벽 | 차세대 방화벽 | WAF | 부하 분산 장치 |
|---|---|---|---|---|---|---|---|---|---|---|---|---|---|---|
| 7계층 | 애플리케이션 계층 | | | | | | | | | | | | | |
| 4계층 | 트랜스포트 계층 | | | | | | | | | | | | | |
| 3계층 | 네트워크 계층 | | | | | | | | | | | | | |
| 2계층 | 데이터링크 계층 | | | | | | | | | | | | | |
| 1계층 | 물리 계층 | | | | | | | | | | | | | |

---

19 제품에 따라 상위 계층의 프로토콜까지 처리할 수 있는 것도 있지만, 여기에서는 이런 점은 고려하지 않도록 합니다.

# 1.3.1 물리 계층에서 동작하는 기기

물리 계층은 케이블이나 커넥터 형태, 핀 할당(핀 배열) 등 물리적인 사양에 관해 모두 정의되어 있는 계층입니다. 물리 계층에서 동작하는 기기는 패킷을 광 신호/전기 신호로 변환하거나[20], 전파로 변조하는 기능을 갖고 있습니다.

## NIC

NIC(Network Interface Card)는 PC나 서버 등 컴퓨터를 네트워크에 연결하기 위해 필요한 하드웨어(부품)입니다. 원래 확장 슬롯에 연결하는 카드 타입 제품이 많았기 때문에 '카드'라는 명칭이 남아 있으나 USB 포트와 연결하는 USB 타입, 마더 보드에 내장되어 있는 온보드 타입 등을 포함해 현재 네트워크에 연결하기 위한 하드웨어를 통틀어 NIC라고 부릅니다. 사람에 따라 '네트워크 인터페이스' 또는 '네트워크 어댑터'라 부르기도 하지만, 기능상으로는 모두 같습니다. PC나 서버, 스마트폰이나 태블릿 등 모든 네트워크 단말은 애플리케이션과 운영체제가 처리한 패킷을 NIC를 이용해 LAN 케이블이나 전파로 보냅니다.

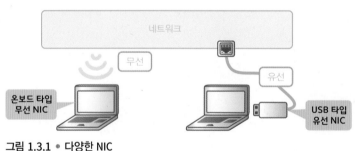

그림 1.3.1 • 다양한 NIC

## 리피터

LAN 케이블에 흐르는 전기 신호는 전송 거리가 길수록 감쇠하며, 100m 정도 되면 파형이 깨집니다. **리피터**(repeater)는 파형을 한 번 더 증폭해서 정돈한 뒤 다른 쪽으로 전송합니다. 이렇게 함으로써 전송 거리를 늘려 패킷이 더 멀리까지 도달하게 합니다. 리피터는 과거 네트워크를 연장하기 위한 정통적인 방법으로 여러 곳에서 찾아볼 수 있었습니다. 그러나 최근 전송 거리가 매우 긴, 광 신호를 전송하는 광섬유 케이블이 보급됨에 따라 많이 사용하지 않게 되었습니다.

---

20  광섬유 케이블로 보낼 때는 광 신호로 변환합니다. LAN 케이블로 보낼 때는 전기 신호로 변환합니다.

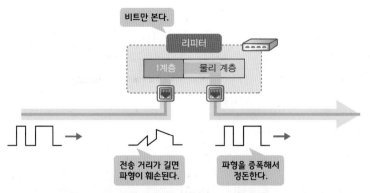

그림 1.3.2 ● 리피터로 파형을 정리

## 리피터 허브

**리피터 허브**(repeater hub)는 전달받은 패킷(비트)의 복사본을 그대로 다른 모든 포트에 전송하는 기기입니다. 전달받은 패킷을 함께 공유하는 동작 때문에 '셰어드 허브(shared hub)'라고 불리기도 하지만 기능은 동일합니다. 리피터 허브는 뒤에서 설명할 L2 스위치로 대체되어, 이제는 보기 어려운 기기입니다.

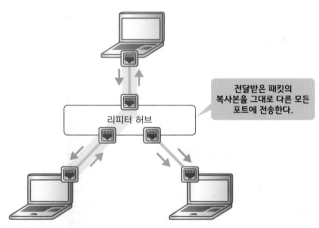

그림 1.3.3 ● 리피터 허브로 패킷 공유

## 미디어 컨버터

**미디어 컨버터**(media converter)는 전기 신호와 광 신호를 서로 교환하는 기기입니다. 광섬유 케이블을 연결하지 못하는 기기만 있는 상황에서 네트워크를 연장하고자 할 때 사용합니다. 전기 신호는 감쇠가 심하고, LAN 케이블은 100m 이상 늘릴 수 없습니다. 그렇게 되면 광섬유 케이블

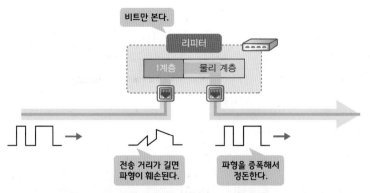 (상단 우측 세로 탭)
chapter 1
네트워크 기초

을 이용해야만 하나, 광섬유 케이블과 함께 이용하는 기기는 가격이 높기 때문에 섣불리 사용할 수 없습니다. 이럴 때, 연결하는 기기와 기기 사이에 미디어 컨버터를 추가하고, 중간에서 광 신호를 이용해 멀리까지 보내 네트워크를 연장합니다.

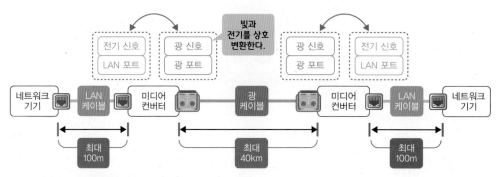

그림 1.3.4 • 미디어 컨버터로 연장

## ■ 액세스 포인트

**액세스 포인트**(access point)는 패킷을 전파로 변조/복조하는 기기입니다. 쉽게 말하면 무선과 유선 사이의 다리 역할을 합니다. 최근에는 일본의 와이파이 환경도 상당히 정비되었습니다. 와이파이가 있는 곳에는 반드시 액세스 포인트가 있습니다. 와이파이에 접속해 있을 때는 액세스 포인트를 우선 경유해서 유선 네트워크로 들어갑니다. 접하기 쉬운 액세스 포인트로는 가정용 와이파이 라우터가 있습니다. 와이파이 라우터는 액세스 포인트 기능을 이용해서 집 안에 전파를 송출합니다[21].

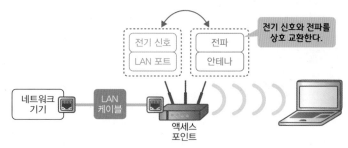

그림 1.3.5 • 액세스 포인트로 전파를 송출

---

21 액세스 포인트는 프레임을 전송하기 위해 데이터링크 계층의 처리를 하거나, 보안을 확보하기 위해 애플리케이션 계층의 처리를 하는 등 폭넓은 계층에 대해 처리합니다. 이번 장에서는 기초적인 입장에서 이야기가 너무 복잡해지지 않도록, 가장 중요한 역할인 변조/복조에 초점을 맞추어 설명했습니다.

# 1.3.2 데이터링크 계층에서 동작하는 기기

데이터링크 계층은 물리 계층의 신뢰성을 확보하고, 같은 네트워크에 있는 단말과 연결할 수 있도록 하는 계층입니다. 데이터링크 계층에서 동작하는 기기는 프레임 헤더에 포함된 **MAC 주소**(MAC address)(87쪽)의 정보에 기반해 프레임을 전송합니다. MAC 주소는 데이터링크 계층에서의 주소, 즉 식별자입니다.

## ■ 브리지

**브리지**(bridge)는 이름 그대로 포트와 포트 사이의 '다리' 역할을 담당합니다. 단말에서 받아들인 MAC 어드레스를 **MAC 주소 테이블**(MAC address table)이라는 테이블로 관리하고, 전송 처리합니다. 이 전송 처리를 **브리징**(bridging)이라 부릅니다. 브리지는 최근 뒤에서 설명할 L2 스위치로 대체되었기에 단일 기기를 이용하지는 않습니다.

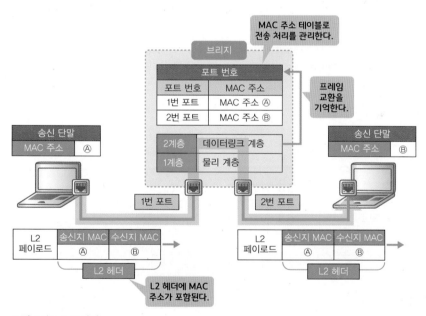

그림 1.3.6 • 브리지

## ◼ L2 스위치

**L2 스위치**(L2 switch)는 많은 포트를 가진 브리지입니다. 스위칭 허브(switching hub) 혹은 간단히 스위치(switch)라 부르기도 합니다. L2 스위치의 기본 기능은 브리지와 같습니다. 단말에서 받아 들인 프레임의 MAC 주소를 **MAC 주소 테이블**로 관리하고, 전송 처리합니다. 이 전송 처리를 **L2 스위칭**(L2 switching)이라 합니다. L2 스위치는 브리지보다 많은 단말에 접속할 수 있어 범용성이 높으며, 세상에 존재하는 유선 단말의 대부분이 L2 스위치를 통해 네트워크에 연결되어 있다고 생각해도 좋습니다.

가전기기 판매점이나 사무실 복도 등에서 수많은 포트가 연결되어 있는 기기를 본 적이 있습니까? 그것이 바로 L2 스위치입니다. 그리고 가정용 브로드밴드 라우터의 뒤쪽을 보면 LAN 포트(LAN port)라고 표기되어 있는 포트가 몇 개 있지는 않습니까? L2 스위치는 네트워크에서 매우 큰 역할을 담당하고 있습니다. 92쪽에서 동작에 관해 상세히 설명하니 기대해 주시기 바랍니다.

L2 스위치 역할을 한다.

LAN 포트

인터넷 (WAN) 포트

그림 1.3.7 ● 브로드밴드 라우터의 뒷모습 (사진은 IODATA 제품 와이파이 라우터)

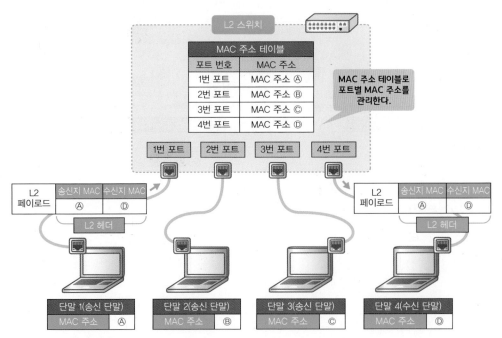

그림 1.3.8 ● L2 스위치

# 1.3.3 네트워크 계층에서 동작하는 기기

네트워크 계층은 네트워크와 네트워크[22]를 연결하는 계층입니다. 네트워크 계층에서 동작하는 기기는 IP 패킷의 헤더에 포함된 IP 주소(120쪽, 145쪽)의 정보에 기반해 패킷을 전송합니다. IP 주소는 네트워크 계층에서의 주소, 즉 식별자에 해당합니다.

## ■ 라우터

**라우터**(router)는 단말로부터 받아들인 IP 패킷의 IP 주소를 보고, 자신이 속한 네트워크를 넘은 범위에 있는 단말로 전달하는 역할을 담당합니다. 인터넷에서 웹페이지를 보는 동안, 어느새 해외의 웹사이트로 이동한 적은 없습니까? 인터넷은 여러 라우터가 그물 형태로 네트워크를 연결함으로써 만들어집니다. 라우터는 IP 패킷을 패키지 릴레이해서, 목적지로 날려 보냅니다. 이 패키지 릴레이를 **라우팅**(routing)이라 부릅니다.

가장 가까이에 있는 라우터는 역시 가전 제품 판매점 등에 진열되어 있는 와이파이 라우터일 것입니다. 와이파이 라우터는 가정의 네트워크와 인터넷이라는 거대한 네트워크를 연결합니다.

**그림 1.3.9 ●** 라우터가 패키지를 릴레이

라우터는 **라우팅 테이블**(routing table)이라는 테이블에 기반해서 패킷을 전송할 대상지를 관리합니다. 라이팅 테이블의 정보를 참조하여 전달받은 IP 패킷의 IP 주소에 따라 전송 처리합니다. 라우팅의 동작은 그 깊이가 깊고, 네트워크에 상당히 큰 역할을 담당하고 있습니다. 176쪽에서

---

22 여기에서의 '네트워크'는 인터넷과 같은 광범위한 네트워크가 아닌 가정에 구축된 소규모 네트워크를 의미합니다.

자세히 설명하므로 기대하시기 바랍니다.

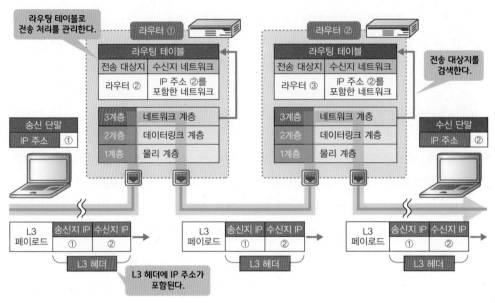

**그림 1.3.10 • 라우팅**

라우터는 라우팅 외에 IP 주소를 변환하는 **NAT**(Network Address Translation)이나 인터넷상에 가상적인 전용선[터널(tunnel)]을 만들어 거점이나 사용자 단말을 연결하는 **IPsec VPN**(Virtual Private Network), NTT의 플렛츠 네트워크[23]와 접속할 때 이용하는 **PPPoE**(Point-to-Point Protocol over Ethernet) 등 네트워크 계층에 관련된 다양한 기능을 제공합니다.

**표 1.3.2 • 라우터의 다양한 기능**

| 기능 | 개요 | 참조 페이지 |
|---|---|---|
| 라우팅 프로토콜 | 라우터끼리 정보를 교환해, 라우팅 테이블을 동적으로 만드는 프로토콜. RIPv2, OSPF, BGP 등이 있다. | 181쪽 |
| PPPoE | 거점 사이를 일대일로 연결하는 PPP(Point-to-Point Protocol)를 이더넷에서 캡슐화하는 프로토콜. NTT사의 플렛츠 네트워크와 연결할 때 이용한다. | 134쪽 |
| IPsec VPN | 인터넷상에 가상적인 전용선을 만드는 프로토콜. 거점 사이를 연결하는 '거점 간(network-to-newwork) VPN'과 사용자 단말을 연결하는 '원격 액세스(network-to-host) VPN'의 2종류가 있다. | 228쪽 |
| DHCP | 단말의 IP 주소 등을 동적으로 설정하기 위한 프로토콜. | 201쪽 |

---

23 [옮긴이] FLETS Network. NTT 동일본/서일본에서 제공하는 브로드밴드 서비스의 기반이 되는 IP 네트워크로 1999년부터 사용되기 시작했습니다. 주로 사용자 거점과 인터넷 등의 네트워크를 연결합니다.

## ■ L3 스위치

**L3 스위치**(L3 switch)는 간단히 말하면 라우터에 L2 스위치를 추가한 기기입니다. 여러 포트가 있기 때문에 여러 단말을 연결할 수 있으며, IP 패킷을 라우팅할 수도 있습니다. L3 스위치는 MAC 주소 테이블과 라우팅 테이블을 조합한 정보를 **FPGA**(Field Programmable Gate Array)나 **ASIC**(Application Specific Integrated Circuit) 등의 패킷 전송 처리 전용 하드웨어에 기록하고, 그 정보를 기반으로 스위칭 혹은 라우팅합니다. FPGA나 ASIC을 사용하므로 고속의 패킷 전송 처리가 가능하지만 라우터와 같은 다양한 기능을 제공하지는 않습니다[24].

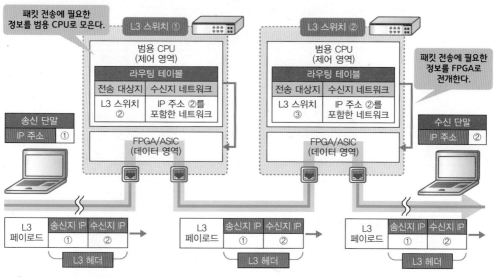

그림 1.3.11 ● L3 스위치

## 1.3.4 트랜스포트 계층에서 동작하는 기기

트랜스포트 계층은 애플리케이션을 식별하고, 그 요건에 맞게 통신 제어하는 계층입니다. 트랜스포트 계층에서 동작하는 기기는 세그먼트(TCP) 또는 데이터그램(UDP)의 헤더를 포함한 '포트 번호'에 기반하여 패킷 전송합니다. 포트 번호는 서비스를 식별하기 위한 번호입니다. 예를 들어, HTTP는 80번, HTTPS는 443번 등으로 애플리케이션 계층의 서비스와 함께 연결되어 있습니다. 단말은 이 번호를 보고 어떤 애플리케이션에 데이터를 전달할지 판단합니다.

---

24  하이엔드 L3 스위치는 라우터와 같은 기능을 가지기도 합니다.

## ■ 방화벽

**방화벽**(firewall)은 네트워크의 안전을 지키기 위해 이용하는 기기입니다. 최근에는 뒤에서 설명할 차세대 방화벽과 구별하기 위해 '전통적 방화벽'이라 부르기도 합니다. 방화벽은 단말 사이에서 교환되는 패킷의 IP 주소나 포트 번호를 보고, 통신을 허가하거나 차단합니다. 이 통신 제어 기능을 **스테이트풀 인스펙션**(stateful inspection)이라 부릅니다. 스테이트풀 인스펙션에 관해서는 247쪽과 275쪽에서 상세히 설명합니다. 최근에는 브로드밴드 라우터도 이 기능을 제공하고 있으며, 매우 일반화된 것으로 보입니다.

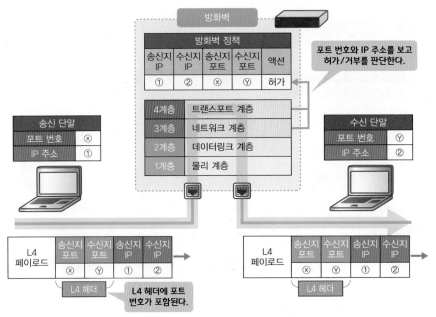

그림 1.3.12 ● 방화벽으로 네트워크 안전을 지킴

# 1.3.5 애플리케이션 계층에서 동작하는 기기

애플리케이션 계층은 사용자에게 애플리케이션을 제공하는 계층입니다. 애플리케이션 계층에서 동작하는 기기는 메시지 헤더에 포함된 각종 정보를 기반으로 패키지 전송합니다.

## 차세대 방화벽

**차세대 방화벽**(next-generation firewall)은 앞서 설명한 방화벽(전통적 방화벽)이 진화한 버전입니다. 스테이트풀 인스펙션과 함께 VPN이나 IDS(Intrusion Detection System, 침입 탐지 시스템)/IPS(Intrusion Prevention System, 침입 차단 시스템) 등 다양한 보안 기능을 넣은 통합화를 추구합니다. 또한, IP 주소나 포트 번호뿐만 아니라, 다양한 정보를 애플리케이션 레벨에서 해석함에 따라, 전통적인 방화벽보다 높은 차원의 보안, 운용 관리성을 제공합니다.

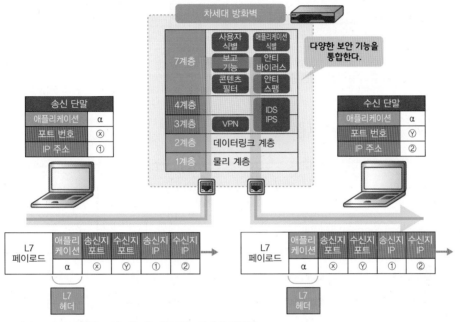

그림 1.3.13 ● 다양한 보안 기능을 제공하는 차세대 방화벽

## WAF

**WAF**(Web Application Firewall, 웹방화벽)는 웹애플리케이션 서버의 안전을 지키기 위해 사용하는 기기입니다. 최근 몇 년간 XSS(Cross-Site Scripting, 크로스사이트 스크립팅)[25]나 SQL 인젝션(SQL injection)[26] 등 웹애플리케이션의 취약성을 이용한 교묘한 공격이 매우 많아졌습니다. WAF는 클라이언트와 서버 사이에서 교환되는 정보의 움직임을 애플리케이션 레벨에서 하나하나 검사하고 필요에 따라 차단합니다.

---

25  사용자에게 웹사이트에 설치된 스크립트를 실행시킴으로써 정보를 갈취하는 공격 기법.

26  애플리케이션이 고려하지 않는 SQL문을 실행함으로써 데이터베이스를 부정하게 조작하는 공격 기법.

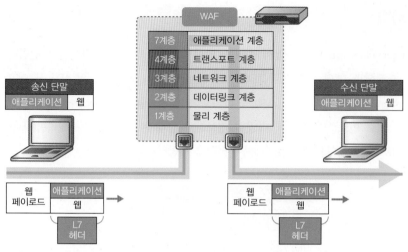

그림 1.3.14 • WAF로 웹애플리케이션의 안전을 지킴

## 부하 분산 장치(L7 스위치)

**부하 분산 장치**는 이름 그대로, 서버의 부하를 분산하는 기기입니다. 실무 현장에서는 로드 밸런서(load balancer) 또는 L7 스위치(L7 switch)라고 불리지만 모두 같은 것이라 생각해도 좋습니다.

서버 1대로 처리할 수 있는 트래픽(traffic, 통신 데이터)의 양은 제한이 있습니다. 부하 분산 장치는 클라이언트로부터 받아들인 패킷을 **부하 분산 방식(load balancing, 로드 밸런싱)**이라는 방법에 근거해, 뒤쪽에 있는 여러 서버들로 나눔으로써 시스템 전체적으로 처리 가능한 트래픽양을 확장하는 것으로 목표로 합니다. 또한, **헬스 체크**(HC, Health Check)를 통해 정기적으로 서버를 감시함으로써, 장애가 발생한 서버를 부하 분산 대상에서 제외해 서비스의 가용성을 향상함을 목표로 합니다.

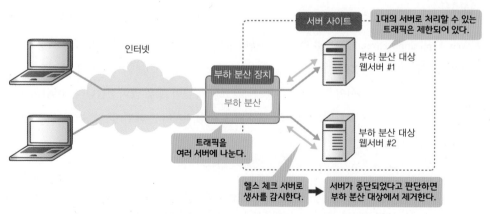

그림 1.3.15 • 부하 분산 장치로 서버 부하를 분산

# 1.3.6 모든 기기를 연결하기

마지막으로 물리 계층에서 애플리케이션 계층까지의 기기들을 연결해 봅니다. 예를 들어, 온프레 미스(on-premise, 자사 운용) 환경에서 HTTPS 서버를 인터넷에 공개하는 경우에는 인터넷에서, 미디어 컨버터, L3 스위치, 방화벽, L2 스위치, 부하 분산 장치, L2 스위치, 웹서버 순서로 연결[27]하게 됩니다. 계층 구조 모델 관점에서는 다음 그림과 같이 처리합니다.

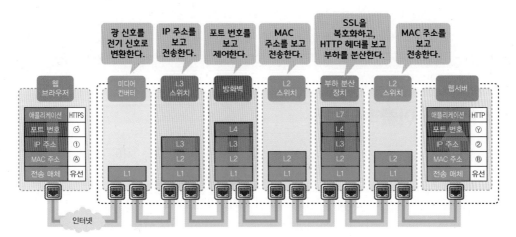

그림 1.3.16 ● 다양한 기기의 처리가 조합되어 통신이 이루어짐

---

27  연결 형태나 기기 구성은 조건에 따라 다릅니다. 여기에서는 가장 간단하고 일반적인 구성으로 설명합니다.

# 1.4 │ 다양한 네트워크 기기 형태

앞 절에서 다양한 네트워크 기기를 설명했습니다. 데이터링크 계층 위에서 동작하는 네트워크 기기는 크게 **물리 어플라이언스**(physical appliance)와 **가상 어플라이언스**(virtual appliance)의 2가지 종류로 나눌 수 있습니다. 이들은 모두 계층 구조 모델에 근거해 패킷을 처리한다는 점에서는 다르지 않습니다. 그러나 기기가 존재하는 형태가 다릅니다. 이 두 종류의 기기에 관해 설명합니다.

## 1.4.1 물리 어플라이언스

물리 어플라이언스는 눈에 보이는, 다시 말해 '상자 모양의 장치'입니다. 서버 랙에 탑재되거나 가전 제품 판매점에 진열된 네트워크 기기를 떠올리면 이해하기 쉬울 것입니다. 물리 어플라이언스는 패킷을 처리하는 소프트웨어[28]가 동작하기 위해, 최적의 하드웨어로 구성됩니다. 그리고 단순한 처리를 하거나, 반대로 복잡한 처리를 하는 것을 별도의 전용 하드웨어가 담당하게 함으로써 처리 효율과 성능을 향상하는 것을 목표로 합니다. 성능이 요구되는 환경에서는 반드시 이쪽을 선택하게 될 것입니다.

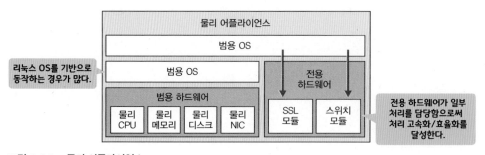

그림 1.4.1 ● 물리 어플라이언스

---

28 최근의 네트워크 기기의 OS는 범용 OS를 사용하는 기본 OS와 그 위에서 동작하는 전용 OS처럼 2단계로 구성되어 있습니다. 그리고 기본 OS를 갖지 않는 기기도 있습니다. 이 경우, 전용 OS가 범용 하드웨어 위에서 동작하면서 하드웨어에 처리를 직접 의뢰합니다.

## 1.4.2 가상 어플라이언스

가상 어플라이언스는 가상화 기술을 제공하는 소프트웨어(virtualization software, 가상화 소프트웨어) 위에서 동작하는 네트워크 기기입니다. 가상화 기술은 물리 서버를 소프트웨어적으로 가상화한 여러 서버나 네트워크 기기로 나누어 이용하는 기술입니다. 가상화 소프트웨어를 이용해 하드웨어(CPU나 메모리, NIC, 하드 디스크 등)를 가상으로 나누고, OS에 할당해 물리 서버를 나눕니다. 가상화 기술을 통해 만들어진 기기를 **가상 머신**(virtual machine)이라 부릅니다. 가상화 기술은 물리적으로 여러 대의 기기를 한 대의 서버에 집약해서 설비 공간을 절약하거나, 여유가 있는 자원을 유효하게 활용할 수 있기 때문에 시스템 관리자에게 비용 절감 이상의 장점을 제공합니다. 최근 CPU의 코어 수 증가와 고속화, 메모리 대용량, 네트워크 기능을 가상화하는 **NFV**(Network Function Virtualization)라는 흐름도 있으며, 성능과 요건을 만족한다면 가상 어플라이언스를 선택하는 경우가 많아지고 있습니다.

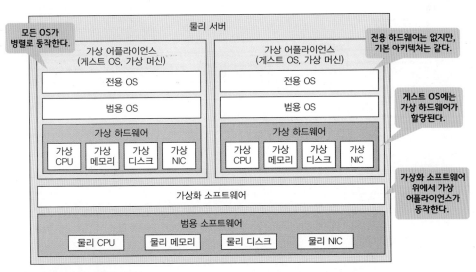

그림 1.4.2 • 가상 어플라이언스

## 1.5 | 네트워크 형태

'네트워크'는 매우 다양하며, 이를 구성하는 네트워크 기기 또한 여러 가지입니다. 여기에서는 네트워크를 **LAN, WAN, DMZ**의 3종류로 크게 구분하고, 각각이 어떤 기기를 이용해 구성되는가를 설명합니다. 네트워크를 이용하는 대부분의 단말은 LAN에서 WAN으로 이어져, DMZ상의 공개 서버에 접속합니다. 그러므로 이 3종류의 네트워크에 관해 알면 네트워크에 대한 이해를 크게 높일 수 있습니다.

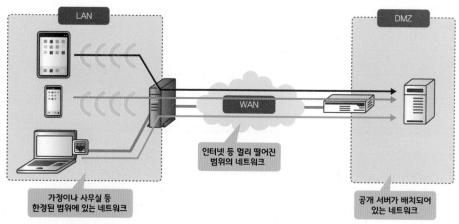

그림 1.5.1 • 3종류의 네트워크

## 1.5.1 LAN

LAN은 'Local Area Network'의 약자로, 가정이나 기업 등 한정된 범위의 네트워크를 의미합니다. 최근에는 가정 환경에서도 스마트폰이나 태블릿, TV, HDD 레코더 등 많은 단말이 인터넷에 연결되어 있는 경우가 많아졌습니다. 가정용 단말은 브로드밴드 라우터가 제공하는 LAN에 우선 연결되고 이후 인터넷으로 연결됩니다.

기업의 LAN 역시, 기본적으로는 크게 다르지 않지만 구성하는 네트워크 기기의 성능과 기능이 크게 다릅니다. 기업의 LAN의 경우, 규모에 따라 10,000대 이상의 단말이 LAN에 동시에 연결됩니다. 이 정도로 많은 단말의 패킷을 처리할 수 있는 성능을 가진 기기로 구성됩니다. 그리고 다중화 기능[29]이나 L2 루프 방지 기능[30] 등 네트워크 운용 유지성을 담보하는 기능을 가진 기기로 구성되어 있습니다. 기업 내 LAN 단말은 액세스 포인트나 에지 스위치(edge switch, L2 스위치) 등에 우선 연결되고, 에지 스위치를 집약하는 코어 스위치(core switch, L3 스위치)를 경유해 인터넷이나 사내 서버에 연결됩니다.

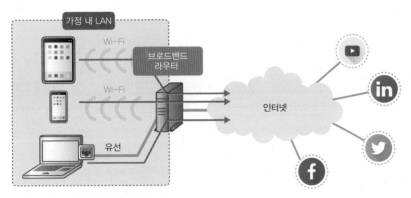

그림 1.5.2 • 가정의 LAN 환경

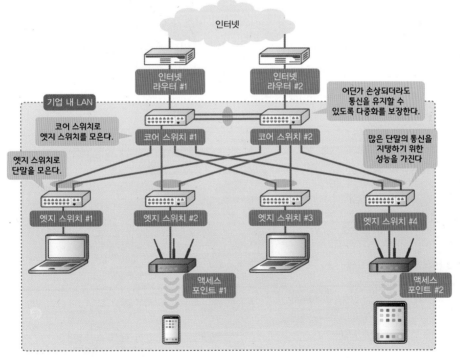

그림 1.5.3 • 기업의 LAN 환경

---

29  기기가 부서지거나 케이블이 단선되어도 통신을 유지하는 기능입니다.

30  L2 루프는 프레임이 네트워크 안을 빙글빙글 돌아, LAN 전체가 통신할 수 없게 되는 장애를 의미합니다. L2 루프 방지 기능은 L2 루프를 감지해서 멈추는 기능입니다.

## 1.5.2 WAN

WAN은 'Wide Area Network'의 약자로 거리상 멀리 떨어진 범위의 네트워크를 의미합니다. WAN은 크게 **인터넷**(internet)과 **VPN을 사용한 내부망**(closed-area VPN network)으로 나눌 수 있으며, 그 용도가 크게 다릅니다. 각각에 관해 설명합니다.

### ■ 인터넷

인터넷은 이미 알고 있듯, 여러분이 접속할 수 있는 공중 WAN을 의미합니다. 이미 일상생활과 밀접하게 연결되어 있어 느껴지지 않을지 모르겠지만, 인터넷 역시 네트워크의 하나이며 WAN으로 분류됩니다.

인터넷은 간단히 말하면 라우터의 집합입니다. 인터넷 서비스 제공자(Internet Service Provider, 이하 ISP)[31]나 연구 기관, 기업 등이 가진 수많은 라우터가 산과 계곡을 넘고, 바다를 건너고, 국경을 넘어 연결되어 셀 수 없이 많은 패킷을 운반하고 있습니다. 좀 더 깊이 설명해 보겠습니다. 각 ISP에는 **AS 번호**(AS number)라는 인터넷상 일련의 관리 번호가 할당됩니다. AS는 'Autonomous System'의 약자로, 각 조직이 관리하는 범위를 의미합니다. 인터넷에서는 몇 번과 몇 번의 AS 번호를 어떻게 연결하는가, 어떤 AS 번호에 대한 경로를 우선 사용하는가 등을 엄밀하게 규정하고 있습니다. 패킷은 그 규칙을 따라 인터넷을 이동합니다.

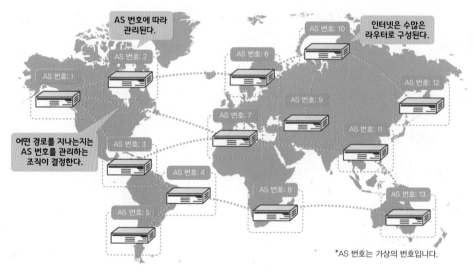

그림 1.5.4 • 인터넷

---

31 인터넷 접속을 제공하는 사업자를 의미합니다. 대표적인 ISP로 KT, SK브로드밴드, LG U+ 등이 있습니다.

## ■ 폐역 VPN망

폐역 VPN망은 LAN과 LAN을 연결하는 네트워크를 의미합니다. 본사와 지사를 연결하는 것과 같은 기업 네트워크 환경을 떠올리면 쉽게 이해할 수 있습니다. 폐역 VPN망은 직접 구축하거나 통신 사업자가 제공하는 WAN 서비스를 계약해 구축할 수 있습니다.

직접 구축할 때는 라우터나 방화벽의 '거점 간 VPN 기능'을 이용합니다. VPN은 'Virtual Private Network'의 약자로 인터넷상에 가상의 전용선(터널)을 만드는 기능입니다. IPsec이라는 프로토콜[32]을 이용해 거점 사이를 피어-투-피어(peer-to-peer), 즉 일대일로 연결하고 해당 통신을 암호화합니다.

한편, 통신 사업자의 WAN 서비스를 이용할 때는 통신 사업자가 제공하는 폐역 VPN망에 접속해, 그 폐역 VPN망을 통해 각 거점과 정보를 교환합니다. 거점에서 폐역 VPN망까지 연결하는 액세스 회선이나 옵션 서비스는 통신 사업자에 따라 다릅니다. 최근에는 대역 보증[33] 혹은 회선 백업과 같은 기본 서비스뿐만 아니라, 클라우드의 IaaS 환경과의 접속, 스마트폰이나 태블릿에서의 원격 접속 등도 지원합니다. 접속 거점 수 또는 사용자 수가 많거나, WAN 통신이 많은 환경에서는 이들을 채용하는 경우가 많습니다.

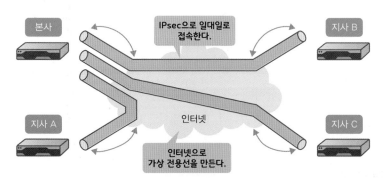

그림 1.5.5 • IPsec으로 직접 구축한 WAN 환경

---

32  IPsec은 VPN을 만드는 프로토콜이나 기능을 총칭합니다. 여기에서는 분문의 흐름을 고려해 '프로토콜'로 표기하고 있습니다.

33  최저 스루풋(throughput, 처리량)을 보증하는 서비스를 의미합니다.

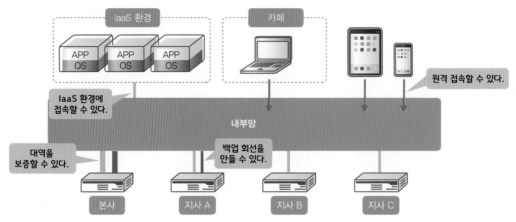

**그림 1.5.6** • ISP의 WAN 서비스를 사용해 구축한 WAN 환경

## 1.5.3 DMZ

DMZ는 'DeMilitarized Zone[34]'의 약자로, 인터넷에 공개하는 서버를 설치한 네트워크를 의미합니다. 최근에는 클라우드상에 구축하기도 하지만, 이 책에서는 데이터 센터상에 직접 구축하는 경우를 설명합니다.

DMZ의 기본은 서버가 제공하는 서비스를 안정적으로 가동하는 것입니다. 그리고 그 안정적인 가동을 위해 반드시 필요한 기능이 **다중화**(redundancy)입니다. DMZ에서는 어떤 기기가 고장하더라도, 어떤 케이블이 끊어지더라도 경로가 즉시 전환되어 서비스를 계속 제공할 수 있도록 동일한 종류의 네트워크 기기를 병렬로 배치합니다. 기기 배열 순서는 사이트 요구 사항에 따라 다릅니다. 가장 일반적인 구성은 다음 그림과 같습니다. L3 스위치로 ISP의 인터넷 회선을 받아, 방화벽으로 방어하고, 부하 분산 장치로 여러 서버로 트래픽을 나눕니다.

---

**34** DeMilitarized Zone은 직역하면 '비무장지대'입니다. 자사의 안전한 네트워크와 누구나 이용하는 위험한 인터넷 사이에 위치하고 있기 때문에 이런 이름으로 불립니다.

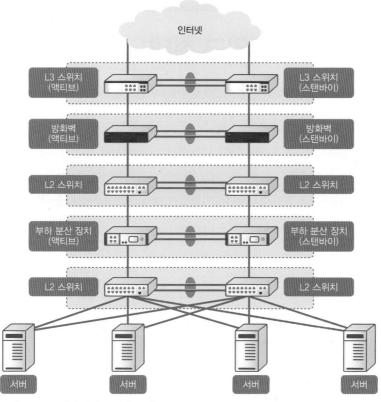

**그림 1.5.7** ● 서버 사이드 기기 구성

# 1.6 | 새로운 네트워크 형태

앞 장에서는 네트워크 기초 중에서도 기초가 되는 전통적인 네트워크 형태 몇 가지를 설명했습니다. 여기에서는 앞 절의 전통적인 네트워크 형태를 다양하게 발전시킨 새로운 네트워크의 형태를 설명합니다. 하지만 새로운 네트워크가 되어도 프로토콜에 준거해 패킷이 흐른다는 점에서는 전혀 차이가 없습니다. 네트워크의 이용법, 패킷이 이동하는 형태가 미묘하게 다를 뿐입니다.

## 1.6.1 SDN

**SDN**은 'Software Defined Network'의 약자로 소프트웨어에 의해 관리 및 제어되는 가상적 네트워크, 또는 이를 구성하기 위한 기술을 의미합니다. 운용 관리의 단순화를 목적으로 여러 네트워크 기기를 다루는 데이터 센터나 ISP에서 이용됩니다.

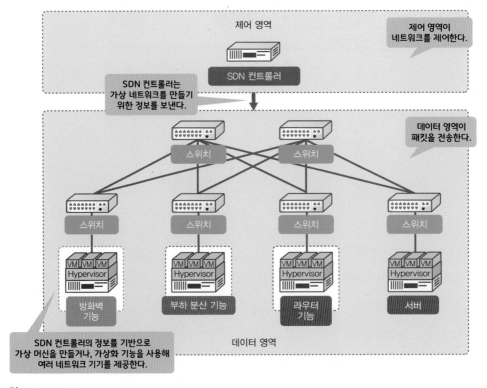

그림 1.6.1 • SDN

SDN은 네트워크 전체를 제어하는 **제어 영역**(control plane)과 패킷을 전송하는 **데이터 영역**(data plane)으로 구성됩니다. 제어 영역에 있는 SDN 컨트롤러(소프트웨어)는 데이터 영역에 있는 물리적인 네트워크(하드웨어)를 설정해서 가상적인 네트워크를 만듭니다.

SDN은 크게 **오버레이 타입**(overay type)과 **홉바이홉**(hop-by-hop)으로 나눌 수 있습니다

오버레이 타입은 스위치 사이에 가상적인 터널을 만들고, 패킷을 전송하는 방식입니다. 구체적으로는 사용자의 패킷을 한 번 더 다른 프로토콜로 캡슐화해 터널을 만듭니다. 터널에는 **VXLAN**이라는 프로토콜을 사용합니다. SDN 컨트롤러는 사용자로부터의 요청에 기반해, 어떤 스위치와 어떤 스위치를 어떻게 터널링할 것인지 계산해, 양끝 스위치에 설정을 보냅니다. VXLAN의 패킷을 받아들인 다른 한쪽 스위치는 VXLAN 헤더를 빼고 비캡슐화해서 대상 단말에 전송합니다. 최근에는 홉바이홉 타입이 쇠퇴함에 따라 SDN이라 하면 대부분 오버레이 타입을 의미합니다.

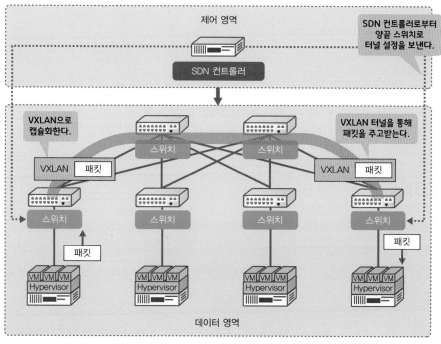

그림 1.6.2 ● 오버레이 타입

한편, **홉바이홉 타입은 각 스위치에 경로 정보**(flow entry, 플로우 엔트리)**를 배포하고, 그 정보를 기반으로 패킷을 전송하는 방식입니다.** 경로 배포에는 OpenFlow라는 프로토콜을 사용합니다. SDN 컨트롤러(OpenFlow 컨트롤러)는 사용자의 요청에 기반해, 경로 정보를 계산하고, OpenFlow를 사용해 OpenFlow에 대응한 스위치에 경로 정보를 배포합니다.

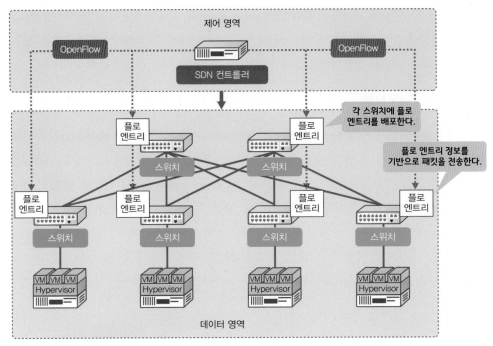

**그림 1.6.3 • 홉바이홉 타입**

오버레이 타입과 홉바이홉 타입 중 현재는 오버레이 타입이 압도적으로 많습니다. OpenFlow는 한동안 잡지 등에 크게 소개되었지만 검증해 보니 의외로 제한이 많아, 적어도 그 당시에는 사용할 수 없었습니다. 현재는 상용 환경에서 OpenFlow를 사용하는 곳이 거의 없습니다.

## 1.6.2 CDN

**CDN**은 'Content Delivery Network'의 약자로 이미지, 동영상, HTML, CSS 등 웹콘텐츠로 사용되는 다양한 파일을 대량으로 송신하기 위해 최적화된 인터넷상의 서버 네트워크를 의미합니다. 현재는 많은 유명 웹사이트가 이 구조로 웹콘텐츠를 송신하고 있습니다. 또한, 최근에는 OS나 게임, 애플리케이션 업데이트 파일도 CDN을 이용해 전송합니다.

CDN은 오리지널 웹콘텐츠를 가진 **오리진 서버**(origin server)와 그 캐시를 갖는 **에지 서버**(edge server)로 구성됩니다. 사용자는 물리적으로 거리가 가까운 에지 서버에 접속합니다[35]. 에지 서버는 캐시[36]를 갖지 않았거나 그 유효 기간이 만료되었을 때만 오리진 서버에 접속합니다. 데이터

---

35 DNS의 구조를 사용해 가장 가까운 에지 서버로 유도합니다. 363쪽에서 설명합니다.
36 한 번 접속한 웹사이트의 데이터를 일시적으로 저장하는 것. 또는 그 구조를 의미합니다.

를 교환하는 서버와의 거리가 가까우므로 웹콘텐츠의 다운로드 속도가 극적으로 향상될 뿐만 아니라 서버의 처리 부하도 분산할 수 있습니다.

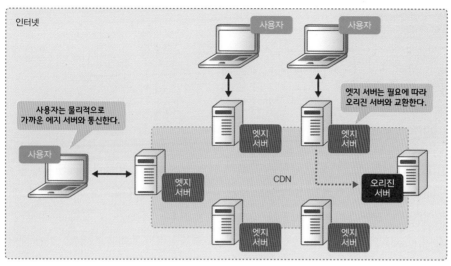

그림 1.6.4 • CDN

## 1.6.3 IoT

**IoT**는 'Internet of Things'의 약자로, 주변에 있는 다양한 것들(Things)이 인터넷에 연결된 구조를 의미합니다. IoT 기기에는 차, 가전뿐만 아니라 센서나 전원 스위치 등 수많은 것이 있습니다. 그리고 공통이라고 말할 수 있는 요건이 '가벼움, 빠른 속도, 적은 전력'입니다. 그리고 IoT에서는 그 요건에 맞는 프로토콜을 사용합니다. 그중에서도 대표적인 프로토콜이 CoAP(Constrained Application Protocol)와 MQTT(Message Queuing Telemetry Transport)입니다.

그림 1.6.5 • IoT

CoAP는 트랜스포트 계층에 UDP(241쪽)를 사용한, 전형적인 클라이언트 서버 타입 프로토콜입니다. UDP를 사용하므로 빠르게 실시간 데이터를 전송할 수 있습니다.

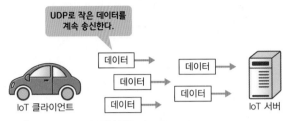

그림 1.6.6 • UDP로 전송하는 CoAP

한편, MQTT는 TCP(251쪽)상에서 동작하는 브로커 타입 프로토콜로 퍼블리셔(publisher, 발행자), 브로커(broker, 중개자), 서브스크라이버(subscriber, 구독자)라는 3가지 요소로 구성됩니다. 퍼블리셔는 직역하면 수집한 데이터를 송신하는 기기를 의미합니다. 퍼블리셔는 토픽(topic)이라는 식별자를 붙여, 브로커에게 데이터를 송신합니다. 서브스크라이버는 토픽을 사용해, 어떤 데이터를 원하는지(구독을 희망하는지)를 브로커에게 등록합니다.

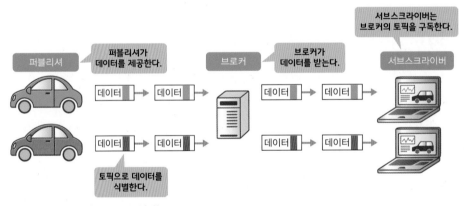

그림 1.6.7 • 3가지 요소로 구성되는 MQTT

## 1.6.4 IaaS

IaaS는 'Infrastructure as a Service'의 약자로 서버나 네트워크 등의 인프라를, 인터넷상에서 구축하는 클라우드 서비스의 하나입니다. IaaS의 네트워크는 클라우드 사업자가 제공하는 서비스의 범위 안에서, 서비스에 맞추는 형태로 구축해 나갑니다. 여기에서는 아마존(Amazon)이 제공하는 AWS(Amazon Web Services)의 Amazon VPC(Virtual Private Cloud)를 예로 들어 설명합니다. Amazon VPC는 AWS상에 프라이빗 클라우드를 만들 수 있는 서비스입니다. Amazon VPC를 사용할 때는 EC2[37]나 Route53[38], ELB(Elastic Load Balancing)[39]나 RDS[40] 등 다양한 서비스를 조합하면서, AWS 특유의 사고 방식인 리전(region, 지역)이나 AZ(Availability Zone, 가용 영역)[41]를 이용해 다중화할 수 있습니다.

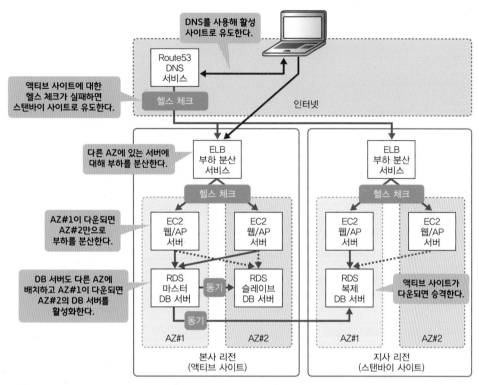

**그림 1.6.8 • Amazon VPC 네트워크 환경**

또한, 클라우드상에서 작성한 네트워크의 큰 특징 중 '물리 계층을 의식할 필요가 없다'는 점을 들 수 있습니다. 클라우드의 네트워크에서는 케이블을 연결하거나, 서버나 네트워크 기기를 랙에 탑재하는 등의 물리적인 작업이 전혀 없기 때문입니다. 혹시 '그게 끝인가?'라고 생각될 수도 있겠지만 물리 작업은 체력 승부이며 동시에 작업자의 센스가 요구될 뿐만 아니라, 정말 작은 실수에도 완전히 통신이 되지 않을 가능성이 숨어 있어 큰 노력과 비용이 따릅니다. 클라우드는 관리 콘솔상에서 서버나 네트워크 기기를 간단하게 만들고 네트워크에 연결할 수 있습니다.

---

37 AWS에서 서버를 구축할 수 있는 서비스입니다.

38 AWS에서 DNS의 이름 결정(366쪽)을 수행하는 서비스입니다.

39 AWS가 제공하는 부하 분산 서비스입니다.

40 AWS 제공하는 DB 서버 서비스입니다.

41 각 리전 안에 있는 데이터 센터입니다.

# 2

# 물리 계층

이번 장에서는 OSI 참조 모델의 가장 아래 계층인 '물리 계층'을 설명합니다. 물리 계층은 이름 그대로, 통신에서의 물리적인 것을 모두 담당하는 계층입니다. 다른 계층에 비해 딱딱한 느낌의 이름이지만 그렇게 어렵게 생각할 필요는 없습니다. 유선 LAN의 경우에는 회사나 학교에서 쉽게 볼 수 있는 LAN 케이블을 물리 계층이라고 생각하기 바랍니다. 무선 LAN의 경우에는 공공 장소나 카페 등에 날아다니는 와이파이 전파를 물리 계층이라고 생각하면 좋습니다.

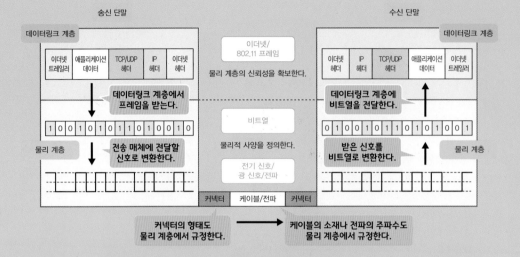

컴퓨터는 모든 데이터를 '0'과 '1'의 2개 숫자만을 이용해 디지털로 표현합니다. 이 2개 숫자를 '비트', 비트가 연속된 데이터를 '비트 열'이라 부릅니다. 물리 계층은 데이터링크 계층에서 전달받은 비트 열(프레임)을, 케이블이나 전파에 보내는 아날로그 파로 변환하기 위한 규칙을 정의하고 있습니다. 또한, 케이블의 소재나 커넥터의 형태, 핀 할당(핀 배열)이나 무선 주파수 대역 등 네트워크에 관한 물리적인 모든 요소를 정의합니다.

일반적인 네트워크에서 사용되는 물리 계층의 프로토콜은 크게, 유선 LAN의 기술을 표준화한 'IEEE802.3', 무선 LAN 기술을 표준화한 'IEEE802.11'로 나눌 수 있습니다. IEEE802.3, IEEE802.11에서는 물리 계층의 기술과, 물리 계층과 연계해서 동작하는 데이터링크 계층의 기술이 하나의 프로토콜로 표준화되었습니다. 이번 장에서는 그중 물리 계층에 관련한 내용을 설명합니다.

# 2.1 | 유선 LAN(IEEE802.3)

IEEE802.3은 이더넷(ethernet)에 관한 기술을 표준화하고 있습니다. 이더넷의 기원은 1960 년대 후반에서 1970년대 전반에 걸쳐 하와이 대학에서 구축된 **ALOHAnet**(알로하넷)입니다. ALOHAnet은 몇 개의 섬에 분산되어 존재하는 하와이 대학 캠퍼스를 무선으로 연결한 패 킷 교환 타입의 네트워크입니다. 패킷의 전송 효율 향상을 위해 '패킷이 전송되지 않으면 무작 위 시간만큼 기다렸다가 다시 송신한다'는 구조를 채용하며, 이 구조가 바로 초기 이더넷의 기 초가 되었습니다. 1970년대 후반이 되면서, ALOHAnet을 참조해 DEC, Intel, Xerox가 공동으 로 개발한 기술이 이더넷입니다. 이더넷은 저렴하게 고속화를 실현할 수 있고, 손쉽게 확장할 수 있어 TCP/IP와 마찬가지로 폭발적으로 세계에 보급되었습니다. 지금은 가정이나 사무실 등 의 무선 LAN 네트워크 환경이라면 거의 대부분 이더넷을 사용한다고 생각해도 좋을 것입니다. IEEE802.3은 이 이더넷의 표준화를 추진하고 있습니다.

## 2.1.1 IEEE802.3 프로토콜

IEEE802.3은 전송 속도나 사용하는 케이블에 따라 다양한 프로토콜을 표준화하고 있으며, 각 각 IEEE802.3 뒤에 알파벳 한두 문자를 붙인 정식 명칭을 사용합니다. 그러나 실무 현장에서 그 이름을 그대로 사용하지는 않습니다. 보통 '○○BASE-XX'와 같이, 프로토콜의 개요를 나타 내는 별명을 사용합니다. ○○에는 전송 속도, XX에는 사용하는 전송 매체나 레이저의 종류가 들어갑니다. 예를 들면, LAN 케 이블[트위스트 페어 케이블(twist pair cable)]로 10Gbps의 전송 속도 를 구현하는 프로토콜의 정식 명 칭은 'IEEE802.3an'이지만, 실제 로 현장에서는 '10GBASE-T'라는 이름으로 부릅니다.

[전송 속도] BASE – [전송 매체나 레이저의 종류]

| 통신 경로의 전송<br>속도를 의미한다. | |
| --- | --- |
| 표기 | 전송 속도 |
| 100 | 100Mbps |
| 1000 | 1Gbps |
| 10G | 10Gbps |
| 25G | 25Gbps |
| 40G | 40Gbps |
| 100G | 100Gbps |

| 전송 매체나 레이저의<br>종류를 의미한다. | |
| --- | --- |
| 표기 | 의미 |
| T | 트위스트 페어 케이블 |
| S | 단파장 레이저 |
| L | 장파장 레이저 |
| C | 동축 케이블 |

그림 2.1.1 ● IEEE802.3의 프로토콜 이름

표 2.1.1 • 대표적인 이더넷 프로토콜과 그 이름[1]

| | | 전송 매체 | | | |
|---|---|---|---|---|---|
| | | 트위스트 페어 케이블 | 광섬유 케이블 (다중 모드) | | 광섬유 케이블 (단일 모드) |
| 전송 속도 | 10Mbps | 10BASE-T / IEEE802.3i | | | |
| | 100Mbps | 100BASE-TX / IEEE802.3u | | | |
| | 1Gbps | 1000BASE-T / IEEE802.3ab | 1000BASE-SX / IEEE802.3z | | 1000BASE-LX / IEEE802.3z |
| | 2.5Gbps | 2.5GBASE-T / IEEE802.3bz | | | |
| | 5Gbps | 5GBASE-T / IEEE802.3bz | | | |
| | 10Gbps | 10GBASE-T / IEEE802.3an | 10GBASE-SR / IEEE802.3ae | | 10GBASE-LR / IEEE802.3ae |
| | 25Gbps | | 25GBASE-SR / IEEE802.3by | | 25GBASE-LR / IEEE802.3cc |
| | 40Gbps | | 40GBASE-SR4 / IEEE802.3ba | | 40GBASE-LR4 / IEEE802.3ba |
| | 100Gbps | | 100GBASE-SR10 / IEEE802.3ba | 100GBASE-SR4 / IEEE802.3bm | 100GBASE-LR4 / IEEE802.3ba |

범례: 별명 / 정식 명칭

'BASE' 뒤의 1문자는 전송 매체나 레이저의 종류를 의미한다[1].
T: 트위스트 페어 케이블
S: 단파장(Short wavelength) 레이저
L: 장파장(Long wavelength) 레이저

'BASE' 앞은 전송 속도를 의미한다.

10 : 10Mbps
100 : 100Mbps
1000 : 1Gbps
2.5G : 2.5Gbps
5G : 5Gbps
10G : 10Gbps
40G : 40Gbps
100G : 100Gbps

40/100Gbps 규격의 가장 마지막 문자는 비트를 옮기는 레인(전송로) 수를 의미한다.

표에서 알 수 있듯, IEEE802.3에는 다양한 프로토콜이 있어 혼란합니다. 이들을 정리할 때는 먼저 사용하는 케이블에 중점을 두기 바랍니다. 현재 네트워크 환경에서 사용되는 케이블은 구리로 만든 **트위스트 페어 케이블**과 유리로 만든 **광섬유 케이블** 중 하나입니다. 이 기준에 따라 수많은 프로토콜을 간단하게 둘로 구분할 수 있으며, 한 번에 쉽게 이해할 수 있습니다. 그럼 각각에 관해 설명합니다.

---

1  2번째 문자는 파생지의 규격 계열을 나타냅니다. 예를 들면 10GBASE-SR과 10GBASE-LR은 10GBASE-R 계열에서 파생된 규격, 40GBASE-SR4와 40GBASE-LR4는 40GBASE-R 계열에서 파생된 규격입니다.

그림 2.1.2 ● 네트워크에서 사용하는 케이블의 종류

표 2.1.2 ● 트위스트 페어 케이블과 광섬유 케이블의 비교

| 비교 항목 | 트위스트 페어 케이블 | 광섬유 케이블 |
|---|---|---|
| 전송 매체 재료 | 구리 | 유리 |
| 전송 속도 | 느림 | 빠름 |
| 신호 감쇄 | 큼 | 적음 |
| 전송 거리 | 짧음 | 김 |
| 전자석 노이즈 경향 | 큼 | 없음 |
| 반환 | 쉬움 | 어려움 |
| 비용 | 적음 | 많음 |

## 2.1.2 트위스트 페어 케이블

○○BASE-T나 ○○BASE-TX와 같이 BASE 뒤에 T가 붙어 있는 프로토콜은 트위스트 페어 케이블을 사용합니다. ○○BASE-T의 'T'는 트위스트 페어(twisted pair) 케이블의 T입니다. 트위스트 페어 케이블은 겉으로 보기에는 하나의 케이블이지만, 실제로는 8가닥의 구리선을 2가닥씩 (pair) 꼬아서(twisted) 하나로 묶은 케이블입니다. 트위스트 페어 케이블은 '실드, 핀 할당, 카테고리'로 분류할 수 있습니다.

### ■ 실드에 따른 분류

트위스트 페어 케이블은 실드 유무에 따라 **UTP**(Unshielded Twisted Pari) **케이블**과 **STP**(Shielded Twisted Pair) **케이블**로 분류할 수 있습니다.

## ■ UTP 케이블

UTP 케이블은 소위 LAN 케이블을 의미합니다. 회사나 가정, 가전기기 판매점 등에서 쉽게 찾아볼 수 있으며, 일반적으로 가장 친숙한 케이블일 것입니다. UTP 케이블은 다루기 쉽고, 가격도 저렴해 폭발적으로 보급되었습니다. 최근 색상이 다양해지고 굵기도 가늘어져 상당히 화려한 디자인의 케이블도 많습니다. 한편, 전자석 노이즈에 약한 특성이 있기 때문에 공장 등 전자석 노이즈가 많은 환경에서 사용하기는 적합하지 않습니다.

## ■ STP 케이블

전자석 노이즈에 약한 UTP 케이블의 단점을 보완한 케이블이 STP입니다. 8가닥의 구리선을 알루미늄 포일이나 금속으로 감싸서 실드 처리를 해 전자 노이즈를 차단하고, 전기 신호의 감쇠나 산란을 방지합니다. 유감스럽게도 실드 처리로 인해 가격이 높아져 사용하기 쉽지 않기 때문에 최근에는 공장 등 험한 환경에서만 찾아볼 수 있습니다. 실제 구축 환경에서는 기본적으로 UTP 케이블을 사용하고, 전자석 노이즈 환경이 의심되는 경우에는 STP 케이블로 교체하는 경우가 많습니다.

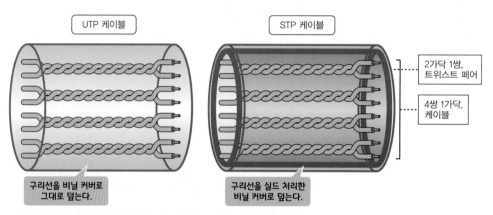

그림 2.1.3 • UTP와 STP의 차이: 실드 유무

## ▣ 커넥터 핀 할당에 따른 분류

트위스트 페어 케이블의 커넥터를 **RJ-45**라 합니다. 트위스트 페어 케이블은 8가닥의 구리선을 2가닥씩(pair) 꼬아서(twisted), 이를 다시 하나의 케이블로 만든 것이라고 앞에서 설명했습니다. 8가닥의 구리선은 파란색, 녹색, 주황색, 갈색으로 구분할 수 있습니다. 트위스트 페어 케이블은 이 구리선을 나열하는 순서에 따라 **스트레이트 케이블**(straight cable)과 **크로스 케이블**(cross cable)로 분류할 수 있습니다. 간단히 말하면 케이블 양끝을 나란히 잡고 RH-45 커넥터 쪽에서 봤을 때,

구리선의 순서가 같으면 스트레이트 케이블, 다르면 크로스 케이블입니다.

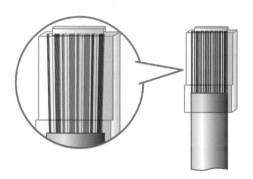

그림 2.1.4 ● 색이 입혀진 8가닥의 구리선

조금 더 구체적으로 설명해 봅니다. RJ-45 커넥터의 핀은 핀을 위로 했을 때, 왼쪽에서 순서대로 1번부터 8번까지 번호가 매겨져 있습니다. 스트레이트 케이블은 양쪽 모두 '주황색/흰색' → '주황색' → '녹색/흰색' → '파랑색' → '파랑색/흰색' → '녹색' → '갈색/흰색' → '갈색'[2] 순입니다. 크로스 케이블은 한쪽만 '녹색/흰색' → '녹색' → '주황색/흰색' → '파란색' → '파란색/흰색' → '주황색' → '갈색/흰색' → '갈색' 순입니다.

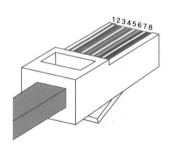

그림 2.1.5 ● RJ-45 커넥터의 핀

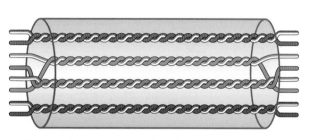

그림 2.1.6 ● 스트레이트 케이블의 결선

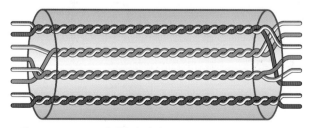

그림 2.1.7 ● 크로스 케이블의 결선

---

2  양끝이 '녹색/흰색' → '녹색' → '주황색/흰색' → '파란색' → '파란색/흰색' → '주황색' → '갈색/흰색' → '갈색'인 스트레이트 케이블도 있습니다.

스트레이트 케이블과 크로스 케이블은 10BASE-T나 100BASE-TX 사용 시, 연결하는 물리 포트의 타입에 따라 구분해서 사용합니다. 물리 포트는 **MDI 포트**와 **MDI-X 포트** 2종류입니다. 10BASE-T나 100BASE-TX의 MDI 포트는 1번과 2번 핀을 송신, 3번과 6번 핀을 수신에 사용합니다. PC나 서버의 NIC, 라우터나 방화벽, 부하 분산 장치의 물리 포트는 MDI 포트입니다.

그에 비해 MDI-X 포트는 1번과 2번 핀을 수신, 3번과 6번 핀을 송신에 이용합니다. L2 스위치와 L3 스위치의 물리 포트는 MDI-X 포트입니다.

연결할 때는 한쪽에서 송신, 다른 한쪽에서 수신할 수 있도록 합니다. 그렇기 때문에 다른 타입의 물리 포트끼리 연결할 때(예를 들면, PC와 L2 스위치를 연결하는 등)는 스트레이트 케이블을 사용합니다. 같은 타입의 물리 포트끼리 연결할 때(예를 들면, 스위치와 스위치를 연결하는 등)는 크로스 케이블을 사용합니다.

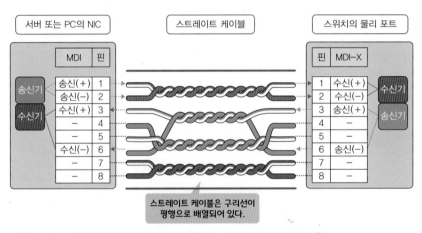

그림 2.1.8 • 다른 타입의 물리 포트를 연결할 때: 스트레이트 케이블 사용

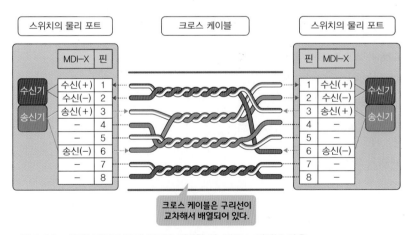

그림 2.1.9 • 같은 타입의 물리 포트를 연결할 때: 크로스 케이블 사용

1000BASE-T나 10GBASE-T 등 1Gbps를 넘는 프로토콜이라도 MDI 포트와 MDI-X 포트의 관계는 동일합니다. 단, 각 핀의 사용 방법은 전혀 다릅니다. 10BASE-T나 100BASE-TX는 1번, 2번, 3번, 6번 핀만 사용하고 그 외의 핀(4번, 5번, 7번, 8번)은 사용하지 않습니다. 즉, 트위스트 페어 케이블의 8가닥 중 절반인 4가닥만 사용합니다. 1000BASE-T나 2.5/5GBASE-T, 10GBASE-T는 스루풋(throughput) 향상을 위해 나머지 4가닥도 사용합니다. 또한, 송수신 핀을 구분하지 않고 핀으로 받아들인 데이터를 하이브리드 회로(hybrid circuit)라는 특수한 회로에서 송신 데이터와 수신 데이터를 분리하고, 2핀을 1쌍[3]으로 송수신합니다. 그리고 연결 시 상대 포트 타입을 자동으로 식별해, 포트 타입을 전환하는 **Auto MDI/MDI-X 기능[4]**을 표준으로 탑재해 포트 타입에 관계없이 **스트레이트 케이블만으로 접속**할 수 있습니다. 스트레이트 케이블과 크로스 케이블을 사용할 필요가 없습니다.

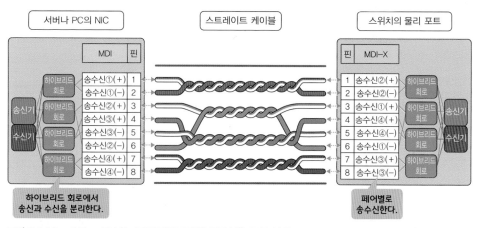

**그림 2.1.10 • 1Gbps를 넘는 프로토콜: 8가닥 구리선을 모두 사용**

## ■ 카테고리에 따른 분류

트위스트 페어 케이블에는 **카테고리**라는 개념이 있습니다. 가전 판매점에서 LAN 케이블의 스펙 테이블을 잘 보면 '카테고리 6'나 '카테고리 5e'처럼 표기된 것을 볼 수 있었을 것입니다. 카테고리는 전송 속도에 직접 관계가 있습니다. 카테고리 값이 클수록 전송 속도가 빠른 프로토콜에 대응할 수 있습니다.

현재 네트워크 환경에서 사용되는 케이블의 카테고리는 카테고리 5e 이상입니다. 카테고리 1부터 5까지는 현재 주류 네트워크인 1000BASE-T에는 대응하지 않습니다. 그렇기 때문에 오래된

---

3  구체적으로는 1번 핀과 2번 핀, 3번 핀과 6번 핀, 4번 핀과 5번 핀, 7번 핀과 8번 핀을 각각 쌍(페어)으로 합니다.

4  100BASE-TX에서도 옵션 기능으로 Auto MDI/MDI-X를 탑재한 기기가 있습니다.

케이블을 그대로 사용하면서 서버나 네트워크가 기기만 교환함으로써 고속 네트워크 환경으로 변경할 때는 주의해야 합니다. 대응 프로토콜을 확실히 확인하기 바랍니다.

**표 2.1.3 • 트위스트 페어 케이블의 카테고리별 특징**

| 카테고리 | 종별 | 가닥 수 | 대응 주파수 | 주요 대응 규격 | 최대 전송 속도 | 최대 전송 거리 |
|---|---|---|---|---|---|---|
| 카테고리 3 | UTP/STP | 4가닥 2쌍 | 16MHz | 10BASE-T | 16Mbps | 100m |
| 카테고리 4 | UTP/STP | 4가닥 2쌍 | 29MHz | Token Ring | 20Mbps | 100m |
| 카테고리 5 | UTP/STP | 8가닥 4쌍 | 100MHz | 100BASE-TX* | 100Mbps | 100m |
| 카테고리 5e | UTP/STP | 8가닥 4쌍 | 100MHz | 1000BASE-T<br>2.5GBASE-T<br>5GBASE-T | 1Gbps<br>2.5Gbps<br>5Gbps | 100m |
| 카테고리 6 | UTP/STP | 8가닥 4쌍 | 250MHz | 1000BASE-T<br>10GBASE-T | 1Gbps<br>10Gbps | 100m<br>55m<br>(10BASE-T일 때) |
| 카테고리 6A | UTP/STP | 8가닥 4쌍 | 500MHz | 10GBASE-T | 10Gbps | 100m |
| 카테고리 7 | STP | 8가닥 4쌍 | 600MHz | 10GBASE-T | 10Gbps | 100m |

\* 카테고리 5 중에서도 TIA/EIA TSB-96 또는 ISO/IEC11801 Amendment 규격을 통과한 케이블은 1000BASE-T에서 통신할 수 있습니다.

지금까지 '실드, 핀 할당, 카테고리'라는 3가지 포인트에 착안해, 트위스트 페어 케이블의 종류를 설명했습니다. 실제 사용할 때는 연결하는 환경이나 기기, 프로토콜 등에 맞춰 각 항목을 지정해 나갑니다. 예를 들면, 서버 룸에서는 실드가 필요하지 않으므로 'UTP 케이블', 스위치의 물리 포트 타입은 MDI-X이며 서버의 NIC는 MDI이므로 '스트레이트 케이블', 10GBASE-T이므로 '카테고리 6A'가 됩니다. 즉, 카테고리 6A 스트레이트 UTP 케이블이 필요합니다.

---

**NOTE  100m 길이 제한에 주의**

현재 세계에서 가장 많이 보급된 것은 트위스트 페어 케이블입니다. 하지만 트위스트 페어 케이블은 전기 신호를 사용하기 때문에 치명적인 약점이 있습니다. 그것은 바로 '거리 제한'입니다. 트위스트 페어 케이블은 사양 기준 100m까지만 연장할 수 있습니다[5]. 100m 이상 연장하면 전기 신호가 감쇠해 패킷이 소실됩니다. 100m를 넘을 때는 중간에 스위치 등의 중계 기기를 설치해 거리를 늘려야 합니다. 이 거리 제한을 고려하는 것이 매우 중요합니다. '100m나 되는데…' 하고 생각하는 분도 있겠지만, 100m라는 거리는 생각보다 짧습니다. 건물 안에는 덕트 등 지나갈 수 없는 곳이 있어, 이를 우회하며 케이블을 설치해야 할 때가 많기 때문입니다. 케이블을 설치할 경로를 확인하고 100m를 넘기지 않도록 합니다. 또한, 100m가 넘는다면 뒤에서 설명할 광섬유 케이블을 사용하도록 합니다.

---

5  예외적으로 10GBASE-T를 카테고리6에서 사용하는 경우에는 55m까지만 연장할 수 있습니다.

## 2.1.3 광섬유 케이블

○○BASE-SX/SR 또는 ○○BASE-LX/LR 프로토콜은 광섬유 케이블을 사용하는 프로토콜입니다. ○○BASE-SX/SR의 'S'는 'Short wavelength(단파장)'의 'S'이며, ○○BASE-LX/LR의 'L'은 'Long wavelength(장파장)'의 'L'입니다. 각 레이저의 종류는 전송 거리와 사용하는 광섬유 케이블의 종류와 관계가 있습니다.

광섬유 케이블은 유리를 가느다란 관으로 만든 것으로[6] 광 신호를 전송합니다. 광섬유 케이블은 빛의 굴절률이 높은 **코어**(core)와, 굴절률이 비교적 낮은 **클래딩**(cladding)의 2층으로 구성되어 있습니다. 굴절률이 다른 유리를 2층 구조[7]로 만들어 빛을 코어 안에 가둠으로써, 손실률이 낮은 빛의 전송로를 만듭니다. 이 빛의 전송로를 **모드**(mode)라고 부릅니다.

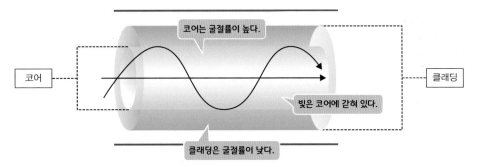

**그림 2.1.11** ● 광섬유 케이블: 코어와 클래딩으로 구성

광섬유 케이블은 거리를 늘려도 신호가 잘 감쇠하지 않기 때문에 광대역을 유지할 수 있습니다. 그리고 트위스트 페어 케이블보다 매우 긴 거리에 설치할 수 있습니다. 그러나 케이블 구조가 치밀하기 때문에 다루기 어려운 것이 단점입니다.

광섬유 케이블의 종류는 케이블과 커넥터에 따라 구분할 수 있습니다.

### ■ 케이블에 따른 분류

광섬유 케이블에는 **다중 모드 광섬유 케이블**(MMF)과 **단일 모드 광섬유 케이블**(SMF) 2종류가 있습니다. 두 종류의 차이는 광 신호가 지나는 코어의 지름입니다.

---

6 최근에는 플라스틱 섬유나 폴리머 섬유 등 유리가 아닌 물질로 만들어진 광섬유 케이블도 있습니다. 그러나 일반적으로 사용되는 광섬유 케이블은 고순도의 석영 유리로 되어 있습니다.

7 가장 바깥쪽 커버를 포함하면 3층 구조가 됩니다.

## ■ 다중 모드 광섬유 케이블

다중 모드 광섬유 케이블은 코어 지름이 50㎛ 혹은 62.5㎛의 광섬유 케이블입니다. 10GBASE-SR이나 40GBASE-SR 등 단파장 빛을 사용하는 프로토콜에서 사용합니다. 코어 지름이 크기 때문에 빛의 전송로(모드)가 여럿(멀티)으로 분산됩니다. 전송로가 여럿이므로 단일 모드 광섬유 케이블에 비해 가격이 저렴하고, 다루기 쉬워 LAN등 비교적 근거리를 연결할 때 사용합니다.

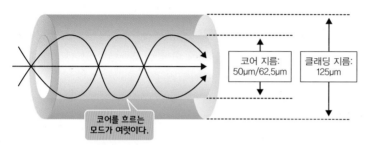

그림 2.1.12 ● 다중 모드 광섬유 케이블

## ■ 단일 모드 광섬유 케이블

단일 모드 광섬유 케이블은 코어 지름이 8~10㎛인 광섬유 케이블입니다. 1000BASE-LX나 10GBASE-LR 등 장파장 빛을 사용하는 프로토콜에서 사용합니다. 코어 지름을 작게 하는 것뿐만 아니라, 코어와 클래딩의 굴절률 차를 적절하게 제어함으로써, 빛의 전송로(모드)가 하나(단일)가 됩니다. 전송로가 하나만 존재하도록 엄밀하게 설계되어 장거리 전송은 물론 대용량의 데이터 전송도 가능합니다. 가정이나 회사 등에서는 거의 찾아볼 수 없겠지만, 데이터 센터나 ISP의 백본 설비에서 쉽게 찾아볼 수 있습니다.

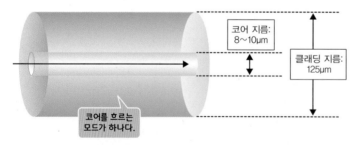

그림 2.1.13 ● 단일 모드 광섬유 케이블

2가지 광섬유 케이블을 비교하면 다음 표와 같습니다.

**표 2.1.4** ● 단일 모드 광섬유와 다중 모드 광섬유의 비교

| 비교 항목 | 다중 모드 광섬유(MMF) | 단일 모드 광섬유(SMF) |
|---|---|---|
| 코어 지름 | 50μm<br>62.6 μm | 8~10μm |
| 클래딩 지름 | 125μm | 125μm |
| 빛의 전송로(모드) | 여럿 | 하나 |
| 모드 분산 | 있음 | 없음 |
| 전송 손실 | 적음 | 더 적음 |
| 전송 거리 | ~550m | ~70km |
| 상용 용이성 | 어려움 | 더 어려움 |
| 비용 | 비쌈 | 더 비쌈 |

광섬유 케이블은 25GBASE-SR/LR까지는 1가닥을 송신용, 다른 1가닥을 수신용으로 하여 2가닥을 1그룹으로 사용합니다. 송수신 관계가 성립해야 하므로 한쪽이 송신하면 다른 한쪽은 수신해야 합니다. 양쪽 모두 송신 혹은 수신이면 링크업(통신 가능한 상태가 되는 것)되지 않습니다.

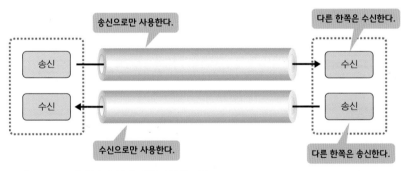

**그림 2.1.14** ● 송신과 수신에 다른 광섬유 이용

## ■ MPO 케이블

40GBASE-SR4[8] 또는 100GBASE-SR4, 100BASE-SR10은 'MPO(Multi-fiber Push On) 케이블'을 사용합니다. MPO 케이블은 12가닥 또는 24가닥을 하나로 묶은 케이블입니다. 40Gbps를 만들려면 광섬유 케이블 한 개만으로는 너무 부족합니다. 여기에서 가닥 수를 늘려 전송량을 폭발적으로 증가시킵니다. 도로의 차선을 늘리는 것이라고 생각하면 이해하기 쉽습니다.

---

8 40GBASE라도, 40GBASE-LR4는 1가닥에 4종류의 서로 다른 빛의 전송로를 만듦으로써, 2가닥의 1쌍으로 이루어진 테이블에서의 패킷 전송을 실행합니다. 다른 파장의 빛을 사용하는 방식을 WDM(Wavelength Division Multiplexing, 파장 다중 분할 방식)이라고 부릅니다.

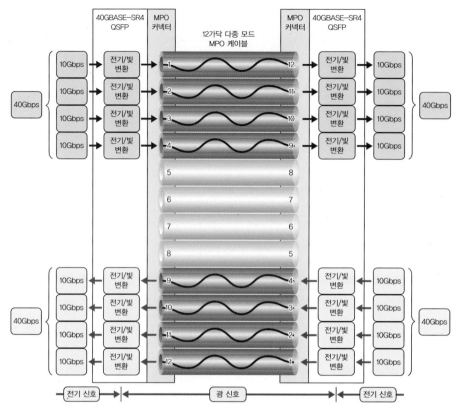

그림 2.1.15 • 40GBASE-SR: 10Gbps의 빛을 8가닥(4가닥 송신, 4가닥 수신)의 광섬유로 보냄

## 커넥터에 따른 분류

광섬유 케이블 커넥터에는 다양한 형태가 있습니다. 그중에서 자주 사용되는 커넥터는 **SC 커넥터, LC 커넥터, MPO 커넥터** 3가지 종류입니다. 연결하는 기기나 트랜시버(transceiver) 모듈에 따라 어떤 커넥터를 사용할지 선택합니다.

### ■ SC 커넥터

SC 커넥터는 플러그를 눌러 고정하고, 당기면 간단하게 빠지는 푸시-풀(push-pull) 구조의 커넥터입니다. 다루기 쉽고 저렴한 것이 특징입니다. 다만, 플러그가 다소 큰 것이 단점입니다. 서버 랙 사이를 연결하는 패치 패널이나 미디어 컨버터(25쪽) 등에 연결할 때 사용합니다. 과거에는 '광섬유 케이블 커넥터 = SC 커넥터'라는 느낌이었지만, 최근에는 집약 효율을 고려해 LC 커넥터로 대체되고 있습니다.

그림 2.1.16 ● SC 커넥터(이미지 제공: 산와서플라이 주식회사)

### ■ LC 커넥터

LC 커넥터의 형태는 SC 커넥터와 비슷합니다. 트위스트 페어 케이블의 커넥터(RJ-45)와 마찬가지로 플러그를 눌러 고정하고, 작은 돌기(래치)를 누르면서 당겨 뺍니다. SC 커넥터보다 플러그가 작아, 더 많은 포트를 장치에 연결할 수 있습니다. 서버나 스위치에 붙이는 10GBASE-SR/LR의 **SFP+ 모듈**이나 40GBASE-LR4의 **QSFP+ 모듈** 등과 연결할 때 사용합니다.

그림 2.1.17 ● LC 커넥터(이미지 제공: 산와서플라이 주식회사)　　그림 2.1.18 ● SFP+ 모듈(이미지 제공: 산와서플라이 주식회사)

### ■ MPO 커넥터

MPO 커넥터는 MPO 케이블(12가닥, 또는 24가닥을 하나로 묶은 케이블) 양끝에 장착하는 커넥터입니다. MPO 커넥터도 SC 커넥터와 마찬가지로 플러그를 눌러 고정하고, 당기면 간단하게 빠지는 푸시-풀(push-pull) 구조입니다. 40GBASE-SR4의 **QSFP+ 모듈**이나 100GBASE-SR4의 **QSFP28 모듈**, 100GBASE-SR10의 **CXP 모듈** 등과 연결할 때 사용합니다.

그림 2.1.19 ● MPO 커넥터(이미지 제공: 산와서플라이 주식회사)

MPO 커넥터의 가닥에는 왼쪽부터 순서대로 번호가 할당되어 있으며, 사용하는 규격에 따라 각각의 역할이 다릅니다. 40GBASE-SR4와 100GBASE-SR4는 12가닥의 MPO 커넥터를 사용하고, 왼쪽 4가닥을 송신, 오른쪽 4가닥을 수신에 사용합니다. 그리고 100BASE-SR10은 24가닥의 MPO 커넥터를 사용하며, 중앙 위의 10가닥을 수신, 아래의 10가닥을 송신에 사용합니다.

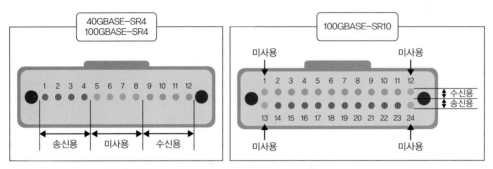

그림 2.1.20 • MPO 커넥터 가닥

지금까지 케이블과 커넥터에 착안해 광섬유 케이블을 설명했습니다. 실제 사용할 때는 먼저, 사용할 프로토콜에 맞춰 연결하는 기기나 트랜시버 모듈을 선택하고, 그 뒤 각각에 맞춰 케이블의 종류와 커넥터를 선택합니다. 예를 들어, 10GBASE-SR의 SFP+ 모듈이 탑재된 2개 스위치를 직접 연결하고자 하는 경우를 생각해 봅시다. SPF+ 모듈은 LC 커넥터입니다. 그리고 10GBASE-SR은 단파장의 빛을 사용하므로 다중 모드 광섬유 케이블을 이용합니다. 즉, LC-LC 다중 모드 광섬유 케이블을 선택해야 합니다.

## 2.1.4 두 가지 통신 방식

인터넷의 통신 방식은 크게 **반이중화 통신**(half duplex)과 **전이중화 통신**(full duplex) 2가지로 나눌 수 있습니다. 네트워크 기기나 PC의 물리 포트에 대해 어떤 통신 방식을 설정하는가에 따라 전송 속도가 크게 달라집니다.

### ■ 반이중화 통신

반이중화 통신은 송신할 때와 수신할 때, 그 해당 통신 방향을 전환해서 사용하는 방식입니다. 편도 1차선 양방향 도로를 떠올리면 쉽게 이해할 수 있습니다. 반이중화 통신은 패킷을 송신할 때는 패킷을 수신할 수 없으며, 반대로 수신할 때는 송신할 수 없습니다.

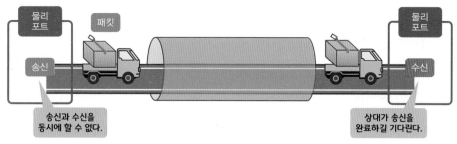

송신과 수신을
동시에 할 수 없다.

상대가 송신을
완료하길 기다린다.

그림 2.1.21 • 반이중화 통신

만약 우연히 양측이 같은 타이밍에 패킷을 송신하고, 송신 중에 패킷을 수신했을 때는 충돌이라고 판단해 '잼(jam) 신호'라는 특수한 비트 패턴을 송신합니다. 잼 신호를 받은 단말은 각각 무작위 시간 동안 기다린 뒤 패킷을 다시 보내기를 시도합니다. 이 구조를 **CSMA/CD**(Carrier Sense Multiple Access with Collision Detection)라 부릅니다.

CSMA/CD는 초기 인터넷을 지탱한 중요한 기술입니다. 그러나 위에서 설명한 것처럼 패킷 송신을 일단 중단하는 구조를 전제로 하기 때문에 고속 통신에는 대응하기 어려워 10Gbps 이상의 프로토콜에서는 사용되지 않게 되었습니다. 실제로 반이중화 통신에서 대량의 데이터를 교환하면 에러가 자주 발생하고 전송 속도가 크게 떨어집니다. 현재의 고속 이더넷은 앞으로 설명할 전이중화 통신으로 통신하고 있습니다.

## 전이중화 통신

전이중화 통신은 송신용 전송로와 수신용 전송로를 별도로 준비하고, 송신과 수신을 동시에 수행하는 방식입니다. 왕복 2차선 도로를 떠올리면 이해하기 쉬울 것입니다. 반이중화 통신과 달리, 송신과 수신을 동시에 수행할 수 있기 때문에 CSMA/CD 구조가 필요하지 않으며, 전송 속도를 최대한으로 높일 수 있습니다.

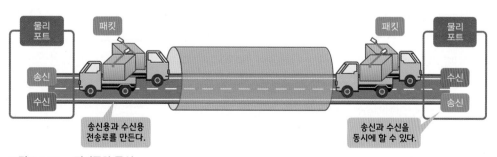

송신용과 수신용
전송로를 만든다.

송신과 수신을
동시에 할 수 있다.

그림 2.1.22 • 전이중화 통신

현대의 고속 이더넷은 전이중화 통신이 기본입니다. 설정 오류 등으로 인해 반이중화 통신이 되었을 때는 전이중화 통신이 되도록 설정을 수정해야 합니다.

## ■ 오토 니고시에이션

**오토 니고시에이션**(auto negotiation, 자동협상)은 물리 포트에서 사용하는 프로토콜이나 통신 방식(반이중화/전이중화 통신)을 자동으로 식별하는 기능입니다. 오토 니고시에이션에 설정된 물리 포트는 연결과 동시에 **FLP**(Fast Link Pulse)라는 특수한 신호 패턴을 사용해, 지원하는 프로토콜이나 통신 방식을 교환합니다. 그리고 미리 결정된 우선 순위에 기반해, 어떤 프로토콜의 어떤 통신 방식을 채용할 것인지 결정합니다.

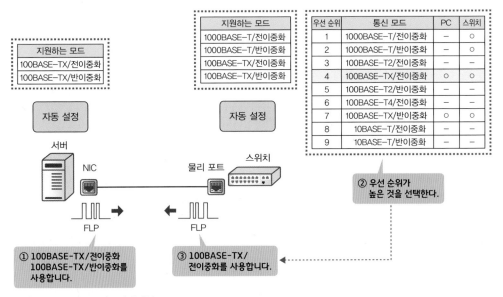

**그림 2.1.23 • 오토 니고시에이션**

오토 니고시에이션을 사용할 때는 인접한 기기의 모든 물리 포트에도 오토 니고시에이션이 설정되어 있어야 합니다. 한쪽만 오토 니고시에이션이 설정되어 있으면 자동으로 반이중화 통신이 선택됩니다. 오토 니고시에이션의 구조가 FLP에 대해 FLP 이외의 신호가 반환되면 반이중화 통신을 선택하게 되어 있기 때문입니다. 앞에서 설명한 것처럼 반이중화 통신은 전송 속도가 크게 낮아지기 때문에, 여기에서는 전이중화 통신이 절대적입니다. 한쪽을 오토 니고시에이션으로 설정했다면 다른 쪽도 반드시 오토 니고시에이션으로 설정합니다.

# 2.2 | 무선 LAN(IEEE802.11)

IEEE802.11에는 무선 LAN 프로토콜이 표준화되었습니다. 무선 LAN이라는 말을 들으면 와이 파이라는 명칭이 너무나도 익숙하기 때문에 와이파이가 무선 LAN의 프로토콜이라 생각할지도 모릅니다. 와이파이(Wi-Fi)는 무선 LAN 제품을 보급하기 위한 목적으로 설립된 미국 업계 단체 인 와이파이 얼라이언스(Wi-Fi Alliance, http://www.wi-fi.org)가 수행하는 상호 연결 설정을 의미 합니다. 지금은 전 세계에 통용되고 있는 IEEE802.11 대응 제품들 대부분이 와이파이 설정을 지원하기 때문에 'IEEE802.11 대응 제품=와이파이 설정 제품'이라고 해도 큰 오류는 없지만 엄 밀히 구분하면 서로 다릅니다. 이 책에서는 물리 계층 프로토콜이라는 관점에서 IEEE802.11에 기반해 설명합니다.

IEEE802.11 역시 IEEE802.3과 마찬가지로 각 프로토콜은 IEEE802.11 뒤에 알파벳을 추가해 이름을 붙이며 프로토콜에 따라 사용하는 주파수 대역, 변조 방식, 그리고 사용되는 기술이 다 릅니다. 새로운 프로토콜일수록 더 빠르고 잘 연결되며 안정적으로 통신할 수 있습니다.

**표 2.2.1 ● IEEE802.11 프로토콜**

| IEEE | 책정 연도 | 최대 속도 | 주파수 대역 | 채널 폭 | 변조 방식 | | 대응하는 고속화 기술 | | | |
| | | | | | 1차 변조 | 2차 변조 | 숏 가드 인터벌 | 채널 본딩 | MIMO | 빔 포밍 |
|---|---|---|---|---|---|---|---|---|---|---|
| 802.11a | 1999년 | 54Mbps | 5GHz | 20MHz | BPSK QPSK 16-QAM 64-QAM | OFDM | – | – | – | – |
| 802.11g | 2003년 | 54Mbps | 2.4GHz | 20MHz | BPSK QPSK 16-QAM 64-QAM | DSS OFDM | – | – | – | – |
| 802.11n | 2009년 | 100Mbps | 2.5/5GHz | 20MHz 40MHz | BPSK QPSK 16-QAM 64-QAM | MIMO-OFDM | o | o | o | – |
| 802.11ac | 2014년 | 6.96Gbps | 5GHz | 20MHz 40MHz 80MHz 160MHz | BPSK QPSK 16-QAM 64-QAM 256-QAM | MIMO-OFDM | o | o | o | o |

# 2.2.1 주파수 대역

무선 LAN에서 사용하는 주파수 대역은 2.4GHz 대역 또는 5.0GHz 대역 중 하나입니다. 이 대역을 **채널**(channel)이라는 형태로 나누어서 사용합니다.

### 2.4GHz 대역

2.4GHz 대역은 **ISM 밴드**[9]라 불리며, 무선 LAN뿐만 아니라 전자레인지, 블루투스(bluetooth), 아마추어 무선 등에서도 사용되고 있습니다. 무선 LAN에서는 이 주파수 대역을 20MHz씩 13개 채널로 나누어서 사용합니다. 그러나 각 채널의 파장이 미묘하게 겹치기 때문에 동시에 사용할 수 있는 채널은 그중 3개입니다. 1ch, 6ch, 11ch과 같이 주파수 대역이 겹치지 않는 3개의 채널을 선택해서 사용합니다. IEEE802.11g, IEEE802.11n이 2.4GHz 대역을 사용하는 프로토콜입니다.

2.4GHz 대역은 전파 특성상 장애물에 강하기 때문에 옥내외에서 사용할 수 있습니다. 그러나 전자레인지나 아마추어 무선 등 일상생활에서 전파 간섭을 일으키는 경우가 많기 때문에 충분히 고려해서 사용해야 합니다. 전파 간섭이 발생하면 갑자기 연결이 끊어지거나 패킷이 소실되어 버립니다. 또한, 동시에 사용할 수 있는 채널이 적어 여기저기 이동합니다. 혼선 상태입니다. '지금까지 연결되어 있었는데…'와 같은 일이 발생하면 전파 간섭을 의심해 보고, 먼저 채널을 바꾸어 봅니다.

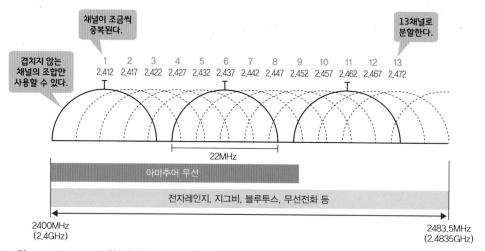

그림 2.2.1 • 2.4GHz 대역의 채널과 주파수 대역

---

9 ISM은 'Industry Science and Medical'의 약자로 공장, 과학, 의료 등을 목적으로 확보된 주파수 대역입니다.

## ■ 5GHz 대역

5GHz 대역은 **W52**, **W53**, **W56**의 3개 주파수 대역으로 구성됩니다. W52, W53은 20MHz 씩 4개 채널, W56은 20MHz씩 11개 채널로 나뉘어 있습니다. 각 채널은 완전히 다른 파장 을 사용하기 때문에 19개 채널을 모두 동시에 사용할 수 있습니다. 사용할 수 있는 채널의 수 가 많을 뿐만 아니라 동시에 사용할 수 있기 때문에 깨끗한 전파 환경을 구축할 수 있습니다. IEEE802.11a, IEEE802.11n, IEEE802.11ac가 5GHz 대역을 사용하는 프로토콜입니다.

5GHz 대역은 전파 특성상 장애물에 약하며 옥외 사용에 제한이 있습니다. 옥외에서는 W56만 사용할 수 있습니다. 또한, W53과 W56은 레이더파를 검출하면 채널을 변경하는 **DFS**(Dynamic Frequency Selection) **기능**을 의무적으로 구현해야 합니다. DFS 기능의 발동되면 일정 시간 동안 통신할 수 없게 되므로 주의해야 합니다.

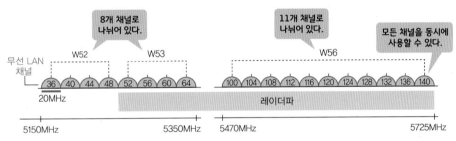

그림 2.2.2 • 5GHz 대역 채널과 주파수 대역

---

**NOTE**　　네트워크 구축에서는 2.4GHz 대역과 5GHz 대역 중 어느 것을 선택하는가?

최근에는 많은 채널을 동시에 사용할 수 있는 5GHz 대역을 선호합니다. 액세스 포인트와 무선 LAN 클라이 언트가 5GHz 대역에 대응한다면 5GHz 대역을 구축하는 것이 바람직할 것입니다.

하나의 액세스 포인트가 클라이언트의 통신을 커버할 수 있는 범위를 '셀(cell)'이라 부릅니다. 셀의 형태와 크기는 안테나의 형태, 사용하는 주파수 대역, 전파 출력의 크기 등에 따라 달라집니다. 또한, 셀 바깥쪽일수록 다시 말해, 액세스 포인트에서 멀어질수록 전파가 약해지고, 전송 속도도 느려집니다.

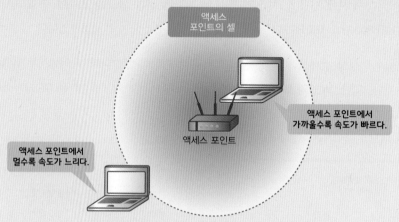

그림 2.2.3 ● 액세스 포인트에 가까울수록 속도가 빠르고, 멀수록 속도가 느림

그래서 액세스 포인트를 설치할 때는 셀과 채널을 조합해서 틈이 생기지 않도록 메꿈으로써, 넓은 영역에서의 통신을 가능하게 합니다. 예를 들어, 2.4GHz 대역을 사용할 때, 간섭이 없는 3개 채널을 다음 그림과 같이 배치해 깨끗한 전파 환경을 구축할 수 있습니다.

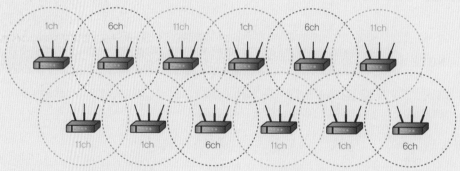

그림 2.2.4 ● 셀을 빈틈이 없이 메꿈

## 2.2.2 변조 방식

무선 LAN은 전파를 사용해 데이터를 보냅니다. '0'과 '1'로 구성된 디지털 데이터를 아날로그 전파로 변환하는 것을 **변조**(modulation)라 부릅니다. 무선 LAN은 **1차 변조**와 **2차 변조**의 2차례 변조함으로써 빠르고도 안정적으로 데이터를 보낼 수 있도록 합니다. 데이터를 전파로 보낼 수 있게 1차 변조하고, 전파가 노이즈에 강해지도록 2차 변조합니다.

### ■ 1차 변조

1차 변조는 일정 주파수로 된 기준 파형인 '반송파'와 디지털 데이터를 조합해 전파에 싣기 위한 '변조파'를 만듭니다. 무선 LAN에서는 반송파에서 전파 진폭을 바꾸거나, 전파 각도를 어긋나게 해서 많은 '0'과 '1'을 보낼 수 있도록 합니다. 무선 LAN의 1차 변조 방식에는 BPSK, QPSK, 16QAM, 64QAM, 256QAM 등이 있습니다. 1차 변조 방식은 프로토콜의 전송 속도와 관계가 있습니다.

### ■ 2차 변조

2차 변조는 1차 변조로 만든 파형을 노이즈에 지지 않도록 하기 위한 변조입니다. 1차 변조는 어디까지나 변환할 때까지의 기술입니다. 애써 1차 변조로 만들어진 파형도, 그대로 전송하면 공간을 날아다니는 다른 전파(노이즈)로 인해 부서집니다. 그래서 전파를 잘 확산시켜, 노이즈에 강하게 만듭니다. 무선 LAN의 2차 변조 방식은 확산 방법에 따라 DSSS, OFDM, MIMO-OFDM의 3가지 종류가 있습니다. DSSS는 저속, OFDM은 고속, MIMO-OFDM은 보다 고속입니다. 무선 LAN 프로토콜은 2차 변조 방식과 주파수 대역의 조합에 따라 정리할 수 있습니다.

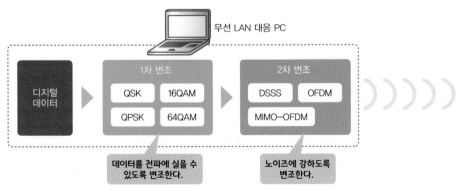

그림 2.2.5 ● 디지털 데이터를 2회 변조해 전파로 보냄

## 2.2.3 무선 LAN의 통신 방식

무선 LAN 단말은 송신과 수신에 같은 채널[10]을 사용하므로 반이중화 통신으로 작동합니다. 즉, 송신할 때는 수신할 수 없으며, 수신할 때는 송신할 수 없습니다. 그리고 모두 같은 채널을 공유하기 때문에 여러 단말이 동시에 패킷을 송신할 수 없습니다. 동시에 패킷을 송신하게 되면 패킷이 충돌하고, 전파의 파형이 깨지게 됩니다.

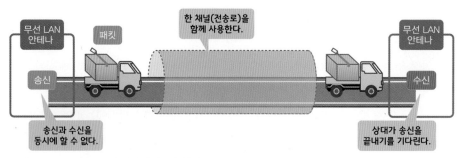

**그림 2.2.6 ●** 무선 LAN에서의 반이중화 통신

그래서 무선 LAN에는 충돌을 피하면서 통신하는 **CSMA/CA**(Carrier Sense Multiple Access/ Collision Avoidance)라는 구조가 있습니다. CSMA는 유선 LAN의 반이중화 통신에서 사용하는 CSMA/CD에도 있었습니다. 간단히 두 기술을 비교하면 **CSMA/CD**는 충돌한 후 무언가를 시도하려 하는 것에 비해, **CSMA/CA**는 충돌하기 전 무언가를 시도하려 하는 것입니다. 구체적인 처리를 확인해 봅니다.

① 무선 LAN 단말은 프레임을 전송하기 전 우선 대기한 상태로, 다른 단말이 전파를 사용하고 있지 않은지 확인합니다. 이 대기 시간을 DIFS(DCF InterFrame Space)[11], 확인 처리를 캐리어 센스(carrier sense)라 부릅니다.

② 아무도 전파를 사용하지 않음[한가함(Idle) 상태]을 확인했다면 각각 무작위 시간 동안 대기합니다. 이 무작위 대기 시간을 백오프(back-off)라 부릅니다.

③ 백오프가 가장 짧은 단말이 우선 프레임을 전송합니다. 그리고 그 외의 단말은 잠시 전송을 보류합니다[바쁨(busy) 상태].

---

10 여기에서는 '채널=전송기기'라고 생각하면 이해하기 쉬울 것입니다.

11 DIFS 대기 시간은 사용하는 프로토콜이나 주파수 대역에 따라 다릅니다. 예를 들면 2.4GHz 대역의 IEEE802.11n의 DIFS는 20 mus, 5GHz 대역의 IEEE 802.11n의 DIFS는 34mus입니다.

④ 액세스 포인트는 일단 대기한 상태로 '프레임을 받았습니다'라는 의미의 확인 응답 프레임을 전송합니다. 그 외의 단말은 일단 전송을 보류합니다. 이 대기 시간을 SIFS(Short InterFrame Space)[12]라 부릅니다.

⑤ 모든 단말은 확인 응답 프레임 수신을 확인했다면 다시 ① ~ ④ 단계를 반복합니다.

그림 2.2.7 • CSMA/CA

CSMA/CA에 의해 동시에 패킷을 송신하는 단말은 반드시 1대입니다. 예를 들면, 20대의 단말이 1대의 액세스 포인트를 경유해 파일을 업로드할 때, 얼핏 보면 모든 단말이 동시에 송신하는 것처럼 보이나, 한순간에 실제 통신하는 단말은 1대뿐입니다. 그 1대가 빠르게 바뀌기 때문에 마치 모든 단말이 동시에 통신하는 것처럼 보이는 것입니다.

## 2.2.4 고속화 기술

IEEE802.11은 새로운 프로토콜이 등장할 때마다, 다양한 기술을 추가하면서 고속화를 달성하고 있습니다. 이 책에서는 그중에서도 물리 계층에 관한 고속화 기술을 다룹니다.

### ■ 숏 가드 인터벌

무선 LAN의 안테나로 들어오는 전파에는 전송 안테나로 직접 들어오는 직접파, 건물이나 벽을 반사하면서 시간차를 두고 도달하는 반사파(간접파)가 있습니다. 이 2종류의 전파가 어긋나거나 겹쳐서 파형이 어그러지는 현상을 **다중 경로 간섭**(multi path interference)이라 부릅니다. 다중 경로

---

12 SIFS 대기 시간은 사용하는 프로토콜이나 주파수 대역에 따라 다릅니다. 예를 들면 2.4GHz 대역의 IEEE802.11n의 DIFS는 10 mus, 5GHz 대역의 IEEE 802.11n의 DIFS는 16mus입니다.

간섭이 발생하면 원래 전파로 복원할 수 없게 되어, 통신이 두절되거나 에러가 자주 발생합니다.

이 다중 경로 간섭을 줄이는 기능이 **가드 인터벌**(GI, Guard Interval)입니다. 가드 인터벌은 비트를 실은 전파의 가장 마지막 부분을 일정 시간 복사해서, 전파 앞부분에 붙이는 기능입니다. 이 기능을 사용하면 앞뒤 전파가 다소 겹치더라도 원래 전파를 추출할 수 있기 때문에 다중 경로 간섭의 영향을 줄일 수 있습니다. '숏 가드 인터벌(short GI)'은 이 복사 시간을 짧게 하는 기능입니다. IEEE802.11n에서 선택 기능으로 추가되었습니다. 기본 가드 인터벌은 800나노초 정도인 것에 비해, 숏 가드 인터벌은 400나노초입니다. 가드 인터벌 시간이 짧을수록 같은 시간에 보다 많은 비트를 전파에 실어 송신할 수 있으며, 최대 1.1배까지 전송 속도를 향상할 수 있습니다. IEEE802.11n에서 1공간 스트림(77쪽)당 최대 전송 속도는 65Mbps이므로 숏 가드 인터벌 기능을 사용하면 72.2Mbps가 됩니다.

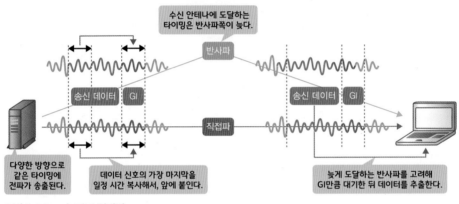

그림 2.2.8 • 숏 가드 인터벌

## 채널 본딩

**채널 본딩**은 인접한 채널을 동시에 사용함으로써 전송 속도를 향상하는 기술입니다.

IEEE802.11a/b/g까지는 송수신에 하나의 채널만 사용할 수 있었습니다. IEEE802.11n부터는 채널 본딩으로 여러 채널을 동시에 사용해 패킷을 전송할 수 있습니다. 예를 들면, 가드 인터벌이 800나노초일 때, 1공간 스트림당 전송 속도는 65Mbps입니다. 채널 본딩으로 채널 폭을 2배(40MHz)로 만들면 전송 속도는 130Mbps(=65Mbps × 2)가 됩니다.

채널 본딩을 사용하면 하나의 액세스 포인트가 여러 채널을 사용할 수 있습니다. 따라서 2.4GHz 대역에서 채널 본딩하면 채널을 배치할 수 없습니다. 여러 액세스 포인트를 배치하는 무선 LAN 환경에서 채널 본딩할 때는 반드시 5GHz 대역을 사용합니다.

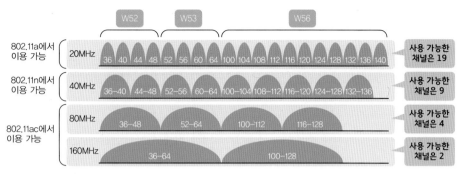

그림 2.2.9 • 채널 본딩은 여러 채널을 사용해 속도를 높임

## MIMO

무선 LAN에서 공간을 흐르는 비트의 전송로를 **공간 스트림**(space stream)이라 부릅니다. 이 공간 스트림을 동시에 여럿 사용함으로써, 전송 속도를 높이는 기술이 **MIMO**(Multi-Input Multi-Output)입니다.

IEEE802.11a/b/g에서는 1개 안테나로 1공간 스트림을 사용해 비트를 전송할 수밖에 없었습니다. 그러나 IEEE802.11n에서는 최대 4개 안테나, 4공간 스트림, IEEE802.11ac에서는 최대 8개 안테나, 8공간 스트림을 동시에 사용해 더 많은 비트를 전송할 수 있게 되었습니다. 공간 스트림의 수가 늘어날수록 전송 속도는 빨라집니다. 2공간 스트림으로 교환할 수 있다면 2배, 3공간 스트림으로 교환할 수 있다면 3배 빠른 전송 속도가 됩니다. 예를 들면, 채널 본딩 없이(채널 폭 20MHz) 가드 인터벌 800나노초일 때, 1공간 스트림당 최대 전송 속도는 65Mbps입니다. 4공간 스트림을 사용하면 최대 260Mbps(=65Mbps × 4공간 스트림)까지 전송 속도를 높일 수 있습니다.

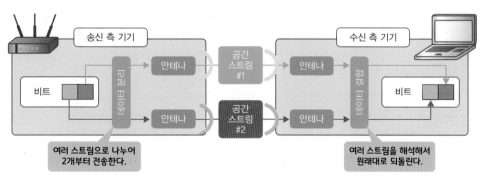

그림 2.2.10 • MIMO(2공간 스트림 예)

## ■ 빔 포밍

스마트폰이나 PC 등 무선 LAN 단말에 핀 포인트(pin point)로 전파를 보내는 기능을 **빔 포밍** (beam forming)이라 부릅니다. IEEE802.11n에서는 옵션 기능이었지만, IEEE802.11ac부터 표준 기능으로 내장되었습니다.

IEEE802.11a/b/g까지 특정 장소에 집중해서 전파를 보내기 위해서는 파라볼라 안테나와 같은 지향성이 강한 안테나를 사용해야만 했습니다. 빔 포밍은 전파에 위상 제어를 통해 지향성을 만들고, 무선 LAN 단말에 대해 핀 포인트로 전파를 보냅니다. 그 결과, 전송 속도 향상뿐만 아 니라 전파 간섭 범위가 좁아져 통신 품질도 향상됩니다.

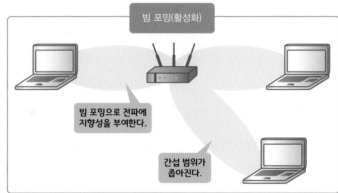

그림 2.2.11 • 빔 포밍

## 2.2.5 기타 무선 프로토콜

무선 파트의 마지막 내용으로 IEEE802.11 이외의 무선 프로토콜도 다루어 봅니다. 무선에는 IEEE802.11 이외에도 용도에 따라 많은 프로토콜이 존재합니다. 이번 절에서는 그중에서도 현 재 계속 발전하고 있는 프로토콜 2가지를 소개합니다.

## ■ 블루투스

**블루투스**(bluetooth)는 IEEE802.15.1로 표준화된 저전력형 근거리 무선 통신 프로토콜입니다. 최근 PC 주변 기기뿐만 아니라, 스마트폰과 함께 사용하는 이어폰이나 자동차의 인포테인먼트 시스템 등 다양한 곳에서 이용되고 있어 모르는 분이 없을 것입니다. 블루투스는 무선 LAN과 비교해, 전송 속도나 통신 거리면에서 극히 부족합니다. 하지만 소비 전력이 적고 다양한 장치를 페어링해서 간단하게 연결할 수 있기 때문에 폭발적으로 보급되었습니다.

2.4GHz 대역(ISM 밴드)을 79개 채널[13]로 나누고, 1초에 1,600회(626마이크로초에 1회)라는 속도로 채널을 바꾸며 통신하는 FHSS(Frequency Hopping Spread Spectrum)라는 변조 방식을 채용하고 있습니다[14]. 또한, 이때 AFH(Adaptive Frequency Hopping)로 에러가 많이 발생하는 채널을 검출하고, 해당 채널을 사용하지 않음으로써 가능한 한 전파 간섭이 없게 통신합니다.

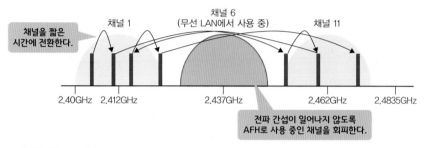

그림 2.2.12 • FHSS

## 지그비

**지그비(zigbee)**[15]은 IEEE802.15.4에서 표준화된 저전력형 단거리 무선 프로토콜입니다. 무선 LAN에 비해, 전송 속도나 전송 거리면에서 압도적으로 열악합니다. 하지만 데이터 송수신 시 소비 전력이 적을 뿐만 아니라, 슬립 시 대기 전력이 블루투스보다도 작기 때문에 스마트홈 가전이나 제조 공장의 센서 등 필요할 때만 통신하는 일이 많은 IoT에서 이용되고 있습니다.

지그비도 블루투스와 마찬가지로 2.4GHz 대역(ISM 밴드)[16]을 16개 채널로 나누어 사용합니다. 1차 변조에는 QPSK, 2차 변조에는 DSSS를 채용하고 있으며 최대 250kbps의 전송 속도를 냅니다.

마지막으로 블루투스와 지그비를 무선 LAN과 비교해서 다음 표에 나타냈습니다. 빠르게 확인하고 싶을 때 참고하기 바랍니다.

---

13　Bluetooth LE(Low Energy)는 40개 채널로 나눕니다.

14　자세히 설명하면 1차 변조는 GFSK/DPQSK/8PSK, 2차 변조가 FHSS입니다. FHSS는 IEEE802.11에서도 사용되는 변조 방식입니다.

15　zigbee라는 이름은 지그재그(zig)로 날아다니는 벌(bee)에서 유래했습니다.

16　IEEE802.15.4에서는 868Mhz 대역, 915MHz 대역도 이용할 수 있도록 정의되어 있습니다. 한국에서는 2.4GHz 대역만 사용할 수 있습니다.

표 2.2.2 • 블루투스, 지그비, 무선 LAN 비교

| | | 블루투스 | 지그비 | 무선 LAN |
|---|---|---|---|---|
| | | IEEE802.15.1 | IEEE802.15.4 | IEEE802.11n/ac |
| 주파수 대역 | | 2.4GHz 대역 | 2.4GHz 대역 | 2.4GHz/5GHz 대역 |
| 변조 방식 | 1차 변조 | GFSK(LE)<br>DPQSK(BR/EDR)<br>8PSK(BR/EDR) | QPSK | BPSK<br>QPSK<br>16QAM~256QAM |
| | 2차 변조 | FHSS | DSSS | MIMO-OFDM |
| 최대 도달 범위 | | 10m | 30m | 100m |
| 최대 스루풋 | | 3Mbps | 250kbps | 6.93Gbps |
| 소비 전력 | | 중간(BR/EDR),<br>낮음(LE) | 낮음 | 높음 |
| 주요 용도 | | 키보드나 마우스,<br>이어폰 등의 연결 | 센서 데이터 수집 등<br>IoT 연결 | 인터넷 연결 등 |

# 3

# 데이터링크 계층

PC, 태블릿, 스마트폰 등 가정에서 인터넷에 접속한 단말은 곧바로 인터넷에 접속하는 것이 아니라, 먼저 가정의 LAN에 접속한 뒤 인터넷에 접속합니다. 데이터링크 계층은 가정의 LAN을 시작으로, 같은 네트워크 안에 있는 단말의 접속성과 신뢰성을 확보합니다.

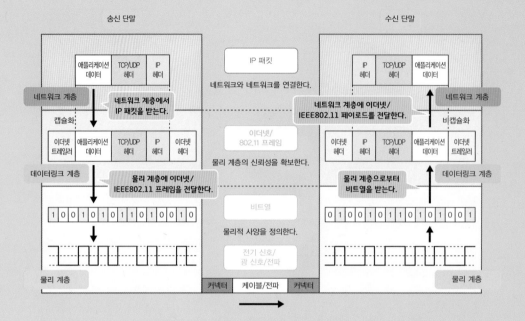

데이터링크 계층은 같은 네트워크에 있는 단말을 식별하고, 물리 계층 위에서 비트열을 정확히 전송하는 구조를 제공합니다. 물리 계층은 컴퓨터에서 다루는 '0'과 '1'로 구성된 '디지털 데이터'와 LAN 케이블 또는 전파에서 다루는 '신호'를 상호 변환하는 역할을 담당합니다. 데이터를 송신하는 단말은 물리 계층에서 디지털 데이터를 신호로 변환할 때 필요한 처리(부호화)를 합니다. 그러므로 다소의 에러(비트 이상)가 있더라도 수신하는 단말에서 정정할 수 있습니다. 하지만 복잡한 에러가 발생하면 물리 계층에서만 처리할 수는 없게 됩니다. 데이터링크 계층은 디지털 데이터 전체의 정합성을 체크함으로써, 물리 계층만으로는 정정할 수 없는 에러를 감지하고 디지털 데이터의 신뢰성을 담보합니다. 또한, 'MAC 주소'라는 네트워크상의 주소를 사용해서 송신 단말과 수신 단말을 식별합니다.

2장 앞부분에서 설명한 것처럼 데이터링크 계층은 물리 계층과 연계해 동작하기 때문에 물리 계층과 함께 프로토콜로 정의되어 있습니다. 즉, 현대 네트워크에서 사용되는 L2 프로토콜은 유선 LAN인 경우 IEEE802.3, 무선 LAN인 경우 IEEE802.11이 됩니다.

# 3.1 | 유선 LAN(IEEE802.3)

데이터링크 계층의 '데이터링크'란 인접한 기기 사이에 만드는 논리적인 전송로를 의미합니다. 데이터링크 계층은 '어떤 단말에 대해 데이터링크를 만드는가', 그리고 만들어진 데이터링크 안에 '비트가 누락되지는 않았는가'를 판단하기 위해 캡슐화 처리로 물리 계층의 신뢰성을 확보합니다. IEEE802.3으로 표준화된 이더넷에서는 어떤 포맷(형식)으로 캡슐화하고, 어떻게 에러를 검출하는지 정의하고 있습니다.

## 3.1.1 이더넷의 프레임 포맷

이더넷에 의해 캡슐화된 패킷을 **이더넷 프레임**(ethernet frame)이라 부릅니다. 이더넷의 프레임 포맷에는 **이더넷 II 규약**과 **IEEE802.3 규약** 2종류가 있습니다.

이더넷 II 규약은 당시 컴퓨터 업계를 이끌던 DEC, 반도체 업계를 이끌던 Intel, 이더넷 특허를 가진 Zerox가 1982년에 발표한 규격입니다. 세 기업의 머리글자를 따서 'DIX2.0 규격'이라 부르기도 합니다. 이더넷 II 규약은 IEEE802.3 규약보다 먼저 발표되었기에 '이더넷 II = 이더넷'이라 부를 정도로 세계에 널리 알려졌습니다. 웹, 메일, 파일 공유에서 인증에 이르기까지 TCP/IP로 교환하는 대부분의 패킷이 이더넷 II 규약을 사용하고 있습니다.

IEEE802.3 규격은 IEEE802.3 위원회가 이더넷 II를 기반으로 1985년에 발표한 규격입니다. 이더넷 II에 몇 가지 변경점을 추가했습니다. 세계 표준을 목적으로 책정한 IEEE802.3이지만 발표 당시, 이미 이더넷 II가 전 세계에 보급되어 있었기 때문에 거의 주목을 받지 못했습니다. 현재도 여전히 마이너 규격으로 남아 있다는 느낌입니다. 이런 배경으로, 이 책에서는 이더넷 II에 관해서만 다룹니다.

이더넷 II의 프레임 포맷은 1982년 발표된 후, 현재에 이르기까지 전혀 변하지 않았습니다. 단순하고 알기 쉬운 포맷으로 30년 이상 긴 역사를 자랑하고 있습니다. 이더넷 II는 **프리앰블**(preamble), **수신지/송신지 MAC 주소**, **타입**, **이더넷 페이로드**(ethernet payload), **FCS**라는 5개 필드로 구성되어 있습니다. 이 중 프리앰블, 수신지/송신지 MAC 주소, 타입을 합쳐 **이더넷 헤더**(ethernet header)라 부릅니다. 또한, FCS는 **이더넷 트레일러**(ethernet trailer)라 부르기도 합니다.

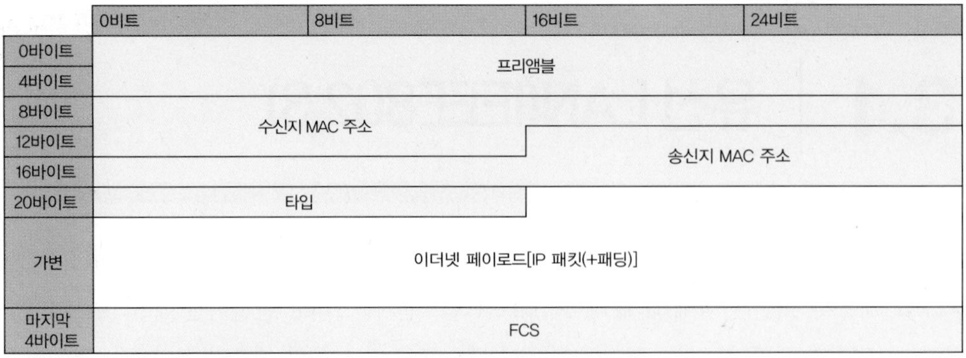

| | 0비트 | 8비트 | 16비트 | 24비트 |
|---|---|---|---|---|
| 0바이트 | 프리앰블 | | | |
| 4바이트 | | | | |
| 8바이트 | 수신지 MAC 주소 | | | |
| 12바이트 | | | 송신지 MAC 주소 | |
| 16바이트 | | | | |
| 20바이트 | 타입 | | | |
| 가변 | 이더넷 페이로드[IP 패킷(+패딩)] | | | |
| 마지막 4바이트 | FCS | | | |

그림 3.1.1 ● 이더넷 II의 프레임 포맷

---

**NOTE**  포맷 다이어그램에 관해

이 책에서는 자주 사용하는 프로토콜에 한해 그림 3.1.1과 같은 포맷 다이어그램을 제시합니다. 포맷 다이어그램은 RFC에 맞춰 1열에 4바이트(32비트)를 가진 행을 왼쪽에서 오른쪽으로, 그리고 오른쪽 끝에 다다르면 다음 행에 나타내는 형태로 표기합니다. 예를 들면, 데이터가 1바이트(8비트 단위)로 전송될 때, 다음 그림의 순서로 전송됩니다.

| | 0비트 | 8비트 | 16비트 | 24비트 |
|---|---|---|---|---|
| 0바이트 | 1 | 2 | 3 | 4 |
| 4바이트 | 5 | 6 | 7 | 8 |
| 8바이트 | 9 | 10 | 11 | 12 |

그림 3.1.2 ● 포맷 다이어그램

포맷의 각 필드에 관해 간단히 설명합니다.

## ■ 프리앰블

프리앰블(preamble)은 '이제부터 이더넷 프레임을 보냅니다.'라는 합의를 의미하는 8바이트(64비트)[1]의 특별한 비트 패턴입니다. 앞에서부터 '10101010'을 7개, 가장 마지막에 '10101011'을 1개 전송합니다. 수신 측 단말은 이더넷 프레임 최초에 부여되어 있는, 이 특별한 비트 패턴을 보고 '이제부터 이더넷 프레임이 온다'고 판단합니다.

---

1 '바이트'와 '비트'는 데이터 사이즈(데이터 크기)를 의미하는 단위입니다. 컴퓨터는 모든 데이터를 '0'과 '1'로 취급합니다. 이 하나하나가 비트입니다. 컴퓨터는 이 비트를 개별적으로 처리하지 않고, 효율적으로 다루기 위해 8비트씩 처리합니다. 이 단위가 1바이트입니다. 즉, '1바이트 = 8비트'입니다. 또한, 바이트는 대문자 'B', 비트는 소문자 'b'로 표기합니다.

## ■ 수신지/송신지 MAC 주소

MAC(87쪽)은 이더넷 네트워크에 접속하고 있는 단말을 식별하는 6바이트(48비트)의 ID입니다. 이더넷 네트워크에서의 주소와 같은 것이라고 생각할 수 있습니다. 송신 측 단말은 이더넷 프레임을 전달하고자 하는 단말의 MAC 주소를 **수신지 MAC 주소**로, 자신의 MAC 주소를 **송신지 MAC 주소**로 설정하고 이더넷 프레임을 송출합니다. 이에 대응하는 수신 측 단말은 수신지 MAC 주소를 보고, 자신의 MAC 주소라면 해당 프레임을 받고 관계없는 MAC 주소이면 파기합니다. 또한, 송신지 MAC 주소를 보고, 어떤 단말에서 온 이더넷 프레임인지 판별합니다.

## ■ 타입

타입은 네트워크 계층(레이어3, L3, 3계층)에서 어떤 프로토콜을 사용하는지 나타내는 2바이트(16비트)의 ID입니다. IPv4(Internet Protocol version 4)라면 '0x0800', IPv6(Internet Protocol version 6)라면 '0x86DD' 등 사용하는 프로토콜이나 그 버전 등에 따라 값이 결정됩니다.

표 3.1.1 ● 대표적인 프로토콜의 타입 코드

| 타입 코드 | 프로토콜 |
|---|---|
| 0x0000 – 05D | IEEE802.3 Length Field |
| 0x0800 | IPv4(Internet Protocol version 4) |
| 0x0806 | ARP(Address Resolution Protocol) |
| 0x8035 | RARP(Reverse Address Resolution Protocol) |
| 0x86DD | IPv6(Internet Protocol version 6) |
| 0x8863 | PPPoE(Point-to-Point Protocol over Ethernet) Discovery Stage |
| 0x8864 | PPPoE(Point-to-Point Protocol over Ethernet) Session Stage |

## ■ 이더넷 페이로드

이더넷 페이로드는 네트워크 계층의 데이터 자체를 나타냅니다. 예를 들면, **네트워크 계층에서 IP를 사용한다면** '이더넷 페이로드=IP 패킷'입니다. 5쪽에서 설명한 것처럼, 패킷 교환 방식 통신에서는 데이터를 그 상태 그대로 전송하는 것이 아니라, 전송하기 쉽게 소포로 작게 나누어 전송합니다. 소포의 크기도 결정되어 있으며[2], 이더넷의 경우 디폴트로 46바이트부터 1,500바이

---

2  택배나 우편 서비스에서 보내는 화물의 크기가 정해져 있는 것을 생각하면 이해하기 쉬울 것입니다.

트 범위 안에 들어가야만 합니다[3]. 46바이트 미만인 경우에는 '패딩(padding)'이라는 더미 데이터를 추가해 강제로 46바이트로 만듭니다. 반대로 1,500바이트 이상의 경우에는 트랜스포트 계층이나 네트워크 계층에서 데이터를 나누어 1,500바이트로 맞춥니다.

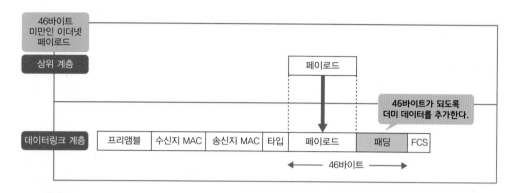

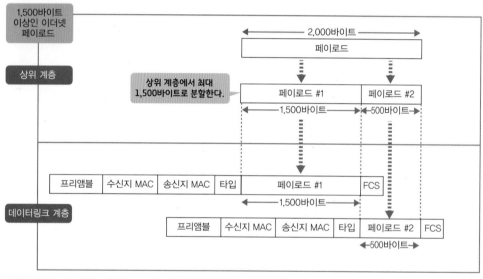

그림 3.1.3 • 46바이트에서 1,500바이트 사이에 담는 이더넷 페이로드

## ▢ FCS

FCS(Frame Check Sequence)는 이더넷 프레임이 손상되지 않았는지 확인하기 위한 4바이트(32비트) 필드입니다.

---

3  L2 페이로드에 담을 수 있는 데이터의 최대 크기를 MTU(Maximum Transmission Unit)라 부릅니다. 이더넷의 디폴트 MTU는 1,500 바이트이며, 그것보다 크게 만들 수도 있습니다. 이더넷 페이로드가 1,500바이트보다 큰 이더넷 프레임을 점보 프레임(jumbo frame)이라 부릅니다.

송신 측 단말은 이더넷 프레임을 송신할 때 '수신지 MAC 주소, 송신지 MAC 주소, 타입, 이더넷 페이로드'에 대해 일정한 계산(체크섬 계산, CRC)을 수행하고, 그 결과를 FCS로 프레임 마지막에 추가합니다. 대응하는 수신 측 단말은 전달받은 이더넷 프레임에 대해 동일한 계산을 수행하고, 그 값이 FCS와 같다면 손상되지 않은 올바른 이더넷 프레임이라고 판단합니다. 값이 다르면 전송 도중 이더넷 프레임이 손상되었다고 판단하고 파기합니다. 이렇게 FCS가 이더넷에서 에러 감지의 전부를 담당합니다.

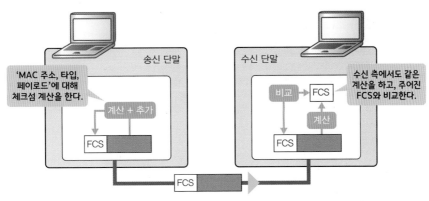

그림 3.1.4 • FCS 처리

## 3.1.2 MAC 주소

이더넷에서 가장 중요한 필드는 **수신지 MAC 주소, 송신지 MAC 주소**입니다. MAC 주소는 이더넷 네트워크에 접속되어 있는 단말의 식별 ID입니다. 6바이트(48비트)로 구성되며, '00-0c-29-43-5e-be' 또는 '04:0c:ce:da:3a:6c'와 같이 1바이트(8비트)씩 하이픈이나 콜론으로 구분해 12자리의 16진수로 표기합니다. 물리 어플라이언스의 경우, 물리 NIC가 만들어질 때 ROM(Read Only Memory)에 기록합니다. 가상 어플라이언스에서는 기본으로 하이퍼바이저에서 가상 NIC에 할당됩니다.

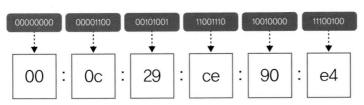

그림 3.1.5 • MAC 주소 표기(콜론 표기)

MAC 주소는 상위 3바이트(24비트)와 하위 3바이트(24비트)가 각각 다른 의미를 갖습니다. 상위 3바이트(24비트)는 IEEE가 벤더별로 할당한 벤더 코드로 **OUI**(Organizationally Unique Identifier)라 부릅니다. 이 부분을 보면 통신하는 단말의 NIC를 어떤 벤더가 제조했는지 알 수 있습니다. OUI는 *http://standards-oui.ieee.org/oui/oui.txt*에 공개되어 있습니다. 트러블슈팅할 때 참고하면 좋습니다. 하위 3바이트(24비트)는 **UAA**(Universal Administered Address)라 부르며, 출하 시 벤더에서 할당하거나 무작위로 생성한 값입니다.

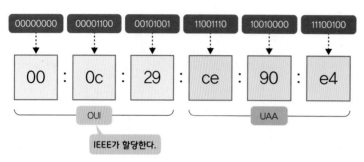

**그림 3.1.6 •** OUI와 UAA

---

**NOTE** **MAC 주소가 반드시 고유한 값을 갖지는 않는다**

또한 MAC 주소는 IEEE가 고유하게 관리하는 OUI와 벤더 내에서 고유하게 관리하는 UAA로 구성되기 때문에 전 세계적으로 고유한 값이었습니다. 하지만 최근에는 벤더가 출하 시 MAC 주소를 재활용하거나 가상 환경 등에서는 UAA를 무작위로 생성하는 등의 이유로 반드시 고유한 값이라고 단정할 수 없게 되었습니다. 이더넷 네트워크에서 같은 MAC 주소의 단말이 여럿 존재하면 그 단말들은 통신할 수 없습니다. 그때는 중복되지 않는 MAC 주소로 수정해야 합니다.

---

### 통신 종류에 따른 MAC 주소의 차이

이더넷 네트워크에서의 통신은 **유니캐스트**(unicast), **브로드캐스트**(broadcast), **멀티캐스트**(multicast)의 3가지입니다. 이 통신은 수신지에 따라 구분해서 사용하며, 수신지 MAC 주소에 설정된 MAC 주소가 조금씩 다릅니다. 각각에 관해 설명합니다.

## ■ 유니캐스트

유니캐스트는 1:1 통신입니다. 송수신하는 각 단말의 MAC 주소가 송신지 MAC 주소와 수신지 MAC 주소가 됩니다. 웹이나 메일 등 인터넷 통신의 대부분은 이 유니캐스트로 분류됩니다.

## ■ 브로드캐스트

브로드캐스트는 1:n 통신입니다. 여기에서의 'n'은 같은 이더넷 네트워크에 접속되어 있는 자신 외의 모든 단말을 의미합니다. 어떤 단말이 브로드캐스트를 송신하면 그 이더넷 네트워크에 있는 자신 이외의 모든 단말이 그 프레임을 수신합니다. 이 브로드캐스트가 도달하는 범위를 **브로드캐스트 도메인**(broadcast domain)이라 부릅니다. 브로드캐스트는 **ARP**(Address Resolution Protocol)(120쪽)와 같은 네트워크상의 모든 단말에 알림/문의를 하는 프로토콜에서 사용합니다.

브로드캐스트 시 송신지 MAC 주소는 유니캐스트와 동일하게 송신지 단말의 것이지만, 수신지 MAC 주소에는 6바이트(48비트)가 모두 '1', 16진수로는 'ff:ff:ff:ff:ff:ff'라는 특별한 값을 사용합니다.

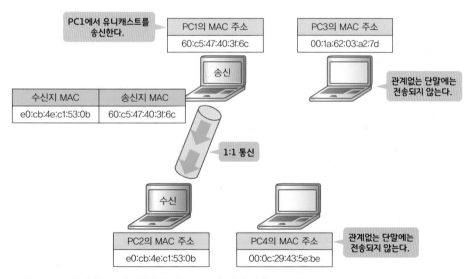

그림 3.1.7 • 유니캐스트에서의 수신지 MAC 주소와 송신지 MAC 주소

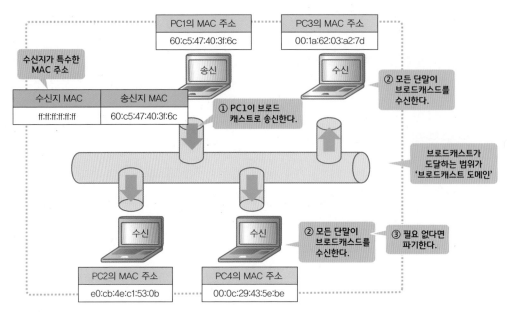

그림 3.1.8 • 브로드캐스트: 수신지에 특별한 MAC 주소를 설정

## ■ 멀티캐스트

멀티캐스트는 1:n 통신입니다. 여기에서의 'n'은 특정 그룹(멀티캐스트 그룹)에 속하는 단말입니다. 어떤 단말이 멀티캐스트를 송신하면 그 그룹에 있는 단말들만 그 패킷을 수신합니다. 멀티캐스트는 주로 동영상 전송[4]이나 주식 거래 애플리케이션 등에서 사용합니다. 브로드캐스트는 그 네트워크에 있는 모든 단말이 강제로 패킷을 수신하지만, 멀티캐스트는 애플리케이션을 기동한 단말만 패킷을 수신할 수 있기 때문에 트래픽 효율이 높아집니다.

멀티캐스트의 송신지 MAC 주소는 송신지 단말의 MAC 주소가 그대로 입력됩니다. 수신지 MAC 주소는 네트워크 계층에서 사용하는 IP 버전(IPv4 또는 IPv6)에 따라 달라집니다.

---

4 동영상 전송이라는 표현에 '유튜브도 멀티캐스트인가' 하고 생각할 수도 있으나, 유튜브는 유니캐스트를 사용하고 있습니다.

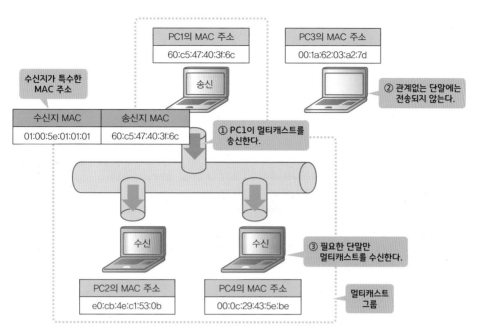

그림 3.1.9 • 멀티캐스트: 특정 그룹에 송신

## ■ IPv4

IPv4에서는 상위 25비트가 '0000 0001 0000 0000 0101 1110 0'으로 고정되어 있습니다. 이것은 16진수로는 '01:00:5e' 뒤에 '0'이 하나 붙어 있는 형태입니다. '01:00:5e'는 전 세계 IP 주소를 관리하고 있는 **ICANN**(Internet Corporation for Assigned Names and Numbers)이라는 비영리 조직의 한 부문인 **IANA**(Internet Assigned Numbers Authority)에서 소유하고 있는 벤더 코드입니다. 그리고 상위 23비트는 멀티캐스트용의 IPv4 주소(224.0.0.0~239.255.255.255)의 하위 23비트를 그대로 복사합니다.

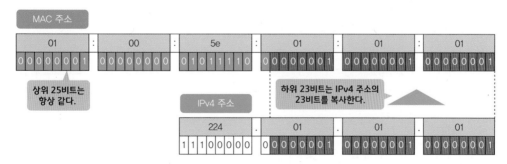

그림 3.1.10 • IPv4 멀티캐스트의 수신지 MAC 주소

■ **IPv6**

IPv6에서는 상위 2바이트(16비트)는 '33:33'으로 고정되어 있습니다. 하위 4바이트(32비트)는 멀티 캐스트 IPv4 주소의 하위 4바이트(32비트), 즉 7번째 필드와 8번째 필드를 그대로 복사합니다.

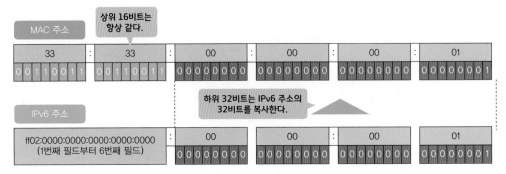

그림 3.1.11 • IPv6 멀티캐스트의 수신지 MAC 주소

## 3.1.3 L2 스위치

데이터링크 계층에서 동작하는 네트워크 기기로 **L2 스위치**가 있습니다. '스위칭 허브' 또는 간단히 '스위치'라 부르기도 하나 모두 같은 것입니다. 여기에서는 L2 스위치가 제공하는 기능 중에서 대표적인 몇 가지를 설명합니다.

### L2 스위칭

L2 스위치는 이더넷 헤더에 포함된 송신지 MAC 주소와 자신의 포트 번호를 **MAC 주소 테이블**이라는 메모리상의 테이블로 관리하면서, 이더넷 프레임의 전송 대상지를 바꾸어 통신 효율을 높입니다. 이더넷 프레임의 전송 대상지를 바꾸는 기능을 **L2 스위칭**(L2 switching)이라 부릅니다. 이는 L2 스위치가 제공하는 가장 기본적인 기능입니다.

L2 스위치가 어떻게 MAC 주소 테이블을 만들어서 L2 스위칭하는지 살펴봅니다. 여기에서는 같은 L2 스위치에 접속된 PC1과 PC2가 서로 이더넷 프레임을 송신하는 경우를 예로 들어 설명합니다.

또한, 여기에서는 순수하게 L2 스위칭 처리를 설명하기 위해서 모든 단말이 이미 서로 MAC 주소를 학습하고 있다고 가정합니다.

① PC1은 PC2에 대한 이더넷 프레임을 만들어 케이블로 보냅니다. 이때, 송신지 MAC 주소는 PC1의 MAC 주소(cc:04:2a:ac:00:00), 수신지 MAC 주소는 PC2의 MAC 주소(cc:05:29:3c:00:00)입니다. 이 시점에서는 L2 스위치의 MAC 주소 테이블은 비어 있습니다.

② PC1의 프레임을 전달받은 L2 스위치는 이더넷 프레임의 송신지 MAC 주소(cc:04:2a:ac:00:00)와, 프레임을 전달받은 물리 포트 번호(Fa0/1)를 MAC 주소 테이블에 등록합니다.

③ 이 시점에서는 L2 스위치는 PC2가 자신의 어떤 물리 포트에 접속되어 있는지 모릅니다. 그래서 PC1의 이더넷 프레임의 사본을 PC1에 접속된 포트를 제외한 모든 물리 포트, 다시 말해, Fa0/1 이외의 포트로 전송합니다. 이 동작을 **플러딩**(flooding)이라 부릅니다. '어떤 물리 포트 대상인지 모르니, 아무튼 모두에게 던지자!'는 동작입니다. 덧붙여 브로드캐스트의 MAC 주소 'ff:ff:ff:ff:ff:ff'는 송신지 MAC 주소가 될 수 없으므로 MAC 주소 테이블에 등록하지 않습니다.

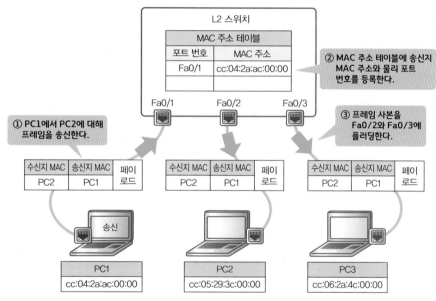

**그림 3.1.12** ● ①에서 ③까지의 처리

④ 복사한 프레임을 전달받은 PC2는 PC1에 대한 응답 프레임을 만들어 케이블로 보냅니다. 또한, 플러딩에 의해 PC1과 PC2와의 통신에 관계없는 단말(그림에서는 PC3)은 같은 이더넷 프레임을 전달받지만 자신은 관계없는 이더넷 프레임이라고 판단해 파기합니다.

⑤ PC2의 이더넷 프레임을 전달받은 L2 스위치는 이더넷 프레임의 송신지 MAC 주소에 들어 있는 PC2의 MAC 주소(cc:05:29:3c:00:00)와, 프레임을 전달받은 물리 포트의 번호(Fa0/2)를 MAC 주소 테이블에 등록합니다.

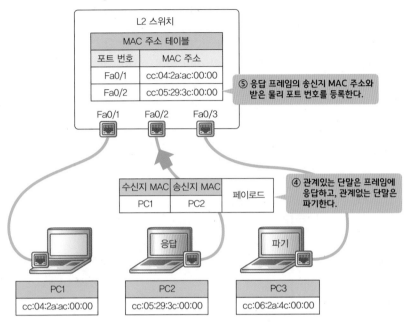

**그림 3.1.13** ● ④에서 ⑤까지의 처리

⑥ 이제 L2 스위치는 PC1과 PC2가 어떤 물리 포트에 접속되어 있는지 확인했습니다. 이후에는 PC1과 PC2 사이의 통신을 직접 전송합니다. ③의 단계는 수행하지 않습니다.

⑦ L2 스위치는 PC1 또는 PC2가 일정 시간 동안 통신하지 않으면 MAC 주소 테이블 중 이들과 관련한 부분을 삭제합니다. 삭제할 때까지의 대기 시간은 기기에 따라 다르지만, 임의로 변경할 수도 있습니다. 예를 들어, Cisco의 L2 스위치인 'Cisco Catalyst 시리즈'의 디폴트 설정은 5분(3,000초)입니다.

## ■ VLAN

**VLAN**(Virtual LAN)은 1대의 L2 스위치를 여러 대의 L2 스위치로 가상 분할하는 기술입니다. VLAN의 구조는 매우 단순합니다. L2 스위치의 포트에 VLAN 식별 번호인 **VLAN ID**라는 숫자를 설정하고, 다른 VLAN ID가 설정된 포트에는 프레임을 전송하지 않도록 하는 것뿐입니다. 일반적인 LAN 환경에서는 이 VLAN을 운용 관리나 보안의 목적으로 사용합니다. 예를 들어, 총무부는 VLAN3, 영업부는 VLAN5, 마케팅부는 VLAN7을 할당함으로써 각 부서 사이에는 서로 통신하지 않도록 하는 형태입니다.

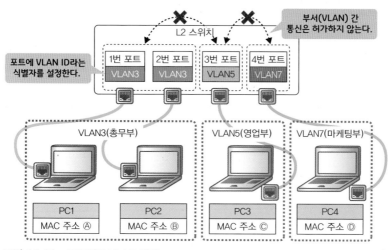

**그림 3.1.14 ● 포트별로 VLAN 설정**

VLAN을 구현하는 기능은 크게 **포트 기반 VLAN, 태그 VLAN**의 2가지 종류가 있습니다. 각각에 관해 설명합니다.

### ■ 포트 기반 VLAN

포트 기반 VLAN은 하나의 포트에 하나의 VLAN을 할당하는 기능입니다. 예를 들어, 그림과 같이 L2 스위치의 1번 포트와 2번 포트에 VLAN1, 3번 포트와 4번 포트에 VLA2를 할당한다고 가정합니다. 이것은 1대의 L2 스위치 안에 VLAN1이라는 L2 스위치, VLAN2이라는 L2 스위치 2대가 만들어지는 형태입니다. 이때, VLAN1의 포트에 접속된 PC1과 PC2는 서로 이더넷 프레임을 직접 교환할 수 있습니다. 하지만 VLAN1의 포트에 접속된 PC1과 VLAN2에 직접 접속된 PC3은 이더넷 프레임을 직접 교환할 수 없습니다.

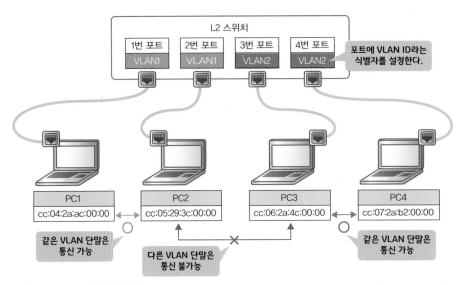

그림 3.1.15 ● 포트 기반 VLAN

## ■ 태그 VLAN

태그 VLAN은 이름 그대로, 이더넷 프레임에 VLAN 정보를 **VLAN 태그**(VLAN Tag)로 붙이는 기능입니다. IEEE802 위원회인 IEEE802.1q 워킹 그룹으로 표준화되었으며 실무 현장에서는 줄여서 '1q'라 부르기도 합니다.

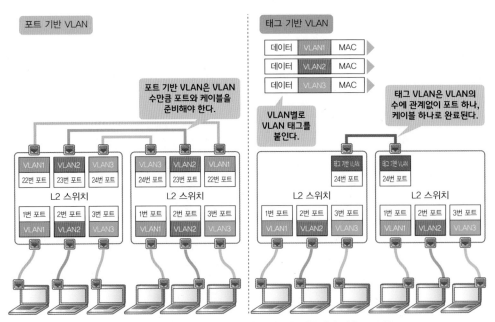

그림 3.1.16 ● 태그 VLAN: L2 스위치를 접속하는 VLAN을 만들 때도 한 번의 접속으로 완료

앞에서 설명한 포트 기반 VLAN은 1개의 포트당 1개의 VLAN으로 정해져 있습니다. 그렇기 때문에 예를 들어, 2대의 L2 스위치를 접속해서 같은 VLAN에 속한 단말끼리 통신할 수 있게 하려면 VLAN 수만큼 포트와 케이블을 준비해야 합니다. 그러나 이런 방식으로는 포트와 케이블이 아무리 많아도 부족합니다. 그래서 태그 VLAN 기능을 이용해 VLAN을 식별하고, 하나의 포트와 하나의 케이블로 여러 VLAN 이더넷 프레임을 보낼 수 있게 합니다.

### ■ IEEE802.1q의 프레임 포맷

VLAN 태그는 이름 그대로 이더넷 프레임에 VLAN ID를 태그로 붙입니다. IEEE802.1q 프레임은 송신지 MAC 주소와 타입 사이에 IEEE802.1q를 의미하는 **TPID**(Tag Protocol IDentifier), 우선순위를 의미하는 **PCP**(Priority Code Point) 주소 형식을 의미하는 **CFI**(Canonical Format Indicator), VLAN ID를 의미하는 **VID**(VLAN IDentifier)를 삽입합니다[5].

| | 0비트 | 8비트 | 16비트 | 24비트 |
|---|---|---|---|---|
| 0바이트 | 프리앰블 | | | |
| 4바이트 | | | | |
| 8바이트 | 수신지 MAC 주소 | | | |
| 12바이트 | | | 송신지 MAC 주소 | |
| 16바이트 | | | | |
| 20바이트 | TPID | | PCP · CFI | VID |
| 가변 | 타입 | | | |
| | 이더넷 페이로드[IP 패킷(+패딩)] | | | |
| 마지막 4바이트 | FCS | | | |

그림 3.1.17 ● IEEE802.1q의 프레임 포맷

## PoE

PoE(Power over Ethernet)는 트위스트 페어 케이블을 사용해 전원을 공급하는 기능입니다. PoE를 사용하면 천정, 벽 안쪽 등 전원 케이블이 닿지 않는 장소에 설치하는 액세스 포인트나 네트워크 카메라에 트위스트 케이블 하나로 전원과 데이터를 동시에 공급할 수 있기 때문에 굳이 콘센트를 가설할 필요가 없습니다. 그리고 사용하는 전원 케이블이나 AC 어댑터 수가 줄어들어 복잡한 배선을 간단하게 할 수 있습니다.

---

5  PCP, CFI, VID를 합쳐 'TCI(Tag Control Information)'라 부릅니다.

chapter 3

데이터링크 계층

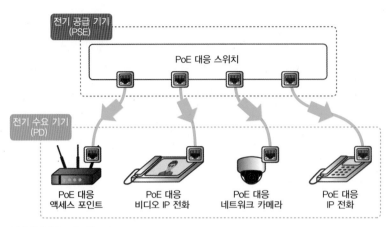

**그림 3.1.18 • PoE**

PoE에는 2003년에 IEEE802.3로 표준화된 **PoE**, 2009년에 IEEE802.3at로 표준화된 **PoE+**, 2018년에 IEEE802.3bt로 표준화된 **PoE++**의 3가지 종류가 있습니다. 이들의 가장 큰 차이는 1포트당 제공할 수 있는 최대 전력입니다. 늦게 표준화된 프로토콜이 더 큰 전력을 공급할 수 있습니다. 전원을 공급하는 기기(PSE, Power Sourcing Equipment)는 전원을 받아들이는 기기(PD, Powered Devices)가 접속되면 서로 PoE에 대응하는지 확인합니다. 그 후, 최대 소비 전력을 확인하고 트위스트 페어 케이블을 구성하는 구리선[6]을 통해 필요한 만큼의 전력을 제공합니다.

**표 3.1.2 • 다양한 PoE**

| 항목 | PoE | PoE+ | PoE++ |
|---|---|---|---|
| 표준화된 IEEE | IEEE802.3af | IEEE802.3at | IEEE802.3bt |
| 표준화 시기 | 2003년 | 2009년 | 2018년 |
| 전력 공급 측의 최대 공급 전력[7] | 15.4W | 30W | 90W |
| 전력 수급 측의 최대 소비 전력 | 12.95W | 25.5W | 73W |
| 대응 케이블 | 카테고리3 이상 | 카테고리5e 이상 | 카테고리5e 이상 |
| 전력을 공급하는 구리선 수 | 2쌍 | 2쌍 | 4쌍 |

---

6  PoE와 PoE+는 4쌍 중 2쌍(8가닥 중 4가닥), PoE++는 4쌍(8가닥) 모두를 사용해 전력을 공급합니다.

7  1포트 기준값입니다.

# 3.2 | 무선 LAN(IEEE 802.11)

무선 LAN은 눈에 보이지 않는 '전파'로 패킷을 교환하기 때문에 유선 LAN보다 복잡한 통신 제어나 보안 제어가 필요합니다. IEEE802.11에서는 캡슐화하는 포맷(형식)은 물론, 프레임을 안전하게 교환하는 방법이 정의하고 있습니다.

> **NOTE** 초보 엔지니어분들께
>
> 무선 LAN은 세계에서 널리 보급된 기술이지만, 복잡한 통신 제어나 보안 제어가 필요한 만큼 매우 어려워 초보자에게는 장벽이 다소 높습니다. 초보자라면 우선 이번 절은 뛰어넘고, 3.3절을 먼저 읽어도 괜찮습니다. 다른 장에서 네트워크를 더 학습한 뒤, 이번 절로 돌아오기 바랍니다.

## 3.2.1 IEEE802.11 프레임의 프레임 포맷

IEEE802.11 프레임에는 전송 속도나 변조 방식 등 무선과 관련한 많은 제어 정보가 포함되어 있습니다. 그리고 유선 LAN(이더넷)과 함께 존재하기 위해 MAC 주소의 필드가 4개로 증가됩니다.

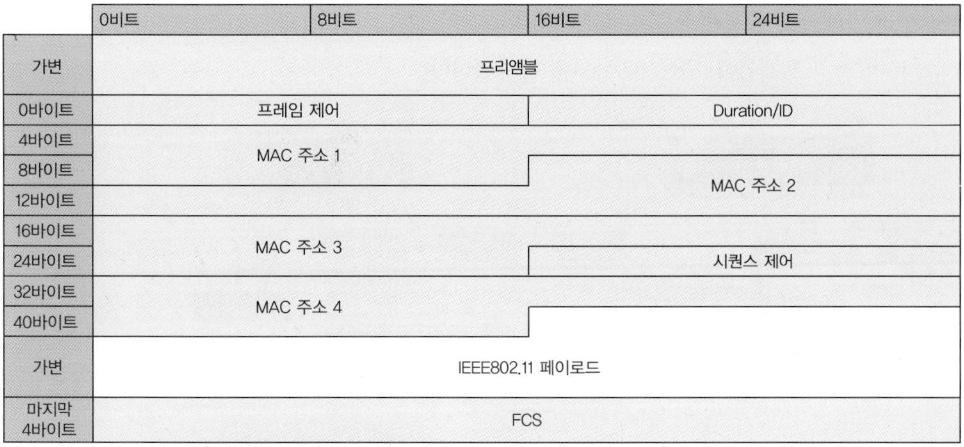

| | 0비트 | 8비트 | 16비트 | 24비트 |
|---|---|---|---|---|
| 가변 | 프리앰블 | | | |
| 0바이트 | 프레임 제어 | | Duration/ID | |
| 4바이트 | MAC 주소 1 | | | |
| 8바이트 | | | MAC 주소 2 | |
| 12바이트 | | | | |
| 16바이트 | MAC 주소 3 | | | |
| 24바이트 | | | 시퀀스 제어 | |
| 32바이트 | MAC 주소 4 | | | |
| 40바이트 | | | | |
| 가변 | IEEE802.11 페이로드 | | | |
| 마지막 4바이트 | FCS | | | |

그림 3.2.1 • IEEE802.11 프레임 포맷

다음으로 각 필드의 의미를 설명합니다.

## ■ 프리앰블

**프리앰블**(preamble)은 '이제부터 IEEE802.11 프레임을 보냅니다.'라는 합의를 의미하는 가변 길이 필드입니다. 수신 측의 무선 LAN 단말은 IEEE802.11 프레임의 최초에 부여된 프리앰블을 보고 '이제부터 IEEE802.11 프레임이 온다'고 판단합니다.

## ■ 프레임 제어

**프레임 제어**(frame control)는 이름 그대로, 프레임 제어에 필요한 정보를 포함한 2바이트(16비트) 필드입니다. 프레임의 종류나 송신지/수신지의 종류, 프래그먼트 정보, 전력 상태(저전력 상태) 등이 설정되어 있습니다. 무선 LAN에서는 프레임의 종류로 **데이터 프레임**, **관리 프레임**, **제어 프레임**의 3가지가 있습니다.

### ▶ 데이터 프레임

데이터 프레임은 이름 그대로, IP 패킷을 송수신하기 위한 프레임입니다. 덧붙여, 유선 LAN에는 이 타입의 프레임이 존재하지 않습니다.

### ▶ 관리 프레임

관리 프레임은 어떤 액세스 포인트와 어떻게 접속할 것인지 관리하는 프레임입니다. 아무리 많은 전파가 교차하며 흐르더라도, 무선 LAN 단말이 동시에 접속할 수 있는 액세스 포인트는 하나뿐입니다. 여기에서 액세스 포인트는 관리 프레임의 하나인 **비콘**(beacon)을 이용해, 액세스 포인트의 존재를 정기적으로 알립니다. 비콘 프레임을 잡은 무선 LAN 단말은 **프로브 요청/응답**(probe request/response), **인증**(authorization), **어소시에이션 요청/응답**(association request/response)의 3가지 관리 프레임을 사용해서 접속을 관리합니다. 이 접속 처리 전체를 **어소시에이션**(association)이라 부르며 관리 프레임이 어소시에이션을 담당합니다.

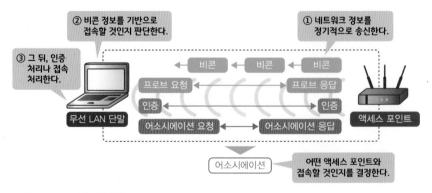

그림 3.2.2 ● 어소시에이션

### ▶ 제어 프레임

제어 프레임은 데이터 프레임의 전송을 돕기 위해 존재하는 프레임입니다. 무선 LAN은 유선 LAN에 비해 매우 불안정한 네트워크입니다. 무선 LAN은 그 불안정함을 보완하기 위해, 확인 응답 처리합니다. 확인 응답이란 프레임이 도달하면 '도달했습니다.' 하고 응답하는 처리입니다. 그 '도달했습니다.'에 제어 프레임의 하나인 **ACK 프레임**을 사용합니다.

그림 3.2.3 • ACK 프레임을 사용한 확인 응답

### ■ Duration/ID

**Duration/ID**는 무선 회선을 점유할 예정 시간(NAV, Network Allocation Vector)의 알림이나 단말의 배터리 소비량을 제어하는 전원 관리(power management) 식별자에 사용되는 2바이트(16비트) 필드입니다.

### ■ MAC 주소 1/2/3/4

IEEE802.11의 프레임은 최대 4개의 MAC 주소 필드를 가질 수 있어 프레임 종류나 네트워크 구성에 따라 그 수와 용도가 달라집니다. 프레임의 종류별로 설명합니다.

### ▶ 데이터 프레임의 MAC 주소

데이터 프레임의 MAC 주소는 네트워크 구성에 따라 달라집니다. 무선 LAN 네트워크 구성에는 **인프라 모드**(infrastructure mode, 인프라스트럭처 모드), **애드혹 모드**(adhoc mode), **WDS**(Wireless Distribution System) 모드의 3종류가 있습니다.

### ● 인프라 모드

인프라 모드는 무선 LAN 단말이 반드시 액세스 포인트를 경유해 통신하는 네트워크 구성입니다. 거의 대부분의 무선 LAN 환경은 인프라 모드로 구성되어 있습니다. 인프라 모드로 교환되는 프레임의 MAC 주소 필드에는 첫 번째에 무선 구간의 수신지 MAC 주소, 두 번째에 무선 구간의 송신지 MAC 주소, 세 번째에 무선 LAN 단말의 송신지 MAC 주소나 수신지 MAC 주소가 설정되어 있습니다. 네 번째 필드는 없습니다.

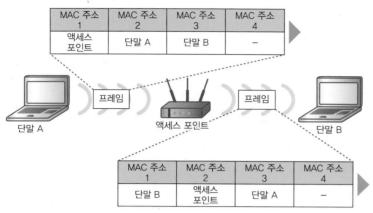

| MAC 주소<br>1 | MAC 주소<br>2 | MAC 주소<br>3 | MAC 주소<br>4 |
|---|---|---|---|
| 액세스<br>포인트 | 단말 A | 단말 B | – |

| MAC 주소<br>1 | MAC 주소<br>2 | MAC 주소<br>3 | MAC 주소<br>4 |
|---|---|---|---|
| 단말 B | 액세스<br>포인트 | 단말 A | – |

그림 3.2.4 ● 인프라 모드의 MAC 주소

● 애드혹 모드

애드혹 모드는 액세스 포인트를 거치지 않고, 무선 LAN 단말끼리 직접 통신하는 네트워크 구성입니다. 무선 LAN 단말끼리 직접 파일을 교환하거나 할 때 사용합니다. 애드혹 모드에서 교환되는 프레임의 MAC 주소 필드에는 첫 번째에 무선 구간의 수신지 MAC 주소(수신 단말의 MAC 주소), 두 번째에 무선 구간의 송신지 MAC 주소(송신 단말의 MAC 주소), 세 번째에 사용자가 정의한 ID가 설정됩니다. 네 번째 필드는 없습니다.

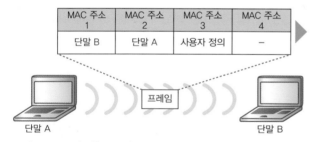

| MAC 주소<br>1 | MAC 주소<br>2 | MAC 주소<br>3 | MAC 주소<br>4 |
|---|---|---|---|
| 단말 B | 단말 A | 사용자 정의 | – |

그림 3.2.5 ● 애드혹 모드의 MAC 주소

● WDS 모드

WDS 모드는 액세스 포인트끼리 통신하는 네트워크 구성입니다. 무선 LAN으로 네트워크를 연장할 때 등에 사용합니다. WDS 모드에서 교환되는 프레임의 MAC 주소에는 첫 번째에 무선 구간의 수신지 MAC 주소(수신 측 액세스 포인트의 MAC 주소), 두 번째에 무선 구간의 송신지 MAC 주소(송신 측 액세스 포인트의 MAC 주소), 세 번째에 수신지 MAC 주소, 네 번째에 송신지 MAC 주소가 설정됩니다.

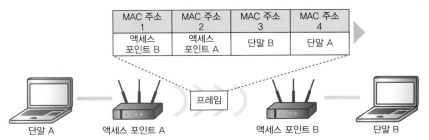

| MAC 주소 1 | MAC 주소 2 | MAC 주소 3 | MAC 주소 4 |
|---|---|---|---|
| 액세스 포인트 B | 액세스 포인트 A | 단말 B | 단말 A |

단말 A　　액세스 포인트 A　　프레임　　액세스 포인트 B　　단말 B

그림 3.2.6 • WDS 모드의 MAC 주소

### ▶ 관리 프레임의 MAC 주소

관리 프레임은 무선 LAN 단말과 액세스 포인트에서만 교환되는 프레임입니다. 첫 번째 필드에는 무선 구간에서의 수신지 MAC 주소, 두 번째 필드에는 무선 구간에서의 송신지 MAC 주소, 세 번째 필드에는 액세스 포인트의 MAC 주소(BSSID)가 설정됩니다. 덧붙여, 비콘 프레임은 범위 자신의 아래 있는 모든 단말에 전달해야 하기 때문에 첫 번째 필드에 브로드캐스트 MAC 주소(ff:ff:ff:ff:ff:ff)가 설정됩니다.

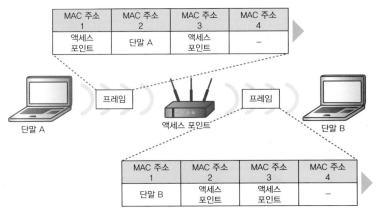

| MAC 주소 1 | MAC 주소 2 | MAC 주소 3 | MAC 주소 4 |
|---|---|---|---|
| 액세스 포인트 | 단말 A | 액세스 포인트 | – |

단말 A　　프레임　　액세스 포인트　　프레임　　단말 B

| MAC 주소 1 | MAC 주소 2 | MAC 주소 3 | MAC 주소 4 |
|---|---|---|---|
| 단말 B | 액세스 포인트 | 액세스 포인트 | – |

그림 3.2.7 • WDS 모드의 MAC 주소

### ▶ 제어 프레임의 MAC 주소

제어 프레임도 관리 프레임과 마찬가지로 무선 LAN 단말과 액세스 포인트에서만 교환되는 프레임입니다. 제어 프레임에 설정된 MAC 주소 필드의 수는 프레임 용도에 따라 달라집니다. 예를 들어, 제어 프레임의 하나인 ACK 프레임은 MAC 주소 필드를 하나만 가집니다. 단순함 그 자체입니다.

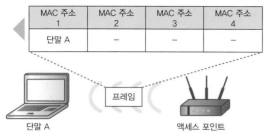

| MAC 주소 1 | MAC 주소 2 | MAC 주소 3 | MAC 주소 4 |
|---|---|---|---|
| 단말 A | – | – | – |

단말 A    프레임    액세스 포인트

그림 3.2.8 • ACK 프레임의 MAC 주소

## ■ 시퀀스 제어

'시퀀스 제어'는 4비트의 '프래그먼트 신호'와 12비트의 '시퀀스 신호'로 구성된 필드로, 프래그멘테이션(fragmentation, 파편화)된 프레임을 재결합하거나 중복된 프레임을 파기할 때 사용합니다.

101쪽에서 설명한 것처럼, 무선 LAN은 ACK 프레임으로 확인 응답하면서 통신을 진행합니다. 무선 LAN 단말은 액세스 포인트로부터 ACK 프레임이 도착하지 않으면 일정 시간 동안 기다린 뒤 재전송을 시도합니다. 그때 시퀀스 제어에, 앞에서 송신한 프레임에 설정한 것과 같은 값을 설정합니다. 액세스 포인트는 그 값을 보고, 중복 프레임인지 판단합니다. 중복 프레임이 점점 늘어난다면 전파 간섭이나 안테나 장애 등의 문제를 의심하는 것이 좋습니다.

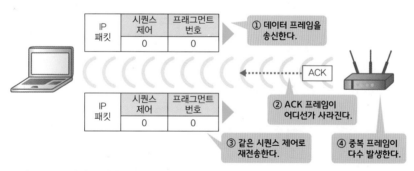

| IP 패킷 | 시퀀스 제어 | 프래그먼트 번호 |
|---|---|---|
|  | 0 | 0 |

① 데이터 프레임을 송신한다.

ACK

| IP 패킷 | 시퀀스 제어 | 프래그먼트 번호 |
|---|---|---|
|  | 0 | 0 |

② ACK 프레임이 어디선가 사라진다.

③ 같은 시퀀스 제어로 재전송한다.

④ 중복 프레임이 다수 발생한다.

그림 3.2.9 • 시퀀스 제어

## ■ IEEE802.11 페이로드

'IEEE802.11 페이로드'에는 상위 계층의 데이터가 설정됩니다.

데이터 프레임의 경우, 네트워크 계층의 프로토콜 정보를 의미하는 타입 필드를 포함하는 'LLC(Logical Link Control) 헤더'로 한 번 더 캡슐화한 뒤, 네트워크 계층의 데이터, 즉 IP 패킷을 설정합니다. 이더넷 헤더에는 타입 필드(83쪽)가 있지만, IEEE802.11에서는 제공되지 않습니다. 그래서 64비트로 구성된 LLC 헤더를 붙여, 네트워크 계층이 어떤 프로토콜로 이루어졌는지 알립니다.

관리 프레임의 경우, 무선 LAN의 이름을 의미하는 **SSID**(Service Set ID)나 사용하는 채널, 지원하는 전송 속도 등 네트워크에 관한 다양한 정보가 설정됩니다.

제어 프레임에는 페이로드가 없습니다. 모든 정보가 헤더에 기록됩니다.

### ■ FCS

'FCS(Frame Check Sequence)'는 IEEE802.11 페이로드가 손상되지 않았는가를 확인하기 위한 4바이트(32비트) 필드입니다. 구조는 이더넷과 동일하므로 83쪽을 참조하기 바랍니다.

## 3.2.2 무선 LAN 단말이 접속되기까지

무선 LAN은 누구나 전파를 수신할 수 있는 공공 공간을 사용해서 통신합니다. 여기에서 무선 LAN 프로토콜은 유선 LAN과 동등한 기능을 유지하면서, 한층 보안에 신경 쓰며 접속하도록 되어 있습니다. 무선 LAN은 **어소시에이션 → 인증 → 공유키 생성 → 암호화 통신**의 4단계를 거쳐 암호화 통신합니다.

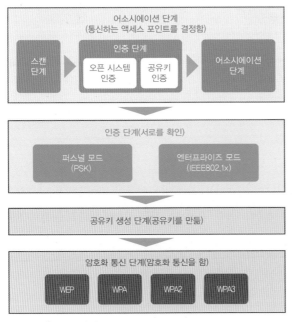

**그림 3.2.10 ● 4단계**

# ■ 어소시에이션 단계

어소시에이션 단계는 어떤 액세스 포인트와 접속할지 결정하는 단계입니다. '스캔 → 인증 → 어소시에이션'의 3단계로 구성됩니다.

## ■ 스캔

스캔은 액세스 포인트와 무선 LAN 단말이 서로의 존재를 인식하는 단계입니다. 무선 LAN 단말은 액세스 포인트로부터 정기적으로 송출되는 비콘을 수신해 SSID나 채널, 지원하는 송신 속도 등 주변에 있는 무선 LAN의 정보를 수집합니다. 그리고 접속할 SSID를 발견하면 프로브 요청을 송신하고 자신의 존재를 액세스 포인트에게 전달합니다. 프로브 요청을 받은 액세스 포인트는 SSID나 전송 속도 등 몇 가지 파라미터가 일치하면 '프로브 응답'을 반환하고 인증 단계로 이동합니다. 또한, 여러 액세스 포인트로부터 동일한 SSID 프로브 응답을 받은 경우에는 가장 품질이 좋은(접속하기 쉬운) 액세스 포인트를 선택하고, 그에 대해 인증 처리합니다[8].

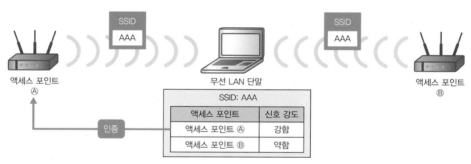

그림 3.2.11 ● 접속할 액세스 포인트 선택

## ■ 인증

인증은 이름 그대로 인증하는 단계이나 최근의 암호화 방식에서는 인증의 의미를 갖지 못하고, 그저 형식적인 절차로 남아 있습니다. 여기에서의 인증 방식에는 **오픈 시스템 인증**과 **공유키 인증**의 2가지 종류가 있습니다.

오픈 시스템 인증은 인증 처리를 하지 않습니다. 다시 말해, 모든 인증 요청에 대해 인증을 허가합니다. 공유키 인증은 미리 무선 LAN 단말과 액세스 포인트에서 공유한 비밀번호에 기반해 인증합니다. 이미 기존에 사용되던 **WEP**(Wired Equivalent Privacy)라는 암호화와 같은 방식입니다. 여기까지의 내용으로는 공유키 인증을 사용하는 것이 어쩐지 안전하다는 느낌이 들겠지만, 인

---

8  어떤 액세스 포인트를 선택할지는 무선 LAN 단말에 설치된 무선 LAN에 의존합니다. 대부분 가장 신호 강도가 센 것을 선택합니다.

증 구조가 매우 단순하기 때문에 손쉽게 공유키가 해독되어 버립니다. 지금은 WEP를 사용하지 않고, 여기에서의 인증은 일단 오픈 시스템 인증으로 통과시킨 뒤, 실제 인증은 어소시에이션 뒤의 인증 단계에서 수행합니다.

### ■ 어소시에이션

어소시에이션은 최종 확인입니다. 무선 LAN 단말은 접속할 액세스 포인트에 대해 '어소시에이션 요청'을 송신합니다. 액세스 포인트는 '어소시에이션 응답'을 반환하고 접속을 확립합니다. 이상으로 어소시에이션이 완료됩니다.

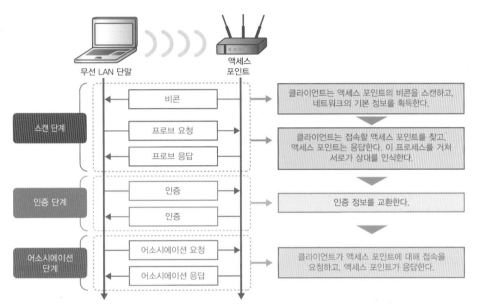

그림 3.2.12 • 무선 LAN 단말이 네트워크에 접속되기까지

## SSID

어소시에이션에서 가장 중요한 역할을 담당하는 요소는 **SSID**입니다. SSID는 무선 LAN을 식별하기 위한 문자열로, 간단히 말하면 무선 LAN의 이름입니다. 공간에 여러 무선 LAN이 있으면 클라이언트는 어떤 네트워크에 접속해야 좋을지 알 수 없게 됩니다. 그래서 무선 LAN은 SSID라는 문자열을 사용해 네트워크를 식별합니다. 스마트폰에서 와이파이를 활성화했을 때, 본 적이 없던 네트워크가 몇 개 표시되는 것을 확인할 수 있습니다. 그것이 SSID입니다. 스마트폰은 와이파이 안테나에서 받아들인 비콘에 포함된 SSID를 보고, 네트워크를 표시합니다. 접속할 SSID를 선택하면 프로브 요청이 송신되고, 어소시에이션을 시작합니다.

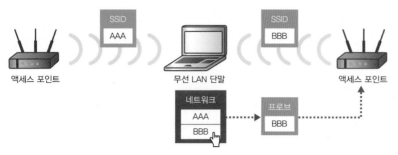

**그림 3.2.13 ● SSID: 암호와 같은 것**

SSID는 원래 보안 강화를 목적으로 사용되던 것이었습니다. 하지만 암호화 없이 교환이 이루어지기 때문에 현재는 보안 용도가 아니라 네트워크 이름으로만 사용됩니다. SSID는 인증 처리나 암호화 처리에는 직접적으로 관여하지 않습니다. SSID라는 암호가 일치하면 다음은 SSID별로 설정된 인증 방식과 암호화 방식에 보안 관련 처리를 위임합니다.

## 인증 단계

무선 LAN에 접속하는 것은 공중에 SSID라는 태그가 붙은 투명한 LAN 케이블이 널려 있고, 그것을 붙잡아 접속하는 듯한 모습에 가깝습니다. 그렇다고 해서 누구나 접속할 수 있다고 한다면 보안도 아무것도 없습니다. 그래서 액세스 포인트나 인증 서버는 어소시에이션이 완료된 뒤, 접속 상대가 올바른 단말인지 확인하는 인증을 수행합니다. 무선 LAN 인증 방식에는 퍼스널 모드와 엔터프라이즈 모드가 있습니다.

### ■ 퍼스널 모드

퍼스널 모드는 비밀번호로 인증하는 방식입니다. 가정의 와이파이에서도 일반적으로 사용하며 매우 친숙한 인증 방식입니다. 무선 LAN 단말과 액세스 포인트는 어소시에이션이 완료되면 비밀번호로부터 **마스터키**(master key)라 부르는 공유키의 소재를 생성합니다.

퍼스널 모드는 간단하고 이해하기 쉬운 반면, 비밀번호가 유출되면 누구나 접속할 수 있어 위험성도 높습니다. 정기적으로 비밀번호를 변경하는 등 보안 수준을 유지해야 합니다.

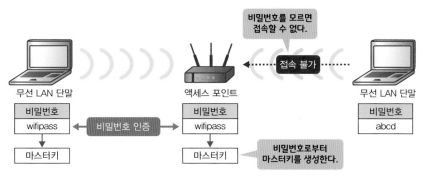

**그림 3.2.14 ●** 퍼스널 모드

### ■ 엔터프라이즈 모드

엔터프라이즈 모드는 디지털 인증서나 ID/비밀번호, SIM 카드 등을 사용해 인증하는 방식으로 **IEEE802.1x**로 표준화되었습니다. 인증 서버에서 일괄적으로 인증이 가능하기 때문에 기업의 무선 LAN 환경 등에서 주로 사용합니다. 무선 LAN 단말과 인증 서버는 어소시에이션이 완료되면 서로가 가진 정보를 교환하고 서로를 인증(증명)합니다. 인증에 성공하면 인증 서버로부터 액세스 포인트와 무선 LAN 단말에 세션키가 배포되고, 이를 기반으로 각각 마스터키를 생성합니다.

엔터프라이즈 모드는, 예를 들어 사원이 퇴사하거나 단말을 분실했을 때에도 인증 서버의 등록 정보를 변경해 대응할 수 있으며 보안 레벨을 계속 유지할 수 있습니다. 하지만 디지털 인증서나 ID/비밀번호 등을 별도로 운용 관리해야 하기 때문에 지속적으로 비용이 드는 단점이 있습니다.

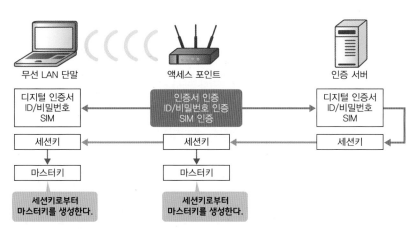

**그림 3.2.15 ●** 엔터프라이즈 모드

IEEE802.1x는 **EAP**(Extensible Authentication Protocol)라는 인증 프로토콜을 사용해 인증합니다. EAP는 원래 다이얼업(dial up) 접속 등에서 사용하는 PPP(130쪽)의 확장 기능으로 표준화된 프로토콜이므로 그 상태로는 LAN으로 보낼 수 없습니다. 그래서 LAN으로 보내기 위해, 무선 LAN 단말-액세스 포인트 사이를 **EAPoL**(EAP over LAN)이라는 프로토콜로 캡슐화하고, 액세스 포인트-인증 서버 사이를 **RADIUS**(Remote Authentication Dial In User Service)라는 UDP 인증 프로토콜로 캡슐화합니다. 액세스 포인트는 EAPoL로 보내 만들어진 EAP 메시지를 RADIUS에 실어 인증 서버로 전달합니다.

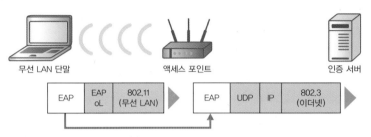

그림 3.2.16 • EAP에서의 캡슐화

EAP는 인증 방법에 따라 더 많은 프로토콜로 세분화할 수 있습니다. 그중에서 최근 대표적인 것은 **EAP-TLS, PEAP, EAP-SIM/AKA**의 3가지입니다.

### ▶ EAP-TLS

**EAP-TLS**는 디지털 인증서로 양방향 인증하는 프로토콜입니다. 디지털 인증서는 '자신이 자신인 것'을 증명하는 파일을 의미합니다. 무선 LAN 단말과 인증 서버는 접속할 때 서로가 가진 디지털 인증서를 교환함으로써 서로를 인증합니다.

### ▶ PEAP

**PEAP**는 ID/비밀번호로 무선 LAN 단말을 인증하고, 디지털 인증서로 인증 서버를 인증하는 프로토콜입니다. 앞에서 설명한 EAP-TLS는 디지털 인증서를 사용하므로 보안 수준은 매우 높습니다. 하지만 단말에 설치한 디지털 인증서의 관리가 번거로워지며, 운용 관리에 어려움이 있었습니다. PEAP는 단말의 증명을 ID/비밀번호로 함에 따라 단말의 인증서 관리를 생략합니다. 단, 그만큼 EAP-TLS보다 보안 수준이 낮다는 것을 염두에 두어야 합니다.

### ▶ EAP-SIM/AKA

**EAP-SIM/AKA**는 SIM 카드의 정보를 이용해 양방향 인증하는 프로토콜입니다. SIM 카드는 휴대폰 사업자가 발생하는 가입자 식별용 IC 카드입니다. 전화번호(MSISDN)나 식별번호(IMSI) 등 가입자 정보를 저장하고 있습니다. EAP-SIM/AKA는 휴대전화 사업자와 가입자만 알 수 있는 정보로 인증하므로 높은 보안 강도를 유지할 수 있습니다. 공공장소에서 스마트폰의 와이파이를 활성화하면 모르는 사이에 휴대폰 사업자가 제공하는 공공 무선 LAN 서비스에 접속된 경험이 있을 것입니다. 스마트폰은 공공 무선 LAN 서비스 전파가 도달하는 범위(셀)에 들어가면 비콘을 캐치하고 자동으로 EAP-SIM/AKA로 인증합니다.

표 3.2.1 ● 대표적인 EAP

| EAP 종류 | EAP-TLS | PEAP | EAP-SIM/EAP-AKA |
|---|---|---|---|
| 무선 LAN 단말의 인증 방법 | 디지털 인증서 | ID/비밀번호 | SIM |
| 인증 서버의 인증 방법 | 디지털 인증서 | 디지털 인증서 | SIM |
| 보안 강도 | ◎ | ○ | ◎ |
| 특징 | 보안 강도는 높으나 디지털 인증서 관리가 복잡하다. | 단말 인증에 ID/비밀번호를 사용해서 EAP-TLS의 복잡함을 해소한다. | 단말에 SIM/USIM 카드가 삽입되어 있으면 자동으로 인증된다. |

## ■ 공유키 생성 단계

공유키 생성 단계는 인증 단계에서 생성한 마스터키로부터 실제 암호화/복호화에서 사용하는 공유키를 생성하는 단계입니다. 인증 단계에서 생성한 마스터키는 공유키의 '재료'일 뿐, 공유키가 아닙니다. 이 단계에서는 '4웨이 핸드셰이크(4 way handshake)'라는 교환 과정을 통해 서로 유니캐스트용 공유키(PTK, Pairwise Transit Key)와 멀티캐스트용 공유키(GTK, Group Temporal Key)를 생성해서 공유합니다.

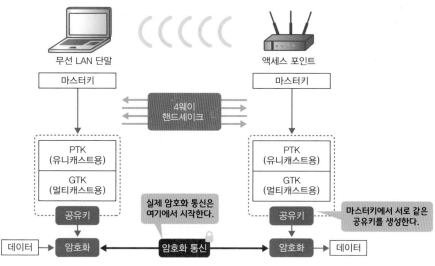

그림 3.2.17 ● 공유키 생성 단계

## ■ 암호화 통신 단계

공유키가 만들어졌다면 이제 실제 암호화 통신을 시작합니다. 무선 LAN에서 사용하는 암호화 방식에는 **WEP**(Wired Equivalent Privacy), **WPA**(Wi-Fi Protected Access), **WPA2**(Wi-Fi Protected Access 2), **WPA3**(Wi-Fi Protected Access 3)의 4가지 종류가 있으며 WEP → WPA → WPA2 → WPA3순으로 보안 레벨이 높아집니다.

**그림 3.2.18 •** 무선 LAN 암호화 방식의 역사

### ■ WEP

WEP는 초기 무선 LAN에서 사용된 암호화 방식으로 RC4(Rivest's Cipher 4/Ron's Code 4)라는 암호화 구조(알고리즘)를 이용합니다. WEP는 같은 공유키를 계속해서 사용할 뿐만 아니라, RC4 자체에 치명적인 취약성이 발견되었기 때문에 현재는 거의 사용하지 않습니다. 비교적 새로운 무선 LAN 프로토콜인 IEEE802.11n과 IEEE802.11ac도 WEP에 대응하지 않습니다. 그리고 엔터프라이즈 모드에도 대응하지 않습니다.

### ■ WPA

WPA는 WEP를 개량해 취약성을 낮추는 것을 목적으로 한 암호화 방식입니다. RC4에 공유키를 생성해 일정 간격으로 변경하는 **TKIP**(Temporal Key Integrity Protocol)를 추가해, 보안 수준을 향상했습니다. 그러나 한편으로 WEP를 기반의 취약성이 발견되어, 이를 기반으로 하는 WPA 역시 문제가 있다고 지적되었습니다. WEP와 마찬가지로 IEEE802.11n과 IEEE802.11ac는 WPA에 대응하지 않습니다.

### ■ WPA2

WPA2는 WPA를 한층 개량한 암호화 방식입니다. 가장 큰 차이는 **암호화 알고리즘으로 AES**(Advanced Encryption Standard)를 채용한 점입니다. AES는 미국 정부가 정부 내 표준으로 책정한 암호화 알고리즘으로 RC4 + TKIP보다 훨씬 안전합니다. 현재 이를 해독할 수 있는 방법은 발견되지 않았으며, 2020년 시점에서 가장 많이 사용되고 있는 암호화 방식입니다.

### ■ WPA3

WPA3은 WPA2를 한층 개량한 암호화 방식입니다. WPA3은 엔터프라이즈 모드의 암호화 방식으로 AES보다 더욱 안전한 **CNSA**(Commercial National Security Algorithm)에 대응할 수 있습니다. 또한, 4웨이 핸드셰이크에 **SAE**(Simultaneous Authentication of Equals) 핸드셰이크 단계, 관리 프레임을 암호화하는 **PMF**(Protected Management Frame) 등을 추가해 더욱 강력한 보안 수준을 구현하고 있습니다.

표 3.2.2 ● 무선 LAN 암호화 방식 비교

| 기능 | WEP | WPA | WPA2 | WPA3 |
|---|---|---|---|---|
| 책정 연도 | 1997 | 2002 | 2004 | 2018 |
| 암호화 알고리즘 | RC4 | TKIP + RC4 | AES | AES, CNSA |
| 퍼스널 모드 | – | ○ | ○ | ○ |
| 엔터프라이즈 모드 | – | ○ | ○ | ○ |
| SAE 핸드셰이크 | – | – | – | ○ |
| PMF | – | – | – | ○ |
| 보안 강도 | x | △ | ○ | ◎ |

## 3.2.3 무선 LAN의 형태

무선 LAN은 액세스 포인트 운용 관리 형태에 따라 크게 분산 관리형, 집중 관리형, 클라우드 관리형의 3가지로 종류로 나눌 수 있습니다. 네트워크를 구성하는 요소도 크게 달라지므로 각각에 관해 설명합니다.

표 3.2.3 • 무선 LAN 타입

| 무선 LAN 타입 | 분산 관리형 | 집중 관리형 | 클라우드 관리형 |
|---|---|---|---|
| 최소 필요 기기 | 액세스 포인트 | 액세스 포인트<br>무선 LAN<br>컨트롤러(WLC) | 액세스 포인트<br>클라우드 컨트롤러 |
| 액세스 포인트 설정 투입 | 액세스 포인트별 | 무선 LAN 컨트롤러 | 클라우드 컨트롤러 |
| 도입 난이도 | 쉬움 | 어려움 | 쉬움 |
| 설정 운용 관리성 | 낮음(1대씩 개별 설정해야<br>하므로 번잡해지기 쉬움) | 높음(컨트롤러에서 일괄<br>관리할 수 있으므로<br>편리함) | 높음(컨트롤러에서 일괄<br>관리할 수 있으므로<br>편리함) |
| 초기 비용 | 낮음 | 높음 | 중간 |
| 운영 비용 | 낮음(보수 비용만 소요) | 낮음(보수 비용만 소요) | 높음(보수 비용 + 클라우드<br>서비스 사용 비용) |
| 병목 | 없음 | 무선 LAN 컨트롤러에<br>제한 있음 | 없음 |
| 인터넷 접속 | 필요 없음 | 필요 없음 | 필요함 |

## ■ 분산 관리형

분산 관리형은 액세스 포인트를 1대씩 설정하고, 각각 운용 관리하는 형태입니다. 가정이나 소규모 사무실의 무선 LAN 환경에서 일반적으로 사용하는 방식입니다. 분산 관리형은 액세스 포인트만으로 무선 LAN 환경을 구축할 수 있기 때문에 비용을 줄일 수 있습니다. 반면, 액세스 포인트의 대수가 늘어날수록 운용 관리가 어려워진다는 단점을 안고 있습니다. 또한, 변하기 쉬운 주위 전파 환경에 자동으로 대응하기 어렵고, 깨끗한 전파 환경을 유지하기 위해 주의해야만 합니다.

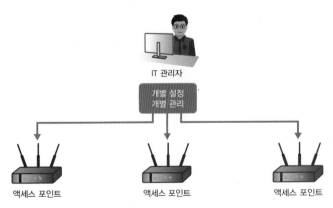

그림 3.2.19 • 분산 관리형

## ■ 집중 관리형

집중 관리형은 **무선 LAN 컨트롤러**(WLC, Wireless LAN Controller)라는 서버를 사용해, 많은 액세스 포인트를 운용 관리하는 형태입니다. 중간 규모에서 대규모 사무실의 무선 LAN 환경에서 일반적으로 사용됩니다. 관리 집중형은 액세스 포인트의 수가 많아져도, 무선 LAN 컨트롤러를 통해 일괄적으로 운용 관리할 수 있어 운용 관리가 복잡해지지는 않습니다. 설정이나 펌웨어 업데이트도 모두 무선 LAN 컨트롤러를 통해 수행할 수 있습니다. 또한, 무선 LAN 컨트롤러는 액세스 포인트에서 각각의 전파 상황을 받아들여, 전파 간섭을 감지하고 필요에 따라 채널을 조정함으로써, 깨끗한 전파 환경을 유지합니다. 집중 관리형의 단점으로는 초기 비용과 성능 한계를 들 수 있습니다. 무선 LAN 컨트롤러가 반드시 필요하므로 초기 비용이 들어갈 수밖에 없습니다. 그리고 1대의 무선 LAN 컨트롤러로 관리할 수 있는 액세스 포인트 수에 한계가 있으며, 그 한계를 초과했을 때는 새로운 컨트롤러를 구입해야 합니다. 이때, 다시 비용이 추가됩니다.

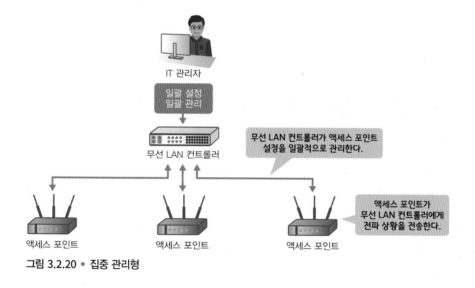

그림 3.2.20 ● 집중 관리형

## ■ 클라우드 관리형

클라우드 관리형은 집중 관리형이 진화된 것으로 무선 LAN 컨트롤러의 기능을 클라우드에 갖도록 한 **클라우드 컨트롤러**(cloud controller)에서 액세스 포인트를 관리하는 형태입니다. 액세스 포인트가 인터넷에 접속해야 하지만, 무선 LAN 컨트롤러를 별도로 준비하지 않고 집중 관리형과 같은 장점을 유지할 수 있기 때문에 최근 각광받고 있는 형태입니다. 클라우드 관리형은 무선 LAN 컨트롤러를 준비할 필요가 없어 초기 비용을 줄일 수 있습니다. 그리고 액세스 포인트가 아무리 늘어나더라도, 기기를 구입할 필요도 없습니다. 단, 클라우드 서비스를 이용하므로 운영 비용이 든다는 단점이 있습니다.

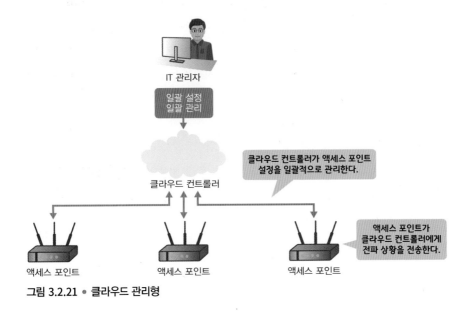

**그림 3.2.21 ● 클라우드 관리형**

## 3.2.4 무선 LAN과 관련된 다양한 기능

무선 LAN을 구성하는 기기는 인증이나 암호화와 같은 기능 외에도 더 높은 보안 수준을 유지하고, 깨끗한 전파 환경을 유지하기 위한 많은 기능을 제공합니다. 여기에서는 그중에서도 실무 현장에서 많이 회자되는 몇 가지 기능들을 설명합니다.

### ■ 게스트 네트워크

**게스트 네트워크**(guest network)는 이름 그대로, 방문자(guest)에게 제공되는 무선 LAN 환경을 의미합니다. 집에 방문한 친구들이 와이파이 비밀번호를 물은 경험이 있을 것입니다. 물론 친구를 믿지 못하는 것은 아니지만, 가정의 네트워크에는 가족의 사진이나 동영상이 담긴 저장소(NAS) 등이 있거나, 평소에 사용하는 PC 등이 있기 때문에 거리낌없이 사용하게 하기에는 약간의 거부감이 있을 것입니다. 게스트 네트워크 기능을 이용하면 인터넷에는 접속할 수 있지만, 가정의 네트워크에는 접속할 수 없는 SSID 네트워크를 만들 수 있습니다. 방문자에게는 그 SSID의 비밀번호를 알려 줍니다. 최근에는 많은 가정용 와이파이 라우터에서도 제공할 만큼 일반적인 기능이 되었습니다.

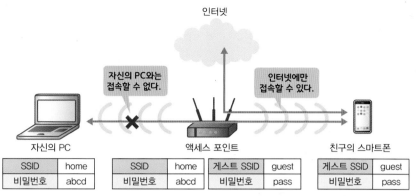

그림 3.2.22 • 게스트 네트워크

## MAC 주소 필터링

**MAC 주소 필터링**(MAC Address Filtering)은 이름 그대로, 단말의 MAC 주소를 기반으로 필터링 (허가/거부)하는 기능입니다. 액세스 포인트나 무선 LAN 컨트롤러에 대해, 미리 접속해도 좋은 단말의 MAC 주소를 등록해 두고, 그 외 단말의 접속을 거부합니다. 앞에서 설명한 WPA나 WPA2와 함께 사용해, 보안 수준을 더욱 향상하고자 할 때 사용합니다. MAC 주소 필터링은 동작이 단순하고 이해하기 쉬워, 무선 LAN 단말이 적은 경우에 사용합니다. 하지만 MAC 주소를 위장했을 때 대응할 수 없을 뿐만 아니라, 단말 수가 많아졌을 때 운용 관리가 복잡해지기 쉽다는 단점이 있습니다.

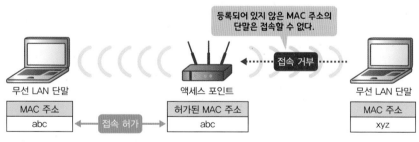

그림 3.2.23 • MAC 주소 필터링

## 웹 인증

**웹 인증**(web authentication)은 웹브라우저에서 사용자 이름과 비밀번호를 입력해 인증하는 방식입니다. 호텔이나 역의 공공 무선 LAN 또는 기업의 게스트 네트워크 와이파이 등에서, 퍼스널 모드와 조합해서 자주 사용됩니다. 무선 LAN 단말이 대상 SSID에 접속하면 웹브라우저가 실행되고 웹서버의 로그인 페이지로 이동합니다[9]. 여기에서 사용자 이름과 비밀번호를 입력하면 웹서버에서 인증 서버로 인증을 실행합니다. 또한, 사용자 이름과 비밀번호는 HTTPS(330쪽)로 암호화되므로 도청되거나 변경될 걱정이 없습니다. 웹 인증은 웹브라우저만 있으면 인증을 실행할 수 있어 대부분의 단말에서 이용할 수 있는것이 장점입니다.

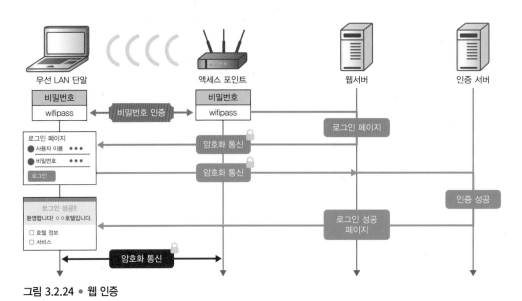

**그림 3.2.24** ● 웹 인증

## ■ 밴드 스티어링

**밴드 스티어링**(band steering)은 2.4GHz 대역과 5GHz 대역의 양쪽 주파수 대역(dual band, 듀얼 밴드)에 대응하는 무선 LAN 단말을 전파 간섭이 발생하기 어려운 5GHz 대역으로 유도합니다. '밴드 셀렉트(band select)'라 부르기도 합니다. 70쪽에서도 설명한 것처럼 2.4GHz 대역은 채널이 미묘하게 겹쳐 있어 주파수 간섭이 발생하기 쉬운 경향이 있습니다. 밴드 스티어링을 사용하면 듀얼 밴드에 대응하는 무선 LAN 단말이, 전파 관점에서 깨끗한 5GHz 대역을 우선 사용하게 되므로 안정된 통신을 계속 유지할 수 있습니다.

듀얼 밴드 단말은 양쪽 주파수 대역에 프로브 요청을 송신합니다. 이에 대해, 액세스 포인트는 5GHz 안테나에서만 프로브 응답을 보냄으로써, 5GHz 대역을 선택하도록 합니다.

---

9  웹서버는 독립적으로 준비되거나, 무선 LAN 컨트롤러나 액세스 포인트가 그 역할을 담당하는 등 다양합니다. 이 책에서는 이해하기 쉽게 웹서버를 독립적으로 준비하는 형태를 제시합니다.

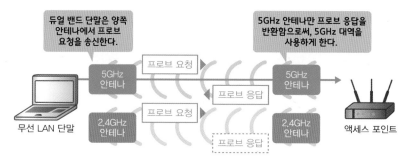

듀얼 밴드 단말은 양쪽
안테나에서 프로브
요청을 송신한다.

5GHz 안테나만 프로브 응답을
반환함으로써, 5GHz 대역을
사용하게 한다.

5GHz
안테나

프로브 요청

5GHz
안테나

무선 LAN 단말

프로브 응답

2,4GHz
안테나

프로브 요청

2,4GHz
안테나

액세스 포인트

프로브 응답

그림 3.2.25 • 밴드 스티어링

# 3.3 | ARP

네트워크 세계에서 주소를 의미하는 것은 2가지뿐입니다. 하나는 이제까지 설명한 'MAC 주소'이고 다른 하나는 4장에서 설명할 'IP 주소'입니다. **MAC 주소는 NIC 자체에 내장되어 있는 물리적인 주소입니다.** 데이터링크 계층에서 동작합니다. **IP 주소는 OS상에서 설정한 논리적인 주소입니다.** 네트워크 계층에서 동작합니다. 이 두 가지 주소를 접속해 데이터링크 계층과 네트워크 계층의 다리 역할을 하는 프로토콜이 **ARP**(Address Resolution Protocol)입니다. ARP는 데이터링크 계층과 네트워크 계층의 중간(2.5계층)에 위치하는 것과 같은 존재이지만, 이 책에서는 데이터링크 계층의 프로토콜로 다룹니다.

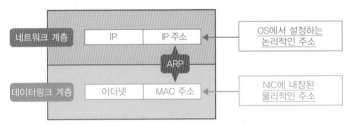

**그림 3.3.1 •** ARP: MAC 주소와 IP 주소를 접속하는 프로토콜

어떤 단말이 데이터를 송신할 때, 네트워크 계층에서 받아들인 IP 패킷을 이더넷 프레임으로 캡슐화하여 케이블로 보내야 합니다. 하지만 IP 패킷을 받아들이는 것만으로는 이더넷 프레임을 만들기 위해 필요한 정보가 아직 부족합니다. 송신지 MAC 주소는 자신의 NIC에 내장되어 있으므로 알 수 있지만, 수신지 MAC 주소에 관해서는 알 방법이 없습니다. 그래서 실제 데이터 통신에 앞서, **ARP에서 수신지 IPv4 주소로부터 수신지 MAC 주소를 구합니다.** 이것을 **주소 결정**(address resolution)이라 부릅니다[10].

---

10 ARP를 사용하는 것은 IPv4 주소의 주소 결정뿐입니다. IPv6 주소의 주소 결정은 ARP가 아닌 ICMPv6에서 수행합니다(223쪽).

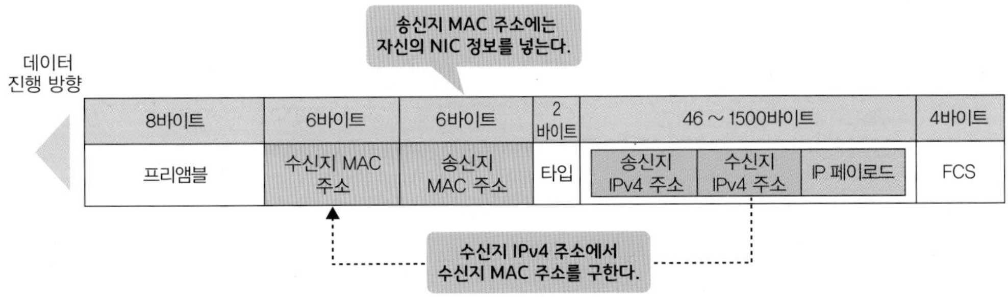

그림 3.3.2 • 이더넷 프레임의 수신지 MAC 주소: 수신지 IPv4 주소에서 구함

## 3.3.1 ARP의 프레임 포맷

ARP는 최초 RFC826 'An Ethernet Address Resolution Protocol – or – Converting Network Protocol Address'에서 표준화되었고, 그 후 RFC5227 'IPv4 Address Conflict Detection'이나 RFC5494 'IANA Allocation Guidelines for the Address Resolution Protocol(ARB)'로 확장되었습니다.

ARP는 L2 헤더의 타입 코드에 '0x0806'으로 정의되어 있습니다(85쪽). 그리고 L2 페이로드에 데이터링크 계층(레이어2)이나 네트워크 계층(레이어3)의 정보를 가득 담음으로써, MAC 주소와 IP 주소를 접속할 수 있습니다.

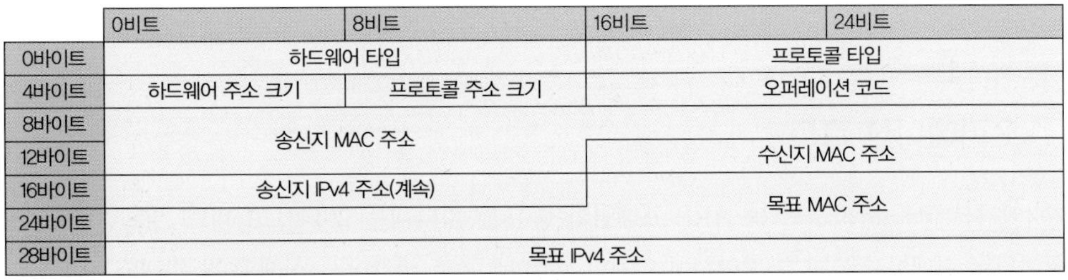

| | 0비트 | 8비트 | 16비트 | 24비트 |
|---|---|---|---|---|
| 0바이트 | 하드웨어 타입 | | 프로토콜 타입 | |
| 4바이트 | 하드웨어 주소 크기 | 프로토콜 주소 크기 | 오퍼레이션 코드 | |
| 8바이트 | 송신지 MAC 주소 | | | |
| 12바이트 | | | 수신지 MAC 주소 | |
| 16바이트 | 송신지 IPv4 주소(계속) | | 목표 MAC 주소 | |
| 24바이트 | | | | |
| 28바이트 | 목표 IPv4 주소 | | | |

그림 3.3.3 • ARP 프레임 포맷

다음으로 ARP의 프레임 포맷과 각 필드를 설명합니다.

## ■ 하드웨어 타입

'하드웨어 타입'은 사용하는 레이어2 프로토콜을 의미하는 2바이트(16비트) 필드입니다. 다양한 레이어2 프로토콜이 정의되어 있으며, 이더넷에서는 '0x0001'이 들어갑니다.

## ■ 프로토콜 타입

'프로토콜 타입'은 사용하는 레이어3 프로토콜을 의미하는 2바이트(16비트) 필드입니다. 다양한 레이어3 프로토콜이 정의되어 있으며, IPv4에서는 '0x0800'이 들어갑니다.

## ■ 하드웨어 주소 크기

'하드웨어 주소 크기'는 하드웨어 주소 크기, 즉 MAC 주소의 길이를 바이트 단위로 나타내는 1바이트(8비트) 필드입니다. MAC 주소는 48비트 = 6바이트이므로 '6'이 들어갑니다.

## ■ 프로토콜 주소 크기

'프로토콜 주소 크기'는 네트워크 계층에서 사용하는 주소 크기, 즉 IP 주소의 길이를 바이트 단위로 나타내는 1바이트(8비트) 필드입니다. IP 주소(IPv4 주소)의 길이는 32비트 = 4바이트이므로 '4'가 들어갑니다.

## ■ 오퍼레이션 코드

'오퍼레이션 코드(오프 코드)'는 ARP 프레임의 종류를 나타내는 2바이트(16비트) 필드입니다. 여러 가지 오퍼레이션 코드가 정의되어 있지만, 시스템 구축 현장에서 실제로 잘 발견되는 코드는 ARP Request를 나타내는 '1', ARP Reply를 나타내는 '2'의 2가지입니다.

표 3.3.1 • ARP 오퍼레이션 코드

| 오퍼레이션 코드 | 내용 |
|:---:|:---|
| 1 | ARP Request |
| 2 | ARP Reply |
| 3 | Request Reverse(RARP에서 사용) |
| 4 | Relay Reverse(RARP에서 사용) |

### ■ 송신지 MAC 주소/송신지 IPv4 주소

'송신지 MAC 주소', '송신지 IPv4 주소'는 ARP를 송신하는 단말의 MAC 주소와 IPv4 주소를 나타내는 가변 길이 필드입니다. 이것은 이름 그대로이므로 특별히 깊이 생각할 필요는 없습니다.

### ■ 목표 MAC 주소/목표 IPv4 주소

'목표 MAC 주소', '목표 IPv4 주소'는 ARP로 주소를 결정하려는 MAC 주소와 IPv4 주소를 나타내는 가변 길이 필드입니다. 최초에는 MAC 주소를 모르므로 더미 MAC 주소인 '00:00:00:00:00:00'을 설정합니다.

## 3.3.2 ARP에 의한 주소 결정 흐름

ARP의 동작은 단순하기 때문에 이해하기 쉽습니다. 병원 대기실과 같은 곳에서 누군가 여러분에게 '○○님, 계십니까?' 하고 큰 소리로 물어볼 때, '네~ 여기 있습니다!'라고 대답하는 모습을 떠올리면 이해할 수 있습니다. ARP에 대해 '○○님, 계십니까?'라고 묻는 패킷을 **ARP Request**라 부릅니다. ARP Request는 같은 네트워크에 있는 단말 모두에게 브로드캐스트로 패킷을 송신합니다. 그리고 '네~ 여기 있습니다!'라고 대답하는 패킷을 **ARP Reply**라 부릅니다. ARP Reply는 1:1 유니캐스트로 송신됩니다. ARP는 이 두 패킷만으로 MAC 주소와 IP 주소를 연결합니다.

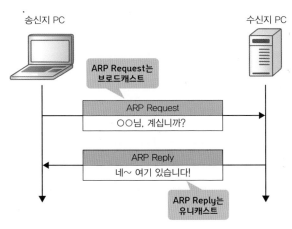

그림 3.3.4 • ARP 처리 흐름

## ■ 구체적인 주소 결정 예시

ARP가 어떻게 수신지 IPv4 주소와 수신지 MAC 주소를 연결하는지 자세히 살펴봅시다. 여기에서는 PC1이 같은 이더넷 네트워크에 존재하는 PC2의 MAC 주소를 결정하는 상황을 가정하고 ARP 처리를 설명합니다.

① PC1은 네트워크 계층에서 전달받은 IP 패킷에 포함된 수신지 IPv4 주소를 보고, 자신의 **ARP 테이블**(ARP table)을 검색합니다. ARP 테이블은 ARP에서 주소를 결정한 정보를 일정 시간 저장하는 메모리상의 테이블입니다. 당연하지만 최초 시점에서는 ARP 테이블은 비어 있습니다. 여기에서 ARP Request 처리합니다.

또한, ARP 테이블에 이미 정보가 있다면 ②에서 ⑤의 처리를 모두 뛰어넘어 ⑥을 수행합니다. ARP 테이블은 네트워크상의 ARP 트래픽과 실제 데이터 통신을 시작할 때까지의 시간을 줄이는 데 도움이 됩니다.

② PC1은 ARP Request를 송신하기 위해, 먼저 ARP의 각 필드의 정보를 조합합니다. 오퍼레이션 코드는 ARP Request를 나타내는 '1'입니다. 송신지 MAC 주소와 송신지 IPv4는 PC1 자신의 MAC 주소와 IPv4 주소입니다.

이 시점에서는 목표 MAC 주소를 알 수 없으므로 더미 MAC 주소(00:00:00:00:00:00)가 됩니다. 목표 IPv4 주소는 IPv4 헤더에 포함된 수신지 IPv4 주소로 바뀝니다. 수신지 IPv4 주소가 같은 IPv4 네트워크일 때는 그대로 수신지 IPv4를 목표 IPv4 주소로 사용합니다. 다른 IPv4 네트워크이면 그 네트워크의 출구가 되는 **넥스트 홉**(next hop)의 목표 IPv4 주소로 사용합니다. 이번 예시(그림 3.3.5)에서는 PC2가 같은 IPv4 네트워크에 있습니다. 그러므로 목표 IPv4 주소는 그대로 PC2의 IPv4 주소(10.1.1.200)가 됩니다.

계속해서 이더넷 헤더를 조합합니다. ARP Request는 브로드캐스트를 사용합니다. 그러므로 송신지 MAC 주소는 PC1의 MAC 주소(00:0c:29:ce:90:e4)입니다.

③ ARP Request가 같은 이더넷 네트워크(VLAN1)에 있는 단말 모두에게 전달됩니다. 주소 결정 대상인 PC2는 자신에 대한 ARP 프레임이라고 판단하고 해당 요청을 받아들입니다. 주소 결정 대상이 아닌 PC3은 관계없는 APR 프레임이라고 판단하고 해당 요청을 파기합니다. 다른 이더넷 네트워크(VLAN2)에 있는 PC3에게는 APR 프레임이 도달하지 않습니다.

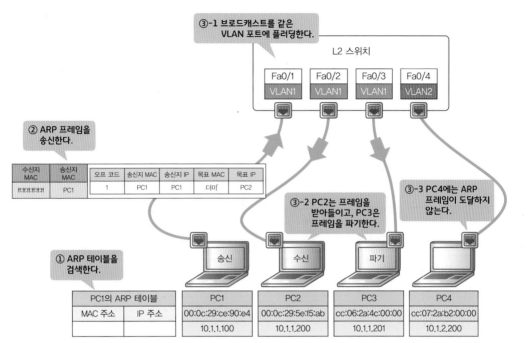

그림 3.3.5 • ①～③의 처리

④ PC2는 ARP Reply를 응답하기 위해 먼저 ARP의 각 필드 정보를 조합합니다. 오퍼레이션 코드는 ARP Reply를 나타내는 '2'입니다. 송신지 MAC 주소와 송신지 IPv4 주소는 PC2 자신의 MAC 주소와 IPv4 주소, 목표 MAC 주소와 목표 IPv4 주소는 PC1의 MAC 주소와 IPv4 주소입니다.

계속해서 이더넷 헤더를 조합합니다. ARP Reply는 유니캐스트를 사용합니다. 그러므로 수신지 MAC 주소는 PC1의 MAC 주소(00:0c:29:ce:90:e4), 송신지 MAC 주소는 PC2의 MAC 주소(00:0c:29:5e:f5:ab)입니다.

⑤ PC1은 ARP Reply의 ARP 필드에 포함된 송신지 MAC 주소(00:0c:29:5e:f5:ab)와 송신지 IPv4 주소(10.1.1.200)를 보고 PC2의 MAC 주소를 인식합니다. 또한, 이 정보를 ARP 테이블에 기록하고 잠시 동안 저장합니다.

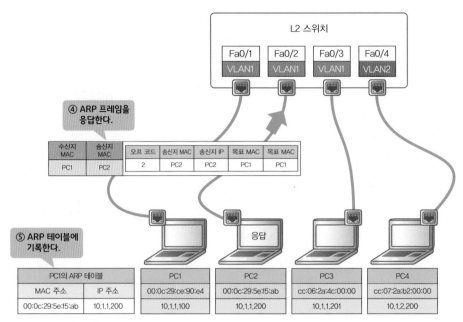

| PC1의 ARP 테이블 | |
| --- | --- |
| MAC 주소 | IP 주소 |
| 00:0c:29:5e:f5:ab | 10.1.1.200 |

| PC1 | PC2 | PC3 | PC4 |
| --- | --- | --- | --- |
| 00:0c:29:ce:90:e4 | 00:0c:29:5e:f5:ab | cc:06:2a:4c:00:00 | cc:07:2a:b2:00:00 |
| 10.1.1.100 | 10.1.1.200 | 10.1.1.201 | 10.1.2.200 |

그림 3.3.6 ● ④~⑤의 처리

⑥ PC1은 주소 결정한 PC2의 MAC 주소(00:0c:29:5e:f5:ab)를 이더넷 헤더의 수신지 MAC 주소에, IPv4 주소를 IPv4 헤더의 수신지 IPv4 주소에 넣고, 통신을 시작합니다.

## 3.3.3 ARP 캐시 기능

지금까지의 내용으로 TCP/IP 통신에서 ARP의 역할이 상당히 중요함을 알았을 것입니다. 모든 통신의 처음은 ARP입니다. ARP로 패킷을 송신할 MAC 주소를 안 뒤, 비로소 통신할 수 있게 되는 것입니다.

그런데 ARP에는 치명적인 약점이 있습니다. 바로 '브로드캐스트를 전제로 한다'는 점입니다. 최초에는 상대의 MAC 주소를 모르기 때문에 브로드캐스트를 사용하는 것은 어찌 보면 필연적입니다. 하지만 브로드캐스트는 같은 네트워크에 있는 모든 단말에 데이터를 보내는 비효율적인 통신입니다. 예를 들어, 1,000대의 단말이 있는 네트워크라면 1,000대 모두에게 트래픽을 보내게 됩니다. 모두가 통신할 때 ARP를 송신한다면 그 네트워크에는 ARP 트래픽만 가득하게 될 것입니다.

사실 MAC 주소는 물론 IPv4 주소도 자주 변하는 것이 아닙니다. 그래서 ARP는 주소 결정한 내용을 일정 기간 저장하는 **캐시 기능**을 제공합니다.

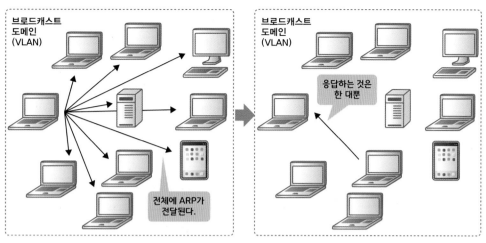

브로드캐스트
도메인
(VLAN)

브로드캐스트
도메인
(VLAN)

응답하는 것은
한 대뿐

전체에 ARP가
전달된다.

그림 3.3.7 ● 한 번의 주소 결정을 위해 모두에게 데이터를 보내므로 비효율적

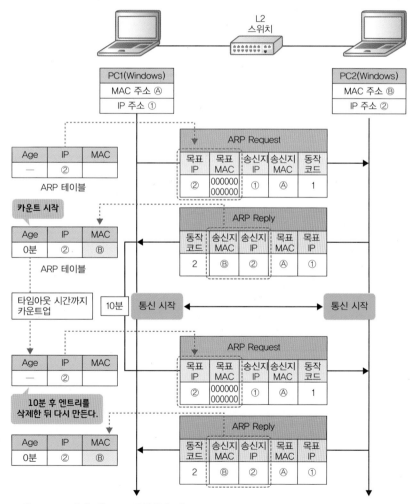

L2
스위치

PC1(Windows)
MAC 주소 Ⓐ
IP 주소 ①

PC2(Windows)
MAC 주소 Ⓑ
IP 주소 ②

| Age | IP | MAC |
|---|---|---|
| — | ② | |

ARP 테이블

ARP Request

| 목표 IP | 목표 MAC | 송신지 IP | 송신지 MAC | 동작 코드 |
|---|---|---|---|---|
| ② | 000000 000000 | ① | Ⓐ | 1 |

카운트 시작

| Age | IP | MAC |
|---|---|---|
| 0분 | ② | Ⓑ |

ARP 테이블

ARP Reply

| 동작 코드 | 송신지 MAC | 송신지 IP | 목표 MAC | 목표 IP |
|---|---|---|---|---|
| 2 | Ⓑ | ② | Ⓐ | ① |

타임아웃 시간까지
카운트업

10분

통신 시작 ◄──────► 통신 시작

| Age | IP | MAC |
|---|---|---|
| — | ② | |

ARP Request

| 목표 IP | 목표 MAC | 송신지 IP | 송신지 MAC | 동작 코드 |
|---|---|---|---|---|
| ② | 000000 000000 | ① | Ⓐ | 1 |

10분 후 엔트리를
삭제한 뒤 다시 만든다.

| Age | IP | MAC |
|---|---|---|
| 0분 | ② | Ⓑ |

ARP Reply

| 동작 코드 | 송신지 MAC | 송신지 IP | 목표 MAC | 목표 IP |
|---|---|---|---|---|
| 2 | Ⓑ | ② | Ⓐ | ① |

그림 3.3.8 ● 캐시 기능으로 효율을 높임

캐시 기능의 동작을 그림 3.3.8에 나타냈습니다. ARP에서 MAC 주소를 알았다면 ARP 테이블의 엔트리(데이터)로 추가하고 저장합니다. 엔트리를 저장하고 있는 동안에는 ARP를 송신하지 않습니다. 그리고 일정 시간(타임아웃 시간)이 경과하면 엔트리를 삭제하고, 다시 ARP Request를 송신합니다. 타임아웃 시간은 사용하는 기기나 OS에 따라 다릅니다. 예를 들어, Windows 10의 타임아웃 시간은 10분입니다. Cisco 기기의 타임아웃 시간은 4시간입니다. 물론 타임아웃 시간은 변경이 가능합니다.

## 3.3.4 GARP를 이용한 기능

ARP는 TCP/IP 통신 초반을 지탱하는 매우 중요한 프로토콜입니다. 이곳이 잘못되면 이후 통신이 성립되지 않습니다. 그래서 보통의 ARP 외에도 주소 결정을 효율적으로 구현하기 위한 특별한 ARP가 있습니다. 이 ARP를 **GARP**(Gratuitous ARP)라 부릅니다.

GARP는 ARP 필드의 목표 IPv4 주소에 자신의 IPv4를 설정한 특별한 ARP입니다. 'IP 주소 중복 감지'나 '인접 기기의 테이블 업데이트' 등에 사용됩니다.

### ■ IPv4 주소 중복 감지

회사나 학교의 네트워크 환경에서, 다른 사람과 같은 IP 주소를 잘못 설정한 경험이 있을 것입니다. 예를 들어, Windows OS에서는 'IP 주소의 충돌이 확인되었습니다.'와 같은 에러 메시지가 표시되었을 것입니다.

OS는 IPv4 주소가 설정되면 해당 IPv4 주소를 목표 IPv4 주소에 설정한 GARP(ARP Request)를 송신해서 '이 IPv4를 사용해도 좋습니까?'라고 모두에게 묻습니다. 모두에게 문의해야 하므로 브로드캐스트를 사용합니다. 이에 대해, 만약 해당 IPv4 주소를 사용하는 단말이 있다면 유니캐스트 ARP Reply로 응답합니다. ARP Reply를 받는다면 OS는 같은 IPv4 주소의 단말이 있다고 판단하고 에러 메시지를 표시합니다. ARP Reply 응답이 오지 않으면 비로소 IPv4 설정을 반영합니다.

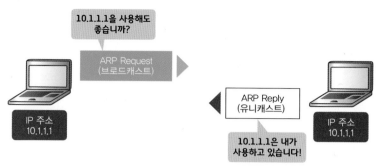

그림 3.3.9 • IP 주소 중복 감지

## ■ 인접 기기의 테이블 업데이트

여기에서 '테이블'이란 ARP 테이블과 MAC 주소 테이블을 의미합니다. GARP를 이용해 '내 IPv4 주소와 MAC 주소는 이것입니다!'라고 알림으로써, 인접 기기의 ARP 테이블과 MAC 주소 테이블의 정보 업데이트를 돕습니다.

예를 들어, 기기 장애 등 무언가의 원인으로 기기를 교환하면 MAC 주소가 이전과 달라지게 됩니다. 여기에서 교환한 기기는 기동 후 네트워크에 접속되는 시점에 GARP를 송출해서 자신의 MAC 주소가 변경되었음을 모두에게 알림으로써 인접한 기기의 ARP 테이블과 MAC 주소 테이블을 업데이트합니다[11]. L2 스위치나 PC 등 인접 기기는 교환된 기기의 새로운 MAC 주소를 GARP로 알 수 있기 때문에 즉시 통신할 수 있습니다.

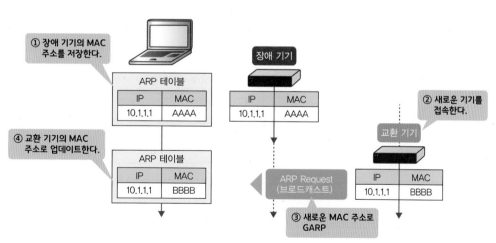

그림 3.3.10 • 새로운 MAC 주소를 인접 기기에 알림

---

11  기기에 따라서는 GARP를 송출하지 않습니다. 그때는 인접 기기의 ARP 테이블에 있는 정보를 우선 삭제하고, 새로운 기기의 MAC 주소를 재학습시켜야 합니다.

## 3.4 | 기타 L2 프로토콜

데이터링크 계층에 관한 장에서는 지금까지 설명한 IEEE802.3, IEEE802.11, ARP 외의 몇 가지 L2 프로토콜을 설명합니다. 이 프로토콜들은 데이터링크 계층에서 동작하지만 L2 스위치나 액세스 포인트가 처리할 수는 없습니다. 라우터나 방화벽 등 상위 계층의 기기가 처리할 수 있는 프로토콜입니다. 군데군데 네트워크 계층이나 트랜스포트 계층의 용어가 등장하므로 읽는 도중 잘 이해되지 않는다면 4장과 5장을 읽은 뒤, 돌아와서 다시 읽는 것도 좋습니다.

### 3.4.1 PPP

**PPP**(Point to Point Protocol)는 이름 그대로 포인트와 포인트를 1:1로 접속하기 위한 레이어2 프로토콜입니다. 'RFC1661 The Point-to-Point Protocol(PPP)'로 표준화되었습니다. PPP는 단말과 단말 사이에 '데이터링크'라는 이름을 갖는 1:1의 논리적인 통신로를 만들고, 그 위로 IP 패킷을 전송할 수 있도록 합니다. 이전에는 전화선을 그대로 사용해 인터넷에 접속하는 '다이얼업 접속' 등에서 사용되었습니다.

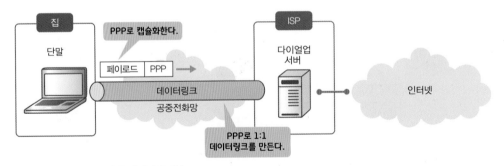

**그림 3.4.1 •** PPP에 의한 다이얼업 접속

PPP는 링크를 확립, 유지, 단절하는 LCP(Link Control Protocol), 인증하는 **PAP**(132쪽), **CHAP**(132쪽), IP 정보를 배포하는 NCP(Network Control Protocol)를 조합해 데이터링크를 만듭니다. 접속을 처리하는 흐름은 다음과 같습니다.

① LCP를 사용해 인증 타입이나 최대 수신 데이터 크기(MRU, Maximum Receive Unit) 등 데이터링크를 확립하기 위해 필요한 정보를 생성하고, 그 정보에 기반해 데이터링크를 확립합니다.

② 데이터링크를 확립한 뒤 인증 타입이 설정되면 인증합니다. 인증에는 PRP 또는 CHAP라는 인증 방식을 정한 인증 프로토콜(다음 절에서 설명)에 따라 LCP에서 만든 데이터링크상에서 수행합니다. 인증 타입이 설정되지 않았으면 인증을 건너뛰고 ③으로 진행합니다.

③ NCP를 사용해 IP 주소나 DNS 서버의 IP 주소 등을 알려, IP 레벨에서 통신할 수 있도록 합니다[12]. 여기까지 준비되면 이제 PPP로 IP 패킷을 캡슐화해서 IP로 통신할 수 있게 됩니다.

④ 통신이 가능해지면 그 후 LCP로 데이터링크 상태를 감시합니다. PPP 서버는 일정 시간 간격으로 LCP의 Echo Request를 송신하고, 그에 대해 PPP 클라이언트는 에코 응답을 반송합니다. 일정 시간 에코 응답이 돌아오지 않으면 데이터링크를 끊습니다.

⑤ 데이터링크를 사용하지 않거나 관리상 절단되면 LCP에서 링크 종료 처리를 시작합니다.

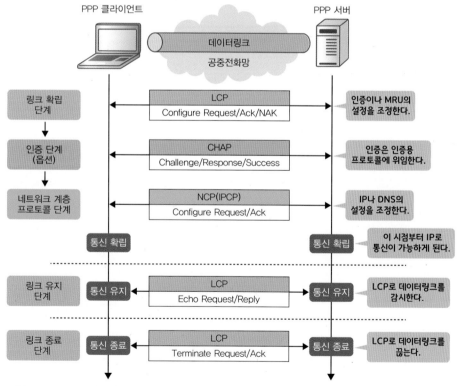

그림 3.4.2 ● PPP 접속 처리 프로세스

---

12 NCP는 사용하는 L3 프로토콜에 의해 한층 세분화됩니다. IP를 사용할 때의 NCP는 IPDP입니다.

## ■ PAP

PAP(Password Authentication Protocol)는 PPP 클라이언트가 사용자 ID와 비밀번호를 송신하고(authenticate request), 서버가 미리 설정해 둔 사용자 ID와 비밀번호를 기반으로 인증합니다(authenticate ack). 동작이 매우 단순해서 이해하기 쉽지만, 사용자 ID는 물론 비밀번호도 클리어텍스트(암호화되지 않은 문자열)로 전달되기 때문에 중간에 도청되면 손쓸 도리가 없습니다. 현재는 거의 사용되지 않으며, 이후 설명할 CHAP로 대체되었습니다.

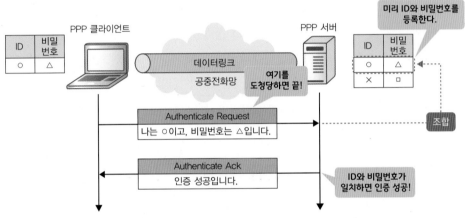

그림 3.4.3 ● 도청에 취약한 PAP

## ■ CHAP

PAP의 보안적인 약점을 보완해 강화한 프로토콜이 CHAP(Challenge Handshake Authentication Protocol)입니다. 뒤에서 설명할 PPPoE나 L2TP over IPsec 등 PPP가 관련된 프로토콜이 인증에서는 기본적으로 CHAP를 사용한다고 생각하면 좋습니다. CHAP 인증 프로세스는 다음과 같습니다.

① LCP에 의해 데이터링크가 확립되면 서버가 '챌린지값(challenge value)'이라는 무작위 문자열을 클라이언트에 전달합니다. 챌린지값은 인증할 때마다 변합니다. 서버는 나중에 계산에 사용하기 위해 챌린지값을 기억해 둡니다.

② 챌린지값을 전달받은 클라이언트는 챌린지값과 ID, 비밀번호를 조합해 해시값을 계산하고 ID와 함께 되돌려 보냅니다. 해시값이란 일정한 계산에 기반에 산출된 데이터의 요약과 같은 것입니다. 해시값에서 데이터를 역으로 계산할 수는 없으므로 해시값이 도청당하더라도 비밀번호를 추출할 수는 없습니다.

③ 서버에서도 같은 해시값을 계산해서 결과 해시값이 같다면 인증에 성공합니다.

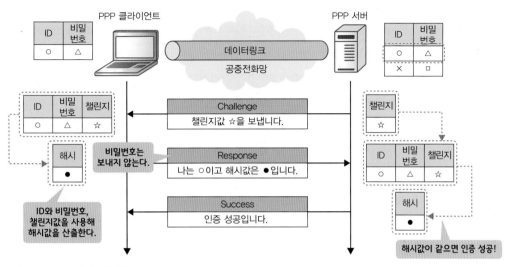

그림 3.4.4 ● 도청에 안전한 CHAP

지금까지 설명한 것을 쉽게 이해하기 위해, 등장인물을 PPP 클라이언트와 PPP 서버 두 명으로 바꾸어 설명했습니다. 실제 환경에서는 수많은 사용자를 다루어야 하기 때문에 여기에 인증 서버를 사용합니다. PPP 서버는 PPP 클라이언트로부터 사용자 이름과 챌린지값을 전달받으면 자신이 보낸 챌린지값과 합쳐서 인증 서버로 송신합니다. 인증 서버와의 교환에는 'RADIUS(Remote Authentication Dial In User Service)'라는 UDP 인증 프로토콜을 사용합니다. 인증 서버는 그 정보를 기반으로 해시값을 계산하고, 결과가 같다면 접속을 허가합니다.

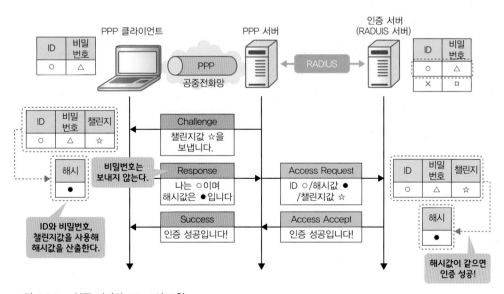

그림 3.4.5 ● 인증 서버와 CHAP의 조합

## 3.4.2 PPPoE

**PPPoE**(Point to Point Protocol over Ethernet)는 원래 다이얼업 접속에서 사용되던 PPP를 이더넷 네트워크상에서도 사용할 수 있도록 확장한 프로토콜입니다. 'RFC516 A Method for Transmission PPP Over Ethernet(PPPoE)'로 표준화되었으며, NTT 동일본/서일본이 제공하는 인터넷 접속 회선 서비스 '플렛츠 광 네트워크'에서 '플렛츠 네트워크(NGN망)'이라 부르는 내부망에 접속할 때 사용됩니다. 와이파이 라우터 등 집안에 설치된 '홈 게이트웨이(HGW, Home Gateway)'는 ONU(Optical Network Unit, 광 네트워크 종단 장치)[13]를 거쳐 NTT의 플렛츠 네트워크에 접속하고, 플렛츠 네트워크와 각 ISP를 접속하는 '네트워크 종단 장치(NTE, Network Termination Equipment)'와 PPPoE로 접속합니다. 네트워크 종단 장치는 PAP/CHAP로 받아들인 사용자 이름과 비밀번호를 각 ISP가 가진 인증 서버(RADIUS 서버)에 문의해 인증에 성공하면 플렛츠 네트워크와 ISP 네트워크를 경유해 인터넷에 접속합니다.

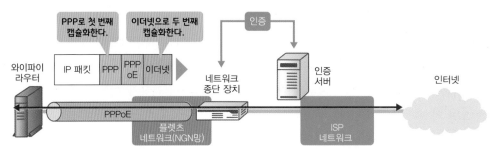

**그림 3.4.6 ● PPPoE를 통한 플렛츠 접속**

> **NOTE** ○○ over △△
>
> 네트워크 세계에서는 HTTP over TLS, SMTP over SSL/TLS 등 '○○ over △△'와 같은 몇 가지 프로토콜이 있습니다. 이것은 '○○을/를 △△로 캡슐화하고 있다'는 의미입니다. 예를 들어, 인터넷에서 자주 들을 수 있는 HTTPS(HTTP Secure)를 구현하는 프로토콜의 하나인 'HTTP over TLS'는 HTTP를 TLS (Transport Layer Security)로 캡슐화합니다. PPPoE(PPP over Ethernet)는 IP 패킷을 PPP로 캡슐화한 뒤, 이더넷으로 한 번 더 캡슐화하므로 데이터링크 계층에서 실제 2번 캡슐화하게 됩니다[14].

---

13 미디어 컨버터(25쪽)의 한 종류입니다. 광 케이블을 이용할 때 사용합니다.

14 PPP는 이더넷으로 직접 캡슐화할 수 없기 때문에 우선 PPPoE 헤더를 완충재로 감싼 뒤, 이더넷 헤더로 캡슐화합니다.

### 3.4.3 IPoE

PPPoE를 이용한 플렛츠 네트워크 접속은 시간/시기에 따라 네트워크 종단 장치에서 패킷이 혼잡(폭주)해, 인터넷에 접속하기 어려워지는 치명적인 결함을 안고 있습니다[15]. 그래서 새롭게 개발된 플렛츠 접속 방식이 **IPoE**(Internet Protocol over Ethernet)입니다. PPPoE와 같이 PPP로 캡슐화하는 것이 아니라 이더넷과 IP를 그대로 사용할 수 있기 때문에 '네이티브 접속 방식'이라 불립니다. 집 안에 설치된 와이파이 라우터(HGW, 홈 게이트웨이)는 ONU를 거쳐 NTT 플렛츠 네트워크에 접속하고, 게이트웨이 라우터[16], **VNE**(Virtual Network Enabler)[17]라 부르는 특정 통신 사업자의 네트워크를 공유해, 인터넷에 접속합니다. 병목이던 네트워크 종단 장치를 경유하지 않으므로 고속 통신을 계속 유지할 수 있습니다. 또한, 인정은 회선 정보를 사용해서 수행합니다. 사용자 이름이나 비밀번호는 필요하지 않습니다.

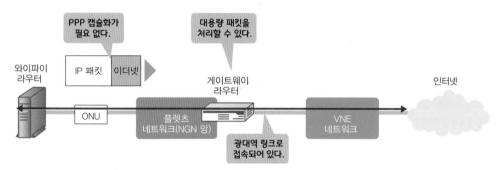

**그림 3.4.7 ●** IPoE를 이용한 플렛츠 네트워크 접속

### 3.4.4 PPTP

**PPTP**(Point to Point Tunneling Protocol)는 IPsec(228쪽)와 마찬가지로, 이더넷상에 가상 전용선(터널)을 만드는 VPN 프로토콜입니다. 원래 마이크로소프트, 3COM, 어센트 커뮤니케이션이 개발했으며, 그 뒤 'RFC2637 Point-to-Point Tunneling Protocol(PPTP)'로 표준화되었습니다.

PPTP는 TCP[18]에서 제어 커넥션을 만든 뒤, PPP 기능으로 인증 처리나 프라이빗 IP 주소[19]를

---

15 네트워크 종단 장치와 ISP를 접속하는 링크의 광대역이 사용자의 트래픽양에 대해 작은 것이 원인이어서 혼잡이 발생합니다.

16 플렛츠 네트워크와 VNE를 접속하는 라우터입니다. 광대역 링크를 가지고 있어 대용량 패킷을 처리할 수 있습니다.

17 ISP에 IPv6 인터넷 접속 기능을 판매하는 통신 사업자입니다.

18 TCP의 1723번을 사용합니다.

19 사내 LAN이나 가정 내 LAN 등 한정된 환경에서 사용할 수 있는 IP 주소를 의미합니다. 그림 속의 '10.1.1.x'가 여기에 해당합니다. 130쪽 참조.

할당합니다. IP 주소 할당을 마친 뒤 'GRE(Generic Routing Protocol)'이라는 프로토콜을 사용해 데이터 커넥션을 만들고, 실제 데이터를 교환합니다. 데이터 커넥션에서 교환된 패킷은 프라이빗 IP 주소의 헤더를 가진 오리지널 IP 패킷을 PPP와 GRE로 캡슐화한 뒤, 인터넷에서 교환할 수 있는 글로벌 IP 주소[20]를 포함한 IP 헤더로 한 번 더 캡슐화합니다.

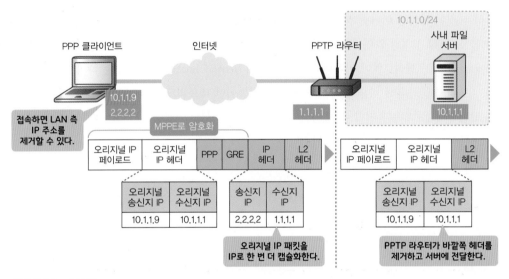

그림 3.4.8 • PPTP

---

**NOTE**  PPTP 이용 동향

RFC로 정의된 PPTP는 암호화 기능이 없기 때문에 보안적으로 해독과 도청에 무방비 상태입니다. 그래서 대부분의 기기에서는 PPTP를 사용하는 경우, 접속하는 시점에 MS-CHAP로 인증하고 GRE로 캡슐화하기 전에 PPP 프레임을 'MPPE(Microsoft Point to Point Encryption)'로 암호화함으로써, 보안을 확보합니다. 단, 여기에도 약점이 발견되어 PPTP는 점점 사용되지 않는 경향이 있습니다. macOS도 Sierra(10.12)부터 대응을 중단했습니다.

---

20  인터넷에서 사용할 수 있는 IP 주소를 의미합니다. 그림 속의 '1.1.1.1'과 '2.2.2.2'가 여기에 해당합니다. 120쪽 참조.

## 3.4.5 L2TP

**L2TP**(Layer2 Tunneling Protocol)도 IPsec나 PPTP와 마찬가지로, 인터넷상에 가상 전용선을 만드는 프로토콜입니다. 'RFC2661 Layer Two Tunneling Protocol(L2TP)'로 표준화되었습니다. 앞에서 설명한 PPTP, Cisco가 원격 액세스용으로 개발한 L2F(Layer 2 Forwarding)를 조합한 형태로 책정되었습니다. L2TP는 오리지널 IP 패킷을 PPP와 L2TP로 캡슐화한 뒤, UDP[21] 및 글로벌 IP 주소를 포함하는 IP 헤더로 캡슐화합니다.

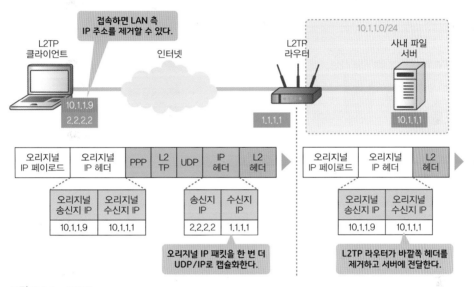

그림 3.4.9 • L2TP

### ■ L2TP over IPsec

RFC에서 정의되어 있는 L2TP는 암호화 기능을 갖지 않으므로 L2TP를 실제로 사용할 때는 그 자체만으로 사용하지는 않습니다. 보안 기능을 가진 IPsec을 함께 사용해 **L2TP over IPsec**(L2TP/IPsec)으로 사용하는 경우가 대부분입니다. 'RFC3193 Securing L2TP using IPsec'으로 표준화되었습니다.

---

21  UDP의 1701번을 사용합니다.

L2TP over IPsec은 오리지널 IP 패킷을 L2TP로 캡슐화한 뒤, 'ESP(Encapsulating Security Payload)'라는 프로토콜로 캡슐화해[22] 함께 암호화합니다[23]. 또한, 인증 기능은 PPP 인증인 MS-CHAP나 CHAP와 IPSec의 인증 기능(사전 공유키 인증이나 인증서 인증)을 이중으로 사용합니다.

최근에는 원격 업무 흐름에 맞춰, 자택이나 외부에서 사무실에 원격 액세스 VPN을 사용하면서 업무를 하는 경우가 많아졌습니다. L2TP over IPsec은 Windows OS나 macOS뿐만 아니라, iOS나 Android도 표준으로 대응합니다. 서드파티 VPN 소프트웨어를 설치하고 싶지 않다면 반드시 L2TP over IPsec을 선택해야 할 것입니다.

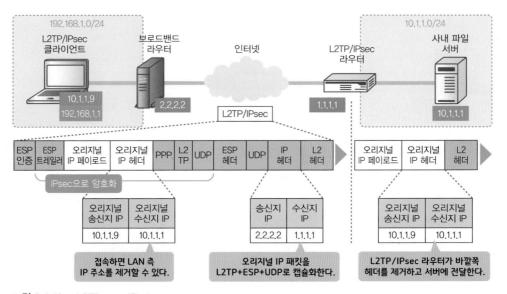

그림 3.4.10 • L2TP over IPsec

---

22 NAT 기기를 경유한 경우는 'NAT 트래버설' 기능에 따라, UDP로 캡슐화한 뒤에 ESP로 캡슐화합니다. NAT 트래버설은 209쪽에서 자세히 설명합니다. 그림 3.4.10은 실제 네트워크 환경에 맞춰, NAT 트래버설을 사용하는 것을 전제로 했습니다.

23 구체적으로는 IPsec 처리 중에 결정한 암호화 알고리즘에 따라 암호화됩니다.

# 4

# 네트워크 계층

인터넷상에서 공개된 웹사이트는 같은 네트워크에만 있는 것이 아니라, 전 세계에 무수히 존재하는 다른 네트워크상에 존재하고 있습니다. 네트워크 계층은 네트워크와 네트워크를 함께 연결해, 인터넷을 시작으로 하는 다른 네트워크상에 있는 단말과 접속성을 확보합니다.

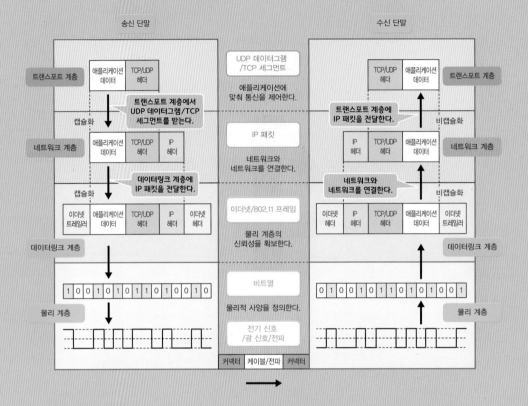

네트워크 계층은 이더넷이나 무선 LAN에서 만들어진 네트워크를 함께 연결해, 다른 네트워크에 있는 단말과의 연결성을 확보하는 계층입니다. 데이터링크 계층은 같은 네트워크 안에 존재하는 단말들의 연결까지만 담당합니다. 예를 들어, 해외에 있는 웹서버에 연결하고자 해도, 다른 네트워크상에 존재하기 때문에 데이터링크 계층 수준에서는 연결할 수 없습니다. 네트워크 계층은 데이터링크 계층에서 만들어진 작은 네트워크를 함께 연결해, 큰 규모의 네트워크를 만들 수 있습니다. 이제 일상생활에 없어서는 안 될 '인터넷'. 이것은 네트워크를 서로(inter-) 연결한다는 의미에서 만들어진 네트워크 계층 수준의 용어입니다. 많은 네트워크가 서로 연결되어 인터넷이라는 거대한 네트워크가 만들어집니다.

네트워크 계층에서 사용되는 프로토콜은 대부분 IP(Internet Protocol) 한 가지입니다. IP에는 IPv4(Internet Protocol version 4)와 IPv6(Internet Protocol version 6)라는 두 가지 버전이 존재하며, 이들 사이의 직접적인 호환성은 없습니다[1]. 비슷하지만 전혀 다릅니다.

---

1  IPv5도 있지만 실험 목적으로 만들어진 것으로, 일반적으로는 사용하지 않습니다.

# 4.1 │ IPv4

IPv4(Internet Protocol version 4)는 1981년에 발행된 RFC791 'INTERNET PROTOCOL'에 표준화된 커넥션리스 타입(20쪽) 프로토콜로, L2 헤더의 타입 코드에는 '0x0800'으로 정의되어 있습니다. RFC791에서는 IPv4가 어떤 포맷(형식)으로 캡슐화하고, 구성하는 필드가 어떤 기능을 갖는지 정의하고 있습니다.

## 4.1.1 IPv4의 패킷 포맷

IP에 의해 캡슐화되는 패킷을 **IP 패킷**이라 부릅니다. IP 패킷은 다양한 제어 정보를 설정하는 **IP 헤더**, 데이터 자체를 나타내는 **IP 페이로드**로 구성되어 있습니다. 이 중, 패킷 교환 통신의 열쇠를 가진 것이 IP 헤더입니다. IP 헤더에는 IP 네트워크에 연결하는 단말을 식별하거나 데이터를 작게 자르는 등의 작업을 위한 정보가 압축되어 있습니다.

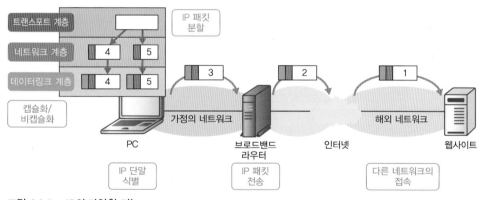

그림 4.1.1 ● IP의 다양한 기능

우리는 매일 다양한 해외 웹사이트를 볼 수 있지만, 그 뒤에는 IP 패킷이 산과 바다, 계곡을 넘어 전 세계의 다양한 장소를 돌아다니고 있습니다. IP 헤더는 이렇게 다양한 환경 차이를 잘 받아들이면서, 목적한 단말까지 IP 패킷을 전송할 수 있도록 다음 그림과 같은 다양한 필드로 구성되어 있습니다.

| | 0비트 | | 8비트 | 16비트 | | 24비트 |
|---|---|---|---|---|---|---|
| 0바이트 | 버전 | 헤더 길이 | ToS | 패킷 길이 | | |
| 4바이트 | 식별자 | | | 플래그 | 프래그먼트 오프셋 | |
| 8바이트 | TTL | | 프로토콜 번호 | 헤더 체크섬 | | |
| 12바이트 | 송신지 IP 주소 | | | | | |
| 16바이트 | 수신지 IP 주소 | | | | | |
| 가변 | IP 페이로드(TCP 세그먼트/UDP 데이터그램) | | | | | |

**그림 4.1.2 ● IPv4 패킷 포맷(옵션 없음)**

다음에 IP 헤더의 각 필드를 설명합니다.

### ■ 버전

**버전**(version)은 이름 그대로 IP의 버전을 나타내는 4비트 필드입니다. IPv4에서는 '4'(2진수로 '0100')가 들어갑니다.

### ■ 헤더 길이

**헤더 길이**(header length)는 IPv4 헤더의 길이를 나타내는 4비트 필드입니다. 'Internet Header Length' 의 약자로 'IHL'이라 부르기도 합니다. 패킷을 받아들인 단말은 이 값을 보고, 어디까지 IPv4 헤더 인지 알 수 있습니다. 헤더 길이는 IPv4 헤더의 길이를 4바이트(32비트) 단위로 환산한 값이 들어갑 니다. IPv4 헤더의 길이는 기본적으로 20바이트(160비트 = 32비트 × 5)이므로 '5'가 들어갑니다.

### ■ ToS

**ToS**(Type of Service)는 IPv4 패킷의 우선도를 나타내는 1바이트(8비트) 필드로, 우선 제어나 대역 제어, 혼잡 제어[2] 등 QoS(Quality of Service)에서 사용합니다. 미리 네트워크 기기에서 '이 값이면 최우선으로 전송한다', '이 값이면 이것만은 보증한다' 등 정책을 설정해 두면 서비스 요건에 맞 는 QoS 처리를 할 수 있게 됩니다.

ToS는 앞 6비트의 **DSCP**(Differentiated Services Code Point) 필드, 남은 2비트의 **ECN**(Explicit Congestion Notification) 필드로 구성됩니다. DSCP 필드는 우선 제어와 대역 제어에 사용합니다. ECN 필드는 혼잡을 알릴 때 사용합니다.

### ■ 패킷 길이

**패킷 길이**(packet length)는 IPv4 헤더와 IPv4 페이로드를 합친 패킷 전체의 길이를 나타내는 2바

---

2 네트워크에 많은 패킷이 존재해 복잡한 상태를 '혼잡'이라 부릅니다.

이트(16비트) 필드입니다. 패킷을 받아들인 단말은 이 필드를 보고, 어디까지 IPv4 패킷인지 알 수 있습니다. 예를 들면, 이더넷의 기본 MTU(Maximum Transmission Unit)까지 데이터가 들어 있는 IPv4 패킷의 경우, 패킷 길이 값은 '1500'(16진수로 '05dc')이 됩니다.

### ■ 식별자

패킷 교환 방식 통신에서는 데이터를 그 상태 그대로 송신하지 않고, 송신하기 쉽도록 작게 나누어 송신합니다. IP에서 데이터를 작게 나누는 처리를 **IP 프래그멘테이션**(IP fragmentation)이라 부릅니다. 86쪽에서 설명한 것처럼 L2 페이로드, 다시 말해, IP 패키지라는 이름의 소포에는 MTU까지의 데이터만 저장할 수 있습니다. 그렇기 때문에 만약 트랜스포트 계층에서 MTU 보다 큰 데이터를 받아들이거나, 입구에서 출구까지의 인터페이스의 MTU가 작은 경우에는 MTU에 맞도록 데이터를 작게 잘라야 합니다. **식별자**(identifier), **플래그**(flag), **프래그먼트 오프셋** (fragment offset)에는 IP 프래그멘테이션에 관한 정보가 저장되어 있습니다.

식별자는 패킷을 만들 때 무작위로 할당되는 패킷 ID로, 2바이트(16비트)로 구성됩니다. IPv4 패 킷 크기가 MTU보다 커서 도중에 프래그멘테이션되면 프래그먼트 셋은 같은 식별자를 복사해서 갖습니다. 프래그먼트 패킷을 받은 단말은 이 식별자를 보고, 통신 도중에 프래그멘테이션되었음을 인식하고 패킷을 재결합합니다.

### ■ 플래그

플래그는 3비트로 구성되어 있으며 1번째 비트는 사용하지 않습니다. 2번째 비트는 **DF**(Don't Fragment) **비트**라 불리며, IP 패킷을 프래그멘테이션해도 좋을지를 의미합니다. '0'이면 프래그멘테이션을 허가하고 '1'이면 프래그멘테이션을 허가하지 않습니다. 프래그멘테이션이 발생하는 네트워크 환경이라도 마음대로 패킷을 프래그멘테이션해도 되는 것은 아닙니다. 프래그멘테이션이 발생하면 그만큼 처리 지연이 발생하고 성능이 저하됩니다. 그래서 최근 애플리케이션은 처리 지연을 고려해 프래그멘테이션을 허가하지 않도록, 다시 말해, DF 비트를 '1'로 설정해서 상위 계층(트랜스포트 계층~애플리케이션 계층)에서 데이터 크기를 조정합니다.

3번째 비트는 **MF**(More Fragments) **비트**라 부르며, 프래그멘테이션된 IPv4 패킷이 뒤에 계속되는가를 나타냅니다. '0'이면 프래그멘테이션된 IPv4 패킷이 뒤에 계속되지 않습니다. '1'이면 프래그멘테이션된 IPv4 패킷이 뒤에 계속됩니다.

### ■ 프래그먼트 오프셋

프래그먼트 오프셋은 프래그멘테이션한 뒤, 그 패킷이 오리지널 패킷의 앞쪽부터 어느 위치에 있는지를 나타내는 13비트 필드입니다. 프래그멘테이션된 처음 패킷에는 '0', 그 뒤 패킷에는 위치를 나타내는 값이 들어갑니다. 패킷을 받은 단말은 이 값을 보고, IP 패킷의 순서를 올바르게 정렬합니다.

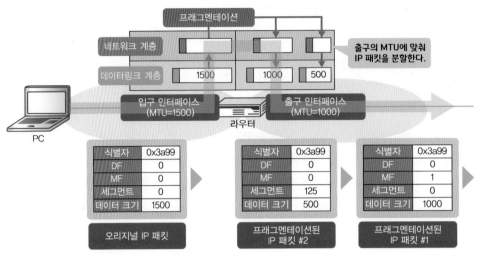

그림 4.1.3 ● 프래그먼트 오프셋을 보고 순서 정렬

## ■ TTL

**TTL**(Time To Live)은 패킷의 수명을 나타내는 1바이트(8비트) 필드입니다. IP 세계에서는 IP 패킷의 수명은 '경유하는 라우터의 수'를 의미합니다. 경유하는 라우터의 수를 '홉(hop) 수'라 부릅니다. TTL 값은 라우터를 경유할 때[3], 다시 말해, 네트워크를 경유할 때마다 1씩 감소하며, 값이 '0'이 되면 패킷이 파기됩니다. 패킷을 파기한 라우터는 'Time-to-live exceed(타입 11/코드 0)'라는 ICMPv4 패킷(217쪽)을 반환하고, 패킷을 파기한 것을 송신지 단말에 전달합니다.

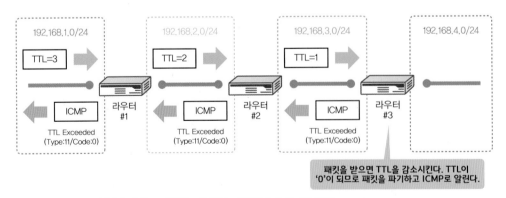

그림 4.1.4 ● TTL이 '0'이 되면 IP 패킷을 파기하고, ICMP로 송신지에 알림

---

3  실제로는 네트워크 계층 이상에서 동작하는 기기 모두에서 감소됩니다. 예를 들어, L3 스위치나 방화벽, 부하 분산 장치를 경유해도 TTL은 감소됩니다.

## ■ 프로토콜 번호

**프로토콜 번호**(protocol number)는 IPv4 페이로드가 어떤 프로토콜로 구성되어 있는지를 나타내는 1바이트(8비트) 필드입니다. 프로토콜을 나타내는 번호는 FRC790 'ASSIGNED NUMBERS'에 표준화되었습니다.

표 4.1.1 ● 프로토콜 번호 예

| 프로토콜 | 번호 |
|---|---|
| 1 | ICMP(Internet Control Message Protocol) |
| 2 | IGMP(Internet Group Management Protocol) |
| 6 | TCP(Transmission Control Protocol) |
| 17 | UDP(User Datagram Protocol) |
| 47 | GRE(Generic Routing Encapsulation) |
| 50 | ESP(Encapsulating Security Payload) |
| 88 | EIGRP(Enhanced Interior Gateway Routing Protocol) |
| 89 | OSPF(Open Shortest Path First) |
| 112 | VRRP(Virtual Roughter Redundancy Protocol) |

## ■ 헤더 체크섬

**헤더 체크섬**(header checksum)은 IPv4 헤더의 정합성을 체크하기 위해 사용되는 2바이트(16비트) 필드입니다. 헤더 체크섬 계산은 RFC1071 'Computing the Internet Checksum'에 정의되어 있으며, '1의 보수 연산'이라는 계산 방법을 채용하고 있습니다.

## ■ 송신지/수신지 IPv4 주소

**IPv4 주소**는 IPv4 네트워크에 연결되어 있는 단말을 나타내는 4바이트(32비트)의 식별 ID입니다. IPv4 네트워크에서의 주소라고 생각하면 좋습니다. PC나 서버의 NIC, 라우터나 방화벽, L2 스위치 중에서도 관리 가능한 L2 스위치[4] 등 IP 네트워크에서 통신하는 단말은 모두 IP 주소를 가지고 있어야 합니다. 그리고 반드시 단말 하나당 하나의 IP만 가질 수 있는 것이 아니라, 기기 종류나 용도에 따라 여러 IP 주소를 가질 수도 있습니다. 예를 들면, 라우터는 IP 네트워크를 연결하기 위해, 포트마다 IP 주소를 가지고 있으며 이를 합쳐 관리하기 위해 사용하는 이더넷 관리 포트도 IP 주소를 가집니다.

---

4  기기 상태를 확인하거나 장애를 감지하는 등 관리 기능이 있는 L2 스위치를 '인텔리전트 L2 스위치(intelligent L2 switch)'라 부릅니다. 그에 비해 관리 기능이 없는 L2 스위치를 '논인텔리전트 L2 스위치(non-intelligent L2 switch)'라 부릅니다. 논인텔리전트 L2 스위치는 IP 주소를 가질 수 없습니다.

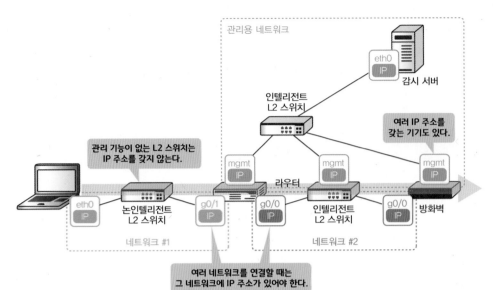

**그림 4.1.5 ● IP 주소가 필요한 장소**

---

**NOTE** **MAC 주소와 IP 주소가 모두 필요한 이유**

MAC 주소는 NIC에 할당된 물리적인 주소입니다. '다음에 어떤 기기에 프레임을 전달하는가?'를 지정하는 주소로 사용합니다. 이에 비해 IP 주소는 OS에 할당된 논리적인 주소입니다. '최종적으로 어디에 패킷을 전달하는지'를 지정하는 주소로 사용합니다. 120쪽에서 설명한 것처럼, 이 두 주소를 연결하는 것이 ARP입니다.

이더넷 네트워크에서 통신하기 위해서는 MAC 주소가 필요합니다. 그리고 IP 네트워크에서 통신하기 위해서는 IP 주소가 필요합니다. 그렇기 때문에 데이터링크 계층에서 이더넷, 네트워크 계층에서 IP를 사용하는 것이 많은 현대 네트워크에서 양쪽 주소는 반드시 필요합니다. 예를 들면, 데이터링크 계층에서 PPP를 사용하면 MAC 주소는 필요하지 않습니다.

---

### ■옵션

**옵션**(option)은 IPv4 패킷 송신에 대한 확장 기능을 저장한 가변 길이 필드입니다. 패킷이 지나는 경로를 기록하는 'Record Route', 지정한 경로를 통과하도록 지정하는 'Loose source route' 등 다양한 기능이 제공되지만, 적어도 필자는 실무 현장에서 사용되는 것을 보지는 못했습니다.

### ■패딩

**패딩**(padding)은 IPv4 헤더의 비트 수를 정렬하기 위해 사용되는 필드입니다. IPv4 헤더는 사양상 4바이트(32비트) 단위여야 합니다. 옵션 길이는 정해져 있지 않으므로 4바이트가 되는지 알 수 없습니다. 4바이트의 정수 배가 되지 않으면 마지막에 패딩 '0'을 추가해, 4바이트의 정수 배가 되도록 합니다.

## 4.1.2 IPv4 주소와 서브넷 마스크

IP 헤더 중 가장 중요한 필드가 **송신지 IP 주소**와 **수신지 IP 주소**입니다. 네트워크 계층은 IP 주소를 위한 계층이라고 해도 과언이 아닙니다.

IPv4 주소는 IPv4 네트워크에 접속된 단말을 식별하는 IP입니다. 32비트(4바이트)로 구성되어 있으며 '192.168.1.1'이나 '172.16.1.1'처럼 8비트(1바이트)씩 점(.)으로 구분해서 10진수로 표기합니다. 이 표기법을 **점으로 구분한 10진 표기법**이라 부릅니다. 점으로 구분한 그룹을 **옥텟**(octet)이라 부르며, 앞에서부터 1옥텟, 2옥텟, … 으로 표현합니다.

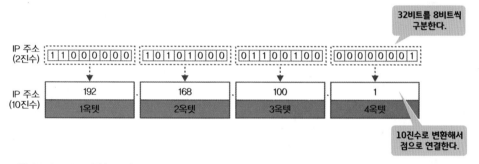

**그림 4.1.6 ● IPv4 주소 표기**

### ■ 서브넷 마스크는 네트워크와 호스트의 구분점

IPv4 주소는 그 자체로 사용하지 않습니다. **서브넷 마스크**(subnet mask)라는 또 다른 32비트 값과 세트로 사용합니다.

IPv4 주소는 **네트워크 부분**(network part)과 **호스트 부분**(host part) 2개로 구성되어 있습니다. 네트워크 부분은 '어떤 IPv4 네트워크에 있는가'를 나타냅니다. 호스트 부분은 '어떤 단말인가'를 나타냅니다. 서브넷 마스크는 이 2개를 구분하는 표시와 같은 것으로 '1'의 비트가 네트워크 부분, '0' 비트가 호스트 부분을 나타냅니다. IPv4 주소와 서브넷 마스크를 조합해서 봄으로써, '어떤 IPv4 네트워크에 있는 어떤 단말인가'를 식별할 수 있습니다.

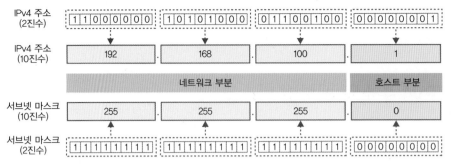

**그림 4.1.7 • IPv4 주소와 서브넷 마스크**

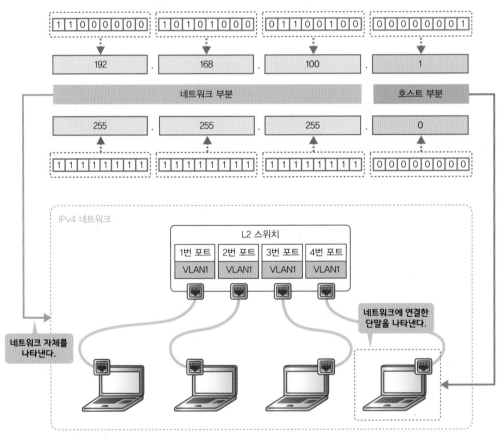

**그림 4.1.8 • 네트워크 부분과 호스트 부분**

## 10진수 표기와 CIDR 표기

서브넷 마스크에는 **10진수 표기**와 **CIDR 표기**의 2종류 표기 방법이 있습니다. 10진수 표기는 IPv4 주소와 같이 32비트를 8비트씩 4개 그룹으로 나눠, 10진수로 변환하고 점으로 구분해서 표기합니다. 한편, CIDR 표기는 IPv4 주소 뒤에 '/'(슬래시)와 서브넷 마스크의 '1'의 비트 수를 표기합니다. 예를 들어, '192.168.100.1'이라는 IPv4 주소에 '255.255.255.0'이라는 서브넷 마스크가 설정된 경우, CIDR 표기에서는 '192.168.100.1/24'가 됩니다. 어떤 값이 오더라도 네트워크 부분이 '192.168.100'이므로 호스트 부분이 '1'인 것을 알 수 있습니다.

## 4.1.3 다양한 IPv4 주소

IPv4 주소는 '0.0.0.0'에서 '255.255.255.255'까지, $2^{32}$(약 43억)개 있습니다. 그렇다고 해서, 어디에서나 마음대로 사용해도 좋은 것은 아닙니다. RFC에서는 어디부터 어디까지 어떻게 사용해야 하는지 정의하고 있습니다. 이 책에서는 이 사용 규칙을 '사용 용도, 사용 장소, 제외 주소'라는 3개 분류 방법을 기준으로 설명합니다.

### ■ 사용 용도에 따른 분류

IPv4 주소는 사용 용도에 따라 클래스 A에서 클래스 E까지 3개 주소 그룹으로 분류할 수 있습니다. 이 중, 일반적으로 사용하는 것은 클래스 A에서 클래스 C까지의 주소입니다. 이 주소들은 단말에 설정하고 유니캐스트, 다시 말해, 1:1 통신에서 사용합니다. 이 3개 클래스의 차이는 간단히 말하면 네트워크 규모의 차이입니다. 클래스 A → 클래스 B → 클래스 C 순서로 규모가 작아집니다. 클래스 D와 클래스 E는 특수한 용도로 사용하고 일반적으로는 사용하지 않습니다. 클래스 D는 특정 그룹의 단말에 트래픽을 보내는 IPv4 멀티캐스트에서 사용하고, 클래스 E는 미래를 위해 예약되어 있는 IPv4 주소입니다.

표 4.1.2 ● 사용 용도에 따른 IPv4 주소 분류

| 주소 클래스 | 용도 | 시작 비트 | 시작 IP 주소 | 종료 IP 주소 | 네트워크 부분 | 호스트 부분 | 최대 할당 가능 IP 주소 수 |
|---|---|---|---|---|---|---|---|
| 클래스 A | 유니캐스트 (대규모) | 0 | 0.0.0.0 | 127.255.255.255 | 8비트 | 24비트 | 16,777,214 (= $2^{24} - 2$) |
| 클래스 B | 유니캐스트 (중규모) | 10 | 128.0.0.0 | 191.255.255.255 | 16비트 | 16비트 | 65,354 (= $2^{16} - 2$) |
| 클래스 C | 유니캐스트 (소규모) | 110 | 192.0.0.0 | 223.255.255.255 | 24비트 | 8비트 | 254 (= $2^8 - 2$) |
| 클래스 D | 멀티캐스트 | 1110 | 224.0.0.0 | 239.255.255.255 | - | - | - |
| 클래스 E | 연구, 예약용 | 1111 | 240.0.0.0 | 255.255.255.255 | - | - | - |

주소 클래스 분류는 32비트의 IPv4 주소의 앞 1~4비트로 수행합니다. 그렇기 때문에 앞 비트에 따라 사용할 수 있는 IPv4 주소의 범위도 자연히 결정됩니다. 예를 들면, 클래스 A의 경우 앞 1 비트가 '0'입니다. 나머지 31비트는 '모두 0'에서 '모두 1'까지의 패턴을 가질 수 있으므로 사용할 수 있는 IP 주소의 범위는 '0.0.0.0'에서 '127.255.255.255'까지입니다.

### ■ 클래스풀 어드레싱

주소 클래스에 기반해IPv4 주소를 할당하는 방식을 **클래스풀 어드레싱**(classful addressing)이라 부릅니다. 클래스풀 어드레싱은 1옥텟(8비트) 단위로 서브넷 마스크를 준비하는 방식으로, 네트워크 부분과 호스트 부분은 표 4.1.2와 같이 8비트, 16비트, 24비트 중 하나가 됩니다.

이 방식은 매우 알기 쉽고 관리하기 쉽다는 장점이 있습니다. 반면, 대충하기 쉽기 때문에 낭비가 많다는 단점도 있습니다. 예를 들면, 클래스 A에서 할당되는 IP 주소는 표 4.1.2에서 나타낸 것처럼 1,600만 개가 넘습니다. 하나의 기업이나 단체에서 1600만 개의 IPv4 주소가 필요할까요? 아마도 없을 것입니다. 필요한 만큼 할당하면 남은 IPv4 주소는 방치하는 것이기 때문에 매우 아깝습니다. 여기에서 유한한 IP 주소를 유효하게 활용하기 위해 새롭게 고안된 방식이 '클래스리스 어드레싱'입니다.

### ■ 클래스리스 어드레싱

8비트 단위의 주소 클래스에 관계없이 IPv4 주소를 할당하는 방식을 **클래스리스 어드레싱**(classless addressing)이라 부릅니다. 서브네팅(subnetting)이나 CIDR(Classless Inter-Domain Routing)이라고도 불립니다.

클래스리스 어드레싱은 네트워크 부분과 호스트 부분 외에 **서브넷 부분**이라는 새로운 개념을 도입해, 새로운 네트워크를 만들어냅니다. 서브넷 부분은 원래 호스트 부분으로서 사용되는 부분이기는 하나, 이 부분을 잘 이용하면 더 작은 단위로 분할할 수 있습니다. 서브넷 마스크를 8비트 단위가 아니라 1비트 단위로 자유롭게 적용함으로써 이를 구현합니다.

예시로 '192.168.1.0'을 서브넷화해 봅니다. 표 4.1.2에서 본 것과 같이 '192.168.1.0'은 클래스 C의 IP 주소이므로 네트워크 부분은 24비트, 호스트 부분은 8비트입니다. 이 호스트 부분에서 서브넷 부분을 할당합니다. 서브넷 부분에 할당하는 비트 수는 필요한 IP 주소 수 또는 필요한 네트워크 수에 맞춰 생각할 수 있습니다. 여기에서는 16개 네트워크에 서브넷화해 봅니다. 16개로 분할하기 위해서는 4비트가 필요합니다($16 = 2^4$). 4비트를 서브넷 부분을 사용해 새로운 네트워크 부분을 만듭니다. 그러면 '192.168.1.0/28'에서 '192.168.1.240/28'까지 16개의 서브넷 네트워크를 만들 수 있습니다. 그리고 각 네트워크에는 최대 14개($2^4 - 2$)[5]의 IP 주소를 할당할 수 있습니다.

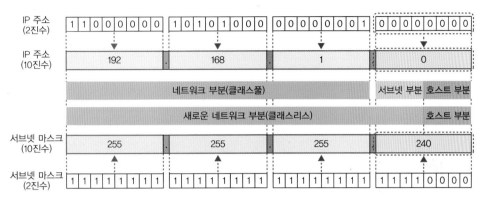

그림 4.1.9 • 클래스리스 어드레싱

표 4.1.3 • 필요한 IP 주소 수나 필요한 네트워크 수에 따른 서브넷화

| 10진수 표기 | 255.255.255.0 | 255.255.255.128 | 255.266.266.192 | 255.255.255.224 | 255.255.255.240 |
|---|---|---|---|---|---|
| CIDR 표기 | /24 | /25 | /26 | /27 | /28 |
| 최대 IP 수 | 254(= 256 - 2) | 126(= 128 - 2) | 62(= 64 - 2) | 30(= 32 - 2) | 14(= 16 - 2) |
| 할당 네트워크 | 192.168.1.0 | 192.168.1.0 | 192.168.1.0 | 192.168.1.0 | 192.168.1.0 |
|  |  |  |  |  | 192.168.1.16 |
|  |  |  |  | 192.168.1.32 | 192.168.1.32 |
|  |  |  |  |  | 192.168.1.48 |
|  |  |  | 192.168.1.64 | 192.168.1.64 | 192.168.1.64 |
|  |  |  |  |  | 192.168.1.80 |
|  |  |  |  | 192.168.1.96 | 192.168.1.96 |
|  |  |  |  |  | 192.168.1.112 |
|  |  | 192.168.1.128 | 192.168.1.128 | 192.168.1.128 | 192.168.1.128 |
|  |  |  |  |  | 192.168.1.144 |
|  |  |  |  | 192.168.1.160 | 192.168.1.160 |
|  |  |  |  |  | 192.168.1.176 |
|  |  |  | 192.168.1.192 | 192.168.1.192 | 192.168.1.192 |
|  |  |  |  |  | 192.168.1.208 |
|  |  |  |  | 192.168.1.224 | 192.168.1.224 |
|  |  |  |  |  | 192.168.1.240 |

---

5  네트워크 주소와 브로드캐스트 주소는 단말에 할당할 수 없으므로 제외됩니다. 네트워크 주소와 브로드캐스트 주소는 154~155쪽에서 설명합니다.

클래스리스 어드레싱은 유한한 IP 주소를 유효하게 활용할 수 있기 때문에 현재 할당 방식의 주류가 되었습니다. 덧붙여, 세계의 IP 주소를 관리하는 IANA(Internet Assigned Numbers Authority)의 할당 방식 역시 클래스리스 어드레싱입니다.

## 사용 장소에 따른 분류

계속해서 사용 장소에 따른 분류입니다. '사용 장소'라 하지만 '옥외에서는 이 IPv4 주소, 옥내에서는 이 IPv4'와 같은 물리적인 장소를 나타내는 것은 아닙니다. 네트워크에 있어서의 논리적인 장소를 나타냅니다.

IPv4 주소는 사용하는 장소에 따라 **글로벌 IPv4 주소**(퍼블릭 IPv4 주소, 공인 IP)와 **프라이빗 IPv4 주소**(로컬 IPv4 주소, 사설 IP)의 2종류로 분류할 수 있습니다. 전자는 인터넷에서 임의의(달리 같은 것이 없는, 개별적인) IP 주소이며, 후자는 기업이나 가정의 네트워크 등 한정된 조직 안에서의 임의의 IP 주소입니다. 전화에 빗대어 보면 글로벌 IPv4 주소는 외선, 프라이빗 IPv4는 내선에 해당합니다.

### ■ 글로벌 IPv4 주소

글로벌 IPv4 주소는 ICANN(Internet Corporation for Assigned Names and Numbers)이라는 비영리 법인의 한 기능인 IANA와, 그 하부 조직(RIR, NIR, LIR[6])에 따라 계층적으로 관리되며, 자유롭게 할당할 수 없는 IPv4 주소입니다. 글로벌 IPv4 주소는 현재 그 남은 숫자가 부족해서 최근에는 할당에 제한이 있는 것으로 보입니다.

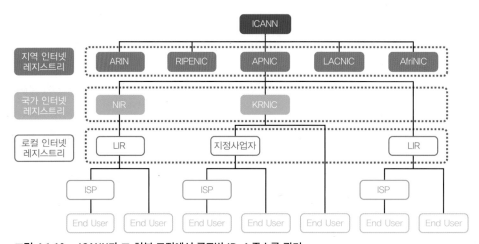

그림 4.1.10 • ICANN과 그 하부 조직에서 글로벌 IPv4 주소를 관리

---

6  RIR: 지역 인터넷 레지스트리(Regional Internal Registry)
   NIR: 국가 인터넷 레지스트리(National Internal Registry)
   LIR: 로컬 인터넷 레지스트리(Local Internal Registry)

## ■ 프라이빗 IPv4 주소

프라이빗 IPv4 주소는 조직 안에서 자유롭게 할당할 수 있는 IPv4 주소입니다. RFC1918 'Address Allocation for Private Internets'로 표준화되었으며, 다음 표와 같이 주소 클래스별로 정의되어 있습니다[7]. 예를 들어, 가정에서 브로드밴드 라우터를 사용할 때는 192.168.x.x IPv4 주소가 설정되어 있는 경우가 많습니다. 192.168.x.x는 클래스 C로 정의된 프라이빗 IPv4 주소입니다.

표 4.1.4 ● 프라이빗 IPv4 주소

| 클래스 | 시작 IP 주소 | 종료 IP 주소 | 서브넷 마스크 | 최대 할당 노드 수 |
|---|---|---|---|---|
| 클래스 A | 10.0.0.0 | 10.255.255.255 | 255.0.0.0(/8) | $16,777,214(= 2^{24} - 2)$ |
| 클래스 B | 172.16.0.0 | 172.132.255.255 | 255.240.0.0(/12) | $1,048,574(= 2^{20} - 2)$ |
| 클래스 C | 192.168.0.0 | 192.168.255.255 | 255.0.0.0(/16) | $65,534(= 2^{16} = 2)$ |

프라이빗 IPv4 주소는 조직 내에서만 유효한 IPv4 주소입니다. 인터넷에 직접 접속되는 것은 아닙니다. 인터넷에 접속할 때는 프라이빗 IPv4 주소를 글로벌 IPv4 주소로 변환해야 합니다. IP 주소를 변환하는 기능을 **NAT**(Network Address Translation)라 부릅니다. 가정에서 브로드밴드 라우터를 사용하는 분은 브로드밴드 라우터가 송신지 IPv4 주소를 프라이빗 IPv4 주소에서 글로벌 IPv4 주소로 변환합니다. NAT는 202쪽에서 설명합니다.

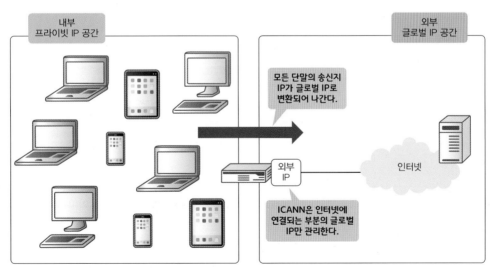

그림 4.1.11 ● 내부에는 프라이빗 IPv4 주소 할당

---

7  2012년 4월에 RFC6589 'Considerations for Transitioning Content to IPv6'에서 '100.64.0.0/10'도 프라이빗 IPv4 주소로 새롭게 정의되었습니다. 100.64.0.0/10은 통신 사업자가 다루는 대규모 NAT(Career-Grade NAT, CGNAT) 환경에서 가입자(서브스크라이버)에 할당하기 위한 프라이빗 IPv4 주소입니다. 특별한 용도의 프라이빗 IPv4 주소이므로 이해를 돕기 위해 본문에서는 제외했습니다.

## ■ 예외 주소

클래스 A에서 클래스 C 중에서도 특별한 용도로 사용되기 때문에 단말에는 설정할 수 없는 주소가 몇 개 있습니다. 그중에서도 실무에서 중요한 IP 주소가 **네트워크 주소**(network address), **브로드캐스트 주소**(broadcast address), **루프백 주소**(loopback address)입니다.

### ■ 네트워크 주소

네트워크 주소는 호스트 부분의 비트가 모두 '0'인 IP 주소로, 네트워크 자체를 나타냅니다. 예를 들어, '192.168.0.1'이라는 IPv4 주소에 '255.255.255.0'이라는 서브넷 마스크가 설정되었다면 '192.168.100.0'이 네트워크 주소가 됩니다.

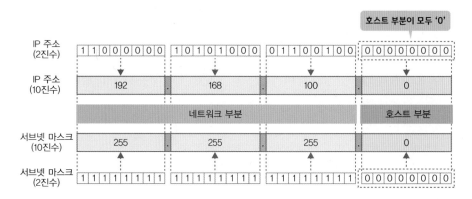

**그림 4.1.12 •** 네트워크 주소: '네트워크 자체'를 나타냄

또한, 네트워크 주소를 최대한으로 설정해 IPv4 주소, 서브넷 마스크를 모두 '0'으로 설정한 '0.0.0.0/0'은 **기본 경로 주소**(default route address)가 됩니다. 기본 경로 주소는 '모든 네트워크'를 나타냅니다.

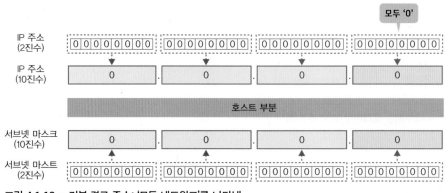

**그림 4.1.13 •** 기본 경로 주소: '모든 네트워크'를 나타냄

## ■ 브로드캐스트 주소

브로드캐스트 주소는 호스트 부분의 비트가 모두 '1'인 IPv4 주소이며 같은 네트워크에 존재하는 모든 단말을 나타냅니다. 예를 들어, '192.168.100.1'이라는 IP 주소에 '255.255.255.0'이라는 서브넷 마스크가 설정되었다면 '192.168.100.255'가 브로드캐스트 주소가 됩니다.

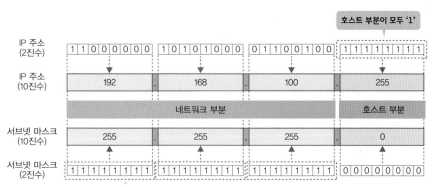

**그림 4.1.14** ● 브로드캐스트 주소: '같은 네트워크 안의 모든 단말'을 나타냄

또한, 브로드캐스트 주소를 최대한으로 설정해 IPv4 주소, 서브넷 마스크를 모두 '1'로 설정한 '255.255.255.255/32'는 **리미티드 브로드캐스트 주소**(limited broadcast address)가 됩니다. '255.255.255.255/32'에 대해 통신을 시도하면 브로드캐스트 주소와 마찬가지로 같은 네트워크에 있는 모든 단말에 패킷이 송신됩니다. 리미티드 브로드캐스트 주소는 자신의 IPv4 주소나 네트워크 주소를 알 수 없을 때, DHCPv4(198쪽)로 주소를 얻을 때 등에 사용합니다.

## ■ 루프백 주소

루프백 주소는 자기 자신을 나타내는 IPv4 주소로, RFC1122 'Requirements for Internet Hosts – Communication Layers'로 표준화되었습니다. 루프백 주소는 1옥텟이 '127'인 IPv4 주소입니다. 1옥텟이 '127'이라면 어떤 주소를 사용해도 관계없지만, 통상 '127.0.0.1/8'을 사용합니다. Windows OS, macOS 모두에서 통신에 사용하는 IPv4 주소와는 별도로 자동으로 '127.0.0.1/8'이 설정되어 있습니다.

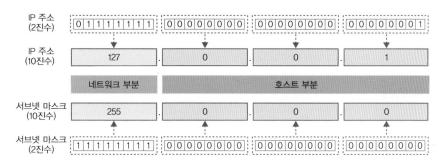

**그림 4.1.15** ● 루프백 주소: '자기 자신'을 나타냄

# 4.2 │ IPv6

IPv4 주소의 길이는 32비트(4바이트)입니다. 그러므로 최대 약 43억 개(=$2^{32}$)의 IP 주소[8]까지만 할당할 수 있습니다. 43억 개가 상당히 많은 숫자로 보이기는 하나 전 세계 인구가 대략 77억 명이기 때문에 한 사람당 하나의 IP도 주지 못합니다. 하지만 인터넷이 필수가 되어 PC나 서버뿐만 아니라, 가전 제품이나 센서 등 모든 것에 IP 주소가 필요하게 된 지금, 머지않아 43억 개 이상의 IP 주소가 필요하게 될 것임은 분명합니다. 이런 미래를 예측했을 때, 새롭게 표준화된 IP가 IPv6입니다.

IPv6는 2017년에 발생한 RFC8200 'Internet Protocol, Version 6(IPv6) Specification'에 표준화된 프로토콜로 L2 헤더의 타입 코드에서는 '0x86DD'로 정의되어 있습니다. RFC8200에서는 IPv6가 어떤 포맷(형식)으로 캡슐화하고, 구성하는 필드가 어떤 기능이 있는지 정의하고 있습니다.

## 4.2.1 IPv6의 패킷 포맷

IPv6 헤더는 주소가 길어진 만큼 전체 길이도 길어졌지만, 필드 종류가 줄고 길이가 고정되어 있어 그 포맷이 매우 간단합니다.

| | 0비트 | 8비트 | 16비트 | 24비트 |
|---|---|---|---|---|
| 0바이트 | 버전 | 트래픽 클래스 | 흐름 라벨 | |
| 4바이트 | 페이로드 길이 | | 넥스트 헤더 | 홉 리미트 |
| 8바이트 | 송신지 IPv6 주소 | | | |
| 12바이트 | | | | |
| 16바이트 | | | | |
| 20바이트 | | | | |
| 24바이트 | 수신지 IPv6 주소 | | | |
| 28바이트 | | | | |
| 32바이트 | | | | |
| 36바이트 | | | | |
| 가변 | IPv6 페이로드(TCP 세그먼트/UDP 데이터그램) | | | |

그림 4.2.1 ● IPv6 패킷 포맷

---

8  여기에서의 IP 주소는 인터넷상에서 유일한 글로벌 IPv4 주소를 나타냅니다.

각 필드가 가진 기능은 뒤에서 자세히 설명하므로 우선 IPv4 헤더와의 차이를 간단히 살펴봅니다. IPv4 헤더와는 '헤더 길이'와 '필드 수 감소'라는 2가지 큰 차이점이 있습니다.

## 헤더 길이

IPv4는 가변 길이 옵션 필드가 있기 때문에 헤더의 길이가 20바이트(160비트)에서 달라집니다. IPv6는 IPv4에서 거의 사용되지 않던 옵션 필드를 '확장 헤더'라는 다른 헤더로 분리해서 IP 페이로드 앞에 배치함으로써, 헤더 길이를 40바이트(320비트)로 고정하고 있습니다. 헤더 길이가 고정되어 있기 때문에 받은 패킷 헤더의 길이를 하나하나 조사할 필요가 없어졌습니다. 그만큼 네트워크 기기의 처리 부하가 줄고 성능이 향상됩니다.

## 필드 수 감소

IPv4는 향후를 고려해 다양한 기능을 여럿 포함한 형태로 책정되었습니다. IPv4는 다음 그림처럼 시대에 맞지 않거나, 성능 향상에 도움이 되지 않는 필드를 줄여 극적인 단순함을 표방합니다. 필드 수가 줄었기 때문에 받아들인 패킷에 포함되어 있는 여러 필드를 일일이 조사할 필요가 없습니다. 그만큼 네트워크 기기의 처리 부하가 줄고 성능이 향상됩니다.

| IPv6 헤더 | | IPv4 헤더 | | |
|---|---|---|---|---|
| 필드 이름 | 길이 | 필드 이름 | 길이 | 비고 |
| 버전 | 4비트 | 버전 | 4비트 | 공통 필드 |
| 트래픽 클래스 | 1바이트(8비트) | 헤더 길이 | 4비트 | IPv6 헤더 길이는 고정이므로 파기 |
| 흐름 라벨 | 20비트 | ToS | 1바이트(8비트) | 공통 필드 |
| 페이로드 길이 | 2바이트(16비트) | 패킷 길이 | 2바이트(16비트) | 페이로드만의 길이로 유지 |
| 넥스트 헤더 | 1바이트(8비트) | 식별자 | 2바이트(16비트) | |
| 홉 리미트 | 1바이트(8비트) | 프래그먼트 | 3비트 | 프래그먼트에 관한 필드는 확장 헤더로서 부여 |
| 송신지 IPv6 주소 | 16바이트(128비트) | 프래그먼트 오프셋 | 13바이트 | |
| 수신지 IPv6 주소 | 16바이트(128비트) | TTL | 1바이트(8비트) | 이름 변경 |
| | | 프로토콜 번호 | 1바이트(8비트) | 확장 헤더의 지정도 포함하나 기본적으로는 유지 |
| | | 헤더 체크섬 | 2바이트(16비트) | 기능 자체를 트랜스포트 계층에 위임하므로 파기 |
| | | 송신지 IPv4 주소 | 4바이트(32비트) | 주소 크기 확장 |
| | | 수신지 IPv4 주소 | 4바이트(32비트) | 주소 크기 확장 |
| | | 옵션 + 패딩 | 가변 길이 | 필드로서는 파기. 확장 헤더로 부여 |

그림 4.2.2 • IPv4 헤더와 IPv6 헤더 비교

### ■ 버전

**버전**(version)은 이름 그대로 IP 버전을 나타내는 4비트 필드입니다. IPv6이므로 '6'(2진수 표기로 '0110')이 들어갑니다.

### ■ 트래픽 클래스

**트래픽 클래스**는 IPv6 패킷의 우선도를 나타내는 1바이트(8비트) 필드입니다. IPv4의 ToS 필드에 해당하며 우선 제어나 대역 제어, 혼잡 제어 등 QoS(Quality of Service)에서 사용합니다. ToS에 대해서는 142쪽을 참조하기 바랍니다.

### ■ 플로우 라벨

**플로우 라벨**은 통신 흐름을 식별하는 20비트 필드입니다. IPv4에는 이에 해당하는 필드가 없습니다.

IPv4에서는 '송신지 IP 주소, 수신지 IP 주소, 송신지 포트 번호, 수신지 포트 번호, L4 프로토콜'의 5개 정보[9]를 기반으로 통신 흐름을 식별합니다. IPv6에서는 이들을 플로우 라벨로 모아서 정의할 수 있게 되었습니다. 플로우 라벨을 사용하면 '이 값이면 이렇게 처리한다.'와 같이 유연하게 처리할 수 있습니다[10].

### ■ 페이로드 길이

**페이로드 길이**(payload length)는 IPv6 페이로드의 길이를 나타내는 2바이트(16비트)의 필드입니다. IPv4에서는 '패킷 길이'로 헤더와 페이로드의 길이를 합친 값으로 표현했습니다. IPv6 헤더 길이는 40바이트(320비트)로 고정되어 있으므로 헤더의 길이를 포함할 필요가 없습니다. 페이로드 길이만 들어가 있습니다.

### ■ 넥스트 헤더

**넥스트 헤더**(next header)는 IPv6 헤더 바로 뒤에 이어지는 헤더를 나타내는 1바이트(8비트) 필드입니다. 확장 헤더가 있다면 확장 헤더를 나타내는 값이 들어갑니다. 확장 헤더가 없다면 IPv4의 '프로토콜 번호'와 같은 역할을 합니다. 프로토콜 번호에 관해서는 145쪽을 참조합니다.

---

9  이 2개의 정보를 '5 tuple(파이브 튜플)'이라 부릅니다.

10  하지만 필자가 아는 한 최근 실무 현장에서 활용되는 경우는 없습니다. 대부분의 경우 모두 '0'이 들어갑니다.

### ■ 홉 리미트

**홉 리미트**(hop limit)는 홉 수의 상한값을 나타내는 1바이트(8비트) 필드입니다. IPv4의 TTL에 해당합니다. TTL에 관해서는 144쪽을 참조합니다.

### ■ 송신지/수신지 IPv6 주소

**IPv6 주소**(IPv6 address)는 IPv6 네트워크에 연결하는 단말을 나타내는 16바이트(128비트) 식별 ID입니다. 그 역할은 IPv4 주소와 크게 다르지 않습니다. **IPv6 네트워크에서 주소와 같은 것입니다.**

송신 측 단말은 자신의 IPv6 주소를 '송신지 IPv6 주소', 패킷을 전달할 단말의 IPv6 주소를 '수신지 IPv6 주소'에 넣어 데이터링크 계층으로 전달합니다. 한편, 수신 측 단말은 데이터링크 계층으로부터 받은 패킷의 송신지 IPv6 주소를 보고 어떤 단말에서 온 패킷인지 판단합니다. 그리고 IPv6 패킷을 돌려보낼 때는 받은 IPv6 패킷의 송신지 IPv6 주소를 수신지 IPv6 주소에 넣어 돌려보냅니다.

IPv6 주소에 관해서는 다음 장에서 자세히 설명합니다.

## 4.2.2 IPv6 주소와 프리픽스

IPv4 주소와 IPv6 주소의 가장 큰 차이는 역시 그 길이입니다. IPv4 주소가 32비트(4바이트)밖에 되지 않음에 비해, IPv6 주소는 128비트(16바이트)나 됩니다. IPv6 주소는 IP 주소 길이를 4배로 늘림에 따라, 약 340간(澗)($2^{128} ≒ 340 × 10^{36} ≒$ 340조의 1조 배의 1조 배)이라는 천문학적인 수의 IP 주소를 할당할 수 있습니다.

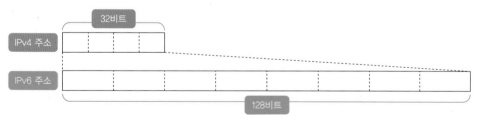

**그림 4.2.3** ● IPv4 주소와 IPv6 주소 길이 차이

**표 4.2.1 • IPv4 주소와 IPv6 주소 비교**

| 비교 항목 | IPv4 주소 | IPv6 주소 |
|---|---|---|
| 길이 | 32비트 | 128비트 |
| 할당 가능한 IP 주소 수 | 약 43억(= $2^{32}$) | 약 340간(= $2^{128}$) |
| 구분 문자 | 점(.) | 콜론(:) |
| 구분 간격 | 8비트(1바이트) | 16비트(2바이트) |
| 표기법 | 10진수 | 16진수 |
| 최대 표기 문자 수[11] | 12문자(3문자 × 4) | 32문자(4문자 × 8) |
| 구분 부분 명칭 | 옥텟(1옥텟, 2옥텟, …) | 필드[12](1필드, 2필드, …) |
| 표기 예 | 192.168.100.254 | 2001:0dv8:1234:5678:90ab:cdef:1234:5678 |

IPv4 주소는 '192.168.1.1', '10.2.1.254'와 같이 32비트를 8비트씩 '.'(점)을 사용해 4개로 구분해 10진수로 표기합니다. 이에 반해, IPv6 주소는 '2001:0db8:1234:5678:90ab:cdef:1234:5678'과 같이 128비트를 16비트씩 ':'(콜론)을 이용해 8개로 구분해 16진수로 표기합니다.

예를 들면, '2001:0db8:1234:5678:90ab:cdef:1234:5678'의 앞 32비트, 다시 말해 1필드와 2필드는 다음 그림과 같이 16비트씩 16진수로 표기됩니다.

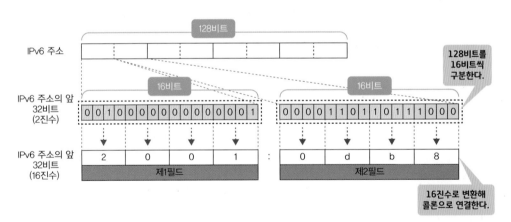

**그림 4.2.4 • IPv6 주소 표기**

---

11  구분 문자는 제외합니다.

12  구체적인 명칭이 정의되어 있는 것은 아니지만 RFC에서는 '필드'라고 부릅니다.

## 서브넷 프리픽스와 인터페이스 ID

IPv6 주소는 네트워크를 식별하는 **서브넷 프리픽스**(subnet prefix)와 단말을 식별하는 **인터페이스 ID**(IID, Interface ID) 2개로 구성되어 있습니다. 서브넷 프리픽스는 IPv4 주소의 네트워크 부분에 해당합니다. 그리고 인터페이스 ID는 IPv4의 호스트 부분에 해당합니다. 어디까지 서브넷 프리픽스인지는 IPv4의 CIDR 표기(148쪽)와 같이 '/'(슬래시) 이후의 숫자로 나타냅니다. 예를 들면, '2001:db8:0:0:0:0:0:1/64'는 '2001:db8:0:0' 네트워크에 포함된 '0:0:0:1'이라는 단말인 것을 알 수 있습니다.

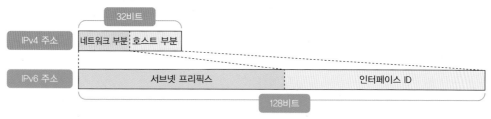

그림 4.2.5 ● 서브넷 프리픽스와 인터페이스 ID

## IPv6 주소 표기 규칙

IPv6 주소 길이는 128비트이므로 16진수로 표기해도 32문자가 됩니다. 필요하다고는 하지만 너무 깁니다. 그래서 IPv6 주소에 관한 몇 가지 표기 규칙이 RFC4291 'IP Version 6 Addressing Architecture'와 RFC5952 'A Recommendation for IPv6 Address Text Representation'으로 표준화되었습니다. 구체적으로는 다음과 같은 규칙에 기반해 문자를 생략합니다.

### ■ 각 필드 맨 앞에 연속한 '0'은 생략할 수 있다

각 필드 맨 앞에 연속한 '0'이 있는 경우, 그 '0'을 생략할 수 있습니다. 예를 들어, '0001'이라는 필드는 '1'로 생략할 수 있습니다. 또한, 필드가 모두 '0'일 때는 '0'이 됩니다.

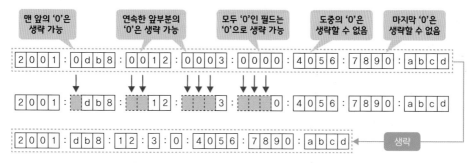

그림 4.2.6 ● 각 필드의 맨 앞에 연속한 '0' 생략

## ■ 여러 필드에 걸쳐 '0'이 이어질 때는 '::'으로 생략할 수 있다

여러 필드에 걸쳐 '0'이 이어질 때는 '0'을 생략하고 '::'(더블 콜론)으로 표기할 수 있습니다. 예를 들어, '2001:db8:0:0:0:0:0:1234'는 5개의 필드에 걸쳐 '0'이 이어집니다. 그래서 3필드에서 7필드까지를 '::'으로 생략해 '2001:db8::1245'로 표기할 수 있습니다.

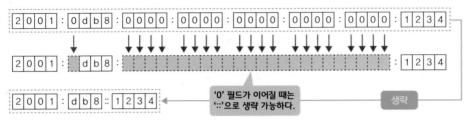

그림 4.2.7 • 여러 필드에 걸쳐 '0'이 이어질 때는 '::'으로 생략

그리고 '::'을 이용한 생략은 다음과 같이 상세한 규칙을 따릅니다.

### ▶ 생략은 1번만 할 수 있다

여러 위치에서 '::'으로 생략할 수 있는 필드가 있다 하더라도 생략은 1번만 할 수 있습니다. 예를 들어, '2001:db8:0:0:1234:0:0:abcd'는 '2001:db8::1234::abcd'와 같이 '::'을 2번 사용해서 생략할 수 없습니다. '2001:db9:1234:0:0:abcd'가 됩니다.

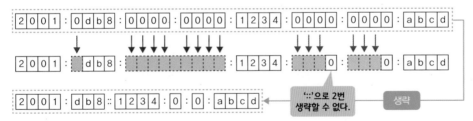

그림 4.2.8 • 생략은 1번만 가능

### ▶ 하나의 필드만 모두 '0'일 때는 생략할 수 없다

'::'으로 생략하는 것은 여러 필드에 '0'이 계속될 이어질 때뿐입니다. 필드를 넘어가지 않고, 하나의 필드로 끝날 때는 '::'으로 생략할 수 없습니다. 예를 들면, '2001:db8:1234:a:b:0:cd'를 '2001:db8:1234:a:b::cd'와 같이 생략할 수는 없습니다.

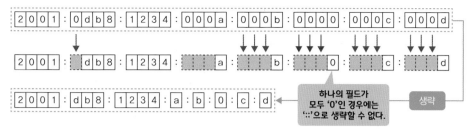

그림 4.2.9 ● 모두 '0'인 필드가 하나일 때는 생략 불가

### ▶ 가능한 짧게 만든다

'::'으로 생략할 수 있는 것은 가능한 짧게 만들어야 합니다. '::'으로 생략할 수 있다면 도중의 필드에서 '0'을 표기할 수는 없습니다. 예를 들어, '2001:db8::0:1'은 7번째 필드도 포함해 '::'으로 생략할 수 있습니다. 이때는 '2001:db8::1'과 같이 가장 짧게 되도록 표기해야 합니다.

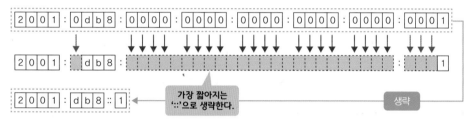

그림 4.2.10 ● 가장 짧게 표기

### ▶ 가장 많이 생략할 수 있는 부분을 생략한다

생략할 수 있는 위치가 여러 곳일 때는 가장 많이 생략할 수 있는 위치에서 생략합니다. 예를 들어, '2001:0:0:0:1:0:0:2'는 2번째 필드에서 4번째 필드까지, 6번째 필드에서 7번째 필드까지의 두 곳이 생략 후보가 됩니다. 이때, 3개의 필드를 생략할 수 있는 2번째 필드에서 4번째 필드까지 '::'으로 생략해 '2001::1:0:0:2'가 됩니다.

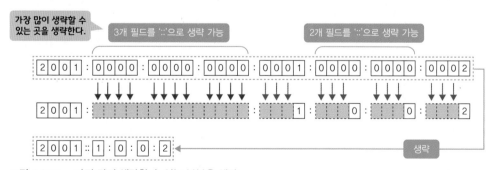

그림 4.2.11 ● 가장 많이 생략할 수 있는 부분을 생략

#### ▶ 생략할 수 있는 여러 위치의 길이가 같다면 가장 첫 위치에서 생략한다

여러 위치에서 생략할 수 있고, 그 길이가 같다면 가장 첫 위치에서 생략합니다. 예를 들어, '2001:db8:0:0:1:0:0:2'는 3번째 필드에서 4번째 필드까지, 6번째 필드에서 7번째 필드까지의 두 곳이 생략 후보가 됩니다. 이때, 3번째 필드에서 4번째 필드까지를 '::'으로 생략해서, '2001:db8::1:0:0:2'가 됩니다.

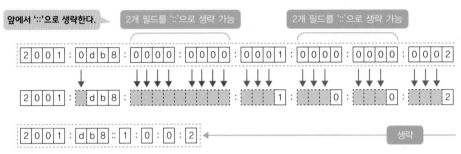

**그림 4.2.12 • 생략 가능한 위치들의 길이가 같다면 가장 첫 위치에서 생략**

### ■ 소문자로 표기한다

마지막으로 설계자나 관리자에게 중요한 한 가지 항목이 더 있습니다. IPv6는 알파벳 소문자로 표기해야 합니다. 16진수 표기가 되면 a부터 f까지 여섯 개의 알파벳 문자가 포함됩니다. 이 알파벳은 ABCDEF가 아니라 abcdef와 같이 소문자로 표기해야 합니다.

---

**NOTE** | **IPv6 주소와 친해지기**

지금까지 IPv6의 표기 규칙을 설명했습니다. 아마도 대부분의 독자분들은 '너무 많아서 기억할 수 없다'고 느낄 것입니다. 필자 또한 그랬습니다. 주소가 길기 때문에 어쩔 수는 없다고 해도, 이 난해함이 IPv6의 보급을 지연시키는 원인의 하나라는 느낌도 부정할 수 없습니다. 실제로는 대부분의 네트워크 기기는 이 표기 규칙을 학습하지 않도록 설정해도, 어느 정도 자동으로 올바른 형태로 보정해 줄 것입니다. 그렇기 때문에 설정할 때는 표기 규칙에 그렇게 많이 신경 쓸 필요가 없을 것입니다. 문제는 문서에서 IP 주소를 관리할 때입니다. 일반적으로 IP 주소는 어떤 단말에 어떤 IP 주소를 설정하고 있는지를 정리한 'IP 주소 관리 대장' 등으로 관리합니다. 그때 표기 규칙에 익숙하지 않으면 대상 IPv6 주소를 검색해도 찾지 못하는 상태에 빠집니다. 표기 규칙에 익숙하면 그런 불필요한 혼란이 사라지고, 운용 비용 절감 또한 달성할 수 있습니다. 확실히 어려운 표기법이기는 하나, 결국 언젠가는 익숙해집니다. 계속 IPv6 주소를 접하다 보면 점차 익숙해집니다. 익숙한 시기가 올 때까지는 의지를 가지고 의식하는 수밖에 없습니다.

## 4.2.3 다양한 IPv6 주소

IPv6 주소는 **유니캐스트 주소, 멀티캐스트 주소, 애니캐스트 주소**로 분류할 수 있습니다. RFC에서는 이들을 어떻게 분류하고, 어디에서 어디까지의 IPv6 주소를 어떻게 사용할지 정의하고 있습니다.

그림 4.2.13 • IPv6 주소 분류

### 유니캐스트 주소

유니캐스트 주소는 1:1 유니캐스트 통신에서 사용하는 IPv4 주소입니다. 웹이나 메일 통신은 클라이언트와 서버 사이에서만 패킷이 교환되는 유니캐스트입니다. 그렇기 때문에 인터넷을 흐르는 대부분의 통신이 유니캐스트라고 해도 과언은 아닐 것입니다. 유니캐스트 주소에는 특별한 역할을 하는 몇 개의 주소가 정의되어 있습니다. 그중에서도 가장 중요한 주소가 **글로벌 유니캐스트 주소**(global unicast address), **유니크 로컬 주소**(unique local address), **링크 로컬 주소**(link local address) 3개입니다.

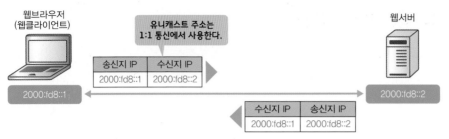

그림 4.2.14 • 유니캐스트

## ■ 글로벌 유니캐스트 주소(2000::/3)

글로벌 유니캐스트 주소는 IPv4 주소의 글로벌 IPv4 주소에 해당합니다. 인터넷상에서의 고유한 IPv6 주소이며, 글로벌 IPv4 주소와 마찬가지로 ICANN과 그 하부 조직(RIR, NIR, LIR)에 의해 세계적, 계층적으로 관리되고 있어 자유롭게 할당할 수 없습니다.

글로벌 유니캐스트 주소는 앞의 3비트가 '001'인 IPv6 주소로, 16진수로 표기하면 '2000::/3'이 됩니다. 서브넷 프리픽스는 ISP에서 각 조직에 할당한 '글로벌 라우팅 프리픽스'와 조직 안에서 할당하는 '서브넷 ID'로 구성되어 있습니다. IPv4와 비교해 보면 글로벌 라우팅 프리픽스는 네트워크 부분, 서브넷 ID가 서브넷 부분과 같은 느낌입니다.

인터페이스 ID에는 기본적으로 64비트의 길이가 할당됩니다. 그러나 반드시 그래야만 하는 것은 아닙니다. 용도에 따라 다릅니다. 단말이 많은 LAN 환경에서는 IPv6 주소를 자동으로 생성하는 SLACC(199쪽)의 관계도 있어 64비트가 절대적입니다. 하지만 단말이 적은 서버 사이드 등에서는 64비트가 너무 크기 때문에 48비트나 32비트를 할당하기도 합니다.

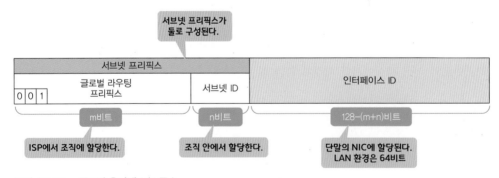

그림 4.2.15 • 글로벌 유니캐스트 주소

## ■ 유니크 로컬 주소(fc00::/7)

유니크 로컬 주소는 IPv4 주소의 프라이빗 IPv4 주소(10.0.0.0/8, 172.16.0.0/12, 192.168.0.0/16)에 해당하는 것으로, 조직 내 유일한 IPv6 주소입니다. 여러 서버나 네트워크 기기를 중복화하는 '클러스터 서비스'에서 사용하는 하트비트(heartbeat)용 네트워크[13]나 네트워크 스토리지용 네트워크 등 외부(인터넷)와 교환하지 않고 내부에서 완결하는 통신 네트워크에서 사용됩니다.

유니크 로컬 주소는 앞의 7비트가 '1111110'인 IPv6 주소로, 16진수로 표기하면 'fc00::/7'이 됩니다. 8비트째는 로컬에서 관리되는지를 나타내는 비트로 '0'은 미정의, '1'이 로컬을 나타냅니다. '0'의 의미는 아직 RFC에서 정의되지 않았으므로 8비트째는 '1'만, 다시 말해, 유니크 로컬 주소는 실질적으로 'fd00::/8'뿐입니다. 이어지는 '글로벌 ID'는 사이트를 식별하는 40비트의 필드입니다. RFC 4193 'Unique Local IPv6 Unicast Addresses'에는 고유성을 보존하기 위해, 일정한 계산 방법[14]에 기반해 무작위로 생성해야 합니다. 글로벌 ID에 이어지는 16비트는 서브넷을 식별하는 '서브넷 ID'입니다. 그 뒤로는 64비트의 인터페이스 ID가 이어집니다.

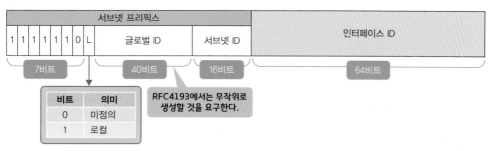

그림 4.2.16 • 유니크 로컬 주소

### ■ 링크 로컬 주소(fe80::/10)

링크 로컬 주소는 같은 IPv6 네트워크에서만 통신할 수 있는 IPv6 주소입니다. IPv4의 ARP에 해당하는 NDP(근접 탐색 프로토콜, 225쪽)나 라우팅 프로토콜인 OSPFv3(183쪽) 등에서 사용합니다. 모든 IPv6 인터페이스에는 링크 로컬 주소를 할당해야 하며, 기본으로 자동 할당됩니다.

링크 로컬 주소는 앞의 10비트가 '1111111010'인 IPv6 주소로, 16진수로 표기하면 'fe80::/10'이 됩니다. 11비트째 이후는 54비트의 '0', 64비트의 인터페이스 ID가 이어집니다.

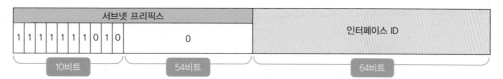

그림 4.2.17 • 링크 로컬 주소

---

13 클러스터에는 서로의 상태를 감시하기 위한 패킷 '하트비트 패킷'을 보내는 네트워크를 준비해야 합니다.
14 RFC4193 'Unique Local IPv6 Unicast Addresses'에 자세한 계산 방법이 설명되어 있습니다.

유니캐스트 주소에는 이 외에도 특별한 역할을 가진 주소가 정의되어 있습니다. 그중 실무 현장에서 가장 많이 볼 수 있는 몇 가지를 다음 표에 나타냈습니다. 동일한 역할을 갖는 IPv4 주소도 함께 표기했으므로 참조하면서 이해를 높일 수 있습니다.

표 4.2.2 • 기타 유니캐스트 주소

| 주소 | 네트워크 주소 | 설명 | 할당할 IPv4 주소 |
|---|---|---|---|
| 미지정 주소 | ::/128 | IPv6 주소가 설정되기 전에 사용하는 주소 | 0.0.0.0/32 |
| 루프백 주소 | ::1/128 | 자기 자신을 나타내는 주소 | 127.0.0.0/8 |
| 기본 경로 주소 | ::/0 | 모든 네트워크를 나타내는 주소 | 0.0.0.0/0 |
| IPv4 사용 주소 | ::ffff:0:0/96 | IPv6 주소가 IPv4에서 통신할 때 사용하는 주소 | 해당 없음 |
| IPv4-IPv6 변환 주소 | 64:f99b::/96 | NAT64일 때 사용하는 주소 | 해당 없음 |
| 문서 기술용 주소 | 2000:db8::/32 | 문서 중 예시로만 사용하는 주소 | 192.0.2.0/24<br>198.51.100.0/24<br>203.0.113.0/24 |

## 멀티캐스트 주소

멀티캐스트 주소는 IPv4 주소의 클래스 D(224.0.0.0/4)에 대응하는 IPv6 주소로, 특정 그룹(멀티캐스트 그룹)에 대한 통신에서 사용합니다. IPv4 멀티캐스트는 일부 동영상 송신 서비스나 주식 거래 계열 애플리케이션, 라우팅 프로토콜 등 한정된 용도로만 사용되었습니다. IPv6에서는 IPv6에서의 ARP인 NDP(근접 탐색 프로토콜, 225쪽)에서도 멀티캐스트가 사용되며 매우 중요한 역할을 담당합니다. 그리고 IPv4에 있던 브로드캐스트도 IPv6에서는 멀티캐스트의 일부로 취급합니다.

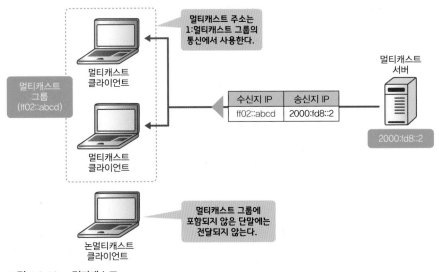

그림 4.2.18 • 멀티캐스트

멀티캐스트 주소는 앞 8비트가 모두 '1'인 주소로, 16진수로 표기하면 'ff00::/8'이 됩니다. 이어지는 4비트는 IANA에 의해 예약되어 있으며 영구적인 주소인지 아닌지를 의미합니다. 그 뒤에 이어지는 4비트는 멀티캐스트 도달하는 범위를 나타냅니다. 마지막 112비트가 멀티캐스트 그룹을 식별하는 ID를 나타냅니다.

그림 4.2.19 • 멀티캐스트 주소

IANA에 예약되어 있는 IPv6 주소는 IANA의 웹사이트[15]에 정리되어 있습니다. 그중 실무 현장에서 자주 들을 수 있는 것들을 다음 표에 정리했습니다.

표 4.2.3 • IANA에 예약되어 있는 멀티캐스트 주소

| 네트워크 주소 | 의미 | 할당하는 IPv4 주소 |
|---|---|---|
| ff02::1 | 같은 네트워크에 있는 모든 단말 | 브로드캐스트 주소 |
| ff02::2 | 같은 네트워크에 있는 모든 라우터 | 224.0.0.2 |
| ff02::5 | 같은 네트워크에 있는 모든 OSPFv3 라우터 | 224.0.0.5 |
| ff02::6 | 같은 네트워크에 있는 OSPFv3 DR/BDR 라우터 | 224.0.0.6 |
| ff02::9 | 같은 네트워크에 있는 RIPng 라우터 | 224.0.0.9 |
| ff02::a | 같은 네트워크에 있는 EIGRP 라우터 | 224.0.0.10 |
| ff02::1:2 | 같은 네트워크에 있는 DHCP 서버/릴레이 에이전트 | 대응 없음 |
| ff02::1:ff00:0/104 | 요청 노드 멀티캐스트 주소(NDP에서 사용) | 대응 없음 |

15 https://www.iana.org/assignments/ipv6-multicast-addresses/ipv6-multicast-addresses.xhtml

chapter 4

네트워크 계층

## 애니캐스트 주소

애니캐스트 주소는 여러 단말에 의해 공유되어 있는 글로벌 유니캐스트 주소입니다. 글로벌 유니캐스트 주소는 하나의 단말에 할당되어 1:1로 통신할 때 사용합니다. 하나의 글로벌 유니캐스트 주소를 여러 단말에 할당하면 애니캐스트 주소가 됩니다. 애니캐스트 주소는 글로벌 유니캐스트 주소와 겉으로는 구분할 수 없습니다. 하지만 애니캐스트 주소로 처리해야 하기 때문에 각 단말에 '애니캐스트 주소인 것'을 명시적으로 설정해야 합니다.

클라이언트와 애니캐스트 주소를 갖는 서버의 통신을 예로 들어 설명합니다. 클라이언트는 겉으로는 유니캐스트 주소와 아무런 차이가 없는 애니캐스트 주소에 대해 패킷을 송신합니다. 그 패킷은 라우터에 의해 경로상 가장 가까운 서버로 전송됩니다. 애니캐스트는 단순히 유니캐스트로 통신하는 것이 아니라, 더 가까운 서버로 응답을 반환할 수 있기 때문에 응답 속도가 향상됩니다. 또한, 광역에서의 부하를 분산하거나, DDoS(Distributed Denial of Service) 공격[16]을 국소화하는 등 다양한 장점이 있습니다. DNS(363쪽)에 의한 이름 결정의 정점에 있는 라우터 DNS 서버에서도 애니캐스트 구조를 이용합니다.

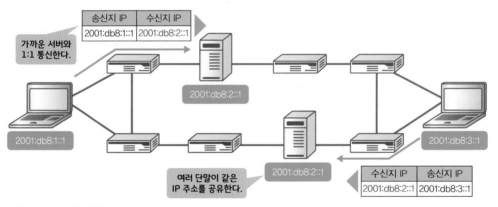

그림 4.2.20 • 애니캐스트

---

16 많은 컴퓨터로부터 대상 서버에 대해 대량의 패킷을 전송해, 서비스를 정지시키는 공격입니다.

# 4.3 | IP 라우팅

네트워크 계층에서 동작하는 네트워크 기기는 **라우터**(router)와 **L3 스위치**(L3 switch)입니다. 이 두 기기는 31쪽에서 설명한 것처럼 엄밀하게는 차이가 있지만, 다른 네트워크를 연결하고 IP 패킷을 전송한다는 점에서는 그 역할이 같습니다. IP 패킷은 여러 라우터나 L3 스위치를 지나 전 세계에서 연결된 네트워크로의 여행길에 오릅니다.

## 4.3.1 라우팅이란

라우터나 L3 스위치는 수신지 IP 주소, 명확히 주어진 **수신지 네트워크** 정보, IP 패킷을 전송할 근접 기기의 IP 주소를 나타내는 **네트워크 홉** 정보를 관리함으로써 IP 패킷의 전송 대상지를 바꿉니다. 이 IP 패킷의 전송 대상지를 바꾸는 기능을 **라우팅**(routing)이라 부릅니다. 또한, 수신지 네트워크와 네트워크 홉을 관리하는 표(테이블)를 **라우팅 테이블**(routing table)이라 부릅니다. 라우팅은 라우팅 테이블에 따라 수행됩니다.

### ◼ 라우터가 IP 패킷을 라우팅하는 형태

라우터가 어떻게 IP 패킷을 라우팅하는지 살펴봅니다. 여기에서는 PC1(192.168.1.1/24)가 2대의 라우터를 거쳐 PC2(192.168.2.1/24)와 IP 패킷을 교환한다는 가정하에 설명합니다(그림 4.3.1). 그리고 여기에서는 순수하게 라우팅의 동작을 이해하기 위해, 모든 기기가 근접기기의 MAC 주소를 학습한 상태라고 가정합니다.

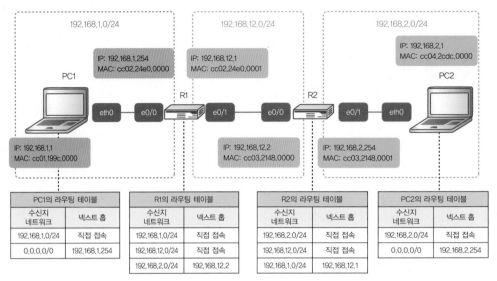

| 192.168.1.0/24 | | 192.168.12.0/24 | | 192.168.2.0/24 |
|---|---|---|---|---|

IP: 192.168.1.254
MAC: cc02.24e0.0000

IP: 192.168.12.1
MAC: cc02.24e0.0001

IP: 192.168.2.1
MAC: cc04.2cdc.0000

PC1    R1    R2    PC2

eth0 — e0/0   e0/1 — e0/0   e0/1 — eth0

IP: 192.168.1.1
MAC: cc01.199c.0000

IP: 192.168.12.2
MAC: cc03.2148.0000

IP: 192.168.2.254
MAC: cc03.2148.0001

| PC1의 라우팅 테이블 | |
|---|---|
| 수신지<br>네트워크 | 넥스트 홉 |
| 192.168.1.0/24 | 직접 접속 |
| 0.0.0.0/0 | 192.168.1.254 |

| R1의 라우팅 테이블 | |
|---|---|
| 수신지<br>네트워크 | 넥스트 홉 |
| 192.168.1.0/24 | 직접 접속 |
| 192.168.12.0/24 | 직접 접속 |
| 192.168.2.0/24 | 192.168.12.2 |

| R2의 라우팅 테이블 | |
|---|---|
| 수신지<br>네트워크 | 넥스트 홉 |
| 192.168.2.0/24 | 직접 접속 |
| 192.168.12.0/24 | 직접 접속 |
| 192.168.1.0/24 | 192.168.12.1 |

| PC2의 라우팅 테이블 | |
|---|---|
| 수신지<br>네트워크 | 넥스트 홉 |
| 192.168.2.0/24 | 직접 접속 |
| 0.0.0.0/0 | 192.168.2.254 |

**그림 4.3.1 ● 라우팅을 이해하기 위한 네트워크 구성**

① PC1은 송신지 IP 주소에 PC1의 IP 주소(192.168.1.1), 수신지 IP 주소에 PC2의 IP 주소 (192.168.2.1)를 설정하고, IP 헤더를 캡슐화한 뒤 자신의 라우팅 테이블을 검색합니다. '192.168.2.1'은 직접 접속되어 있는 '192.168.1.0/24'가 아니라, 모든 네트워크를 나타내는 기본 경로 주소(0.0.0.0/0)와 일치합니다.

여기에서 이번에는 기본 경로 주소의 넥스트 홉의 MAC 주소를 ARP 테이블에서 검색합니다. '192.168.1.254'의 MAC 주소는 R1(e0/0)입니다. 송신지 MAC 주소에 PC1(eth0)의 MAC 주소, 수신지 MAC 주소에 R1(e0/0)을 설정하고 이더넷으로 캡슐화한 뒤 케이블로 보냅니다.

또한, 기본 경로의 넥스트 홉을 '디폴트 게이트웨이'라 부릅니다. 단말은 인터넷상에 존재하는 불특정 다수의 웹사이트에 접속할 때, 우선 디폴트 게이트웨이에 IP 패킷을 전송한 뒤 이후의 과정은 디폴트 게이트웨이 기기의 라우팅에 일임합니다.

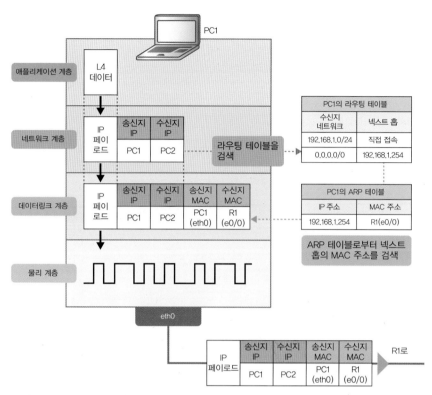

그림 4.3.2 ● PC1: 우선 디폴트 게이트웨이 송신

**NOTE** 가정 내 LAN 환경의 디폴트 게이트웨이

가정의 LAN 환경에 있는 PC의 디폴트 게이트웨이는 브로드밴드 라우터(의 IP 주소)입니다. 그리고 브로드밴드 라우터의 디폴트 게이트웨이는 계약된 ISP(의 IP 주소)로 설정되어 있습니다. PC에서 인터넷을 사용하고 있을 때의 IP 패킷은, 먼저 디폴트 게이트웨이인 브로드밴드 라우터에 전송됩니다. 이어서 브로드밴드 라우터의 디폴트 게이트웨이인 ISP에 전송됩니다. 그리고 ISP로부터 수많은 라우터를 거쳐 인터넷으로 나갑니다.

② PC1에서 IP 패킷을 받은 R1은 IP 헤더의 수신 IP 주소를 보고, 라우팅 테이블을 검색합니다. 수신지 IP 주소는 '192.168.2.1'이므로 라우팅 테이블의 '192.168.2.0/24'와 일치합니다. 그래서 이번에는 '192.168.2.0/24'의 네트워크 홉 '192.168.12.2'의 MAC 주소를 ARP 테이블에서 검색합니다.

'192.168.12.2'라는 MAC 주소는 R2(e0/0)입니다. 송신지 MAC 주소에 출구 인터페이스인 R1(e0/1)의 MAC 주소, 수신지 MAC 주소에 R2(e0/0)의 MAC 주소를 설정하고, 이더넷으로 캡슐화한 뒤 케이블로 보냅니다.

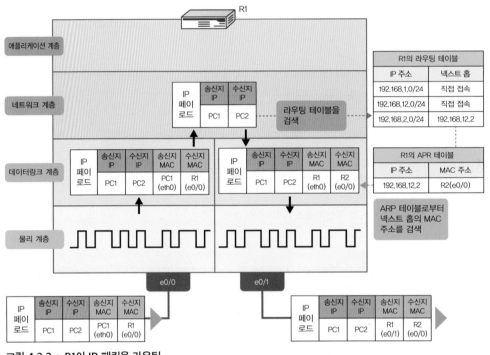

그림 4.3.3 • R1이 IP 패킷을 라우팅

③ R1으로부터 IP 패킷을 받은 R2는 IP 헤더의 수신 IP 주소를 보고, 라우팅 테이블을 검색합니다. 수신지 IP 주소는 '192.168.2.1'이므로 라우팅 테이블 '192.168.2.0/24'와 일치합니다. 이번에는 '192.168.2.1'의 MAC 주소를 ARP 테이블에서 검색합니다.

'192.168.2.1'이라는 MAC 주소는 PC2(eth0)입니다. 송신지 MAC 주소에 출구 인터페이스인 R2(e0/1)의 MAC 주소, 수신지 MAC 주소에 PC2(eth0)의 MAC 주소를 설정하고, 다시 이더넷으로 캡슐화한 뒤 케이블로 보냅니다.

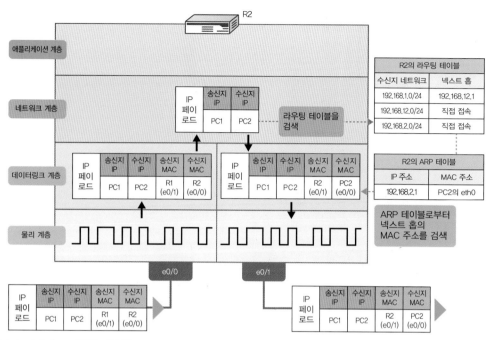

| R2의 라우팅 테이블 | |
| --- | --- |
| 수신지 네트워크 | 넥스트 홉 |
| 192.168.1.0/24 | 192.168.12.1 |
| 192.168.12.0/24 | 직접 접속 |
| 192.168.2.0/24 | 직접 접속 |

| R2의 ARP 테이블 | |
| --- | --- |
| IP 주소 | MAC 주소 |
| 192.168.2.1 | PC2의 eth0 |

그림 4.3.4 • R2가 IP 패킷을 라우팅

④ R2로부터 IP 패킷을 받은 PC2는 데이터링크 계층에서 수신지 MAC 주소, 네트워크 계층에서 수신지 IP 주소를 보고, 패킷을 받아들인 뒤 상위 계층(트랜스포트 계층~애플리케이션 계층)으로 처리를 위임합니다.

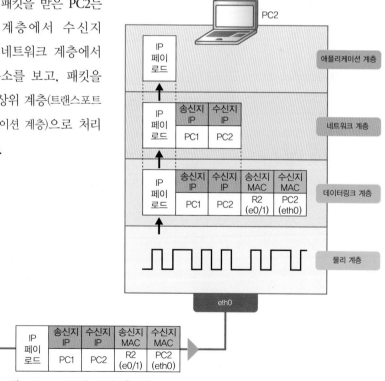

그림 4.3.5 • PC2가 IP 패킷을 받음

4.3 IP 라우팅　175

# 4.3.2 라우팅 테이블

라우팅을 동작하게 하는 것이 라우팅 테이블입니다. 라우팅 테이블을 어떻게 만드는가가 네트워크 계층의 핵심입니다. 이 책에서는 그 부분을 설명합니다. 라우팅 테이블을 만드는 방법은 크게 2가지로 나눌 수 있습니다. 한 가지는 **정적 라우팅**(static routing), 다른 한 가지는 **동적 라우팅**(dynamic routing)입니다. 두 방법은 다음 그림과 같이 세분화할 수 있으며 하나씩 차례로 설명합니다.

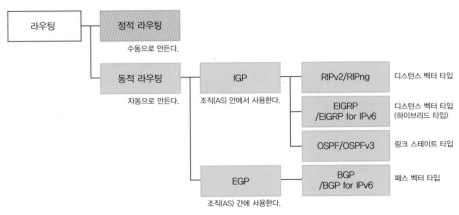

**그림 4.3.6** ● 라우팅 방식

## 정적 라우팅

정적 라우팅(static routing)은 수동으로 라우팅 테이블을 만드는 방법입니다. 수신지 네트워크와 넥스트 홉을 하나하나 설정합니다. 이해하기 쉽고 운용 관리도 쉽기 때문에 소규모 네트워크 환경의 라우팅에 적합합니다. 반면, 모든 라우터에 대해 수신 네트워크와 넥스트 홉을 설정해 줘야 하기 때문에 대규모의 네트워크 환경에는 적합하지 않습니다.

예를 들어, 다음 그림과 같은 IPv4 구성일 때, R1에 '192.168.2.0/24'라는 경로, R2에 '192.168.1.0/24'라는 경로를 정적으로 설정해 줘야 합니다.

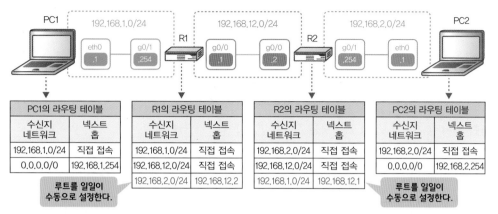

그림 4.3.7 • 경로를 일일이 수동으로 설정(IPv4)

IPv6도 크게 다르지 않습니다. 예를 들면, 다음과 같은 IPv6 구성에서 R1에 '2001:db8:2::/64'라는 경로, R2에 '2001:db8:1::/64'라는 경로를 수동으로 설정해야 합니다. IPv4와 다른 점이라고 한다면 넥스트 홉에 링크 로컬 주소를 사용할 수 있다는 점입니다. 167쪽에서 설명한 것과 같이, IPv6의 인터페이스에는 같은 네트워크에서만 통신할 수 있는 링크 로컬 주소를 설정해야 합니다. 일반적으로 넥스트 홉에는 링크 로컬 주소를 설정합니다.

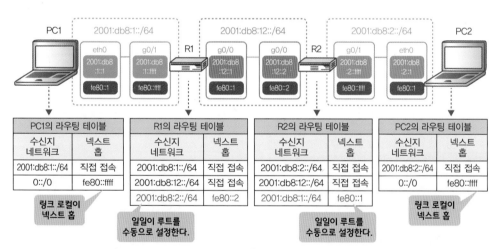

그림 4.3.8 • 경로를 일일이 수동으로 설정(IPv6)

## ◼ 동적 라우팅

동적 라우팅(dynamic routing)은 근접한 라우터끼리 자신이 가진 경로 정보를 교환해, 자동으로 라우팅 테이블을 만드는 방법입니다. 경로 정보를 교환하기 위한 프로토콜을 '라우팅 프로토콜'이라 부릅니다. 규모가 큰 네트워크 환경이나 구성이 변하기 쉬운 환경이라면 동적 라우팅을 사용하는 편이 좋습니다. 정적 라우팅을 사용하면 네트워크가 늘어남에 따라, 모든 라우터에 로그인해서 경로를 설정해야만 합니다. 동적 라우팅을 사용하면 설령 네트워크가 늘어난다 하더라도 설정이 필요한 라우터가 한정적이므로 관리에 노력이 많이 들지 않습니다. 또한, 수신지 어딘가 장애가 발생해도, 자동으로 우회 경로를 탐색하기 때문에 장애에 대한 내성이 향상됩니다.

그렇지만 동적 라우팅이 반드시 만능이라고는 할 수 없습니다. 미숙한 관리자가 아무 생각없이 마음대로 잘못 설정한다면 그 설정 내용이 곧바로 네트워크에 전달되어, 통신에 영향을 미칠 가능성이 있습니다. 그렇기 때문에 동적 라우팅은 확실한 설계를 기반으로, 충분히 훈련받은 관리자가 설정해야만 합니다.

그럼 정적 라우팅의 경우와 같은 구성을 동적 라우팅을 기준으로 생각해 봅니다. 라우터 R1과 라우터 R2는 서로 경로 정보를 교환하고, 교환한 정보를 라우팅 테이블에 추가합니다.

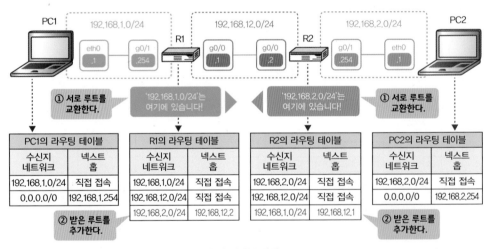

그림 4.3.9 ● 경로 정보를 교환해, 자동으로 라우팅 테이블 생성

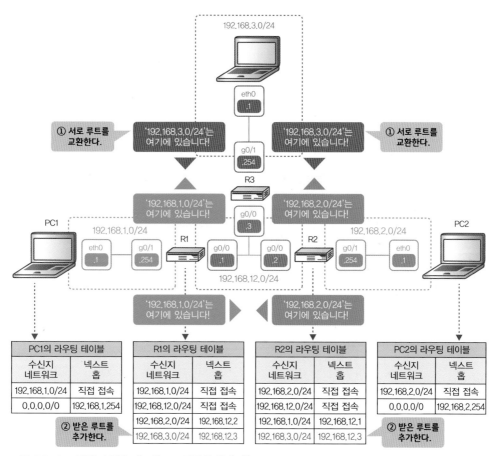

그림 4.3.10 • 동적 라우팅: 네트워크도 간단히 추가 가능

그림 4.3.10은 그림 4.3.9의 환경에 새로운 네트워크를 추가한 경우의 예입니다. 새 라우터를 추가하면 마찬가지로 새로운 라우터와 경로 정보를 교환하고 전체적으로 라우팅 테이블을 업데이트합니다. 동적 라우팅을 사용하면 라우터에 경로를 하나하나 설정할 필요가 없습니다. 모두 라우팅 프로토콜이 수행해 줍니다. 네트워크상의 라우터가 모든 경로를 인식한 상태를 **수렴 상태**라 부르며, 그 상태에 이르기까지 소요되는 시간을 **수렴 시간**이라 부릅니다.

또한, 라우팅 프로토콜은 장애에 견디는 측면도 갖고 있습니다. 예를 들면, 수신지에 대해 여러 경로가 있고, 그중 어딘가 장애가 발생했다고 가정해 봅니다. 동적 라우팅을 사용하면 자동으로 라우팅 테이블을 업데이트하고, 변경을 알림으로써 새로운 경로를 확보합니다. 굳이 우회 경로를 설정할 필요가 없습니다. 그림 4.3.11의 환경에서 192.168.12.0/24의 네트워크에 장애가 발생할 때는 그림 4.3.12와 같이 자동으로 경로가 바뀝니다.

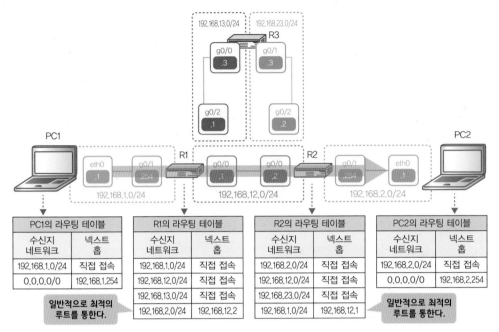

**그림 4.3.11 ● 정상일 때: 최적의 경로 사용**

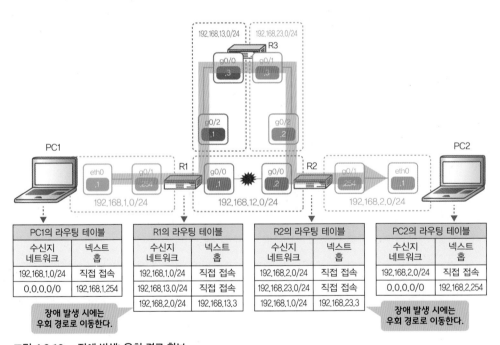

**그림 4.3.12 ● 장애 발생: 우회 경로 확보**

## 4.3.3 라우팅 프로토콜

라우팅 프로토콜은 그 제어 범위에 따라 **IGP**(Interior Gateway Protocol, 내부 게이트웨이 프로토콜), **EGP**(Exterior Gateway Protocol, 외부 게이트웨이 프로토콜)의 2가지 종류로 나눌 수 있습니다.

이 두 가지를 나누는 개념이 **AS**(Autonomous System, 자율 시스템)입니다. AS는 하나의 정책에 따라 관리되는 네트워크 집합입니다. 다소 어려운 느낌이 들 수도 있지만 여기에서는 'AS=조직 (ISP, 기업, 연구 기관, 거점 등)'이라 간단하게 생각해 봅니다. AS 내부를 제어하는 라우팅 프로토콜이 IGP, AS와 AS 사이를 제어하는 라우팅 프로토콜이 EGP입니다.

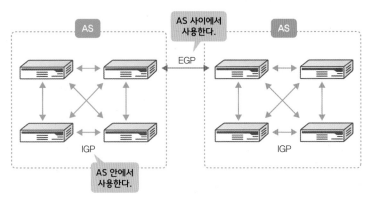

그림 4.3.13 • 라우팅 프로토콜: 제어 범위에 따라 2종류로 나뉨

### IGP의 핵심: 라우팅 알고리즘, 메트릭

IGP는 AS 안에서 사용하는 라우팅 프로토콜입니다. 다양한 IGP가 있지만 현재 네트워크 환경에서 사용되는 프로토콜은 **RIP, OSPF, EIGRP** 중 하나인 것 같습니다. 이들을 이해하기 위한 핵심은 '라우팅 알고리즘'과 '메트릭'입니다.

### ■ 라우팅 알고리즘

라우팅 알고리즘은 라우팅 테이블을 만드는 방법에 대한 규칙입니다. 라우팅 알고리즘의 차이가 수렴 시간이나 적용 규모와 직결됩니다. IGP의 라우팅 테이블 알고리즘은 '디스턴스 벡터 타입' 또는 '링크 스테이트 타입'입니다.

### ▶ 디스턴스 벡터 타입

디스턴스 벡터(distance vector) 타입은 거리(distance)와 방향(vector)에 기반해 경로를 계산하는 라우팅 프로토콜입니다. 여기에서의 거리는 수신지에 이를 때까지 경유하는 라우터의 수(홉 수)를 나타내고, 방향이란 출력 인터페이스를 나타냅니다. 수신지까지 얼마나 많은 라우터를 경유하는 지가 최적 경로의 판단 기준이 됩니다. 각각이 각각의 라우팅 테이블을 교환함으로써 라우팅 테이블을 만듭니다.

### ▶ 링크 스테이트 타입

링크 스테이트(link state) 타입은 링크 상태(state)에 기반해 최적 경로를 계산하는 라우팅 프로토콜입니다. 각 라우터가 자신의 링크(인터페이스) 상태나 대역 폭, IP 주소 등 다양한 정보를 교환해 데이터 베이스를 만들고, 그 정보를 기반으로 라우팅 테이블을 만듭니다.

### ■ 메트릭

메트릭(metric)은 수신지 네트워크까지의 거리를 나타냅니다. 여기에서 거리란 물리적인 거리가 아닙니다. 네트워크에서의 논리적인 거리입니다. 예를 들어, 지구 반대편과 통신한다고 해서, 반드시 메트릭이 큰 것은 아닙니다. 논리적인 거리를 계산하는 방법은 라우팅 프로토콜에 따라 다릅니다.

## IGP의 3가지: RIP, OSPF, EIGRP

현재의 네트워크 환경에서 사용되는 라우팅 프로토콜은 **RIP, OSPF, EIGRP** 중 하나입니다. 이 세 가지로 IGP를 모두 설명할 수 있습니다. 이들을 '라우팅 알고리즘'과 '메트릭'을 중심으로 설명합니다.

표 4.3.1 • IGP의 3가지: RIP, OSPF, EIGRP

| 라우팅 프로토콜 | RIP | OSPF | EIGRP |
|---|---|---|---|
| 정식 명칭 | Routing Information Protocol | Open Shortest Path Fast | Enhanced Interior Gateway Routing Protocol |
| IPv4 | RIPv3 | OSPF | EIGRP |
| IPv6 | RIPng | OSPFv3 | EIGRP for IPv6 |
| 라우팅 알고리즘 | 디스턴스 벡터 타입 | 링크 스테이트 타입 | 디스턴스 벡터 타입(하이브리드 타입) |
| 메트릭 | 홉 수 | 비용 | 대역폭 + 지연 |
| 업데이트 간격 | 정기적 | 구성이 변경되었을 때 | 구성이 변경되었을 때 |
| 업데이트에 사용하는 IPv4 멀티캐스트 주소 | 224.0.0.9 | 224.0.0.5(모든 OSPF 라우터), 224.0.0.6(모든 DR/BDR) | 224.0.0.10 |
| 업데이트에 사용하는 IPv6 멀티캐스트 주소 | ff02::9 | ff02::5(모든 OSPF 라우터), ff02::6(모든 DR/BDR) | ff02::a |
| 적용 규모 | 소규모 | 중규모~대규모 | 중규모 |

## ■ RIP

RIP(Routing Information Protocol)는 디스턴스 벡터 타입의 라우팅 프로토콜입니다. 역사가 매우 깊으며 현재는 OSPF나 EIGRP로 바뀌어 가고 있습니다. 이제부터 만드는 네트워크에서 일부러 RIP를 사용하는 일은 없을 것입니다.

RIP는 라우팅 테이블 자체를 정기적으로 교환함으로써, 라우팅 테이블을 만듭니다. 동작은 매우 알기 쉽지만 대규모의 네트워크 환경에는 어울리지 않습니다. 라우팅 테이블은 크면 클수록 불필요한 네트워크 대역을 소비하고, 수렴하는 데도 시간이 걸리기 때문입니다.

메트릭으로는 '홉 수'를 사용합니다. 홉 수는 수신지 네트워크에 도달하기까지 경유하는 네트워크 수를 나타내며, 라우터를 많이 경유할수록 멀어집니다. 이 부분 역시 간단해서 알기 쉽지만, 예를 들어, 경로 도중에 대역폭이 작다 하더라도, 홉 수가 적은 경로를 최적 경로로 판단해버리는 문제가 있습니다.

RIP는 IP 버전에 따라 사용하는 프로토콜이 다릅니다. IPv4 환경에서는 RFC2453 'RIP Version 2'로 표준화된 **RIPv2**를 사용합니다. IPv6 환경에서는 RFC2080 'RIPng for IPv6'로 표준화된 **RIPng**를 사용합니다.

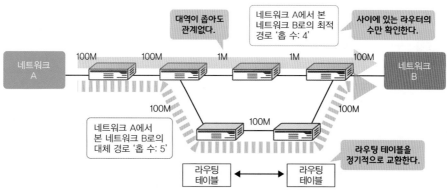

그림 4.3.14 • RIP: 홉 수로 경로를 결정

## ■ OSPF

OSPF(Open Shortest Path Fast)는 링크 스테이트 타입의 라우팅 프로토콜입니다. 과거부터 RFC로 표준화된, 전통적인 라우팅 프로토콜이기도 하고 여러 벤트가 혼재하는 중규모~대규모 네트워크 환경에서 자주 사용됩니다.

OSPF는 각 라우터가 링크 상태나 대역폭, IP 주소, 서브넷 마스크 등 다양한 정보를 교환하면서 **링크 스테이트 데이터베이스**(LSDB, Link State Database)를 만듭니다. 그리고 거기에서 최적의 경로 정보를 계산하고, 라우팅 테이블을 만듭니다. 앞에서 설명한 RIP에서는 정기적으로 라우팅 테이블을 보내지만, OSPF는 변경이 있을 때만 업데이트합니다. 그리고 평소에는 Hello 패킷 (Hello packet)이라는 작은 패킷을 송신해, 상대가 정상 동작하는지 확인하기 때문에 필요 이상으로 대역을 압박하지 않습니다. OSPF에서 핵심이 되는 개념은 **에어리어**(area)입니다. 다양한 정보를 모아서 만들어진 LSDB가 너무 커지지 않도록, 네트워크를 에어리어로 나누고 같은 에어리어의 라우터끼리만 LSDB를 공유하도록 합니다.

메트릭으로는 '비용'을 사용합니다. 비용은 기본으로 '100 / 대역폭(Mbps)[17]'의 계산 결과를 정숫값으로 하여 라우터를 넘을 때마다 출력 인터페이스에서 더해집니다. 이러 동작을 **ECMP**(Equal Cost Multi Path)라고 부릅니다. ECMP는 장애 내구성 향상과 대역 확장을 동시에 할 수 있어, 많은 네트워크 환경에서 사용되고 있습니다.

OSPF는 IP 버전에 따라 사용하는 프로토콜이 다릅니다. IPv4 환경에서는 RFC2328 'OSPF Version 2'에 표준화된 **OSPFv2**를 사용합니다. IPv6 환경에서는 RFC5340 'OSPF for IPv6'로 표준화된 **OSPFv3**을 사용합니다.

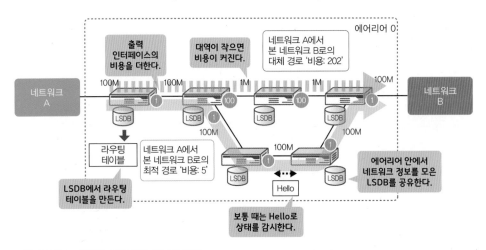

그림 4.3.15 • OSPF: 비용으로 경로를 결정

## ■ EIGRP

EIGRP(Enhanced Interior Gateway Routing Protocol)는 디스턴스 벡터 타입 프로토콜을 확장한 것입니다. 원래 Cisco가 자체 개발한 독자적인 라우팅 프로토콜이나, 이후 RFC7868 'Cisco's

---

17  비용은 정숫값으로 계산하기 때문에 100Mbps 이상의 인터페이스는 모두 같은 값이 됩니다. 그래서 최근에는 분자 '100'을 큰 값으로 하는 것이 일반적입니다.

Enhanced Interior Gateway Routing Protocol(EIGRP)'로 사양이 공개되었습니다.

EIGRP는 RIP나 OSPF를 적절히 조합한 라우팅 프로토콜입니다. 라우터는 최초에 자신이 가진 경로 정보를 교환하며, 각각 토폴로지 테이블을 만들고, 토폴로지 테이블로부터 최적의 경로 정보만을 추출해서 라우팅 테이블을 만듭니다. 이 부분이 RIP와 약간 비슷합니다. 그리고 변경이 있을 때만 라우팅 테이블을 업데이트합니다. 보통 때는 Hello 패킷이라는 작은 패킷을 송신해서, 상대가 정상 동작하고 있는지 판단합니다. 이 부분은 OSPF와 비슷합니다.

메트릭으로는 기본으로 '대역폭'과 '지연'을 사용합니다. 대역폭은 '10,000 / 최소대역폭(Mbps)'으로 계산합니다. 수신지 네트워크까지 경로 중에 가장 작은 값을 채용해서 계산합니다. 지연은 '마이크로초(ms) / 10'으로 계산합니다. 라우터를 넘을 때마다 출력 인터페이스만큼을 가산합니다. 이 둘을 더한 값에 256을 곱한 것이 EIGRP의 메트릭이 됩니다. EIGRP도 OSPF와 마찬가지로 기본 동작은 ECMP입니다. 메트릭이 완전히 동일하다면 그 경로를 모두 사용해 통신 부하를 분산합니다.

EIGRP는 IP 버전에 따라 사용하는 프로토콜이 다릅니다. IPv4에서는 **EIGRP**를 사용합니다. IPv6 환경에서는 **EIGRP for IPv6**를 사용합니다.

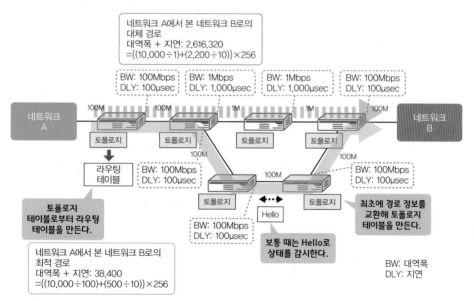

**그림 4.3.16 • EIGRP: 대역폭과 지연으로 경로를 결정**

## EGP의 1가지: BGP

EGP는 AS와 AS를 연결할 때 사용하는 라우팅 프로토콜입니다[18]. 현재의 네트워크 환경에서는 일반적으로 **BGP**(Border Gateway Protocol)를 사용합니다. 또한, 현재 사용되고 있는 BGP가 버전 4이므로 'BGP4'나 'BGPv4'라 부르기도 합니다.

BGP의 핵심은 **AS 번호, 라우팅 알고리즘, 최선 경로 선택 알고리즘** 3가지입니다.

### AS 번호

인터넷은 전 세계에 존재하는 AS를 BGP가 동작하는 라우터로 연결함으로써 성립합니다. 인터넷에 전송된 패킷은 라우터가 BGP를 교환하는 것으로 만들어진 전 세계의 경로 정보 **전체 경로**(full route)를 사용해, 버킷 릴레이와 같이 수신지 IP 주소를 가진 단말로 전송됩니다.

AS를 식별하는 번호를 'AS 번호'라 부릅니다. AS 번호는 0~65535까지 있지만, '0'과 '65535'는 예약되어 있어 사용할 수 없습니다. 1~65534를 용도에 따라 사용합니다.

표 4.3.2 • AS 번호

| AS 번호 | 용도 |
|---|---|
| 0 | 예약 |
| 1~64511 | 글로벌 AS 번호 |
| 64512~65534 | 프라이빗 AS 번호 |
| 65535 | 예약 |

'글로벌 AS 번호'는 인터넷상에서 유일한 AS 번호입니다. 글로벌 IP 주소와 마찬가지로 ICANN과 그 하부 조직(RIR, NIR, LIR)이 관리하며 ISP나 데이터 센터 사업자, 통신 사업자 등의 조직에 할당되어 있습니다[19]. '프라이빗 AS 번호'는 해당 조직 안에서는 자유롭게 사용할 수 있는 AS 번호입니다.

### 라우팅 알고리즘

BGP는 경로 벡터 타입 프로토콜입니다. 경로(path)와 방향(vector)에 기반해 경로를 계산합니다. 여기에서의 경로는 수신지까지 경유하는 AS를 나타내고, 방향은 BGP 피어(peer, 뒤에서 설명)를

---

18 BGP는 AS 안에서도 사용할 수 있습니다. AS 안에서 사용하는 BGP를 'iBGP', AS 사이에서 사용하는 BGP를 'eBGP'라 부릅니다.

19 한국 글로벌 AS 번호는 한국인터넷정보센터(KRNIC)에서 관리하며 다음 웹사이트에 공개되어 있습니다.
   https://한국인터넷정보센터.한국/jsp/business/management/asList.jsp

나타냅니다. 수신지까지 얼마만큼의 AS를 경유하는지가 최선 경로를 판단하는 기준의 하나가됩니다. BGP 피어는 경로 정보를 교환하는 상대입니다. GBO는 상대(피어)를 지정해 1:1 TCP 커넥션을 만들고, 그 과정에서 경로 정보를 교환합니다. BGP 피어와 경로 정보를 교환해 BGP 테이블을 만들고, 거기에서 일정한 규칙(최선 경로 선택 알고리즘)에 기반해 최선 경로를 선택합니다. 그리고 최선 경로만 라우팅 테이블에 추가하는 동시에 BGP 피어에게 전파합니다. BGP도 OSPF나 EIGRP와 마찬가지로, 변경이 있을 때만 라우팅 테이블을 업데이트합니다. 업데이트할 때는 UPDATE 메시지를 사용합니다. 그리고 보통 때는 KEEPALIVE 메시지로 상대가 정상 동작하는지 판단합니다.

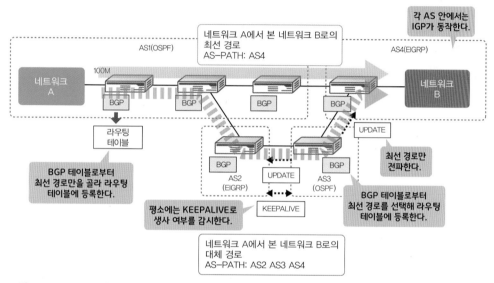

그림 4.3.17 • BGP: 기본적으로 경유하는 AS의 숫자로 경로를 결정

## ■ 최선 경로 선택 알고리즘

최선 경로 선택 알고리즘은 어떤 경로를 최선 경로(best path)로 판단하는가에 관한 규칙을 나타냅니다. 인터넷은 BGP로 지구 전체의 AS를 그물 형태로 연결한 것입니다. 지구 전체를 연결하면 국가나 정치, 화폐 등 다양한 정보가 복잡하게 얽히게 됩니다. BGP는 이런 여러 상황에 유연하게 대응할 수 있도록 많은 경로 제어 기능을 제공합니다. BGP 경로 제어에는 **어트리뷰트**(attribute, 속성)를 사용합니다. BGP는 UPDATE 메시지 안에 'NEXT_HOP'이나 'LOCAL_PREF' 등 다양한 어트리뷰트를 가지고 있으며, 이를 포함해 BGP 테이블에 기록합니다. 그중에서 다음 그림과 같은 알고리즘을 기반으로 최선 경로를 선택합니다. 위에서부터 순서대로 우열을 가리고, 승부가 결정되면 그 뒤의 우열은 가리지 않습니다. 그리고 선택한 최선 경로를 라우팅 테이블에 추가하고, 동시에 BGP 피어에 전파합니다.

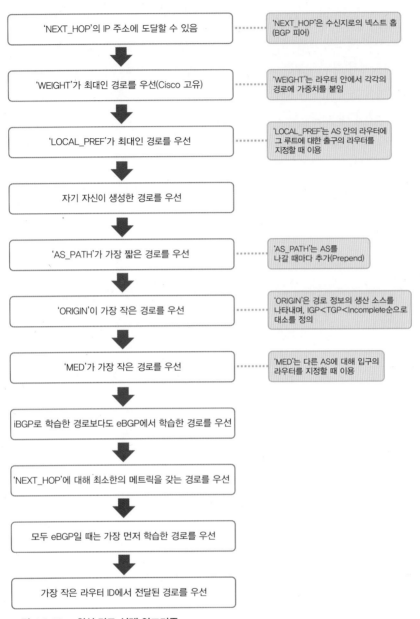

'NEXT_HOP'의 IP 주소에 도달할 수 있음 ┈┈┈ 'NEXT_HOP'은 수신지로의 넥스트 홉 (BGP 피어)

'WEIGHT'가 최대인 경로를 우선(Cisco 고유) ┈┈┈ 'WEIGHT'는 라우터 안에서 각각의 경로에 가중치를 붙임

'LOCAL_PREF'가 최대인 경로를 우선 ┈┈┈ 'LOCAL_PREF'는 AS 안의 라우터에 그 루트에 대한 출구의 라우터를 지정할 때 이용

자기 자신이 생성한 경로를 우선

'AS_PATH'가 가장 짧은 경로를 우선 ┈┈┈ 'AS_PATH'는 AS를 나갈 때마다 추가(Prepend)

'ORIGIN'이 가장 작은 경로를 우선 ┈┈┈ 'ORIGIN'은 경로 정보의 생산 소스를 나타내며, IGP<TGP<Incomplete순으로 대소를 정의

'MED'가 가장 작은 경로를 우선 ┈┈┈ 'MED'는 다른 AS에 대해 입구의 라우터를 지정할 때 이용

iBGP로 학습한 경로보다도 eBGP에서 학습한 경로를 우선

'NEXT_HOP'에 대해 최소한의 메트릭을 갖는 경로를 우선

모두 eBGP일 때는 가장 먼저 학습한 경로를 우선

가장 작은 라우터 ID에서 전달된 경로를 우선

그림 4.3.18 • 최선 경로 선택 알고리즘

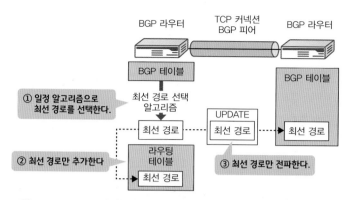

그림 4.3.19 ● BGP 테이블에서 최선 경로를 고름

# 4.3.4 재전송

앞에서는 'RIP, OSPF, EIGRP, BGP'라는 4개의 라우팅 프로토콜을 설명했습니다. 각각 다른 라우팅 알고리즘이나 메트릭을 사용하며, 프로세스[20]도 다르기 때문에 호환성이 없습니다. 그렇기 때문에 관리자로서는 하나의 라우팅 프로토콜로 통일한 네트워크를 구축하는 것이 알기 쉬워 이상적입니다. 하지만 현실은 그렇게 쉽지만은 않습니다. 회사가 합병되거나 분할되거나, 기기 자체가 대응하지 않는 등 다양한 상황이 겹쳐 여러 라우팅 프로토콜을 사용할 수밖에 없는 경우가 대부분입니다. 이때, 각각을 잘 변환하여 협조적으로 동작하도록 해야 합니다. 이 변환을 **재전송**이라 부릅니다. 재배포, 리디스트리뷰션(redistribution)이라 부르기도 하나 모두 같습니다.

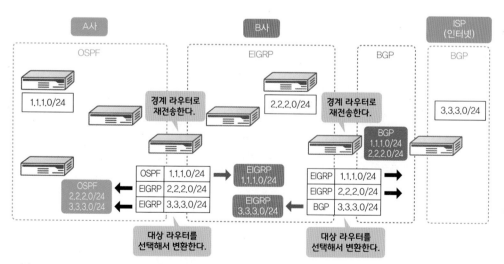

그림 4.3.20 ● 재전송으로 여러 라우팅 프로토콜을 사용

---

20 동작 중인 프로그램을 프로세스라 부릅니다. 여기에서는 라우팅 프로토콜을 처리하는 프로그램을 가리킵니다.

재전송은 라우팅 프로토콜과 라우팅 프로토콜을 연결하는 경계의 라우터가 설정합니다. 경계 라우터는 라우팅 테이블 안에서 변환지의 라우팅 프로토콜로 학습한 경로를 추출한 뒤 변환해서 전파합니다.

# 4.3.5 라우팅 테이블 규칙

지금까지는 라우팅 테이블을 어떻게 만드는가에 초점을 맞춰 설명했습니다. 이제부터는 만들어진 라우팅 테이블을 어떻게 사용하는가를 설명합니다. 핵심은 **롱기스트 매치**(longest match), **경로 집약**(route aggregation), **AD값**의 3가지입니다.

## 롱기스트 매치

롱기스트 매치(longest match)는 수신지 IP 주소의 조건에 맞는 경로가 몇 가지 있을 때, 서브넷 마스크가 가장 긴 경로를 사용하는 라우팅 테이블 규칙입니다. 라우터는 IP 패킷을 받아들이면 그 수신지 IP 주소를 라우팅 테이블에 등록된 경로와 대조합니다. 이때, 가장 잘 일치하는 경로, 다시 말해, 가장 서브넷 마스크가 긴 경로를 채용하고 그 넥스트 홉으로 패킷을 전송합니다.

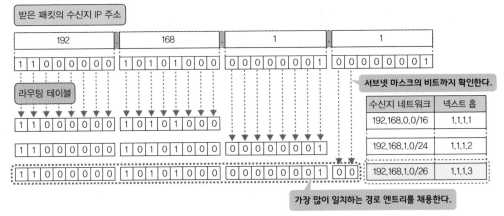

그림 4.3.21 • 서브넷 마스크의 비트까지 체크해 가장 잘 맞는 경로를 선택

실제 네트워크 환경을 예로 들어 설명해 봅니다. 그림 4.3.22와 같이 '192.168.0.0/16', '192.168.1.0/24', '192.168.1.0/26'이라는 경로를 가진 라우터가 수신지 IP 주소 '192.168.1.1'인 IP 패킷을 받았다고 가정합니다. 이때, 어떤 경로도 '192.168.1.1'에 맞지 않습니다. 이럴 때 롱기스트 매치를 적용합니다. 라우터는 서브넷 마스크가 가장 긴 경로 '192.168.1.0/26'을 선택하고 '1.1.1.3'으로 전송합니다.

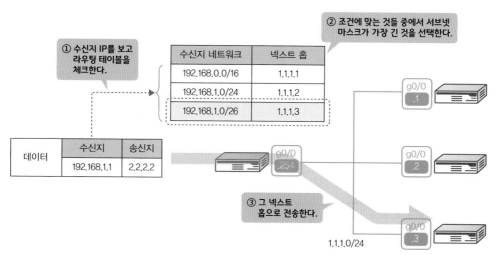

**그림 4.3.22** • 서브넷 마스크가 가장 긴 경로 정보를 선택

## 경로 집약

여러 경로를 모으는 것을 **경로 집약**이라 부릅니다. 라우터는 IP 패킷을 받아들이면 라우팅 테이블에 등록되어 있는 경로를 하나하나 체크합니다. 이 구조는 경로가 늘어날수록 라우터의 부하도 늘어나는 치명적인 약점을 안고 있습니다. 현대 네트워크는 효율을 높이기 위해 클래스리스 서브넷 분할로 구성되지만, 그 결과 경로는 물론 부하도 증가시키는 것으로 이어졌습니다. 그래서 넥스트 홉이 같은 여러 경로를 모음으로서, 경로의 수와 라우터 부하를 줄이는 것이 경로 집약입니다.

경로 집약 방법은 의외로 간단합니다. 넥스트 홉이 같은 경로의 네트워크 주소를 비트로 변환해, 공통된 비트까지 서브넷 마스크를 이동하는 것으로 끝입니다 예를 들어, 다음 표와 같은 네 개의 경로를 가진 라우터가 있다고 가정해 봅니다. 이 상태(경로 집약 전)에서 IP 패킷을 받아들이면 네 번 체크해야 합니다.

**표 4.3.3** • 경로 집약 전의 경로

| 수신지 네트워크 | 넥스트 홉 |
|---|---|
| 192.168.0.0/24 | 1.1.1.1 |
| 192.168.0.1/24 | 1.1.1.1 |
| 192.168.0.2/24 | 1.1.1.1 |
| 192.168.0.3/24 | 1.1.1.1 |

경로 집약해 봅니다. 앞의 표에서 수신지 네트워크는 비트로 변환하면 다음 그림과 같이 되며, 22비트까지의 배열이 동일합니다. 그러므로 '192.168.0.0/22'로 경로 집약할 수 있습니다. 여기에서 IP 패킷을 받아들이면 1번의 체크만으로 완료됩니다. 이 예에서는 네 번이 한 번으로 줄어들었을 뿐이지만, 실제로는 십수만 개의 경로를 한 개의 경로로 집약한 것으로, 극적인 변화를 얻을 수 있습니다.

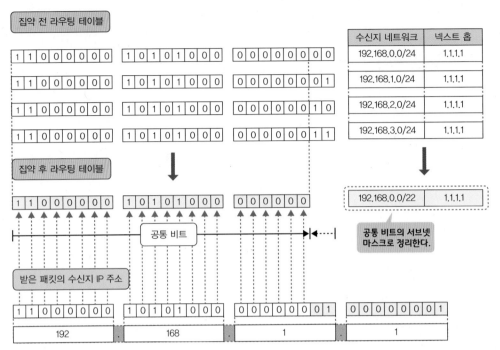

**그림 4.3.23** ● 공통 비트로 집약

경로 집약을 극한까지 실행해, 모든 경로를 하나로 집약한 것인 '기본 경로(default route)'입니다. 기본 경로는 라우터에 기본 경로 주소 '0.0.0.0/0'을 등록합니다. 라우터가 IP 패킷을 받아들였을 때, 수신지 IP 주소에 합치하는 경로가 없으면 기본 경로의 넥스트 홉인 '디폴트 게이트웨이'로 패킷을 전송합니다.

여러분이 PC에 IP 주소를 설정할 때도, '디폴트 게이트웨이'라는 항목을 봤을 것입니다. PC는 자신이 속한 IP 네트워크 이외의 IP 네트워크에 연결할 때, 자기 자신이 갖고 있는 라우팅 테이블을 보고 수신지 IP 주소가 일치하는 경로가 없으므로 디폴트 게이트웨이에 패킷을 전송합니다.

## AD값

AD(Administrative Distance)값은 라우팅 프로토콜별로 결정된 우선도와 같은 것입니다. 값이 작을수록 우선도가 높습니다.

완전히 동일한 경로를 여러 라우팅 프로토콜, 또는 정적 라우팅으로 학습한 경우 롱기스트 매치를 적용할 수 없습니다. 그럴 때 AD값을 사용합니다. 라우팅 프로토콜의 AD값을 비교해 AD

값이 작은, 다시 말해 우선도가 높은 경로만 라우팅 테이블에 등록하고, 그 경로를 우선 사용하도록 합니다.

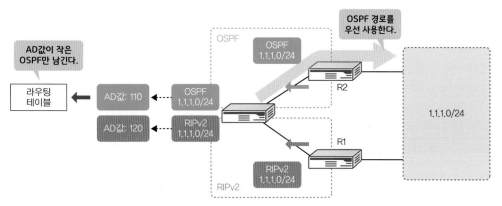

**그림 4.3.24 • AD값이 작은 경로만 라우팅 테이블에 남김**

AD값은 네트워크 기기별로 결정되어 있으며 Cisco의 라우터나 L3 스위치에서는 다음 표와 같습니다. 직접 접속 이외에는 변경 가능합니다. 재전송 시의 라우팅 루프 방지나 플로팅 스태틱 경로(floating static route)[21]로 사용합니다.

**표 4.3.4 • 작을수록 우선하는 AD값**

| 경로 학습원 라우팅 프로토콜 | AD값(디폴트) | 우선도 |
|---|---|---|
| 직접 접속 | 0 | 높음 |
| 정적 경로 | 1 | ↑ |
| eBGP | 20 | |
| 내부 EIGRP | 90 | |
| OSPF | 110 | |
| RIPv2 | 120 | |
| 외부 EIGRP | 170 | ↓ |
| iBGP | 200 | 낮음 |

chapter 4 네트워크 계층

---

21 라우팅 프로토콜에서 경로 정보를 학습할 수 없게 되었을 때만 정적 경로를 사용하는 경로 백업 방법의 하나입니다. 정적 경로의 AD 값을 높게 설정함으로써 구현합니다.

**4.3** IP 라우팅  193

# 4.3.6 VRF

**VRF**(Virtual Routing and Forwarding)는 1대의 라우터에 독립된 여러 라우팅 테이블을 갖도록 하는 가상화 기술입니다. 이미지상으로는 VLAN의 라우터 버전에 가까울 수도 있습니다. 95쪽에서 설명한 것처럼 VLAN은 VLAN ID라는 숫자를 사용해서 1대의 스위치를 가상으로 분할하는 기능이었습니다. VRF는 **RD**(Route Distinguisher)라는 숫자를 사용해 1대의 라우터를 가상으로 분할합니다.

VRF로 만들어진 라우팅 테이블은 완전히 독립되므로 같은 IP 서브넷을 사용해도 문제없이 동작합니다. 또한, RD별로 다른 라우팅 프로토콜을 동작하게 할 수도 있습니다.

최근의 라우터는 그 성능이 매우 높아져, 어지간한 상황에서도 처리 부족 상태가 되지 않습니다[22]. VRF를 사용하면 오래된 라우터 몇 대를 물리적으로 1대로 바꿀 수 있어, 관리할 라우터의 수도 줄일 수 있습니다.

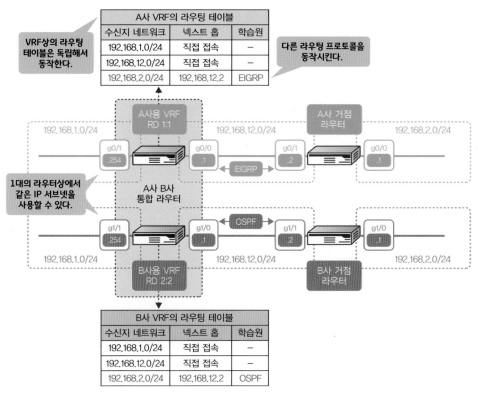

**그림 4.3.25 • VRF**

---

22 물론, 장기적인 트래픽 예측에 기반해 크기는 적절히 조절해야 합니다

## 4.3.7 정책 기반 라우팅

**정책 기반 라우팅**(PBR, Policy Based Routing)은 이름 그대로 정책에 기반해 라우팅하는 기술입니다. 지금까지 설명한 라우팅은 수신지 네트워크에 기반해 전송 대상지를 전환하는 기능이었습니다. 정책 기반 라우팅은 송신지 네트워크나 특정 포트 번호 등 다양한 조건에 기반해 전송 대상지를 전환합니다. 정책 기반 라우팅을 사용하면 라우팅 테이블에 의존하지 않고, 보다 폭넓고 유연하게 전송 처리할 수 있습니다. 반면, 지연이 발생하기 쉽고 처리 부하가 걸리기 쉽다는 단점도 있습니다. 그래서 실무 현장에서는 기본적으로 기존 라우팅으로 설계하고, 라우팅으로는 도저히 처리할 수 없는 조건이 있을 때만 예외적으로 정책 기반 라우팅을 사용하는 형태로 대응하는 경우가 많습니다.

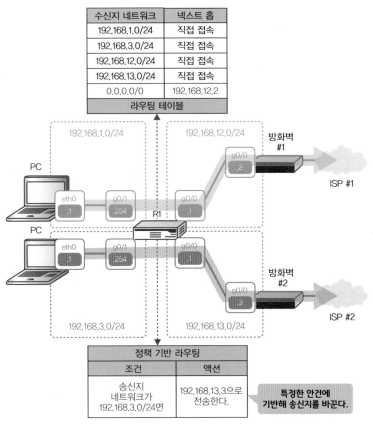

**그림 4.3.26** • 정책 기반 라우팅

# 4.4 | IP 주소 할당 방법

이번 절에서는 IP 주소를 어떻게 단말(의 NIC)에 할당하는가를 설명합니다. IP 주소 할당 방법에는 크게 **정적 할당**(static allocation)과 **동적 할당**(dynamic allocation)의 2가지가 있습니다. 동적 할당은 IP 버전에 따라 다양한 방식으로 세분화되어 있습니다. 각각에 관해 설명합니다.

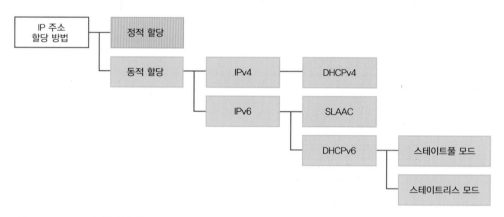

**그림 4.4.1 •** IP 주소 할당 방법

## 4.4.1 정적 할당

정적 할당은 각 단말별로 수동으로 IP 주소를 설정하는 방법입니다. 네트워크에 연결된 단말의 사용자는 시스템 관리자에게 부탁해, 남아 있는 IP 주소를 받아서 설정합니다. 서버나 네트워크 기기는 IP 주소가 자주 변하면 통신에 영향을 미치므로 대부분 이 할당 방식을 사용합니다. 또한, 십여 명 정도의 작은 사무실 네트워크 환경에서 시스템 관리자가 어떤 단말에 어떤 IP 주소를 설정했는지 완전히 파악해 두어야 하는 경우에도 이 할당 방식을 사용합니다.

정적 할당은 단말과 IP 주소가 유일하게 연결되기 때문에 IP 주소를 관리하기 쉬운 장점이 있습니다. 예를 들어, '이 IP 주소를 가진 서버에 통신이 갑자기 늘어나고 있다', '이 IP 주소에서 인터넷상의 특정 서버에 이상한 통신이 발생하고 있다'와 같이 무언가 이상이 발생하더라도 어떤 단말인지를 즉시 판단할 수 있습니다. 반면, 단말의 수가 많아질수록 어떤 단말에 어느 IP 주소를 할당했는지 알 수 없고 관리가 복잡해지는 경향이 있습니다. 예를 들어, 수만 대의 단말이 있는

LAN 환경에서 하나하나 IP 주소를 관리하는 것은 현실적으로 불가능합니다. 그래서 대규모의 LAN 환경에서는 보통 동적 할당을 사용합니다.

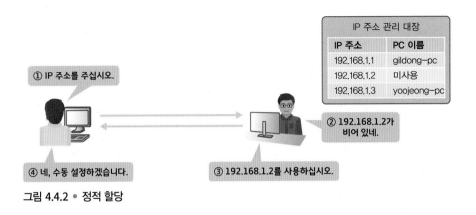

그림 4.4.2 • 정적 할당

## 4.4.2 동적 할당

동적 할당은 단말에 대해 자동으로 IP 주소를 설정하는 방법입니다. 정적 할당에서는 사용자가 시스템 관리자에게 부탁해서 비어 있는 IP 주소를 지급받아 수동으로 설정했습니다. 동적 할당에서는 이 처리를 모두 **DHCP**(Dynamic Host Configuration Protocol)를 필두로 하는 몇 가지 프로토콜을 구사해 완전히 자동화합니다.

동적 할당에서는 단말의 수가 많은 대규모 LAN 환경에서도 일괄적으로 IP 주소를 관리할 수 있어, 귀찮게 IP 주소를 관리하는 수고를 줄일 수 있습니다. 반면 언제, 어느 단말에, 어떤 IP 주소가 설정되었는지 알기 어렵다는 단점이 있습니다.

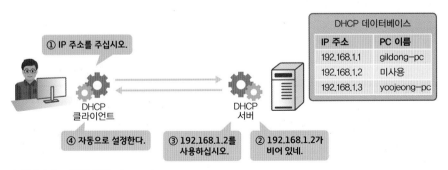

그림 4.4.3 • 동적 할당

동적 할당은 IPv4와 IPv6에서 그 방법이 다릅니다. 각각에 관해 설명합니다.

## ■ IPv4 동적 할당

IPv4 주소 동적 할당에는 **DHCPv4**(Dynamic Host Configuration Protocol version 4)를 사용합니다. DHCPv4는 DHCPv4 서버에서 단말에 대해 네트워크에 연결하기 위해 필요한 설정(IPv4 주소, 디폴트 게이트웨이, DNS[23] 서버의 IP 주소 등)을 배포하는 프로토콜입니다.

DHCPv4는 브로드캐스트와 유니캐스트 양쪽을 사용하면서 UDP[24]로 교환합니다. 먼저 DHCPv4 클라이언트[25]는 '누군가 네트워크 설정해 주십시오.'라고 브로드캐스트로 같은 네트워크에 있는 모두에게 질문합니다. 그러면 DHCPv4 서버가 '이 설정을 사용하십시오.'라고 유니캐스트로 응답합니다. DHCPv4 클라이언트는 그 정보를 기반으로 각종 설정을 수행합니다.

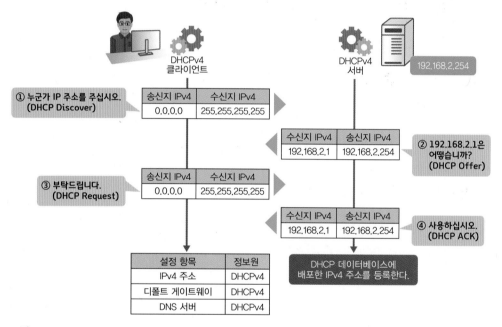

그림 4.4.4 • DHCPv4

## ■ IPv6 동적 할당

IPv6 주소의 동적 할당 방법에는 **SLAAC**(Stateless Address Auto Configuration)과 **DHCPv6**의 2가지가 있습니다. 각각에 관해 설명합니다.

---

23  DNS는 도메인 이름을 IP 주소로 변환하는 프로토콜입니다. 363쪽에서 설명합니다.
24  구체적으로는 서버 측에서 UDP 67번, 클라이언트 측에서 UDP 68번을 사용합니다. 포트 번호는 242쪽에서 설명합니다.
25  거의 모든 OS가 DHCP 클라이언트의 기능을 기본으로 탑재하고 있으므로 'DHCP 클라이언트=OS'라고 생각해도 문제없습니다.

## ■ SLAAC

SLAAC는 라우터에서 배포되는 네트워크 정보(서브넷 프리픽스나 DNS 서버의 IP 주소[26] 등)를 기반으로, IPv6 주소를 자동 설정하는 기능입니다. RFC4863 'IPv6 Stateless Address Autoconfiguration'으로 표준화되었습니다. SLAAC는 멀티캐스트와 유니캐스트 양쪽을 사용하면서 ICMPv6(223쪽)로 교환합니다. 먼저 SLACC 클라이언트[27]는 RS(Router Solicitation)라 부르는 멀티캐스트[28] ICMPv6 패킷을 사용해 '네트워크 정보를 주십시오.'라고 같은 네트워크에 있는 모든 라우터에 질문합니다. 그러면 라우터(SLAAC 서버)는 RA(Router Advertisement)라 부르는 유니캐스트 ICMPv6 패킷을 사용해, '네트워크 정보입니다.'라고 응답합니다. 이 교환은 가장 처음의 멀티캐스트 이외에는 모두 링크 로컬 주소를 사용해 수행됩니다. SLAAC 클라이언트는 그 정보를 바탕으로 64비트 프리픽스 길이를 갖는 IPv6 주소를 자동으로 생성하고, 함께 디폴트 게이트웨이나 DNS 서버의 IP 주소 등 각종 설정을 수행합니다.

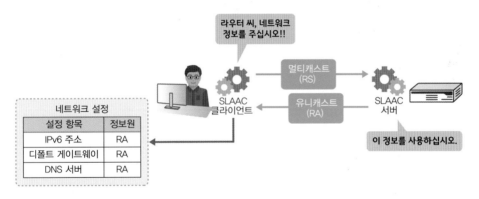

그림 4.4.5 • SLAAC

## ■ DHCPv6

DHCPv6(Dynamic Host Configuration Protocol version 6)는 DHCPv6 서버에서 단말에 대해 IP 주소를 배포한다는 점은 DHCPv4와 같습니다. 하지만 두 프로토콜은 호환성이 없고 완전히 다른 것입니다. UDP를 사용하지만 포트 번호도 다릅니다[29]. 또한, DHCP만으로 동작하는 것이 아니라, RS/RA와 연계해서 동작합니다. DHCPv6 클라이언트는 라우터와 RS/RA를 교환한 후, 멀티

---

26  RA에서 DNS 서버(캐시 서버)의 IP 주소를 배포하기 위해서는 RDNSS 옵션(RFC8106)에 대응해야 합니다.

27  거의 모든 OS가 SLAAC 클라이언트의 기능을 기본으로 탑재하고 있으므로 'SLAAC 클라이언트 = OS'라고 생각해도 문제없습니다.

28  'ff02::2'가 모든 라우터를 나타내는 멀티캐스트 주소입니다.

29  구체적으로는 서버 측에서 UDP 657번, 클라이언트 측에서 UDP 568번을 사용합니다. 포트 번호에 관해서는 242쪽에서 설명합니다.

캐스트[30] DHCPv6 패킷을 사용해 DHCPv6 서버를 찾습니다. 그러면 DHCPv6 서버는 요청받은 정보를 반환합니다. 이 교환은 멀티캐스트 이외에는 모두 링크 로컬 주소를 사용해 수행합니다.

또한, DHCPv6에는 **스테이트풀 모드**(stateful mode)와 **스테이트리스 모드**(stateless mode) 2가지가 있습니다. 스테이트풀 모드는 DHCPv6 서버가 DNS 서버의 IP 주소 등 선택 설정뿐만 아니라, IPv6 주소도 함께 배포합니다. 그에 비해, 스테이트리스 모드는 DHCPv6 서버가 옵션 설정만 배포하고 IPv6 주소는 SLAAC에서 자동으로 생성합니다. 그리고 디폴트 게이트웨이에 관해서는 두 모드에 모두 RA의 정보를 기반으로 설정합니다.

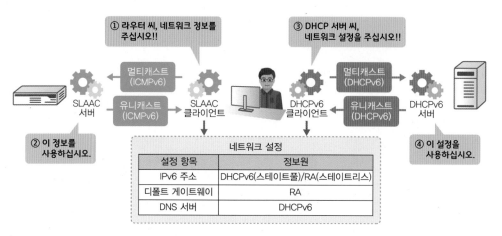

그림 4.4.6 ● DHCPv6

---

30 'ff02::1:2'가 모든 DHCPv6 서버를 나타내는 멀티캐스트 주소입니다.

## 4.4.3 DHCP 릴레이 에이전트

DHCP는 DHCPv4, DHCPv6에 관계없이 모두 클라이언트와 서버가 같은 네트워크(VLAN, 브로드캐스트 도메인)에 있는 것을 전제로 동작하도록 되어 있습니다. 하지만 수많은 네트워크가 있는 환경에서 하나하나 DHCP 서버를 준비하는 것은 현실적이지 않습니다. 그래서 DHCP에는 **DHHCP 릴레이 에이전트**(DHCP relay agent)라는 기능을 제공합니다. DHCP 릴레이 에이전트는 DHCP 패킷을 유니캐스트로 변환하는 기능으로, DHCP 클라이언트로부터 첫 번째(1번째 홉)에 있는 라우터에서 유효합니다. 유니캐스트이므로 다른 네트워크에 DHCP 서버가 있다 하더라도, IP 주소를 배포하지 못합니다. 또한, 많은 네트워크가 있더라도 1대의 DHCP 서버로 관리할 수 있습니다.

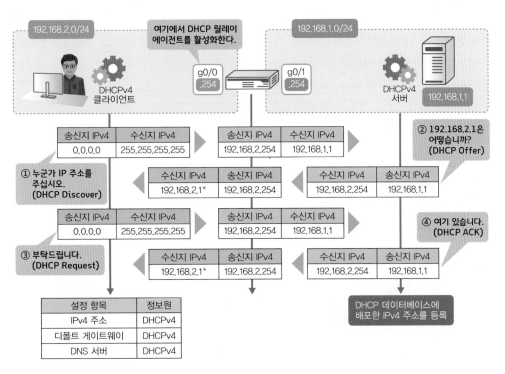

★ DHCP Offer와 DHCP ACK는 DHCP Discover에 포함된 브로드캐스트 플래그값에 따라, 브로드캐스트 혹은 유니캐스트가 됩니다. 브로드캐스트 플래그가 '0'일 때는 그림과 같이 유니캐스트가 되고, '1'일 때는 수신지 IP 주소가 '255.255.255.255'인 브로드캐스트 주소가 됩니다.

그림 4.4.7 • DHCP 릴레이 에이전트

# 4.5 | NAT

IP 주소를 변환하는 기술을 **NAT**(Network Address Translation)라 부릅니다. NAT를 사용하면 부족한 글로벌 IP 주소를 절약할 수 있고, 같은 네트워크 주소를 가진 시스템 사이에서 통신할 수 있는 등 IP 환경에 내재된 다양한 문제를 해결할 수 있습니다. **NAT는 변환 전후의 IP 주소나 포트 번호를 NAT 테이블**이라는 메모리상의 테이블로 묶어서 관리합니다. NAT는 NAT 테이블에 따라 동작합니다.

NAT에는 넓은 의미의 NAT와 좁은 의미의 NAT 2가지가 있습니다. 넓은 의미의 NAT는 IP 주소를 변환하는 기술 전반을 나타냅니다. 이 책에서는 NAT와 관련된 다양한 기술의 차이를 알 수 있도록, 좁은 의미의 NAT까지 상세하게 설명합니다.

**그림 4.5.1 • 다양한 NAT**

## 4.5.1 정적 NAT

**정적 NAT**(static NAT)는 내부와 외부[31]의 IP 주소를 1:1로 묶어서 변환합니다. '1:1 NAT'라 부르기도 하며, 소위 좁은 의미의 NAT라고 하면 이 정적 NAT를 가리킵니다.

정적 NAT는 미리 NAT 테이블에 내부 IP 주소와 외부 IP 주소를 유일하게 묶는 NAT 엔트리(entry)를 갖고 있습니다. 내부에서 외부로 액세스할 때는 그 NAT 엔트리에 따라, 송신지 IP 주소를 변환합니다. 반대로 외부에서 내부로 액세스할 때는 수신지 IP 주소를 변환합니다. 정적

---

31 LAN 안에 있는 시스템의 경계에서 NAT를 사용하는 경우도 있기 때문에 '내부'와 '외부'라는 말을 사용합니다. 내부와 외부라는 용어가 잘 그려지지 않을 때는 내부=LAN, 외부=인터넷으로 바꿔 읽기 바랍니다.

NAT는 서버를 인터넷에 공개할 때나 특정 단말이 특정한 IP 주소로 인터넷과 데이터를 교환할 때 사용합니다.

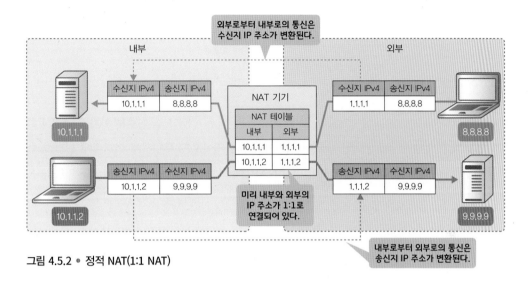

그림 4.5.2 • 정적 NAT(1:1 NAT)

## 4.5.2 NAPT

**NAPT**(Network Address Port Translation)는 내부와 외부의 IP 주소를 n:1로 연결해서 변환합니다. IP 주소나 PAT(Port Address Translation)라 부르기도 하지만 모두 같은 것입니다.

NAPT는 내부의 IP 주소 + 포트 번호와 외부의 IP 주소 + 포트를 유일하게 묶는 NAT 엔트리를, NAT 테이블에 동적으로 추가/삭제합니다. 내부에서 외부에 액세스할 때에 송신지 IP 주소뿐만 아니라, 송신지 포트 번호까지 변환합니다. 어느 단말이 어느 포트 번호를 이용하는가를 보고 패킷을 구분할 수 있어 n:1로 변환할 수 있습니다.

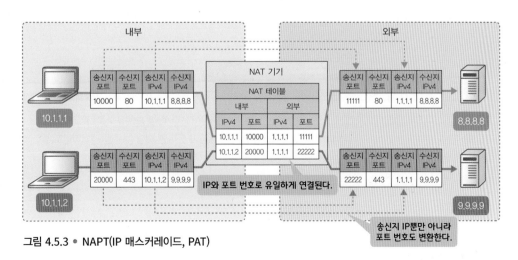

그림 4.5.3 • NAPT(IP 매스커레이드, PAT)

가정에서 사용되는 브로드밴드 라우터나 테더링하는 스마트폰은 이 NAPT를 사용해서 PC를 인터넷에 연결합니다. 최근에는 PC뿐만 아니라, 스마트폰이나 태블릿 단말, 가전제품 등 여러 기기가 IPv4 주소를 가지게 되어 인터넷에 연결합니다. 이들 하나하나에 전 세계에서 유일한 글로벌 IPv4를 할당한다면 주소가 이내 고갈됩니다. 그래서 NAPT를 사용해 글로벌 IPv4를 절약합니다.

## 4.5.3 CGNAT

**CGNAT**(Carrier Grade NAT)는 NAPT를 통신 사업자나 ISP에서 사용할 수 있도록 확장한 것입니다. 이 사업자들은 수십만에서 수백만 규모의 가입자를 효율적이고도 투명하게 인터넷에 연결할 수 있도록 해야 합니다. CGNAT는 앞에서 설명한 NAPT에 포트 할당 기능이나 EIM/EIF 기능(풀 콘 NAT), 커넥션 리미트 기능 등 통신 사업자나 ISP에게 필요한 기능을 추가해서 확장한 것입니다.

여러분은 스마트폰의 LTE 안테나에 할당된 IP 주소를 본 경험이 있습니까? 아마도 여기에는 '10.x.x.x'라는 프라이빗 IPv4 주소가 할당되었을 것입니다[32]. 스마트폰 패킷은 통신 사업자의 LTE 네트워크에서 글로벌 IPv4 주소에 CGNAT되어, 인터넷으로 송출됩니다.

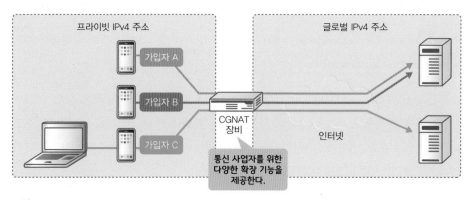

**그림 4.5.4** • CGNAT

---

**NOTE** 　**이후의 설명에 관해**

이후에는 CGNAT가 가진 대표적인 몇 가지 기능을 설명합니다. CGNAT보다 한층 높은 지식이 필요합니다. 무리해서 이해하려 하지 말고, 지금 여러분에게 필요하지 않다는 느낌이 든다면 해당 내용을 건너뛰어도 좋습니다.

---

32 통신 사업자에 따라 IPv4 주소와 함께 IPv6 주소도 할당하기도 합니다.

## ▪ 포트 할당 기능

NAPT는 포트 번호를 이용해 내부와 외부의 IP 주소를 n:1로 연결해서 변환하는 기술이었습니다. 그러나 통신 사업자는 외부의 IPv4 주소를 하나만 갖지 않습니다. 가입자에 할당할 수 있는 포트 번호는 한 IP 주소당 64512(65535 - 1024 + 1)개입니다[33]. 수십만 가입자가 동시에 이용하면 한순간에 고갈되어 IP 주소를 할당할 수 없게 됩니다. 주소를 할당할 수 없게 되면 통신도 불가능합니다. 그래서 **CGNAT**는 외부의 IP 주소를 여러 **IP 주소 테이블**이라는 형태로 n:n으로 연결합니다.

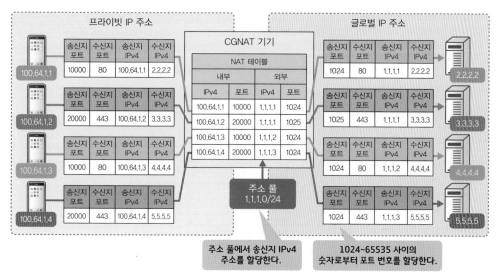

**그림 4.5.5 ● IP 주소 테이블**

CGNAT는 IP 주소 테이블 및 테이블에 묶인 포트 번호를 기반으로 어떻게 할당하는가에 따라 **정적 할당, PBA, 동적 할당**의 3가지로 분류할 수 있습니다. 채용하는 할당 방법은 얼마만큼의 가입자를 연결시킬 것인가를 나타내는 '집약 효율'과 가입자를 특정하는 '로그 출력량'의 2가지 관점에 따라 결정합니다.

### ■ 정적 할당

정적 할당은 가입자에게 미리 정한 수의 포트 번호를 정적으로 할당하는 방법입니다. 가입자의 사용 상황에 관계없이 '여기부터 여기까지는 이 사용자가 사용한다'는 형태로 포트 번호를 할당합니다. 정적 할당은 PBA나 동적 할당에 비해 집약 효율이 낮지만 로그를 얻을 필요가 없습니다.

---

33 포트 번호는 5장에서 자세히 설명합니다.

## ■ PBA

PBA(Port Block Allocation)는 정적 할당과 동적 할당의 중간 위치에 있는 것으로, 가입자에게 지정한 포트 블록(포트 번호의 범위)을 동적으로 할당하는 방법입니다. 정적 할당에 비해 집약 효율이 높지만, 로그를 얻을 필요가 있습니다. 그리고 동적 할당에 비해 집약 효율이 낮지만, 로그 출력량을 억제할 수 있습니다.

## ■ 동적 할당

동적 할당은 가입자에게 포트 번호를 동적으로 할당하는 방법입니다. 할당된 모든 포트 번호를 유효하게 활용할 수 있어 집약 효율을 높일 수 있는 한편, 언제, 누가(어느 프라이빗 IPv4 주소), 어느 글로벌 IPv4 주소와 포트 번호를 사용하고 있는지 전부 로그로 기록해야 하기 때문에 대량의 로그가 출력됩니다.

3가지 할당 방법의 형태는 다음 그림과 같습니다. 이 그림은 하나의 IPv4 주소에 할당된 포트 번호를 각 할당 방법에 따라 어떻게 사용하는지를 나타냅니다.

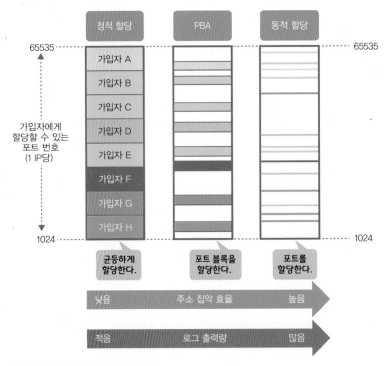

그림 4.5.6 ● 포트 할당 방법 비교

## ■ EIM/EIF 기능(풀 콘 NAT)

**EIM**(Endpoint Independent Mapping)은 수신지가 달라도, 같은 송신지 IP 주소와 송신지 포트 번호를 가진 통신에는 일정 시간 동안 같은 전체 주소와 포트 번호를 계속 할당할 수 있는 기능입니다. 그리고 **EIF**(Endpoint Independent Filter)는 EIM에 따라 할당된 전체 주소와 포트 번호에 대해 인바운드 커넥션(인터넷으로부터의 통신)을 일정 시간 동안 받을 수 있는 기능입니다. EIM과 EIF를 활성화한 NAT를 **풀 콘 NAT**(full cone NAT)라고 부릅니다.

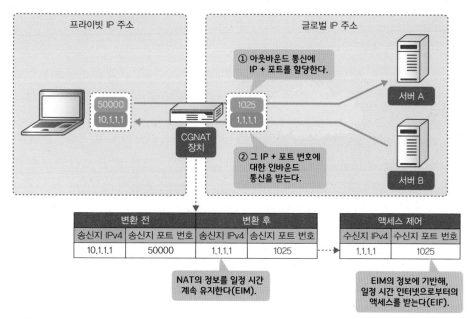

**그림 4.5.7 • EIM/EIF 기능**

최근 게임에서의 온라인 대결은 서버에서 대결 상대를 매칭한 후, P2P(Peer-to-Peer)[34]로 통신합니다. NAT 뒤의 가입 단말은 프라이빗 IPv4 주소만 가졌기 때문에 인터넷을 경유해 직접 P2P로 통신할 수 없습니다. 풀 콘 NAT를 사용하면 일정 시간 동안 같은 송신지 IPv4 주소와 송신지 포트 번호를 할당하고, 그에 대해 일정 시간 동안 통신을 허가할 수 있습니다. 마치 그 가입자 단말이 글로벌 IPv4 주소를 가진 것처럼 투과적으로 동작하고, P2P로 통신할 수 있습니다[35].

---

34 서버를 경유하지 않고 사용자 단말끼리 직접 교환하는 방식입니다.

35 실제로는 뒤에서 설명할 STUN과 연계하여 P2P 통신을 구현합니다.

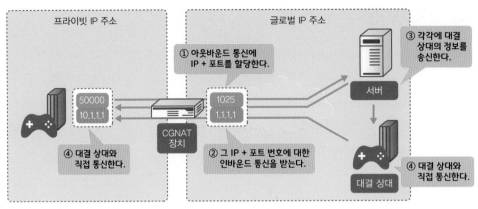

## 헤어핀 NAT

**헤어핀 NAT**(hairpin NAT)는 같은 CGNAT 장치 아래 있는 가입자 단말 사이에서 글로벌 IPv4 주소를 통한 반환 통신을 구현하는 기능입니다. 기본 개념은 앞에서 설명한 풀 콘 NAT와 크게 다르지 않습니다. 풀 콘 NAT가 CGNAT 장치 외부에 있는 단말과의 통신을 대상으로 하는 것에 비해, 헤어핀 NAT는 같은 CGNAT 장치 아래 있는 단말 사이의 통신을 대상으로 합니다.

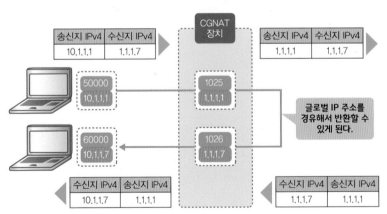

그림 4.5.9 ● 헤어핀 NAT

■ **커넥션 리미트**

**커넥션 리미트**(connection limit)는 1대의 가입 단말이 사용할 수 있는 포트 수를 제한하는 기능입니다. 단일 가입자 단말이 홍수처럼 포트를 사용해 버리면 포트가 아무리 많더라도 금방 고갈됩니다. 그래서 1대의 사용자 단말이 사용할 수 있는 포트 수에 제한을 설정해, 가능한 모든 가입자가 공평하게 포트를 사용할 수 있도록 합니다.

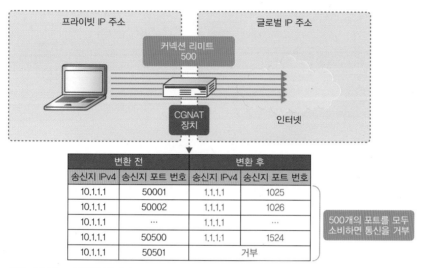

그림 4.5.10 ● 커넥션 리미트

## 4.5.4 NAT 트래버설(NAT 초월)

NAT 아래의 단말은 프라이빗 IP 주소만 가지고 있으므로 인터넷을 경유해 직접 통신할 수는 없습니다. 그래서 NAT에는 NAT 기기를 뛰어넘어 단말끼리 직접 통신하도록 하기 위한 **NAT 트래버설**(NAT Traversal)이라는 기술이 있습니다. NAT 트래버설은 크게 **포트 포워딩, UPnP, STUN, TURN**으로 분류할 수 있습니다.

## 포트 포워딩

포트 포워딩(port forwarding)은 특정 IP 주소/포트 번호에 대한 통신을 미리 설정해 둔 내부 단말로 전송하는 기능입니다. 내부(LAN)에 있는 서버를 외부(인터넷)에 공개할 때 등에 사용합니다.

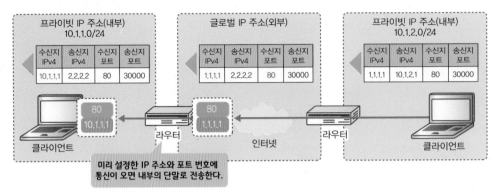

그림 4.5.11 • 포트 포워딩

## UPnP

UPnP(Universal Plug and Play)는 단말로부터의 요청에 따라 자동으로 포트 포워딩할 수 있는 기능입니다. 단말은 네트워크에 접속하면 라우터를 탐색하고 포트 포워딩을 요청합니다. 라우터는 그 요청에 대해 동적으로 포트 포워딩합니다.

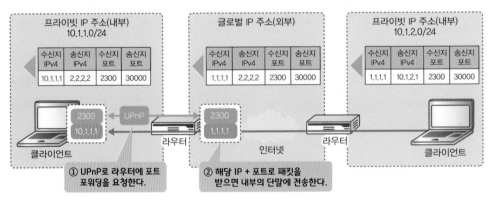

그림 4.5.12 • UPnP

## ■ STUN

STUN(Session Traversal Utilities for NATs)은 USP를 사용해 외부(인터넷)로부터 외부(LAN)에 대한 통신을 허가하는 기능입니다. 'UDP 홀 펀칭(UDP hole punching)'이라 부르기도 하며, 소니의 플레이스테이션 4(PlayStation 4)의 NAT 타입 판정 등에 사용합니다. 단말이 내부(LAN)에서 외부(인터넷)에 UDP 패킷을 송신하면 대부분의 라우터는 응답 패킷을 위해 외부에서 내부로 이루어지는 통신은 일정 시간 동안 허가합니다. STUN은 이 특성을 응용한 것입니다. 먼저 각 단말은 STUN 서버와 UDP로 통신해, 자신과 통신 상대의 글로벌 IPv4 주소와 포트 번호를 식별합니다. 그리고 이와 함께, 라우터에서는 각각의 글로벌 IPv4 주소와 포트 번호에 대한 통신이 일정 시간 동안 허가됩니다. 각 단말은 서로의 글로벌 IPv4 주소와 포트 번호에 대해 액세스하면 직접 통신할 수 있습니다.

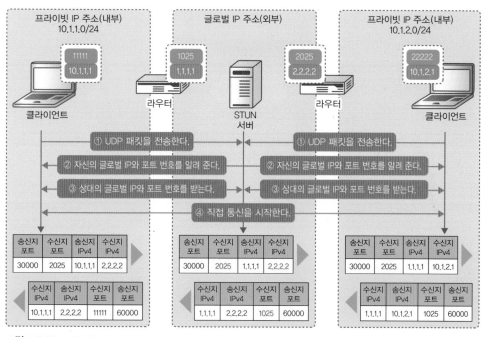

**그림 4.5.13 • STUN**

## ■ TURN

TURN(Traversal Using Relay around NAT)은 TURN 서버를 통한 통신 기능입니다. 각 단말은
TURN 서버에 액세스해, TURN 서버를 통해 서로 데이터를 교환합니다. 직접 통신이 아니므로
통신 지연이 다소 발생하지만 STUN보다 가벼운 점이 매력입니다.

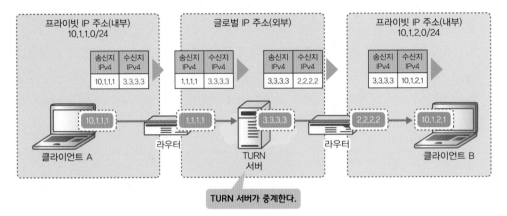

그림 4.5.14 • TURN

이 중 어떤 방식을 사용하는지는 애플리케이션에 따라 다릅니다. 애플리케이션에 따라서는 기
동 시 몇 가지 방식을 시도해 보고, 더 연결하기 쉬운 방식을 사용합니다.

# 4.6 | IPv4와 IPv6의 공용 기술

이번 장 처음 부분에서 설명한 것처럼 IPv4와 IPv6는 같은 IP라고는 하지만 직접적인 호환성이 없고 완전히 다른 것입니다. 그래서 IP에는 두 규격이 공존하도록 하기 위해 **듀얼 스택, DNS64/ NAT64, 터널링**이라는 3가지 기술을 제공합니다. 각각에 관해 설명합니다.

## 4.6.1 듀얼 스택

듀얼 스택(dual stack)은 하나의 단말에 IPv4 주소와 IPv6 주소 모두를 할당하는 기술입니다. IPv4 단말과 통신할 때는 IPv4 주소를 사용하고, IPv6 단말과 통신할 때는 IPv6 주소를 사용합니다. 듀얼 스택은 IPv4 주소를 그대로 사용할 수 있으므로 새롭게 IPv6에 대응하고 싶을 때도, 기존 IPv4 환경에 영향이 적다는 장점이 있습니다. 반면, IPv4와 IPv6 양쪽을 운용 관리해야 하기 때문에 운용 부하가 많이 걸린다는 단점이 있습니다.

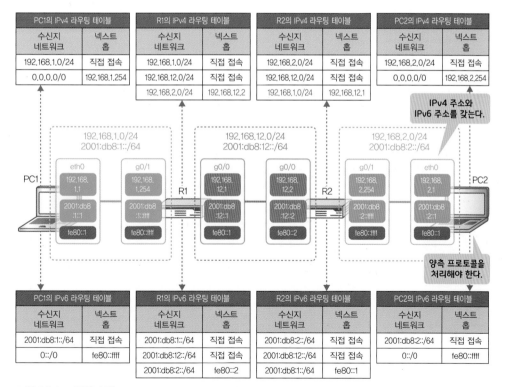

그림 4.6.1 • 듀얼 스택

## 4.6.2 DNS64/NAT64

DNS64/NAT64는 DNS 서버의 기능을 이용해 IPv6 단말이 IPv4 단말과 통신할 수 있도록 하는 기술입니다. 예를 들어, 자신의 네트워크가 IPv6에만 대응하는 환경이라 하더라도, 통신 상대가 IPv6 주소에 대응한다고 단정할 수 없습니다. 그래서 DNS와 NAT를 조합해 통신을 가능하게 합니다.

DNS는 6장에서 자세히 설명하지만, 우선 도메인 이름[36]과 IP 주소를 묶는 프로토콜에 관해서만 설명하겠습니다. 그리고 DNS64/NAT64는 그 처리가 다소 복잡하므로 단숨에 이해하려 하지 말고 6장에서 DNS를 학습한 뒤 다시 읽어볼 것을 권장합니다.

서론이 다소 길었지만, 실제 처리의 흐름을 살펴봅니다. 여기에서는 IPv6 단말이 '1.1.1.1'이라는 IPv4 주소를 가진 'www.example.com'에 액세스한다고 가정합니다.

① IPv6 단말은 'www.example.com'의 IPv6 주소(AAAA 레코드)를 DNS 서버에 문의합니다. 'www.example.com의 IPv6 주소를 알려 주십시오.'라고 묻는 이미지입니다.

② DNS 서버는 'www.example.com'에 관해서는 IPv4 주소(A 레코드)만 가지고 있습니다. 이를 16진수로 변환해서 '64:ff96::/96'[37]의 뒤 32비트를 넣어 AAAA 레코드로 IPv6 단말에 반환합니다. 'www.example.com'의 IPv4 주소는 '1.1.1.1'이므로 '64:ff8b::101:101'을 AAAA 레코드로 반환합니다. 이 단계가 DNS64 처리입니다.

③ IPv6 단말은 받은 AAAA 레코드의 IPv6 주소 '64:ff9b::101:101'에 접속합니다.

④ NAT 장치(라우터)는 수신지 IPv6 주소가 '64:ff9b::/96'인 패킷을 받으면 IPv4 단말 수신지로의 통신이라고 판단합니다. 그리고 수신지 IPv6 주소로부터 수신 IPv4 주소를 추출합니다. 또한, 함께 송신지 IPv4를 임의의 주소로 변환합니다. 이 단계가 NAT64 처리입니다.

---

36 도메인 이름은 URL에 포함된 'www.google.com'이나 'www.naver.com', 메일 주소에 포함된 'gmail.com' 등 서버의 주소를 나타내는 이름입니다.

37 '64:ff9b::/96'은 DNS64용으로 예약되어 있는 네트워크입니다.

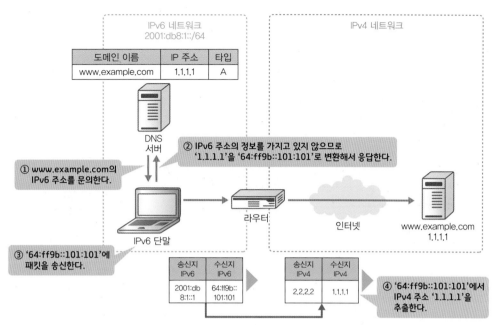

그림 4.6.2 • DNS64/NAT64

## 4.6.3 터널링

터널링(tunneling)은 IPv6 네트워크를 경유해 IPv4 패킷을 전달하는, 또는 그 반대로 IPv4 네트워크를 경유해 IPv6 패킷을 전달하는 기술입니다. 전자를 **IPv4 over IPv6**, 후자를 **IPv6 over IPv4**라 부릅니다.

단말끼리 같은 네트워크에 연결되지 않고, 경로 도중에 다른 버전의 네트워크가 있을 때 사용되며, 오리지널 버전의 패킷을 경유하는 버전으로 캡슐화하는 방법으로 구현합니다.

실제 처리 흐름에 관해 살펴봅니다. 여기에서는 IPv4 단말이 IPv6 네트워크를 통해 IPv4 패킷을 송신하는 경우, 다시 말해, IPv4 over IPv6를 예로 들어 설명합니다.

① IPv4 단말 A는 디폴트 게이트웨이인 라우터에 대해 IPv4 패킷을 송신합니다.

② 라우터는 받은 IPv4 패킷을 IPv6로 캡슐화해서, 상대 라우터에 송신합니다.

③ 상대 라우터는 IPv6 패킷으로부터 원래 IPv4 패킷을 추출해, IPv4 단말 B에 송신합니다.

④ 단말 B는 원래 IPv4 패킷을 받아들입니다.

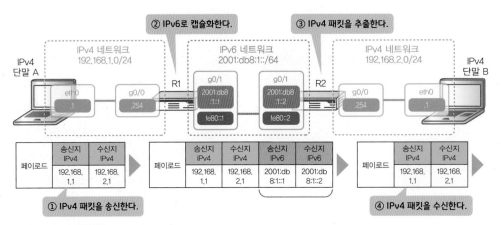

그림 4.6.3 • 터널링(IPv4 over Ipv6)

터널링을 이용하는 대표적인 예로, 플렛츠 네트워크에 IPoE(135쪽)로 연결하는 경우를 들 수 있습니다. IPoE에 추가된 형태로 책정된 연결 방식이므로 IPv4에 대응하지 않습니다. 그러므로 IPv4 네트워크에 연결하는 경우에는 먼저 VNE(Virtual Network Enabler)가 제공한 라우터에 IPv4 over IPv6의 터널을 만들고, 거기에서 IPv4 네트워크로 연결합니다.

# 4.7 | ICMPv4

네트워크 계층의 프로토콜의 하나입니다. IP만큼 주목받지는 못하지만, 마치 우렁 각시처럼 겉으로 드러나지 않고 IP를 돕는 프로토콜이 **ICMP**(Internet Control Message Protocol)입니다. **ICMP**는 IP 레벨의 통신을 확인하거나 다양한 에러를 알리는 등 IP 네트워크에서 없어서는 안 될 매우 중요한 역할을 담당합니다. IP 시스템을 다루어 본 분이라면 적어도 한 번은 'ping'이라는 용어를 들어 봤을 것입니다. ping은 ICMP 패킷을 송신할 때 사용하는 네트워크 진단 프로그램(네트워크 진단 명령어)입니다. ICMP는 IPv4 포맷으로 구성된 **ICMPv4**와 IPv6 포맷으로 구성된 **ICMPv6**로 크게 나눌 수 있습니다. 이번 절에서는 ICMPv4를 설명합니다.

## 4.7.1 ICMPv4의 패킷 포맷

ICMP는 이름 그대로 '인터넷(Internet)을 제어(Control)하는 메시지(Message)를 교환하는 프로토콜(Protocol)'입니다. 그중에서도 ICMPv4는 RFC791 'INTERNET PROTOCOL'로 정의된 IP를 확장한 프로토콜로서, RFC792 'INTERNET CONTROL MESSAGE PROTOCOL'로 표준화되었습니다. RFC792에서는 'ICMP is actually an integral part of IP, and must be implemented by every IP module(ICMP는 IP에 있어서 반드시 필요한 부분이며, 모든 IP 모듈에 구현되어야만 한다).'고 기술되어 있으며, 어떤 네트워크 단말이라도 IPv4와 ICMPv4는 반드시 함께 구현되어야 합니다.

ICMPv4는 IPv4에 ICMP 메시지를 직접 입력한 프로토콜 번호 '1'인 IPv4 패킷입니다. 통신 결과를 반환하거나 간단한 에러 내용을 반환할 뿐이므로 패킷 포맷은 매우 단순합니다.

| | 0비트 | | 8비트 | 16비트 | | 24비트 |
|---|---|---|---|---|---|---|
| 0바이트 | 버전 | 헤더 길이 | ToS | 패킷 길이 | | |
| 4바이트 | 식별자 | | | 플래그 | 프래그먼트 오프셋 | |
| 8바이트 | TTL | | 프로토콜 번호 | 헤더 체크섬 | | |
| 12바이트 | 송신지 IP 주소 | | | | | |
| 16바이트 | 수신지 IP 주소 | | | | | |
| 20바이트 | 타입 | | 코드 | 체크섬 | | |
| 가변 | ICMP 페이로드 | | | | | |

**그림 4.7.1 ● ICMPv4의 패킷 포맷**

ICMPv4를 구성하는 필드 중에서 가장 중요한 것은 메시지 처음에 있는 '타입'과 '코드'입니다. 이 두 값의 조합에 따라 IP 레벨에서 어떤 일이 일어나는지 간략하게 파악할 수 있습니다. 타입과 코드의 대표적인 조합을 다음 표로 정리했습니다.

표 4.7.1 • 대표적인 ICMPv4 타입 코드

| 타입 | | 코드 | | 의미 |
|---|---|---|---|---|
| 0 | Echo Reply | 0 | Echo reply | 에코 응답 |
| 3 | Destination Unreachable | 0 | Network Unreachable | 수신지 네트워크에 도달할 수 없다. |
| | | 1 | Host unreachable | 수신지 호스트에 도달할 수 없다. |
| | | 2 | Protocol unreachable | 프로토콜에 도달할 수 없다. |
| | | 3 | Port unreachable | 포트에 도달할 수 없다. |
| | | 4 | Fragmentation needed but DF bit set | 프래그멘테이션이 필요하나, DF 비트가 '1'이기 때문에 프래그먼트할 수 없다. |
| | | 5 | Source route failed | 소스 경로를 알 수 없다. |
| | | 6 | Network unknown | 수신지 네트워크를 알 수 없다. |
| | | 7 | Host unknown | 수신지 호스트를 알 수 없다. |
| | | 9 | Destination network administratively prohibited | 수신지 네트워크에 대해 통신이 관리적으로 거부(reject)되어 있다. |
| | | 10 | Destination host administratively prohibited | 수신지 호스트에 대한 통신이 관리적으로 거부(reject)되어 있다. |
| | | 11 | Network unreachable for ToS | 지정한 ToS값에서는 수신지 네트워크에 도달할 수 없다. |
| | | 12 | Host unreachable for ToS | 지정한 ToS값에서는 수신지 호스트에 도달할 수 없다. |
| | | 13 | Communication administratively prohibited by filtering | 필터링에 의한 통신이 관리적으로 금지되어 있다. |
| | | 14 | Host precedence violation | 프레시던스 값이 위반되어 있다. |
| | | 15 | Precedence cutoff in effect | 프레시던스 값이 너무 낮아서 차단되었다. |
| 5 | Redirect | 0 | Redirect for network | 수신지 네트워크에 대한 통신을 지정된 IP 주소에 전송(리다이렉트)한다. |
| | | 1 | Redirect for host | 수신지 호스트에 대한 통신을 지정된 IP 주소에 전송(리다이렉트)한다. |
| | | 2 | Redirect for ToS and network | 수신지 네트워크와 ToS값의 통신을 지정된 IP 주소로 전송(리다이렉트)한다. |
| | | 3 | Redirect for ToS and host | 수신지 호스트와 TOS값의 통신을 지정된 IP 주소로 전송(리다이렉트)한다. |
| 8 | Echo Request | 0 | Echo Request | 에코 요청 |
| 11 | Time exceeded | 0 | Time to live exceeded in transit | TTL이 초과했다. |

## 4.7.2 대표적인 ICMPv4의 동작

이어서 ICMPv4가 IP 레벨의 통신 상태를 확인하거나 에러를 알리는 방법과 같은 실제 네트워크 현장에서의 대표적인 ICMPv4의 동작을 설명합니다. ICMP는 ICMPv4, ICMPv6에 관계없이 타입과 코드는 같습니다. 이 필드들에 주목하면 더욱 쉽게 이해할 수 있습니다.

### ■ 에코 요청/응답

IP 레벨의 통신 상태를 확인할 때 사용되는 ICMPv4 패킷이 **에코 요청**(echo request)과 **에코 응답** (echo reply)입니다. Windows OS의 명령어 프롬프트나 Linux OS의 터미널에서 ping 명령어를 실행하면 지정한 IP 주소에 대해 타입이 '8', 코드가 '0'인 에코 요청을 송신합니다. 에코 요청을 받은 단말은 그 응답으로 타입이 '0', 코드가 '0'인 에코 응답을 반환합니다.

실제 네트워크 현장에서는 대부분의 트러블슈팅은 ping, 다시 말해, ICMP의 에코 요청에서 시작합니다. ping으로 네트워크 계층 레벨의 소통을 확인하고, 에코 응답이 돌아오면 트랜스포트 계층(TCP, UDP) → 애플리케이션 계층(HTTP, SSL, DNS 등)과 상위 계층을 향해 소통을 확인합니다. 에코 응답이 돌아오지 않으면 네트워크 계층(IP) → 데이터링크 계층(ARP, 이더넷) → 물리 계층(케이블, 물리 포트, 무선 환경)으로 하위 계층 방향으로 소통을 확인합니다.

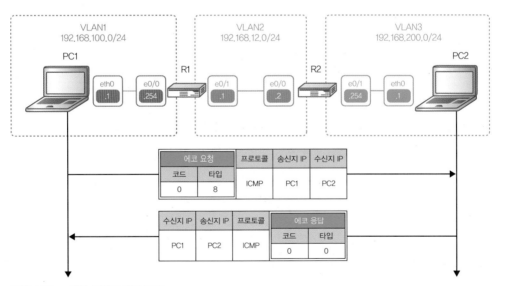

그림 4.7.2 ● 에코 요청과 에코 응답

## Destination Unreachable

IPv4 패킷을 수신지 IPv4 주소의 단말까지 라우팅하지 못했을 때, 에러를 알리는 ICMPv4 패킷이 **Destination Unreachable**(수신지 도달 불가)입니다. IPv4 패킷을 라우팅하지 못한 라우터는 대상이 되는 IP 패킷을 파기하는 동시에, 타입이 '3'인 Destination Unreachable을 송신지 IPv4 주소로 반환합니다. 그리고 코드는 파기한 이유에 따라 달라집니다.

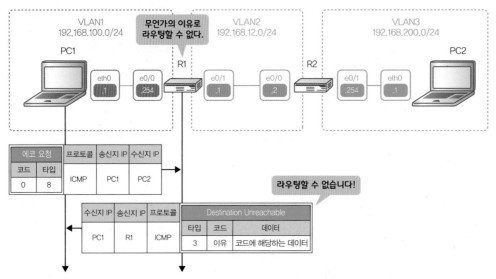

그림 4.7.3 • Destination Unreachable로 라우팅하지 못한 이유 전달

## Time-to-live exceeded

IPv4 패킷의 TTL(Time to Live, 패킷 유효 기간)이 '0'이 되어 파기했을 때, 그것을 송신지 단말에게 알리는 패킷이 **Time-to-live exceeded**(이하 TTL Exceeded, 패킷 유효 기간 초과)입니다. TTL Exceeded는 라우팅 루프 방지와 통신 경로 확인이라는 2가지 역할을 담당합니다. 각각에 관해 설명합니다.

### ■ 라우팅 루프 방지

라우팅 설정 실수에 의해 IP 패킷이 여러 라우터를 통해 빙글빙글 도는 현상을 **라우팅 루프** (routing loop)라고 합니다. 이더넷이나 무선 LAN에는 루프를 감지해서 멈추는 필드가 없으므로 한 번 루프되어 버리면 계속해서 루프가 되는 치명적인 약점이 있습니다. 한편, IPv4에는 그 약점을 피하는 필드로 TTL이 있습니다.

다음 그림의 네트워크 구성을 예로 들어, 라우팅 루프와 TTL Exceeded의 발생 메커니즘을 설명합니다. 이 구성은 원래대로라면 인터넷을 향하고 있어야만 할 라우터 R2의 디폴트 게이트웨이가 라우터 R1을 향하고 있기 때문에 라우팅 루프가 발생합니다.

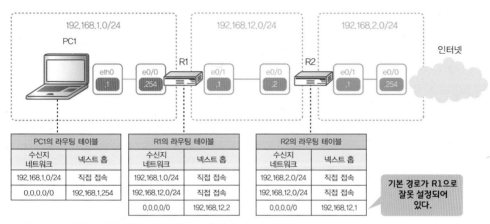

그림 4.7.4 ● 라우터 설정 실수로 라우팅 루프가 발생

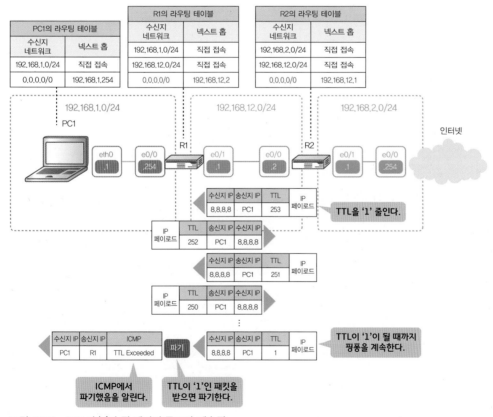

그림 4.7.5 ● TTL이 '1'이 될 때까지 루프가 계속됨

이 구성에서 PC1에서 구글의 퍼블릭 IPv4 주소 '8.8.8.8'에 ping을 실행해 봅니다. 그러면 R1
과 R2에서 계속 패킷이 교환되어, 라우팅 루프 상태가 됩니다. 그리고 TTL이 '0'이 된 시점에서
TTL Exceeded가 송신됩니다(그림 4.7.5).

## ■ 통신 경로 확인

TTL Exceeded의 동작을 응용해서 통신 경로를 확인하는 프로그램이 **traceroute**(Linux OS의 경
우)와 **tracert**(Windows OS의 경우)입니다. traceroute는 TTL을 '1'에서 하나씩 증가시킨 IPv4 패킷
을 보내서 어떤 경로를 통해 수신지 IP 주소까지 도달하는지 확인합니다.

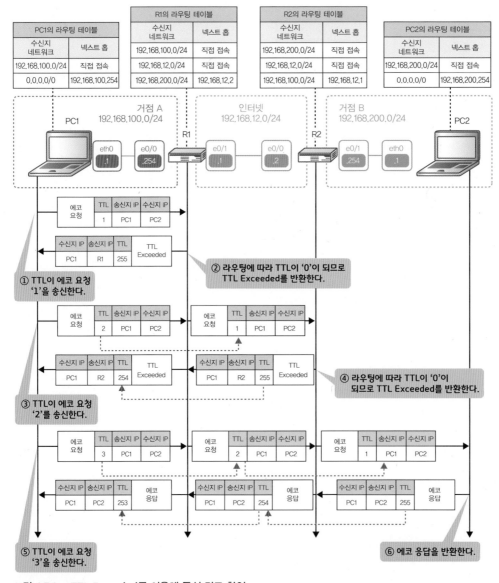

그림 4.7.6 ● TTL Exceeded를 이용해 통신 경로 확인

# 4.8 | ICMPv6

IMCP의 v6 버전이 **ICMPv6**입니다. ICMPv6는 ICMPv4가 가진 기능에 더해, MAC 주소를 학습하는 기능이나 주소 중복을 감지하는 기능, 네트워크 정보를 제공하는 기능 등이 있어 한층 중요한 역할을 담당하게 되었습니다.

## 4.8.1 ICMPv6의 패킷 포맷

ICMPv6는 RFC4443 'Internet Control Message Protocol(ICMPv6) for the Internet Protocol Version 6(IPv6) Specification'에 표준화되었습니다. ICMPv6와 ICMPv4 모두 마찬가지로 RFC4443에서 'ICMPv6 is an integral part of IPv6, and the base protocol(all the messages and behavior required by this specification) MUST be fully implemented by every IPv6 node[ICMPv6는 IPv6에서 반드시 필요하며, 베이스 프로토콜(이 사양에 따라 필요한 모든 메시지 및 동작)은 모든 IPv6 단말에 구현되어야 한다].'고 기술되어 있어, 어떤 네트워크 단말이라도 IPv6와 ICMPv6는 반드시 함께 구현되어야 합니다.

ICMPv6는 IPv6에 ICMP 메시지를 직접 넣은, 프로토콜 번호 '58'인 IP 패킷입니다. 그림 4.7.1과 비교해 보면 알 수 있듯, 헤더가 IPv6로 바뀐 것뿐입니다. ICMPv4와 마찬가지로 통신 결과가 간단한 에러 내용을 반환하는 것뿐이므로 패킷 포맷은 매우 간단합니다.

| | 0비트 | 8비트 | 16비트 | 24비트 |
|---|---|---|---|---|
| 0바이트 | 버전 | Traffic Class | 흐름 라벨 | |
| 4바이트 | 페이로드 길이 | | 다음 헤더 | 홉 제한 |
| 8바이트 | | | | |
| 12바이트 | | 송신지 IPv6 주소 | | |
| 16바이트 | | | | |
| 24바이트 | | | | |
| 32바이트 | | | | |
| 48바이트 | | 수신지 IPv6 주소 | | |
| 56바이트 | | | | |
| 64바이트 | | | | |
| 72바이트 | 타입 | 코드 | 체크섬 | |
| 가변 | | ICMP 페이로드 | | |

그림 4.8.1 • ICMPv6 패킷 포맷

ICMPv6에서도 '타입'과 '코드'는 여전히 중요합니다. ICMPv4와 마찬가지로 이 두 값의 조합에 따라 IP 레벨에서 어떤 일이 일어나는지, 간단히 알 수 있습니다. 타입과 코드의 대표적인 조합을 다음 표에 나타냈습니다.

표 4.8.1 • ICMPv6 타입과 코드

| 타입 | | 코드 | | 의미 |
|---|---|---|---|---|
| 1 | Destination Unreachable | 0 | No route to destination | 라우팅 테이블에 수신지 네트워크가 존재하지 않는다. |
| | | 1 | Communication with destination administratively prohibited | 방화벽 등으로 관리상 관리가 거부되고 있다. |
| | | 2 | Beyond scope of source address | 수신지 IPv6 주소가 송신지 IPv6 주소의 범위 밖에 있다. |
| | | 3 | Address unreachable | 주소에 도달할 수 없다. |
| | | 4 | Port unreachable | 포트에 도달할 수 없다. |
| | | 5 | Source address failed ingress/engress policy | 입력/출력 정책에 따라, 송신지 IPv6 주소가 허가되지 않았다. |
| | | 6 | Reject route to destination | 수신지에 대한 경로가 거부되었다. |
| 2 | Packet too Big | 0 | Packet Too Big | 패킷이 출력 인터페이스의 MTU보다 크다. |
| 3 | Time Exceeded | 0 | Hop limit exceeded in transit | 홉 리미트를 초과했다. |
| | | 1 | Fragment reassembly time exceeded | 프래그먼트된 패킷을 조합하는 도중 시간이 초과했다. |
| 4 | Parameter Problem Message | 0 | Erroneous header field encountered | 잘못된 헤더 필드가 포함되어 있다. |
| | | 1 | Unrecognized Next Header type encountered | 식별할 수 없는 넥스트 헤더 타입이 포함되어 있다. |
| | | 2 | Unrecognized IPv6 option encountered | 식별할 수 없는 IPv6 옵션이 포함되어 있다. |
| 128 | Echo Request | 0 | Echo Request | 에코 요청 |
| 129 | Echo Reply | 0 | Echo Reply | 에코 응답 |
| 133 | Routher Solicitation | 0 | Router Solicitation | 라우터에 네트워크 정보(네트워크 주소나 프리픽스 등)를 질의한다. |
| 134 | Routher Advertisement | 0 | Router Advertisement | 라우터에게 네트워크 정보(네트워크 주소나 프리픽스 등)를 반환한다. |
| 135 | Neighbor Solicitation | 0 | Neighbor Solicitation | 근접 단말에 MAC 주소를 질의하거나 링크 로컬 주소를 사용해도 좋은지 질의한다. |
| 136 | Neighbor Advertisement | 0 | Neighbor Advertisement | 근접 단말이 MAC 주소를 반환하거나 주소가 중복되어 있음을 반환한다. |
| 137 | Redirect | 0 | Redirect | 근접 단말에 다른 넥스트 홉을 전달한다. |

# 4.8.2 대표적인 ICMPv6의 동작

계속해서 ICMPv6에 관련한 다양한 동작을 설명합니다. 우선 에코 요청/응답이나 Destination Unreachable에 관해서는 타입과 코드의 값이 다를 뿐 IPv4와 그 동작은 크게 다르지 않습니다. 에코 요청에는 에코 응답으로 응답하고, 수신지 단말에 도달하지 않으면 Destination Unreachable을 반환합니다. ICMPv6는 ICMPv4가 가진 기본 기능에 더해 **근접 탐색 프로토콜** (NDP, Neighbor Discovery Protocol)의 기능도 제공합니다. 여기에서는 NDP로서의 몇 가지 동작을 소개합니다.

## ☐ IPv6 주소 중복 감지

128쪽에서 설명한 것처럼 IPv4에서는 GARP를 사용해 IP 주소 중복을 감지합니다. IPv6에서는 ICMPv6에서 이를 수행합니다. IPv6 단말에는 SLAAC에서 IPv6 주소를 스스로 만들거나 DHCPv6 서버에서 배포받는 등 다양한 형태로 IP 주소를 설정합니다. 이때, 주소가 중복되지 않았는지 확인하는 **DAD**(Duplicate Address Detection, 중복 주소 감지)라는 처리를 넣습니다.

그럼 구체적인 처리를 살펴봅니다. 여기에서는 IPv6 단말이 네트워크에 접속해 링크 로컬 주소가 설정되었을 때, 다시 말해, SLAAC나 DHCPv6로 IPv6 주소가 설정되기 전의 처리를 설명합니다.

① IPv6 단말이 네트워크에 접속하면 더미 링크 주소가 자동으로 설정됩니다.

② IPv6 단말은 그 링크 로컬 주소를 사용할 수 있는지, 다시 말해, 중복되지 않은지를 타입이 '135'인 **NS**(Neighbor Solicitation) **패킷**을 송신해서 확인합니다. 이때 송신지 IPv6 주소는 '::/128(미지정 주소)', 수신지 IPv6 주소는 'ff03::1:ff'에 링크 로컬 주소의 하위 24비트를 추가한 것입니다. 또한, 자신의 로컬 더미 링크 주소는 페이로드 부분의 목표 주소 필드에 삽입합니다.

③ 타입 '136'의 **NA**(Neighbor Advertisement) **패킷**이 돌아오면 주소 중복이라고 판단합니다. 돌아오지 않으면 그 임시 링크 로컬 주소는 사용되지 않았다고 판단해, 실제 주소로 인터페이스에 설정합니다.

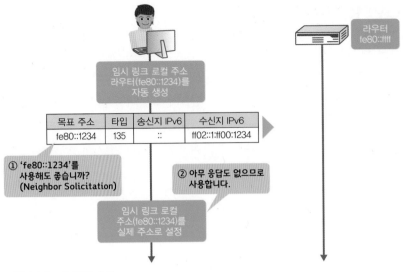

그림 4.8.2 • DAD의 흐름

## 수신지 IPv6 주소에서 수신지 MAC 주소 구하기

123쪽에서 설명한 것처럼 IPv4에서는 ARP로 주소를 결정했습니다. IPv6에서는 주소 결정에도 ICMPv6의 NS 패킷과 NA 패킷을 사용합니다. 처리의 큰 틀에서는 ARP와 크게 다르지 않습니다. 'OO 씨, 계십니까?'라고 멀티캐스트의 NS 패킷으로 질문하면 누군가가 '네!'라고 유니캐스트 NA 패킷으로 응답하는 형태입니다.

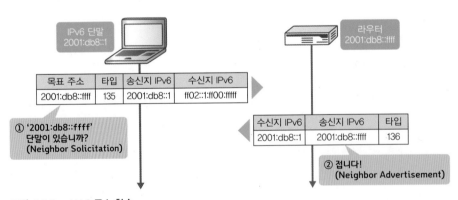

그림 4.8.3 • MAC 주소 학습

## 네트워크 정보 제공

SLAAC나 DHCPv6의 스테이트리스 모드는 라우터로부터 네트워크 정보를 받아서 IPv6 주소를 생성합니다. 이 과정에서도 ICMPv6를 사용합니다. IPv6는 링크 로컬 주소가 설정되면 타입이 '133'인 **RS**(Router Solicitation) **패킷**을 송신해 네트워크 정보를 문의합니다. 그러면 라우터는 MAC 주소나 MTU 크기, 프리픽스 등의 정보를 타입 '134'인 **RA**(Routher Advertisement) **패킷**에 넣어서 반환합니다. 라우터는 그 뒤에도 'ff02::1(모든 단말)'에 대해 정기적으로 RA 패킷을 송신합니다.

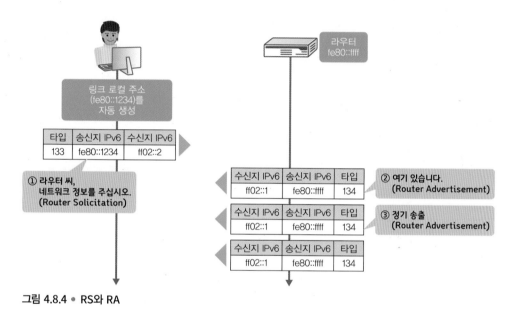

그림 4.8.4 • RS와 RA

# 4.9 | IPsec

IPsec(Security Architecture for Internet Protocol)은 네트워크 계층에서 IP 패킷의 캡슐화나 인증, 암호화하고 인터넷상에 가상의 전용선(터널)을 만드는 가상화 기술입니다. IPsec은 십수 년 전부터 거점이나 원격 사용자를 저렴하고도 안전하게 연결할 수 있는 기술로, 일반적으로 널리 사용되었습니다. 최근에는 클라우드 이용 형태의 하나인 '하이브리드 클라우드'를 구축하기 위한, 자사 구축 환경(on-premise, 온프레미스)과 공중 클라우드 환경의 접속에도 사용되고 있어, 네트워크에서의 존재감도 커졌습니다.

## 4.9.1 거점 간 VPN과 원격 액세스 VPN

IPsec에는 거점 사이를 연결하는 **거점 간 IPsec VPN**과 단말을 연결하는 **리모트 액세스 IPsec VPN**의 2가지 종류가 있습니다.

### 거점 간 IPsec VPN

거점 간 IPsec VPN은 다양한 장소에 거점(지사, 클라우드 환경 등)이 있는 기업의 연결에 사용됩니다. 세계 각지에 있는 거점을 각각 전용선[38]으로 연결하기에는 비용이 너무나 많이 듭니다. 그래서 IPsec을 사용해 인터넷상에 터널(가상적인 직결 회로)을 만들고, 마치 전용선으로 연결된 것과 같이 거점 네트워크를 연결합니다. 전용선과 마찬가지로 사용할 수 있는데도, 인터넷 연결 요금만으로 거점 사이를 연결할 수 있어 비용을 크게 절약할 수 있습니다.

---

38  통신 사업자가 제공하는 거점 사이를 1:1로 연결하는 회선 서비스입니다. 대역을 점유할 수 있으며 고품질의 통신을 제공할 수 있지만 가격이 비쌉니다.

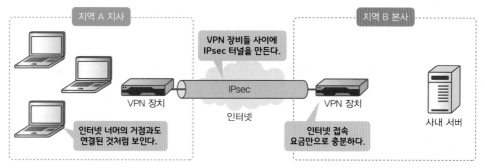

그림 4.9.1 • 거점 간 IPsec VPN

## ■ 리모트 액세스 IPsec VPN

리모트 액세스 IPsec VPN은 모바일 사용자나 원격 근무자의 리모트 액세스에서 사용됩니다. 자택에서 원격 근무하는 경우 OS의 표준 기능이나 서드 파티 VPN 소프트웨어 등을 사용해 VPN용의 가상 NIC를 만들고, VPN 장치(라우터나 방화벽 등)에 IPsec 터널을 만듭니다.

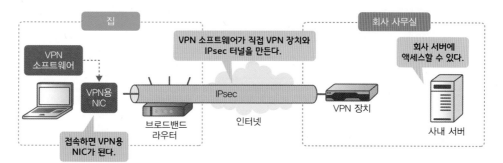

그림 4.9.2 • 원격 액세스 IPsec VPN

## 4.9.2  IPsec 프로토콜의 기능

IPsec은 **IKE**(Internet Key Exchange), **ESP**(Encapsulating Security Payload), **AH**(Authentication Header) 라는 3개의 프로토콜을 조합해 VPN을 만들기 위해 필요한 기능을 제공합니다.

표 4.9.1 • IPsec이 제공하는 기능

| 기능 | 관련 프로토콜 | 설명 |
|------|---------------|------|
| 키 교환 기능 | IKE | 암호화에 사용하는 암호키를 VPN을 만들 때 교환하고, 정기적으로 교환한다. |
| 상대방 인증 기능 | IKE | 공유키(pre-shared key)나 증명서 등을 사용해서 상대를 인증한다. |
| 터널 기능 | ESP/AH | IP 패킷을 새로운 IP 헤더로 캡슐화해서 VPN을 만든다. |
| 암호화 기능 | ESP | VPN을 안전하게 보호하기 위해, 3DES나 AES를 사용해서 데이터를 암호화한다. |
| 메시지 인증 기능 | IKE/ESP/AH | 변조를 감지하기 위해 메시지 인증 코드(MAC)를 사용해서 메시지를 인증한다. |
| 리플레이 방어 기능 | IKE/ESP/AH | 송신 패킷에 대해 시퀀스 번호나 난수를 부여하고, 같은 패킷을 복사해 보내는 리플레이 공격에 대항한다. |

## IKE

IPsec은 단번에 터널을 만드는 것이 아니라 안전한 통신을 위해 사전 준비를 한 뒤 터널을 만듭니다. 이 사전 준비 혹은 이 준비에 사용하는 프로토콜을 **IKE**(Internet Key Exchange)라 부릅니다. IKE는 송신지 포트 번호와 수신지 포트 번호가 500번인 UDP 패킷으로 **IKEv1, IKEv2**의 2가지 버전이 있습니다. 두 버전은 호환되지 않으며 동작 역시 전혀 다르므로 각각에 관해 설명합니다.

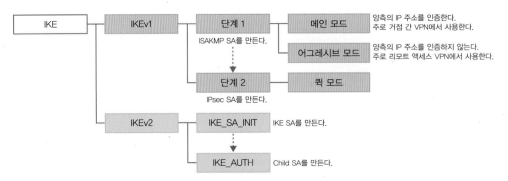

그림 4.9.3 • IKEv1과 IKEv2

## ■ IKEv1

IKEv1은 **단계 1**(phase 1)과 **단계 2**(phase 2)로 구성됩니다.

단계 1은 터널을 제어하는 **ISAKMP SA**(Internet Security Association and Key Management Protocol Security Association)를 만듭니다. ISAKMP SA를 만들기 위해, 설정(암호화 알고리즘이나 해시 함수, 인증 방식 등)의 합의나 암호키 공유, 접속 상대의 인증을 수행합니다. 단계 1에는 **메인 모드**와 **어그레시브 모드**라는 2가지 교환 순서가 있습니다.

표 4.9.2 ● 단계 1에 결정되어 있는 대표적인 설정 내용

| 설정 항목 | 제시 가능한 내용 | 설명 |
| --- | --- | --- |
| 암호화 알고리즘 | DES<br>3DES<br>AES | ISAKMP SA로 교환하는 정보를 어떻게 암호화하는가.<br>DES < 3DES < AES순으로 보안 레벨이 높아진다. |
| 해시 함수 | MD5<br>SHA-1<br>SHA-2 | ISAMAP SA로 교환하는 정보를 변조로부터 어떻게 보호하는가?<br>MD5도 SHA-1도 취약성이 발견되어 최근에는 대부분 SHA-2를<br>사용한다. |
| 인증 방식 | Pre-Shared Key<br>디지털 증명서<br>공개키 암호<br>개선된 공개키 암호 | 접속 상대를 어떻게 인증하는가? 적어도 일본에서는 대부분<br>Pre-Shared Key를 사용한다. |
| 키 교환 방식 | DH Group 1<br>DH Group 2<br>DH Group 5<br>DH Group 19<br>DH Group 20<br>DH Group 21 | ISAKMP SA에서 사용하는 암호키의 정보를 어떻게 교환하는가?<br>DH 키 공유라는 방식을 채용해 키가 클수록 보안 레벨이 높지만<br>그만큼 부하도 높아진다. |
| 라이프타임 | 초 | ISAKMP SA의 생존 시간 |

메인 모드는 '설정 합의 → 암호키 공유 → 연결 상대 인증'의 3단계로 처리합니다. 단계를 하나 씩 진행하기 때문에 연결까지 약간의 시간이 걸리지만 인증 단계가 암호화되기 때문에 보안 수준이 높은 것이 특징입니다. 한편, 어그레시브 모드는 메인 모드를 간략화한 것으로 설정 합의, 암호키 공유, 연결 상대 확인을 한 단계로 처리합니다. 모든 처리를 한 단계로 수행하기 때문에 연결까지 걸리는 시간은 짧지만 인증 정보(연결 시작지를 나타내는 ID)가 암호화되지 않고 전달되기 때문에 메인 모드에 비해 보안 레벨이 낮은 단점이 있습니다.

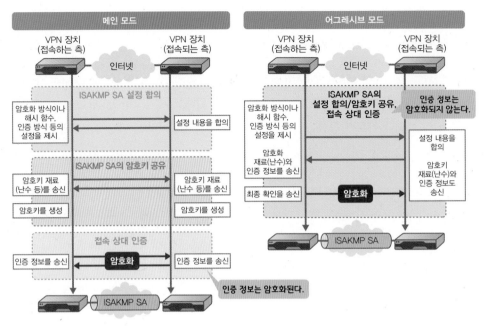

**그림 4.9.4 • 단계 1의 흐름**

단계 1의 처리가 완료되면 ISAKMP SA가 만들어지고 단계 2를 수행합니다. **단계 2는 실제 데이터를 교환하는 IPsec SA**를 만듭니다. 교환 순서 자체를 가리켜 '퀵 모드'라고 부릅니다. 단계 2에서는 단계 1에서 만든 ISAKMP SA상에서 IPsec SA를 만들기 위해 필요한 설정(암호화 알고리즘이나 해시 함수 등)이나 암호키를 공유하고, 상향 통신용과 하향 통신용의 IPsec 2개를 만듭니다. 또한, ISAKMP SA는 그 뒤에도 계속 남아 암호키 교환을 관리합니다.

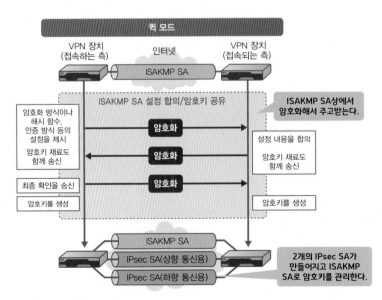

**그림 4.9.5 • 단계 2의 흐름**

표 4.9.3 • 단계 2에서 결정되어 있는 대표적인 설정 내용

| 설정 항목 | 제시 가능한 내용 | 설명 |
|---|---|---|
| 암호화 알고리즘 | DES<br>3DES<br>AES | IPsec SA로 교환하는 정보를 어떻게 암호화하는가? DES < 3DES < AES순으로 보안 레벨이 높아진다. |
| 해시 함수 | MD5<br>SHA-1<br>SHA-2 | IPsec SA로 교환하는 정보를 어떻게 변조로부터 보호하는가? MD5도 SHA-1도 취약성이 발견되어, 최근에는 대부분 SHA-2를 사용한다. |
| 캡슐화 프로토콜 | AH,<br>ESP | IPsec SA에서 사용하는 캡슐화 프로토콜. 적어도 일본에서는 ESP만 사용한다. |
| 동작 모드 | 터널 모드<br>트랜스포트 모드 | IPsec SA에서 사용하는 동작 모드. 기본적으로 터널 모드. 단, L2IP/IPsec은 L2TP에 캡슐화를 위임하므로 트랜스포트 모드를 사용한다. |
| 라이프타임 | 초 | IPsec SA의 생존 시간 |

## ■ IKEv2

IKEv1은 오랜 기간 동안 IPsec VPN을 지탱하는 프로토콜임에 분명했습니다. 하지만 시대가 변함에 따라 다양한 확장 기능이 추가되었기 때문에 제조사나 기기의 종류, 버전에 따른 구현 상황이 달라져 호환성 문제가 발생하기 쉬운 단점이 있었습니다. 필자 역시 다른 제조사 사이의 IPsec VPN 연결 안건을 마지 못해 몇 번이나 수행했지만 '어쩐지 연결되지 않네…', '어제까지는 잘 연결되었는데…' 등 이상한 현상과 만났습니다. 제조사 사이의 호환성 문제는 지도에 패킷이나 로그를 해석해 원인을 해결할 수 없는 것은 아닙니다. 하지만 결과적으로 버전 업그레이드가 필요하거나 기기 교환이 필요하기 때문에 매우 고됩니다.

이러한 혼란한 상황을 해소하기 위해 다양한 기능을 통합해서 새롭게 표준화된 프로토콜이 IKEv2입니다. 최근에는 Windows OS, macOS, iOS나 Android에서도 지원하고 있으며 매우 일반화되었습니다.

표 4.9.4 • IKEv1과 IKEv2의 비교

| 설정 항목 | IKEv1 | IKEv2 |
|---|---|---|
| 관련 RFC | RFC2407(DOI)<br>RFC2408(ISAKMP)<br>RFC2409(IKE)<br>RFC2412(Oakley, DH 공유키)<br>RFC3706(DPD, Dead Peer Detection)<br>RFC3947(NAT 트래버설) | RFC7296 |
| 단계 | 단계 1<br>단계 2 | 없음 |

chapter 4
네트워크 계층

표 4.9.4 • IKEv1과 IKEv2의 비교(계속)

| 설정 항목 | IKEv1 | IKEv2 |
|---|---|---|
| 동작 모드 | 메인 모드<br>어그레시브 모드<br>퀵 모드 | 없음 |
| VPN 연결을 위한 교환 패킷 | 메인 모드/퀵 모드: 9패킷<br>어그레시브 모드/퀵 모드: 6패킷 | 2+2n 패킷(n은 Child SA의 수) |
| 키 교환용 터널 | ISAKMP SA | IKE SA |
| 데이터 송수신용 터널 | IPsec SA | Child SA |

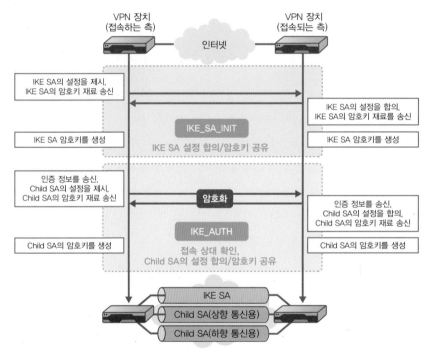

그림 4.9.6 • IKEv2

IKEv2는 'IKE_SA_INIT'과 'IKE_AUTH'의 2단계로 구성되어 있습니다.

IKE_SA_INIT는 터널을 제어하는 커넥션인 **IKE SA**를 만드는 단계로, IKEv1의 단계 1과 같은 역할을 담당합니다. IKE SA를 만들기 위해 필요한 설정이나 암호키를 공유하고, IKE SA가 만들어지면 IKE_AUTH 단계를 수행합니다.

IKE_AUTH는 실제 데이터를 교환하는 터널인 **Child SA**를 만드는 단계로 IKEv1의 단계 2와 같은 역할을 담당합니다. IKE_SA_INIT에서 만들어진 IKE SA상에 Child SA를 만들기 위해 필요한 설정이나 암호키를 공유, 연결 상대를 인증하고, 상향 통신용과 하향 통신용의 2개 Child SA를 만듭니다.

IKEv1과 IKEv2에서 서로 교환하는 정보에는 큰 차이는 없습니다. 교환하는 횟수를 줄이거나 순서를 변경함으로써 연결 공정을 단순화한 것입니다.

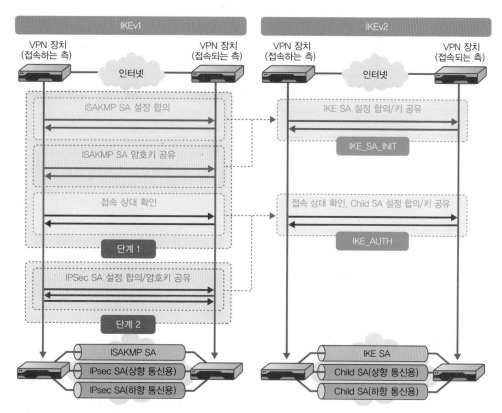

그림 4.9.7 ● IKEv1과 IKEv2에서의 연결 순서 비교

## ESP/AH

IKE를 이용한 사전 준비가 완료되면 이제 IPsec/Child SA상에서 데이터 전송을 시작합니다. IPsec/Child SA에서는 ESP(Encapsulating Security Payload) 또는 AH(Authentication Header) 중 하나의 프로토콜을 사용합니다. ESP와 AH의 차이는 암호화 기능 여부입니다. ESP가 암호화 기능을 가진 것에 비해 AH는 암호화 기능을 갖지 않습니다. AH는 데이터 암호화가 제한된 국가에서 사용하는 프로토콜입니다.

표 4.9.5 • IPsec/Child SA에서 사용하는 프로토콜

| | 프로토콜 | 터널링 기능 | 암호화 기능 | 메시지 인증 기능 | 리플레이<br>공격 방어 기능 |
|---|---|---|---|---|---|
| ESP | Encapsulating Security Payload | ○ | ○ | ○ | ○ |
| AH | Authentication Header | ○ | – | ○ | ○ |

IPsec/Child SA에는 **터널 모드**와 **트랜스포트 모드**라는 2종류의 동작 모드가 있습니다. 터널 모드는 오리지널 IP 패킷을 한층 새로운 IP 헤더로 캡슐화하는 모드입니다. 거점 간 IPsec VPN이나 일반적인 리모트 액세스 IPsec VPN에서 사용합니다. 트랜스포트 모드는 오리지널 IP 패킷에 터널용 헤더를 삽입한 모드입니다. 137쪽에서 설명한 L2TP over IPsec 등에서 사용합니다. L2TP over IPsec은 캡슐화(터널화)를 L2TP에 위임하고 암호화를 IPsec(ESP)에서 수행합니다.

터널 모드와 트랜스포트 모드는 ESP 또는 AH 중 어느 것을 사용하는가에 따라 암호화나 메시지 인증 범위가 다릅니다. 구체적인 내용은 다음 그림을 참조하기 바랍니다.

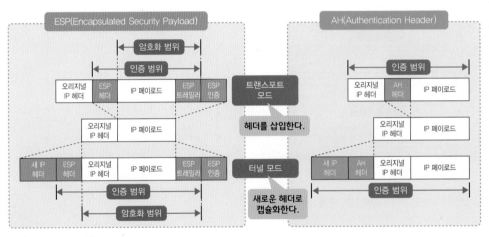

그림 4.9.8 • ESP와 AH

예를 들어, ESP의 터널 모드로 '192.168.1.0/24'와 '192.168.2.0/24'를 거점 간 VPN으로 연결하는 경우, 다음 그림과 같이 ESP로 캡슐화/암호화되어 연결됩니다.

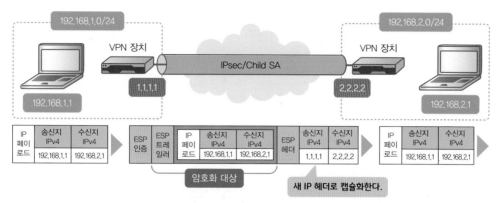

그림 4.9.9 ● ESP 터널 모드로 연결하는 경우

## NAT 트래버설

앞에서 설명한 것처럼 IPsec에는 시대의 흐름에 맞춰 다양한 확장 기술이 추가되었습니다. 그중에서도 리모트 액세스 IPsec VPN에서 알게 모르게 사용되는 매우 중요한 기능이 **NAT 트래버설**(NAT traversal)입니다. NAT 트래버설은 209쪽에서 설명한 것처럼 NAT를 뛰어넘는 기술이었습니다. IPsec에서의 NAT 트래버설은 앞에서 설명한 내용과 약간 다릅니다. 여기에서는 우선, 왜 IPsec에서 NAT 트래버설이 필요한지 설명한 뒤 NAT 트래버설이 어떻게 NAT를 뛰어넘는지 설명합니다.

앞에서 설명한 것처럼 ESP는 오리지널 IP 패킷(IP 헤더 + IP 페이로드)을 암호화합니다. 그러면 TCP/UDP 헤더에 포함된 송신지 포트 번호가 암호화되어 보이지 않게 됩니다. NAPT의 경우, 송신지 포트 번호와 송신지 IP 주소를 연결해서 n:1 통신을 구현합니다. 그렇기 때문에 송신지 포트 번호가 보이지 않으면 연결이 불가능하므로 NAPT할 수 없습니다.

NAT 트래버설에서는 가장 먼저 IKE로 서로가 'NAT 트래버설에 대응하고 있는지[39]', 'NAPT하는 기기가 존재하는지[40]' 인식한 뒤, 송신지/수신지 포트 번호를 500번에서 4500번으로 변경하고 이후 통신은 UDP 4500번으로 수행합니다. IKE에 의한 사전 준비가 완료되면 ESP를 UDP 4500번으로 캡슐화해서 NAPT 기기를 뛰어넘습니다. IPsec의 연결 처리가 완료되면 PPP 인증한 뒤, VPN 소프트웨어가 동작한 VPN용 NIC에 PPP로 IP 주소가 할당됩니다. 그 IP 주소를 오리지널 IP 주소로 연결을 시도합니다.

---

39 IKE에 'NAT 트래버설에 대응하고 있는가'를 나타내는 정보를 설정합니다.

40 구체적으로는 IKE에 IP 주소와 포트 번호로부터 계산한 해시값을 설정하고, 그 정보의 변화를 기반으로 NAPT 기기를 감지합니다.

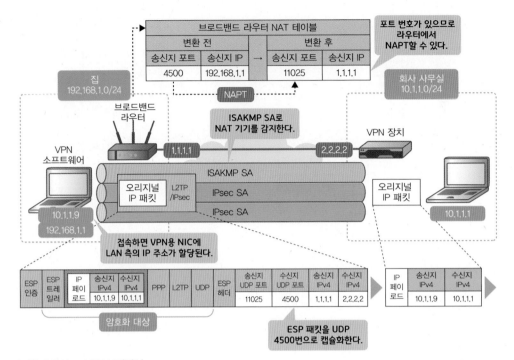

| 브로드밴드 라우터 NAT 테이블 | | | | |
|---|---|---|---|---|
| **변환 전** | | → | **변환 후** | |
| 송신지 포트 | 송신지 IP | | 송신지 포트 | 송신지 IP |
| 4500 | 192.168.1.1 | | 11025 | 1.1.1.1 |

포트 번호가 있으므로
라우터에서
NAPT할 수 있다.

집
192.168.1.0/24

회사 사무실
10.1.1.0/24

브로드밴드
라우터

NAPT

ISAKMP SA로
NAT 기기를 감지한다.

VPN 장치

VPN
소프트웨어

1.1.1.1

2.2.2.2

ISAKMP SA

오리지널
IP 패킷

L2TP
/IPsec

IPsec SA

오리지널
IP 패킷

IPsec SA

10.1.1.9
192.168.1.1

10.1.1.1

접속하면 VPN용 NIC에
LAN 측의 IP 주소가 할당된다.

| ESP 인증 | ESP 트레일러 | IP 페이로드 | 송신지 IPv4 | 수신지 IPv4 | PPP | L2TP | UDP | ESP 헤더 | 송신지 UDP 포트 | 수신지 UDP 포트 | 송신지 IPv4 | 수신지 IPv4 | | IP 페이로드 | 송신지 IPv4 | 수신지 IPv4 | |
|---|---|---|---|---|---|---|---|---|---|---|---|---|---|---|---|---|---|
| | | | 10.1.1.9 | 10.1.1.1 | | | | | 11025 | 4500 | 1.1.1.1 | 2.2.2.2 | | | 10.1.1.9 | 10.1.1.1 | |

암호화 대상

ESP 패킷을 UDP
4500번으로 캡슐화한다.

그림 4.9.10 • NAT 트래버설

# 5

# 트랜스포트 계층

트랜스포트 계층은 네트워크와 애플리케이션의 다리가 되는 계층입니다. 네트워크 계층의 프로토콜에 따라 서버에 전달된 패킷은 트랜스포트 계층에 따라 처리해야 할 애플리케이션으로 나뉩니다.

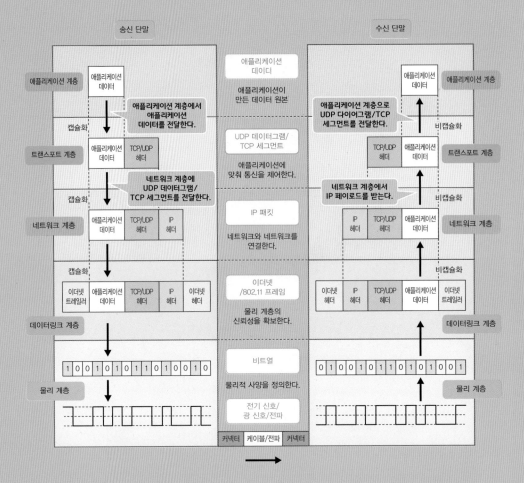

트랜스포트 계층은 '애플리케이션 식별'과 '요구에 맞는 전송 제어'를 수행함으로써, 네트워크와 애플리케이션을 연결합니다. 네트워크 계층은 다양한 네트워크를 넘어 통신 상대에 패킷이 도달하도록 하는 것까지 책임집니다. 그 이상의 무언가는 하지 않습니다. 설령, 네트워크 계층이 프로토콜 덕분에 해외 서버에 액세스 가능하다고 해도, 서버는 받은 패킷을 어느 애플리케이션에 전달해 처리하면 좋을지 알지 못합니다. 그래서 트랜스포트 계층에서는 '포트 번호'라는 숫자를 이용해서 패킷을 전달하는 애플리케이션을 식별합니다. 또한, 애플리케이션의 요건에 따라 패킷 송수신량을 제어하거나 전송 도중에 손실된 패킷을 재전송합니다.

트랜스포트 계층에서 사용되는 프로토콜은 UDP(User Datagram Protocol) 또는 TCP(Transmission Control Protocol) 중 하나입니다. 애플리케이션이 즉시성(실시간성)을 요구할 때는 UDP, 신뢰성을 요구할 때는 TCP를 사용합니다.

# 5.1 | UDP

UDP(User Datagram Protocol)는 음성 통신(VoIP, Voice over IP)나 이름 결정(366쪽), DHCP(201쪽)나 시각 동기화(391쪽) 등 즉시성을 요하는 애플리케이션에서 사용합니다. 커넥션리스 타입 프로토콜이므로 갑자기 **UDP 커넥션**이라는 통신로를 만들고 애플리케이션 데이터를 송신합니다. 그리고 포맷을 간단하게 하거나 확인 응답[1]을 생략하는 등 즉시성을 향상하는 것을 목표로 합니다.

그림 5.1.1 ● UDP: 패킷을 계속 보내기만 함

표 5.1.1 ● UDP와 TCP 비교

| 항목 | UDP | TCP |
| --- | --- | --- |
| IP 헤더의 프로토콜 번호 | 17 | 6 |
| 타입 | 커넥션리스 타입 | 커넥션 타입 |
| 신뢰성 | 낮음 | 높음 |
| 즉시성(실시간성) | 빠름 | 느림 |

## 5.1.1 UDP 패킷 포맷

UDP는 RFC768 'User Datagram Protocol'로 표준화된 프로토콜로, IP 헤더의 프로토콜 번호는 '17'로 정의되어 있습니다(145쪽). RFC의 분량도 매우 작고 간단하므로 거기에서 이미 간단한 프로토콜임을 알 수 있습니다.

UDP는 즉시성(실시간성)을 중시하기 때문에 패킷 포맷은 매우 간단합니다. 구성하는 헤더 필드는 4개뿐이며, 헤더의 길이도 8바이트(64비트)밖에 되지 않습니다. 클라이언트는 UDP로 데이터그램을 만들고 서버나 상대를 신경 쓰지 않고 계속 보내기만 합니다. 한편, 데이터를 받아들인

---

1 '패킷이 도달했습니다'를 나타내는 처리입니다.

서버는 UDP 헤더에 포함된 UDP 데이터그램 길이와 체크섬을 이용해 데이터가 손상되지 않았는가를 체크합니다(체크섬 검증). 체크섬 검증에 성공하면 데이터를 받아들입니다.

| | 0비트 | 8비트 | 16비트 | 24비트 |
|---|---|---|---|---|
| 0바이트 | 송신지 포트 번호 | | 수신지 포트 번호 | |
| 4바이트 | UDP 데이터그램 길이 | | 체크섬 | |
| 가변 | UDP 페이로드(애플리케이션 데이터) | | | |

그림 5.1.2 ● UDP의 패킷 포맷

### ■ 송신지/수신지 포트 번호

포트 번호는 애플리케이션(프로세스) 식별에 사용되는 2바이트(16비트) 값입니다. 클라이언트(송신지 단말)는 커넥션을 만들 때, OS가 정한 범위에서 무작위로 할당한 값을 **송신지 포트 번호**로, 애플리케이션별로 정의된 값을 **수신지 포트 번호**로 설정하고 서버(수신지 단말)에 전송합니다. 데이터그램을 받은 서버는 수신지 포트 번호를 보고, 어떤 애플리케이션의 데이터인지 판별해 해당 애플리케이션에 데이터를 전달합니다. 포트 번호는 다음 절에서 자세히 설명합니다.

### ■ UDP 데이터그램 길이

UDP 데이터그램 길이는 UDP 헤더(8바이트=64비트)와 UDP 페이로드(애플리케이션 데이터)를 합친 데이터 그림 전체 길이를 나타내는 2바이트(16비트) 필드입니다. 바이트 단위의 값이 설정됩니다. 최솟값은 UDP 헤더만으로 구성된 경우의 '8', 최댓값은 MTU에서 IP 헤더의 길이(20바이트=160비트)를 뺀 값입니다.

### ■ 체크섬

체크섬은 받아들인 UDP 데이터그램의 손상 여부 정합성 체크에 사용되는 2바이트(16비트) 필드입니다. UDP 체크섬 검증에는 IP 헤더 체크섬과 마찬가지로 '1의 보수 연산'을 사용합니다. 데이터그램을 받은 단말은 검증에 성공하면 데이터그램을 받습니다.

## 5.1.2 포트 번호

트랜스포트 계층의 프로토콜에서 가장 중요한 필드가 **송신지 포트 번호**와 **수신지 포트 번호**입니다. UDP도 TCP도, 포트 번호가 우선입니다.

IP에서 설명한 것처럼 IP 헤더만 있으면 전 세계 어떤 수신지에도 IP 패킷을 도달시킬 수 있습니다. 하지만 IP 패킷을 받은 단말은 그 IP 패킷을 어떤 애플리케이션에서 처리하면 좋을지 알지 못합니다. 그래서 네트워크 세계에서는 포트 번호를 사용합니다. 포트 번호와 애플리케이션은 짝을 지어 묶여 있기 때문에 포트 번호만 있으면 어떤 애플리케이션에 데이터를 전달하면 좋을 지 알 수 있게 됩니다.

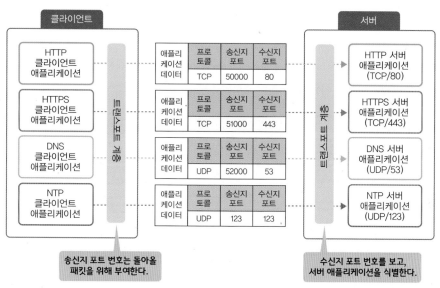

그림 5.1.3 • 포트 번호에 따라 데이터를 전달할 애플리케이션을 식별

포트 번호는 애플리케이션 계층에서 동작하는 애플리케이션을 식별하는 2바이트(16비트) 숫자입니다. 0번에서 65535번까지 있으며, **System Ports**(well-known ports), **User Ports**, **Dynamic and/or Private Ports** 3가지로 분류됩니다. 이 중 System Ports와 User Ports는 주로 서버 애플리케이션을 식별하는 포트 번호로, 수신지 포트 번호에 사용됩니다[2]. Dynamic and/or Private Ports는 주로 클라이언트 애플리케이션을 식별하는 포트 번호로, 송신지 포트 번호에 사용됩니다[3].

표 5.1.2 • 3종류 포트 번호

| 포트 번호 범위 | 이름 | 용도 |
| --- | --- | --- |
| 0~1023 | System Ports(well-known ports) | 일반적인 애플리케이션에서 사용 |
| 1024~49151 | User Ports | 제조사의 고유 애플리케이션에서 사용 |
| 49152~53325 | Dynamic and/or Private Ports | 클라이언트 측에서 무작위로 할당 관리 |

---

2 사용하는 애플리케이션이나 OS, 용도에 따라서 송신지 포트 번호에 사용되기도 합니다. 예를 들어, NTP 애플리케이션은 'System Ports'를 송신 포트 번호로 사용합니다. 그리고 대부분의 CGNAT 환경은 'User Ports'와 'Dynamic and/or Private Ports'를 송신지 포트 번호로 사용해, 가입자에게 할당합니다.

3 사용하는 서버 애플리케이션에 따라서 수신지 포트 번호에 사용되는 경우도 있습니다. 예를 들어, 독자 서버 애플리케이션을 사용하는 등의 경우에는 'Dynamic and/or Private Ports'가 수신지 포트 번호로 사용됩니다.

## System Ports

포트 번호 '0~1023'은 System Ports입니다. 일반적으로는 **웰노운 포트**(well-known ports)로 알려져 있습니다. System Ports는 ICANN의 인터넷 자원 관리 기능인 IANA(Internet Assigned Numbers Authority)에 의해 관리되며, 일반적인 서버 애플리케이션에 유일하게 묶여 있습니다. 예를 들어, UDP 123번은 ntpd나 xntpd 등 시각 동기화에 사용하는 'NTP' 서버 애플리케이션과 묶여 있습니다. TCP 80번은 Apache나 IIS(Internet Information Services), nginx 등 웹사이트에서 사용하는 'HTTP' 서버 애플리케이션에 묶여 있습니다.

표 5.1.3 • 대표적인 System Ports

| 포트 번호 | UDP | TCP |
|---|---|---|
| 20 | – | FTP(데이터) |
| 21 | – | FTP(제어) |
| 22 | | SSH |
| 23 | – | Telnet |
| 25 | – | SMTP |
| 53 | DNS(이름 결정) | DNS(이름 결정, 존 전송) |
| 69 | TFTP | – |
| 80 | – | HTTP |
| 110 | – | POP3 |
| 123 | NTP | – |
| 443 | HTTPS(QUIC) | HTTPS |
| 587 | – | 서브미션 포트 |

## User Ports

포트 번호 '1024~49151'은 User Ports입니다. System Ports와 마찬가지로 IANA에 의해 관리되며, 제조사가 개발한 독자 서버 애플리케이션에 유일하게 묶여 있습니다. 예를 들면, TCP 3306번은 오라클(Oracle)의 MySQL(데이터베이스 서버 애플리케이션)에 묶여 있습니다. TCP 3389번은 마이크로소프트(Microsoft)의 원격 데스크톱 서버 애플리케이션에 묶여 있습니다. 또한, IANA에 의해 관리되는 포트 번호는 *https://www.iana.org/assignments/service-names-port-numbers/service-names-port-numbers.xhtml*에 공개되어 있습니다.

표 5.1.4 • 대표적인 User Ports

| 포트 번호 | UDP | TCP |
|---|---|---|
| 1433 | – | Microsoft SQL Server |
| 1521 | – | Oracle SQL Net Listener |
| 1985 | Cisco HSRP | – |
| 3306 | – | MySQL Database System |
| 3389 | – | Microsoft Remote Desktop Protocol |
| 4789 | VXLAN | – |
| 8080 | – | Apache Tomcat |
| 10050 | Zabbix-Agent | Zabbix-Agent |
| 10051 | Zabbix-Trapper | Zabbix-Trapper |

### ▌ Dynamic and/or Private Ports

포트 번호 '49512~65535'는 Dynamic and/or Private Ports입니다. IANA에 의해 관리되지 않으며, 클라이언트 애플리케이션이 커넥션을 만들 때 송신지 포트 번호로 무작위로 할당합니다. 송신지 포트 번호에 이 범위의 포트 번호를 무작위로 할당함으로써, 어떤 클라이언트 애플리케이션에 응답을 전달하면 좋을지 알 수 있습니다. 무작위로 할당하는 포트 번호의 범위는 OS별로 다릅니다. 예를 들면, Window OS에서는 기본으로 '49152~65535'입니다. Linux OS가 사용하는 무작위 포트 범위는 'Dynamic and/or Private Ports'의 범위에서 미묘하게 벗어나 있지만, 송신지 포트 번호는 클라이언트 단말 중에서만 유일하게 지정하면 되기 때문에 통신에 문제가 일어나지는 않습니다.

## 5.1.3 방화벽의 동작(UDP편)

트랜스포트 계층에서 동작하는 기기로 **방화벽**(firewall)이 있습니다. 방화벽은 송신지/수신지 IP 주소나 트랜스포트 계층 프로토콜, 송신지/수신지 포트 번호(5 tuple)로 커넥션을 식별하고, 송신을 제어하는 기기입니다. 미리 설정한 규칙에 따라 '이 통신은 허가', '이 통신은 거부'와 같이 통신을 식별하고 다양한 위협에서 시스템을 보호합니다. 이 방화벽이 가진 통신 제어 기능을 **스테이트풀 인스펙션**(stateful inspection)이라 부릅니다. 스테이트풀 인스펙션은 통신 허가/거부를 정의하는 **필터링 규칙**(filtering rule), 통신을 관리하는 **커넥션 규칙**(connection rule)을 사용해 통신을 제어합니다.

여기에서는 방화벽이 UDP 데이터그램을 허가 혹은 거부하는 방법을 설명합니다. TCP 세그먼트의 경우는 274쪽에서 설명합니다.

## ▣ 필터링 규칙

필터링 규칙은 허가할 통신과 거부할 통신의 형태를 정의한 것입니다. 정책(policy)이나 ACL(Access Control List) 등 기기 벤더에 따라 다양하게 부르나 기본적으로는 모두 같다고 생각해도 좋습니다.

필터링 규칙은 송신지 IP 주소, 수신지 IP 주소, 프로토콜, 송신지 포트 번호, 수신지 포트 번호, 통신 제어(액션) 등의 설정 항목으로 구성되어 있습니다. 예를 들면, '192.168.1.0/24'라는 사내 LAN에 있는 단말에서 인터넷으로의 웹 접근을 허가하고 싶은 경우, 일반적으로 다음 표와 같이 설정합니다.

표 5.1.5 • 필터링 규칙 예

| 송신지 IP 주소 | 수신지 IP 주소 | 프로토콜 | 송신지 포트 번호 | 수신지 포트 번호 | 통신 제어 |
|---|---|---|---|---|---|
| 192.168.1.0/24 | ANY | TCP | ANY | 80 | 허가 |
| 192.168.1.0/24 | ANY | UDP | ANY | 443 | 허가 |
| 192.168.1.0/24 | ANY | TCP | ANY | 443 | 허가 |
| 192.168.1.0/24 | ANY | UDP | ANY | 53 | 허가 |
| 192.168.1.0/24 | ANY | TCP | ANY | 53 | 허가 |

인터넷으로의 웹 접근이라 해서 단순히 HTTP(TCP 80번)만 허가하면 되는 것은 아닙니다. HTTP를 SSL/TLS로 암호화하는 HTTPS(UDP와 TCP 443번), 도메인 이름을 IP 주소로 변환(이름 결정)할 때 사용하는 DNS(UDP와 TCP 53번)도 함께 허가해 두어야 합니다.

특정할 수 없는 요소는 ANY로 설정합니다. 예를 들면, 수신지 IP 주소는 클라이언트가 액세스하는 웹서버에 따라 다르므로 특정할 수 없습니다. 그래서 ANY로 설정합니다. 또한, 송신지 포트 번호도 OS가 무작위로 선택하기 때문에 특정할 수 없으므로 이 값도 ANY로 설정합니다.

## 커넥션 테이블

스테이트풀 인스펙션은 앞에서 설명한 필터링 규칙을 커넥션 정보를 기반으로 동적으로 바꾸어 씀으로써 보안 강도를 높입니다. 방화벽은 자신을 경유하는 커넥션 정보를 **커넥션 테이블**이라 부르는 메모리상의 테이블로 관리합니다.

커넥션 테이블은 송신지 IP 주소, 수신지 IP 주소, 프로토콜, 송신지 포트 번호, 수신지 포트 번호, 커넥션 상태, 아이들 타임아웃 등 각종 요소(열)로 만들어지는 복수의 커넥션 엔트리(행)로 구성됩니다. 이 커넥션 테이블이 스테이트풀 인스펙션의 핵심으로, 방화벽을 이해하기 위한 중요 포인트입니다.

## 스테이트풀 인스펙션의 동작

방화벽이 어떻게 커넥션 테이블을 이용해, 어떻게 필터링 규칙을 바꿔 쓰는 것일까요? 여기에서는 다음 그림과 같은 네트워크 구성을 예로 들어, 방화벽이 스테이트풀 인스펙션을 통해 UDP 데이터그램을 처리하는 방법을 설명합니다.

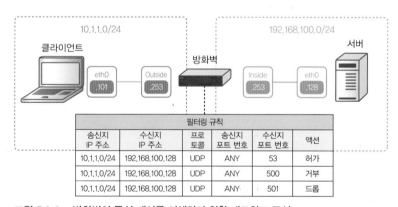

| 필터링 규칙 | | | | | |
|---|---|---|---|---|---|
| 송신지<br>IP 주소 | 수신지<br>IP 주소 | 프로<br>토콜 | 송신지<br>포트 번호 | 수신지<br>포트 번호 | 액션 |
| 10.1.1.0/24 | 192.168.100.128 | UDP | ANY | 53 | 허가 |
| 10.1.1.0/24 | 192.168.100.128 | UDP | ANY | 500 | 거부 |
| 10.1.1.0/24 | 192.168.100.128 | UDP | ANY | 501 | 드롭 |

그림 5.1.4 • 방화벽의 통신 제어를 이해하기 위한 네트워크 구성

① 방화벽은 클라이언트 측에 있는 Outside 인터페이스에서 UDP 데이터그램을 받아들여, 필터링 규칙과 조합합니다.

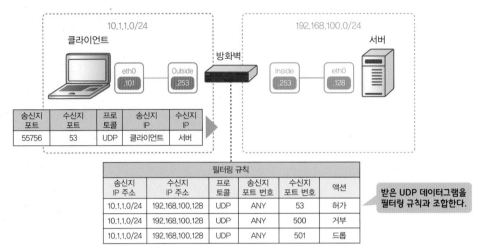

| 송신지 포트 | 수신지 포트 | 프로토콜 | 송신지 IP | 수신지 IP |
|---|---|---|---|---|
| 55756 | 53 | UDP | 클라이언트 | 서버 |

| 필터링 규칙 | | | | | |
|---|---|---|---|---|---|
| 송신지 IP 주소 | 수신지 IP 주소 | 프로토콜 | 송신지 포트 번호 | 수신지 포트 번호 | 액션 |
| 10.1.1.0/24 | 192.168.100.128 | UDP | ANY | 53 | 허가 |
| 10.1.1.0/24 | 192.168.100.128 | UDP | ANY | 500 | 거부 |
| 10.1.1.0/24 | 192.168.100.128 | UDP | ANY | 501 | 드롭 |

받은 UDP 데이터그램을 필터링 규칙과 조합한다.

그림 5.1.5 • 필터링 규칙과의 조합

② 액션이 '허가(accept, permit)'인 엔트리인 경우, 커넥션 테이블에 커넥션 엔트리를 추가합니다. 또한, 그와 동시에 그 커넥션 엔트리에 대응하는 반환 통신을 허가하는 필터링 규칙을 동작에 추가합니다. 반환 통신용 허가 규칙은 커넥션 엔트리에 있는 송신지와 수신지를 반전한 것입니다. 필터링 엔트리를 추가한 뒤, 서버에 UDP 데이터그램을 전송합니다.

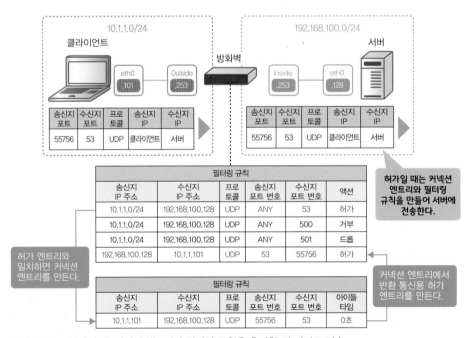

| 송신지 포트 | 수신지 포트 | 프로토콜 | 송신지 IP | 수신지 IP |
|---|---|---|---|---|
| 55756 | 53 | UDP | 클라이언트 | 서버 |

| 송신지 포트 | 수신지 포트 | 프로토콜 | 송신지 IP | 수신지 IP |
|---|---|---|---|---|
| 55756 | 53 | UDP | 클라이언트 | 서버 |

허가일 때는 커넥션 엔트리와 필터링 규칙을 만들어 서버에 전송한다.

| 필터링 규칙 | | | | | |
|---|---|---|---|---|---|
| 송신지 IP 주소 | 수신지 IP 주소 | 프로토콜 | 송신지 포트 번호 | 수신지 포트 번호 | 액션 |
| 10.1.1.0/24 | 192.168.100.128 | UDP | ANY | 53 | 허가 |
| 10.1.1.0/24 | 192.168.100.128 | UDP | ANY | 500 | 거부 |
| 10.1.1.0/24 | 192.168.100.128 | UDP | ANY | 501 | 드롭 |
| 192.168.100.128 | 10.1.1.101 | UDP | 53 | 55756 | 허가 |

허가 엔트리와 일치하면 커넥션 엔트리를 만든다.

| 필터링 규칙 | | | | | |
|---|---|---|---|---|---|
| 송신지 IP 주소 | 수신지 IP 주소 | 프로토콜 | 송신지 포트 번호 | 수신지 포트 번호 | 아이들 타임 |
| 10.1.1.101 | 192.168.100.128 | UDP | 55756 | 53 | 0초 |

커넥션 엔트리에서 반환 통신용 허가 엔트리를 만든다.

그림 5.1.6 • 허가일 때: 커넥션 엔트리와 필터링 규칙을 추가한 뒤 서버로 전송

한편, 액션이 '거부(reject)'인 엔트리인 경우, 커넥션 테이블에 커넥션 엔트리를 추가하지 않고, 클라이언트에 'Destination Unreachable(타입 3)' ICMP 패킷을 반환합니다.

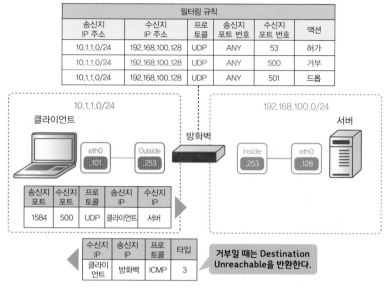

| 필터링 규칙 | | | | | |
| --- | --- | --- | --- | --- | --- |
| 송신지<br>IP 주소 | 수신지<br>IP 주소 | 프로<br>토콜 | 송신지<br>포트 번호 | 수신지<br>포트 번호 | 액션 |
| 10.1.1.0/24 | 192.168.100.128 | UDP | ANY | 53 | 허가 |
| 10.1.1.0/24 | 192.168.100.128 | UDP | ANY | 500 | 거부 |
| 10.1.1.0/24 | 192.168.100.128 | UDP | ANY | 501 | 드롭 |

거부일 때는 Destination Unreachable을 반환한다.

**그림 5.1.7 • 거부일 때: 클라이언트에 Destination Unreachable을 반환**

또한, 액션이 '드롭(drop)'인 엔트리인 경우, 커넥션 테이블에 커넥션 엔트리 추가를 포함해 아무것도 하지 않습니다. 앞에서 설명한 거부 액션은 결과적으로, 무언가의 기기가 있다는 것을 나타내는 것이 되어 보안 관점에서는 바람직하지 않은 경우가 있습니다. 그 관점에서 드롭 액션은 클라이언트에 아무런 동작도 하지 않고 단순히 데이터그램을 파기합니다. 드롭은 패킷을 조용히 파기하는 동작 때문에 'Silently Discard'라 불리기도 합니다.

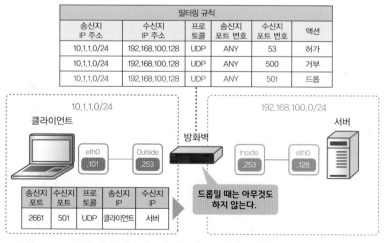

| 필터링 규칙 | | | | | |
| --- | --- | --- | --- | --- | --- |
| 송신지<br>IP 주소 | 수신지<br>IP 주소 | 프로<br>토콜 | 송신지<br>포트 번호 | 수신지<br>포트 번호 | 액션 |
| 10.1.1.0/24 | 192.168.100.128 | UDP | ANY | 53 | 허가 |
| 10.1.1.0/24 | 192.168.100.128 | UDP | ANY | 500 | 거부 |
| 10.1.1.0/24 | 192.168.100.128 | UDP | ANY | 501 | 드롭 |

드롭일 때는 아무것도 하지 않는다.

**그림 5.1.8 • 드롭일 때: 클라이언트에 아무것도 반환하지 않음**

③ 액션 허가(accept, permit) 엔트리일 때는 서버로부터의 반환 통신(reply, response)이 발생합니다. 서버로부터의 반환 통신은 송신지와 수신지를 반전한 통신입니다. 방화벽은 반환 통신을 받아들이면 ②에서 만든 필터링 엔트리를 사용해 허가 제어를 실행하고 클라이언트에 전송합니다. 이와 함께, 커넥션 엔트리의 아이들 타임(미통신 시간)을 '0초'로 초기화합니다.

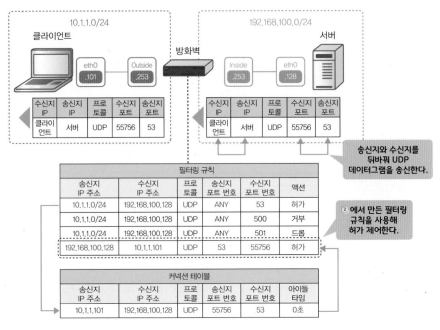

그림 5.1.9 • 반환 통신을 제어

④ 방화벽은 통신이 끝나면 커넥션 엔트리의 아이들 타임을 증가시킵니다(count-up). 아이들 타임 아웃(아이들 타임의 최댓값)이 경과하면 커넥션 엔트리와 연관된 필터링 엔트리를 삭제합니다.

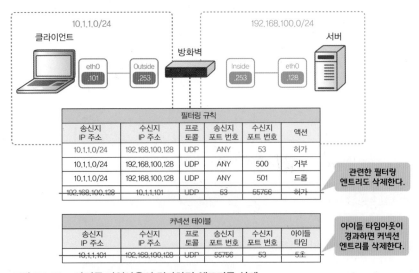

그림 5.1.10 • 아이들 타임아웃이 경과하면 엔트리를 삭제

# 5.2 | TCP

TCP(Transmission Control Protocol)는 메일이나 파일 전송, 웹브라우저 등 데이터를 전송의 신뢰성을 요구하는 애플리케이션에서 사용합니다. TCP는 애플리케이션 데이터를 송신하기 전에 **TCP 커넥션**(TCP Connection)이라는 논리적인 통신로를 만들어 통신 환경을 정비합니다. TCP 커넥션은 각각의 단말에서 볼 때, 송신 전용으로 사용하는 **송신 파이프**와 수신 전용으로 사용하는 **수신 파이프**로 구성됩니다. TCP는 송신 측 단말과 수신 측 단말이 2개의 논리적인 파이프를 전이중으로 사용해 '보냅니다!', '받았습니다!'라고 확인해 가면서 데이터를 보내기 때문에 신뢰성이 향상됩니다.

유튜브나 페이스북 등에서 사용하는 QUIC(Quick UDP Internet Connections) 방식도 대두되고 있어 이후의 방향은 단언할 수 없지만 적어도 2020년 현재 인터넷상 트래픽의 80% 이상이 TCP로 구성되어 있습니다.

**그림 5.2.1 • TCP: 확인해 가며 데이터를 보냄**

## 5.2.1 TCP 패킷 포맷

TCP는 RFC793 'Transmission Control Protocol'을 기반으로 표준화된 프로토콜로, IP 헤더의 프로토콜 번호는 '6'으로 정의되어 있습니다(145쪽). TCP는 신뢰성을 담보하기 위해 다양한 형태로 확장되어 전체를 한 번에 이해하기는 어렵습니다. 언제, 어떤 경우에, 어떤 필드를 사용하는가 차근차근 정리해 가며 이해하도록 합니다.

TCP는 신뢰성을 요하기 때문에 패킷 포맷도 조금 복잡합니다. 헤더의 길이도 IP 헤더와 마찬가지로 최저 20바이트(160비트)입니다. 많은 필드를 충분히 활용해 어떤 '보냅니다!'에 대한 '받았습니다!'인지 확인하거나 패킷의 송수신량을 조정합니다.

| | 0비트 | | 8비트 | | 16비트 | | 24비트 |
|---|---|---|---|---|---|---|---|
| 0바이트 | 송신지 포트 번호 | | | | 수신지 포트 번호 | | |
| 4바이트 | 시퀀스 번호 | | | | | | |
| 8바이트 | 확인 응답 번호 | | | | | | |
| 12바이트 | 데이터 오프셋 | 예약 영역 | 컨트롤 비트 | | 윈도우 크기 | | |
| 16바이트 | 체크섬 | | | | 긴급 포인터 | | |
| 가변 | 옵션 + 패딩 | | | | | | |
| 가변 | TCP 페이로드(애플리케이션 데이터) | | | | | | |

그림 5.2.2 • TCP 패킷 포맷

## ■ 송신지/수신지 포트 번호

포트 번호는 UDP와 마찬가지로 애플리케이션(프로세스)의 식별에 사용되는 2바이트(16비트) 숫자입니다. 클라이언트(송신지 단말)는 OS가 결정한 범위에서 무작위로 할당한 값을 **송신지 포트 번호**에, 애플리케이션별로 정의된 값을 **수신지 포트 번호**에 설정하고, 서버(수신지 단말)에 송신합니다. 세그먼트를 받아들인 서버는 수신지 포트 번호를 보고, 어떤 애플리케이션의 데이터인지 판단하고, 그 애플리케이션에 데이터를 전달합니다.

## ■ 시퀀스 번호

시퀀스 번호는 TCP 세그먼트를 올바른 순서로 정렬하기 위해 사용되는 4바이트(32비트)의 필드입니다. 송신 측 단말은 애플리케이션에서 받은 데이터의 각 바이트에 대해 **초기 시퀀스 번호**(ISN, Initial Sequence Number)에서 연번을 부여합니다. 수신 측 단말은 받은 TCP 세그먼트의 시퀀스 번호를 확인하고, 번호순으로 정렬해 애플리케이션에 전달합니다.

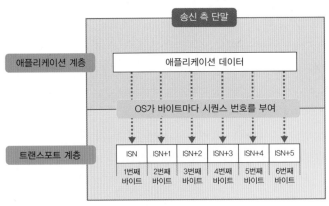

그림 5.2.3 • 송신 측 단말이 연번(시퀀스 번호)을 부여

시퀀스 번호는 3웨이 핸드셰이크(260쪽)할 때 무작위 값이 초기 시퀀스 번호로 설정되어 TCP 세그먼트를 송신할 때마다 송신한 바이트 수만큼 더해집니다. 그리고 4바이트(32비트)로 관리할 수 있는 데이터양($2^{32}$=4G바이트)을 넘으면 다시 '0'으로 돌아가 증가합니다.

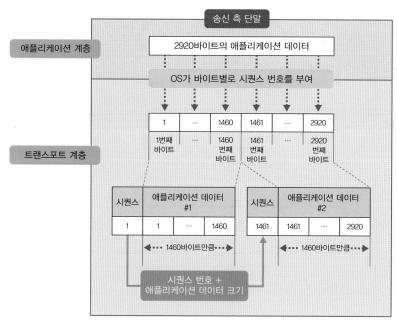

**그림 5.2.4** ● 시퀀스 번호: TCP 세그먼트를 송신할 때마다 송신한 바이트 수만큼 더해짐

## ■ 확인 응답 번호

확인 응답 번호(ACK 번호, Acknowledge 번호)는 '다음은 여기부터 데이터를 주십시오.'라고 상대에게 전달하기 위해 사용하는 4바이트(32비트) 필드입니다. 뒤에서 설명할 컨트롤 비트인 ACK 플래그가 '1'이 되었을 때만 유효한 필드로, 구체적으로는 '받아들인 데이터의 시퀀스 번호(가장 마지막 바이트의 시퀀스 번호) + 1', 다시 말해, '시퀀스 번호 + 애플리케이션 데이터의 길이'가 설정됩니다. 그리 깊이 생각하지 않고, 클라이언트가 서버에게 '다음에 이 시퀀스 번호 이후의 데이터를 주십시오.'라고 말하는 듯한 이미지로 이해하면 됩니다.

TCP는 시퀀스 번호와 확인 응답 번호(ACK 번호)를 협조적으로 동작하게 함으로써 데이터 신뢰성을 확보합니다.

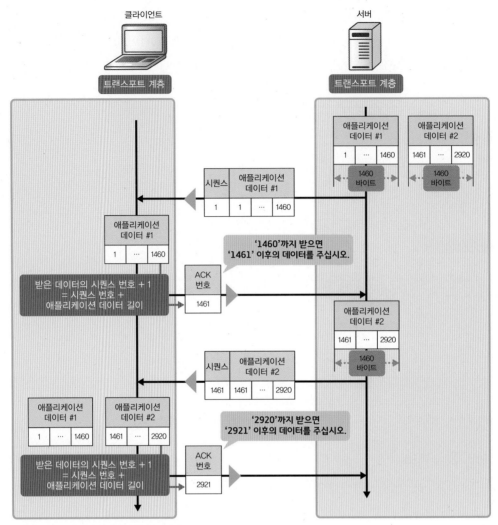

그림 5.2.5 ● 확인 응답 번호(ACK 번호)

## ■ 데이터 오프셋

데이터 오프셋(data offset)은 TCP 헤더의 길이를 나타내는 4비트 필드입니다. 단말은 이 값을 보고, 어디까지 TCP 헤더인지 알 수 있습니다. 데이터 오프셋은 IP 헤더와 마찬가지로 TCP 헤더의 길이를 4바이트(32비트) 단위로 환산한 값이 들어있습니다. 예를 들어, 가장 짧은 TCP 헤더(옵션이 없는 TCP 헤더)의 길이는 20바이트(160비트 = 32비트 × 5)이므로 그 값은 '5'입니다.

## ■ 컨트롤 비트

컨트롤 비트(control bit)는 커넥션의 상태를 제어하는 필드입니다. 8비트 플래그로 구성되어 있으며, 각 비트가 다음 표와 같은 의미를 나타냅니다.

표 5.2.1 • 컨트롤 비트

| 비트 | 플래그<br>이름 | 설명 | 개요 |
|---|---|---|---|
| 1번째 비트 | CWR | Congestion Window Reduced | ECN-Echo에 따라, 혼잡 윈도우(263쪽)가 줄어든 것을 알리는 플래그[4] |
| 2번째 비트 | ECE | ECN-Echo | 혼잡(262쪽)이 발생한 것을 통신 상대에게 알리는 플래그 |
| 3번째 비트 | URG | Urgent Pointer field significant | 긴급을 나타내는 플래그 |
| 4번째 비트 | ACK | Acknowledgment field significant | 확인 응답을 나타내는 플래그 |
| 5번째 비트 | PSH | Push Function | 빠르게 애플리케이션에 데이터를 전달하는 플래그 |
| 6번째 비트 | RST | Reset the connection | 커넥션을 강제로 끊는 플래그 |
| 7번째 비트 | SYN | Synchronize sequence numbers | 커넥션을 여는 플래그 |
| 8번째 비트 | FIN | No more data from sender | 커넥션을 닫는 플래그 |

TCP는 커넥션을 만들 때, 이 플래그들을 '0' 또는 '1'로 설정함에 따라 현재 커넥션이 어떤 상태인지 전달합니다. 언제, 어떤 경우에, 어떤 플래그가 설정('1'값을 가짐)되는지는 259쪽에서 자세히 설명합니다.

### ■ 윈도우 크기

윈도우 크기(window size)는 받은 데이터 크기를 알리기 위한 필드입니다. 아무리 고성능의 단말이라도 한 번에 오류 없이 패킷을 받지 못합니다. 그래서 '이만큼은 받을 수 있습니다!'와 같이, 확인 응답을 기다리지 않고 받을 수 있는 데이터 크기를 윈도우 크기로 알립니다.

윈도우 크기는 2바이트(16비트)로 구성되며, 최대 65535 바이트까지 알릴 수 있어 '0'이 더이상 받을 수 없음을 나타냅니다. 송신 측 단말은 윈도우 크기가 '0'인 패킷을 받으면 일단 송신을 멈춥니다.

### ■ 체크섬

체크섬(checksum)은 받은 TCP 세그먼트가 손상되지는 않았는지 정합성을 체크하기 위해 사용하는 2바이트(16비트) 필드입니다. TCP의 체크섬 검증에도 '1의 보수 연산'을 사용합니다. TCP

---

4 명시적으로 혼잡을 알리는 ECN(Explicit Congestion Notificiation)에서 사용합니다.

세그먼트를 받은 단말은 검증에 성공하면 세그먼트를 받습니다.

## ■ 긴급 포인터

긴급 포인터(urgent pointer)는 컨트롤 비트의 URG 플래그가 '1'로 설정되었을 때만 유효한 2바이트(16비트) 필드입니다. 긴급 데이터가 있을 때 긴급 데이터를 나타내는 가장 마지막 바이트의 시퀀스 번호가 설정됩니다.

## ■ 옵션

옵션(option)은 TCP에 관련된 확장 기능을 알리기 위해 사용합니다. 이 필드는 4바이트(32비트) 단위로 변화하는 필드로 종별(kind)에 따라 정의된 몇 가지 옵션을 '옵션 리스트'로 나열하는 형태로 구성되어 있습니다. 옵션 리스트의 조합은 OS나 그 옵션에 따라 다릅니다. 대표적인 옵션들을 다음 표에 표시했습니다.

표 5.2.2 • 대표적인 옵션

| 종별 | 옵션 헤더 | RFC | 의미 |
|------|----------|-----|------|
| 0 | End of Option List | RFC793 | 옵션 리스트의 가장 마지막임을 나타낸다. |
| 1 | NOP(No-Operation) | RFC793 | 아무것도 하지 않는다. 옵션의 구분 문자로 사용한다. |
| 2 | MSS(Maximum Segment Size) | RFC793 | 애플리케이션 데이터의 최대 크기를 알린다. |
| 3 | Window Scale | RFC1323 | 윈도우 크기의 최대 크기(65535바이트)를 확장한다. |
| 4 | SACK(Selective ACK) Permitted | RFC2018 | Selective ACK(선택적 확인 응답)에 대응한다. |
| 5 | SACK(Selective ACK) | RFC2018 | Selective ACK에 대응할 때, 이미 수신한 시퀀스 번호를 알린다. |
| 8 | Timestamps | RFC1323 | 패킷 왕복 시간(RTT)을 계측하는 타임 스탬프에 대응한다. |
| 30 | MPTCP(Multipath TCP) | RFC8644 | Multipath TCP에 대응한다. |
| 34 | TCP Fast Open | RFC7413 | TCP Fast Open에 대응하는 것을 알리고, Cookie 정보를 전달한다. |

이 중에서도 특히 중요한 옵션이 **MSS**(Maximum Segment Size)와 **SACK**(Selective ACK)입니다.

### ▶ MSS

MSS(Maximum Segment Size)는 TCP 페이로드(애플리케이션 데이터)의 최대 크기입니다. 같은 M으로 시작하는 3글자 용어 중 다소 혼란스러운 **MTU**(Maximum Transmission Unit)와 비교해서 설명합니다.

MTU는 IP 패킷의 최대 크기를 나타냅니다. 143쪽에서도 설명한 것처럼 단말은 큰 애플리케이션 데이터를 송신할 때, 그 크기 그대로 송신하지 않습니다. 데이터를 작게 나누고, 조금씩 송신합니다. 그때의 가장 큰 분할 단위가 MTU입니다. MTU는 송신 매체에 따라 다릅니다. 예를 들어, 인터넷의 경우에는 기본값이 1500바이트입니다.

이에 비해 MSS는 TCP 세그먼트에 삽입할 수 있는 애플리케이션 데이터의 최대 크기를 나타냅니다. MSS는 명시적으로 설정하거나 VPN 환경이 아닌 경우에는 IPv4에서는 'MTU − 40바이트(IP헤드 + TCP 헤더)', IPv6에서는 'MTU − 60바이트(IPv6 헤더 + TCP 헤더)'입니다. 예를 들어, 이더넷(L2) + IPv4(L3) 환경에서는 기본 MTU가 1500바이트이므로 MSS는 1460(= 1500 − 40)바이트가 됩니다. 트랜스포트 계층은 애플리케이션 데이터를 MSS로 구분해서 TCP로 캡슐화합니다.

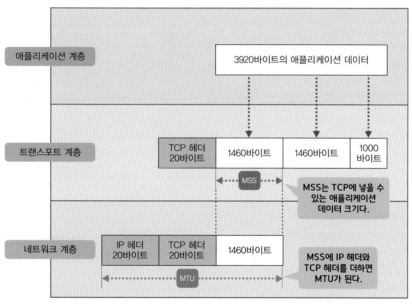

그림 5.2.6 • MSS와 MTU

TCP 단말은 3웨이 핸드셰이크(260쪽)할 때, '이 MSS 애플리케이션 데이터라면 받을 수 있습니다.'라고 지원하는 MSS값을 서로 알려 줍니다.

▶ SACK

SACK(Selective Acknowledgment)은 사라진 TCP 세그먼트만을 재전송하는 기능입니다. RFC2018 'TCP Selective Acknowledgment Options'에 표준화되었으며 거의 모든 OS에서 지원합니다.

RFC793에 정의된 표준 TCP는 '애플리케이션 데이터를 어디까지 받아들이는가'를 확인 응답 번호(ACK 번호)만으로 판단합니다. 그렇기 때문에 부분적으로 TCP 세그먼트가 사라지면, 사라진

TCP 세그먼트 이후의 모든 TCP 세그먼트를 재전송하는 비효율을 안고 있습니다. SACK를 지원하면 부분적으로 TCP 세그먼트가 사라진 경우, '어디부터 어디까지 받았는가'라는 정보(범위)를 옵션 필드로 알릴 수 있습니다. 이 정보를 기반으로 사라진 TCP 세그먼트만 재전송함으로써 효율이 향상됩니다.

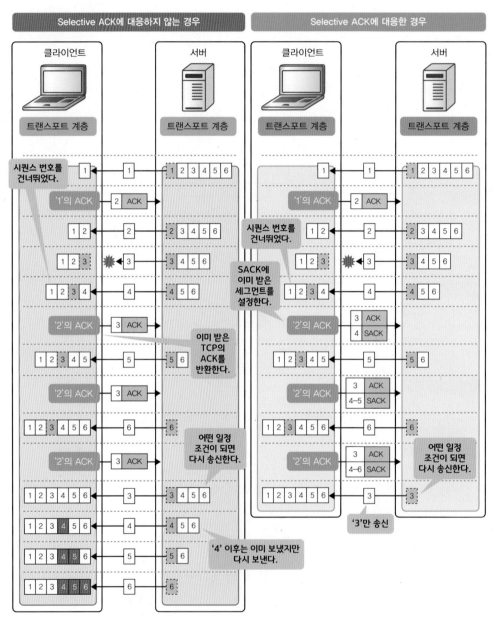

그림 5.2.7 • SACK(Selective ACK)

## 5.2.2 TCP에서의 상태 전이

여기부터는 TCP가 어떻게 신뢰성을 확보하는지, '접속 시작 단계, 접속 확립 단계, 접속 종료 단계'라는 3단계로 나누어 설명합니다. TCP에서는 컨트롤 비트를 구성하는 8개 플래그를 '0' 또는 '1'로 설정해 다음 그림과 같이 TCP 커넥션 상태를 제어합니다. 또한, 각각의 상태는 이제부터 단계별로 자세히 설명합니다. 먼저 각 상태의 이름과 상태 전이에 관해 간단하게 확인합니다.

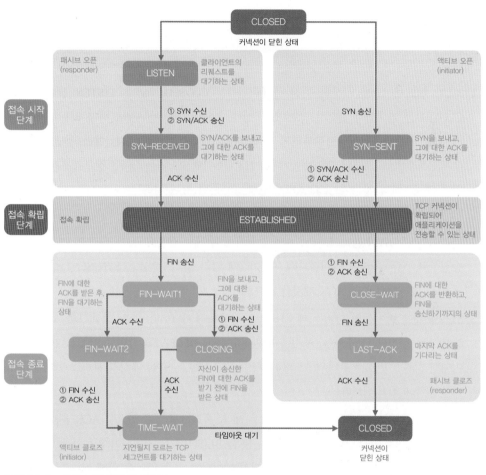

**그림 5.2.8 • TCP 커넥션의 상태 전이**

## 접속 시작 단계

TCP 커넥션은 **3웨이 핸드셰이크**(3WHS, 3 Way HandShake)로 커넥션을 여는 것에서 시작합니다. 3웨이 핸드셰이크는 커넥션을 확립하기 전에 인사를 수행하는 절차입니다.

클라이언트와 서버는 3웨이 핸드셰이크 과정에서 서로 지원하는 기능이나 시퀀스 번호를 결정하고 **오픈**(open)이라 부르는 준비 작업을 수행합니다. 이 3웨이 핸드셰이크에 의한 오픈 처리에서, 커넥션을 만들어 가는 측(클라이언트)의 처리를 **액티브 오픈**(active open), 커넥션을 받는 측(서버)의 처리를 **패시브 오픈**(passive open)이라 부릅니다. 그럼 3웨이 핸드셰이크의 흐름을 살펴봅니다.

① 3웨이 핸드셰이크를 시작하기 전 클라이언트는 **CLOSED**, 서버는 **LISTEN** 상태입니다. CLOSED는 커넥션이 완전히 닫혀 있는 상태, 다시 말해, 아무것도 하지 않는 상태입니다. LISTEN은 클라이언트로부터의 커넥션을 기다리는 상태입니다. 예를 들면, 웹브라우저(웹클라이언트)로부터 웹서버에 대해 HTTP로 액세스하는 경우, 웹브라우저는 웹서버에 액세스하지 않는 한 CLOSED입니다. 그에 비해, 웹서버는 기본으로 80번 포트를 LISTEN으로 하고, 커넥션을 받아들일 수 있도록 합니다.

② 클라이언트는 SYN 플래그를 '1', 시퀀스 번호에 무작위값(그림의 x)을 설정한 SYN 패킷을 송신하고, 오픈 처리에 들어갑니다. 이 처리에 따라 클라이언트는 **SYN-SENT** 상태로 이동하고, 계속해서 SYN/ACK 패킷을 기다립니다.

③ SYN 패킷을 받아들인 서버는 패시브 오픈 처리에 들어갑니다. SYN 플래그와 ACK 플래그를 '1'로 설정한 SYN/ACK 패킷을 반환하고 **SYN-RECEIVED** 상태로 이동합니다. 또한, 이때의 시퀀스 번호는 무작위(그림의 y), 확인 응답 번호는 SYN 패킷의 시퀀스 번호에 '1'을 더한 값($\times + 1$)이 됩니다.

④ SYN/ACK 패킷을 받아들인 클라이언트는 ACK 플래그를 '1'로 설정한 ACK 패킷을 반환하고, **ESTABLISHED** 상태로 이동합니다. ESTABLISHED는 커넥션이 완료된 상태입니다. 이 상태가 되면 처음으로 실제 애플리케이션 데이터를 송수신할 수 있게 됩니다.

⑤ ACK 패킷을 받아들인 서버는 ESTABLISHED 상태로 이동합니다. 이 상태가 되면 처음으로 실제 애플리케이션 데이터를 송수신할 수 있게 됩니다. 이제까지의 시퀀스 번호와 확인 응답 번호의 교환에 따라, 애플리케이션 데이터의 최초에 부여된 시퀀스 번호가 각각 확정합니다.

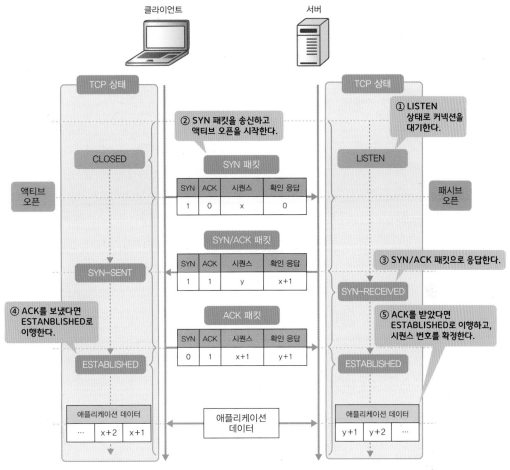

클라이언트         서버

TCP 상태         TCP 상태

① LISTEN
상태로 커넥션을
대기한다.

② SYN 패킷을 송신하고
액티브 오픈을 시작한다.

CLOSED        LISTEN

SYN 패킷

| SYN | ACK | 시퀀스 | 확인 응답 |
|---|---|---|---|
| 1 | 0 | x | 0 |

액티브
오픈

패시브
오픈

SYN/ACK 패킷

| SYN | ACK | 시퀀스 | 확인 응답 |
|---|---|---|---|
| 1 | 1 | y | x+1 |

③ SYN/ACK 패킷으로 응답한다.

SYN-SENT       SYN-RECEIVED

④ ACK를 보냈다면
ESTANBLISHED로
이행한다.

ACK 패킷

⑤ ACK를 받았다면
ESTABLISHED로 이행하고,
시퀀스 번호를 확정한다.

| SYN | ACK | 시퀀스 | 확인 응답 |
|---|---|---|---|
| 0 | 1 | x+1 | y+1 |

ESTABLISHED       ESTABLISHED

| 애플리케이션 데이터 | | |
|---|---|---|
| ... | x+2 | x+1 |

애플리케이션
데이터

| 애플리케이션 데이터 | | |
|---|---|---|
| y+1 | y+2 | ... |

**그림 5.2.9 ● 3웨이 핸드셰이크**

## ■ 접속 확립 단계

3웨이 핸드셰이크가 완료되면 드디어 실제 애플리케이션 데이터의 교환을 시작합니다. TCP는 애플리케이션 데이터 전송의 신뢰성을 확보하기 위해 **흐름 제어, 혼잡 제어, 재전송 제어**라는 3가지 제어를 잘 조합해 가며 전송합니다.

### ■ 흐름 제어

흐름 제어는 수신 측 단말이 수행하는 흐름양 조정입니다. 윈도우 크기(255쪽)에서 설명한 것처럼, 수신 측 단말은 윈도우 크기 필드를 사용해 자신이 받을 수 있는 데이터양을 알립니다. 송신 측 단말은 윈도우 크기 이내에는 확인 응답(ACK)을 기다리지 않고 계속 TCP 세그먼트를 보내지만, 그 이상의 데이터는 보내지 않습니다. 그렇게 함으로써 수신 측 단말이 받아들이지 못하는 일이 없도록 하면서, 가능한 많은 데이터를 송신합니다. 이런 일련의 동작을 **슬라이딩 윈도우**(sliding window)라고 부릅니다.

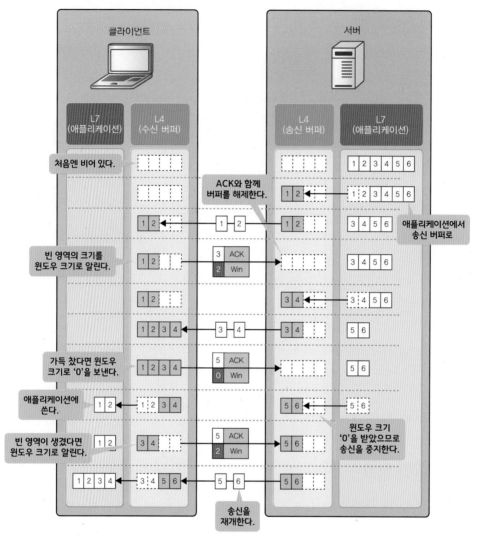

**그림 5.2.10** ● 윈도우 크기를 알려 흐름 제어를 수행한다(슬라이딩 윈도우)

## ■ 혼잡 제어

혼잡 제어는 송신 측 단말이 수행하는 흐름양 조정입니다. 혼잡(congestion)이란 간단히 말하면 네트워크의 복잡한 상태를 의미합니다. 점심시간에 인터넷을 하다 보면 '느리다' 또는 '굼뜨다'고 느낀 때가 있을 것입니다. 이는 점심시간에 많은 사람이 인터넷을 보면서, 네트워크상에 패킷이 갑자기 혼잡하게 되기 때문입니다. 패킷이 혼잡하게 되면 네트워크 기기가 처리할 수 없게 되거나 회선의 대역 제한에 걸려 패킷이 소실되거나 전송에 시간이 걸리게 됩니다. 그 결과 '느리다!', '굼뜨다!'라고 체감하게 되는 것입니다.

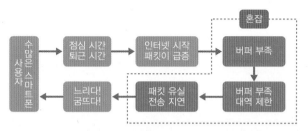

**그림 5.2.11** ● 네트워크가 혼잡해지면 패킷 유실이나 전송 지연이 발생

TCP는 대량의 송신 패킷에 의해 네트워크가 혼잡하지 않도록 **혼잡 제어 알고리즘**(congestion control algorithm)을 이용해 패킷 송신 수를 제어합니다. 이 패킷 송신 수를 **혼잡 윈도우**(cwnd, Congestion Window)라 부릅니다. 혼잡 제어 알고리즘은 혼잡하면 혼잡 윈도우를 줄이고 혼잡하지 않으면 윈도우를 늘립니다.

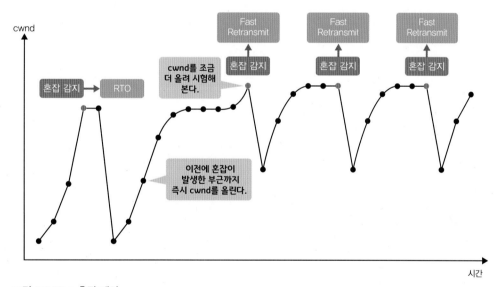

**그림 5.2.12** ● 혼잡 제어

혼잡 제어 알고리즘은 어떤 정보에 기반해 혼잡을 판단하는가에 따라 **로그 기반**(loss base), **지연 기반**(latency base), **하이브리드 기반**(hybrid base)의 3가지로 나눌 수 있습니다. 로그 기반은 패킷 로스(유실)가 발생하면 혼잡이라고 판단합니다. 지연 기반은 지연이 발생하면 혼잡이라고 판단합니다. 하이브리드 기반은 패킷 유실과 지연 양쪽을 종합적으로 고려해 혼잡이라고 판단합니다. 어떤 혼잡 제어 알고리즘을 사용하는지는 OS와 그 버전에 따라 다릅니다. 예를 들어, Windows

10은 Creators Update(Version 1303)까지는 기본적으로 CTCP라는 혼잡 제어 알고리즘을 사용했지만, Fall Creators Update(Version 1709)부터는 CUBIC이라는 혼잡 제어 알고리즘으로 바뀌었습니다. 또한, Linux OS나 macOS는 기본값이 CUBIC입니다.

표 5.2.3 ● 다양한 혼잡 제어 알고리즘

| 분류 | 혼잡 감지 방법 | 출시 연도 | 혼잡 제어 알고리즘 | 채용 OS, 규격, 특이사항 |
|------|----------------|-----------|--------------------|-------------------------|
| 로그 기반 | 패킷 로스가 발생한 경우 혼잡 상태에 빠졌음을 감지 | 1988년 | Tahoe | SlowStart, Fast Retransmit |
| | | 1990년 | Reno | Fast Recovery 추가 |
| | | 1996년 | New Reno | Fast Recovery 개선, RFC6582 |
| | | 2003년 | High Speed(HSTCP) | RFC3649 |
| | | 2005년 | BIC | Linux kernels 2.6.8~2.6.18 |
| | | 2005년 | CUBC | BIC 확장 버전, Linux Kernel 2.6.19 이후, Android, macOS Sierra, Windows 10(Fall Creators Update 이후 기본값) |
| 지연 기반 | 특정 RTT[5] 대비 실제 RTT가 큰 경우 혼잡 상태에 빠졌음을 감지 | 1994년 | Vegas | – |
| | | 2001년 | Westwood | – |
| | | 2003년 | Fast TCP | – |
| | | 2016년 | BBR | Linux Kernel 4.9 이후에 이용 가능, 유튜브나 GCP 등에서도 사용 |
| 하이브리드 기반 | 로그 기반과 지연 기반을 조합해 혼잡 상태에 빠졌음을 감지 | 2005년 | CTCP | Widows 10(Creators Update 이전 기본값) |
| | | 2006년 | Illinois | – |
| | | 2010년 | DCTCP | – |

## ■ 재전송 제어

재전송 제어는 패킷 유실이 발생했을 때 수행하는 패킷 재전송 기능입니다. TCP는 ACK 패킷을 통해 패킷 유실을 감지하고, 패킷을 재전송합니다. 재전송 제어가 발동하는 시점은 수신 측 단말이 계기가 되어 수행되는 **중복 ACK**(duplicate ACK)와 송신 측 단말이 계기가 되어 수행되는 **재전송 타임아웃**(RTO, Retransmission Time Out) 2가지입니다.

---

5 Round Trip Time의 약자. 통신 왕복에 걸리는 시간을 나타냅니다. 예를 들어, SYN을 보낸 뒤 SYN/ACK를 받을 때까지의 시간이 TCP 통신에서 최초의 RTT가 됩니다.

## ▶ 중복 ACK

수신 측 단말은 받은 TCP 세그먼트의 시퀀스 번호가 듬성하면 패킷 유실이 발생했다고 판단해, 확인 응답이 같은 ACK 패킷을 연속해서 송출합니다. 이 ACK 패킷을 **중복 ACK**(duplicate ACK)라 부릅니다.

송신 측 단말은 일정 수 이상 중복 ACK를 받으면 대상이 되는 TCP 세그먼트[6]를 재전송합니다. 중복 ACK를 트리거로 하는 재전송 제어를 **Fast Retransmit**(고속 재전송)이라 부릅니다. Fast Retransmit이 발동하는 중복 ACK의 기준값은 OS나 그 버전에 따라 다릅니다. 예를 들어, Linux OS(Ubuntu 20.04)는 3개의 중복 ACK를 받으면 Fast Retransmit이 발동합니다.

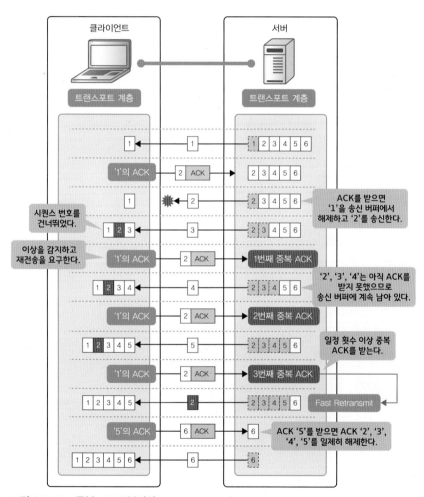

**그림 5.2.13** • 중복 ACK로부터의 Fast Retransmit

---

6　SACK(257쪽)이 활성화된 경우엔 유실된 TCP 세그먼트만, 비활성화된 경우엔 유실된 TCP 세그먼트 이후의 TCP 세그먼트를 모두 재전송합니다.

## ▶ 재전송 타임아웃

송신 측 단말은 TCP 세그먼트를 송신한 뒤, ACK(확인 응답) 패킷을 기다리기까지의 시간을 **재전송 타이머**(retransmission timer)로 유지합니다. 이 재전송 타이머는 너무 짧지도, 길지도 않게 RTT(패킷의 왕복 지연 시간)로부터 수학적인 로직에 기반해 산출됩니다. 간단히 말하면 RTT가 짧을수록 재전송 타이머도 짧아집니다. 재전송 타이머는 ACK 패킷을 받으면 초기화됩니다.

예를 들어, 중복 ACK의 개수가 작아 Fast Retransmit이 발동하지 않을 때는 재전송 타임아웃에 도달해, 대상이 되는 TCP 세그먼트[7]이 재전송됩니다.

덧붙여, 점심시간에 갑자기 인터넷이 느려지는 것은 대개 이 재전송 타임아웃 상태가 되었기 때문입니다.

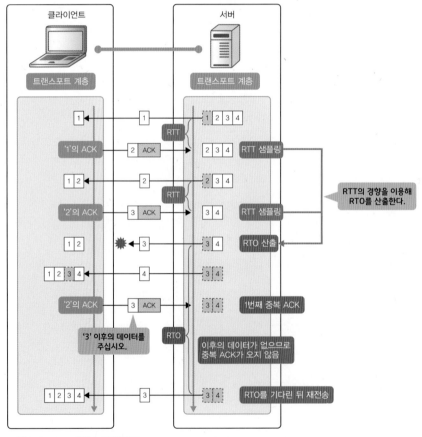

그림 5.2.14 ● 재전송 타임아웃

---

7 SACK(257쪽)이 활성화된 경우엔 타임아웃이 발생한 TCP 세그먼트만, 비활성화된 경우엔 타임아웃이 발생한 TCP 세그먼트 이후의 TCP 세그먼트를 모두 재전송합니다.

애플리케이션 데이터의 교환을 마치면 커넥션 종료 처리에 들어갑니다. 커넥션 종료 처리에 실패하면 불필요한 커넥션이 단말에 남아, 단말의 리소스가 부족해지게 됩니다. 그래서 커넥션 종료 처리는 오픈 처리보다 분명하고도 신중하게 진행하게 됩니다.

TCP는 3웨이 핸드셰이크에서 시작해, 4웨이 핸드셰이크로 완료합니다. **4웨이 핸드셰이크**(4WHS, 4 Way HandShake)는 커넥션을 종료하기 위한 처리 순서를 의미합니다. 클라이언트와 서버는 4웨이 핸드셰이크 중에서 FIN 패킷(FIN 플래그가 '1'인 TCP 세그먼트)을 서로 교환하고 **클로즈**(CLOSE)라 부르는 정리를 수행합니다. FIN 플래그는 '더이상 교환할 데이터가 없습니다'를 의미하는 플래그로, 상위 애플리케이션의 동작에 맞춘 형태로 부여됩니다.

259쪽에서 설명한 것처럼 커넥션 오픈은 반드시 클라이언트의 SYN으로부터 시작합니다. 그에 반해 클로즈는 클라이언트, 서버 어느 쪽에서 FIN을 보내면서 시작한다고 명확하게 정의되어 있지 않습니다. 클라이언트, 서버의 역할에 관계없이, 먼저 FIN을 송출해서 커넥션을 종료하려는 측의 처리를 **액티브 클로즈**(active close), 그것을 받는 측의 처리를 **패시브 클로즈**(passive close)라 부릅니다.

4웨이 핸드셰이크의 흐름을 살펴봅니다. 여기에서는 알기 쉽도록 클라이언트 측에서 액티브 클로즈, 서버 측에서 패시브 클로즈하는 것으로 설명합니다.

① 클라이언트는 예정한 애플리케이션 데이터의 교환을 마치고, 애플리케이션으로부터 클로즈 처리 요구가 들어오면 액티브 클로즈 처리를 시작합니다. FIN 플래그와 ACK 플래그를 '1'로 한 FIN/ACK 패킷을 송신합니다. 그리고 이와 함께 서버로부터의 FIN/ACL 패킷을 가진 **FIN-WAIT1** 상태로 이동합니다.

② FIN/ACK 패킷을 받은 서버는 패시브 클로즈 처리를 시작합니다. FIN/ACK 패킷에 대한 ACK 패킷을 송신하고, 애플리케이션에 대해 클로즈 처리를 의뢰합니다. 그리고 이와 함께, 애플리케이션으로부터의 클로즈 요청을 기다리는 **CLOSE-WAIT** 상태로 이동합니다.

③ ACK를 받은 클라이언트는 서버로부터의 FIN/ACK 패킷을 기다리는 **FIN-WAIT2** 상태로 이동합니다.

④ 서버는 애플리케이션으로부터 클로즈 처리 요청이 있으면 FIN/ACK 패킷을 송신하고 자신이 송신한 FIN/ACK 패킷에 대한 ACK 패킷, 다시 말해, 클로즈 처리에 대한 최후의 ACK를 기다리는 **LAST-ACK** 단계로 이동합니다.

⑤ 서버로부터 FIN/ACK를 받은 클라이언트는 그에 대해 ACK 패킷을 반송하고 **TIME_WAIT** 상태로 이동합니다. TIME-WAIT는 혹시라도 늦게 도착할지 모를 ACK 패킷을 기다리는, 보험과 같은 상태입니다.

⑥ ACK 패킷을 받은 서버는 **CLOSED** 상태로 이동하고, 커넥션을 삭제합니다. 이와 함께, 이 커넥션에 확보하고 있던 자원을 모두 해제합니다. 이것으로 패시브 클로즈는 종료됩니다.

⑦ TIME-WAIT에 이동한 클라이언트는 설정된 시간(타임아웃)을 기다리는 **CLOSED** 상태로 이동해, 커넥션을 삭제합니다. 이와 함께 이 커넥션을 위해 확보한 리소스를 해방시킵니다. 이것으로 액티브 클로즈는 종료됩니다.

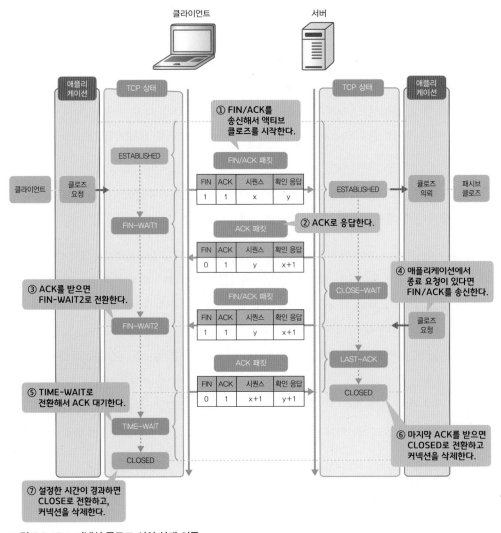

그림 5.2.15 • 커넥션 클로즈 시의 상태 이동

# 5.2.3 다양한 옵션 기능

TCP는 현재도 계속 진화하고 있는 프로토콜의 하나입니다. 261쪽에서 설명한 '흐름 제어, 혼잡 제어, 재전송 제어'의 3가지 기본 제어에 더해, 다양한 옵션 기능을 통해 확장하고 있습니다. 이 책에서는 최근 OS에 구현된 것 중, 실무 현장에서 화제가 된 몇 가지 기능을 소개합니다.

## ▢ TCP Fast Open

**TCP Fast Open**(TFO)은 3웨이 핸드셰이크를 사용해 애플리케이션 데이터를 교환하는 기능입니다. RFC7413 'TCP Fast Open'으로 정의되어, Windows OS에서는 Windows 10 Anniversary Update(Version 1607)에서, Linux OS에서는 Linux Kernel 3.6에서 구현되어 있습니다.

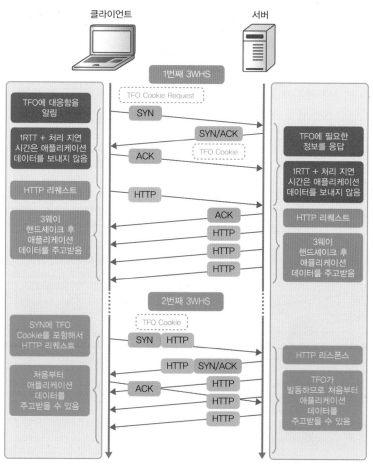

그림 5.2.16 • TCP Fast Open(TFO)

3웨이 핸드셰이크는 TCP 커넥션을 만들기 위해 필요한 처리입니다. 하지만 한 번의 왕복 지연 시간(1RTT) + 처리 지연 시간 동안 애플리케이션 데이터를 송신할 수 없기 때문에 단기간에 대량의 데이터를 송수신할 때는 그저 걸림돌에 지나지 않습니다. 그래서 **TCP Fast Open**은 원래대로라면 애플리케이션 데이터를 포함하지 않는 3웨이 핸드셰이크의 SYN, SYN/ACK에 애플리케이션 데이터를 실어 보냄으로써 3웨이 핸드셰이크를 유효하게 활용합니다.

TCP Fast Open은 갑자기 발동하는 것은 아닙니다. 최초의 3웨이 핸드셰이크는 평소와 동일합니다. 애플리케이션 데이터를 송수신하지 않고, 옵션 필드로 TCP Fast Open에 필요한 정보(TFO cookie)를 교환합니다. 2번째 3웨이 핸드셰이크부터 TCP Fast Open을 발동합니다. 클라이언트는 갑자기 SYN에서 HTTP 요청을 송신하고, 서버는 SYN/ACK로 HTTP응답을 반환합니다.

## ■ Nagle 알고리즘

**Nagle 알고리즘**은 데이터 크기가 작은 TCP 세그먼트를 모아서 송신하는 기능입니다. 이제까지 설명한 것처럼 TCP는 신뢰성을 확보하기 위해, 확인 응답을 하면서 데이터를 송신합니다. 이것은 데이터 크기가 작은 TCP 세그먼트라 해도 동일합니다. Nagle 알고리즘은 MSS보다 작은 TCP 세그먼트를 모아서 송신함으로써, 교환할 TCP 세그먼트 수를 줄이는 동시에 패킷의 왕복도 줄입니다.

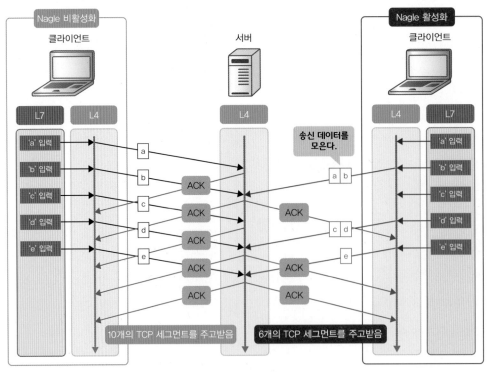

그림 5.2.17 • Nagle 알고리즘

## 지연 ACK

**지연 ACK**(delayed ACK)는 데이터 크기가 작은 TCP 세그먼트에 대한 확인 응답을 조금씩 늦추는 기능입니다. 앞의 Nagle 알고리즘에서도 설명한 것처럼 TCP는 기본적으로 데이터 크기에 관계 없이 ACK 패킷을 반환합니다. 지연 ACK는 MSS를 가득 채우지 않는 작은 TCP 세그먼트에 대한 확인 응답을 일정 시간 또는 일정 개수만큼 늦춰 여러 ACK를 하나로 모아서 반환함으로써 통신 효율을 높입니다.

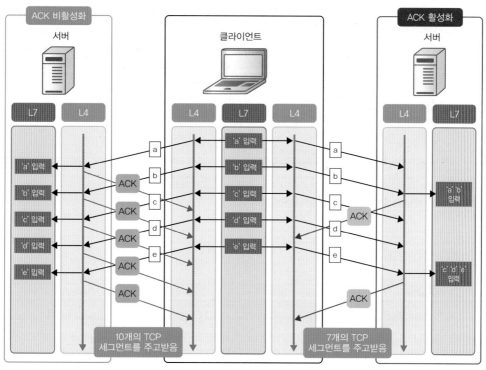

**그림 5.2.18 •** 지연 ACK

지연 ACK를 활성화할 때 가장 주의해야 할 점은 Nagle 알고리즘과의 호환성 문제입니다. 지연 ACK는 수신 측 단말이 ACK 패킷의 응답을 늦춰, 통신 효율을 높이는 것을 목표로 합니다. 한 편, Nagle 알고리즘은 송신 측 단말이 TCP 세그먼트의 송신을 늦춰, 통신 효율을 높이는 것을 목표로 합니다. 양쪽 기능이 함께 동작하면 미묘한 대기 상태가 일어나 실시간 통신을 유지할 수 없게 됩니다. 실시간성을 중시해야 하는 TCP 환경에서는 지연 ACK도, Nagle 알고리즘도 비 활성화할 때가 있습니다[8].

---

8  Windows OS의 경우 지연 ACK는 'TcpAckFrequency', Nagle 알고리즘은 'TCPNoDelay'라는 레지스트리를 추가해서 설정할 수 있습니다.

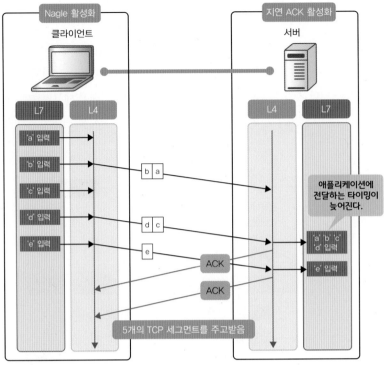

**그림 5.2.19** ● 지연 ACK와 Nagle 알고리즘 호환성 문제

## Early Retransmit

**Early Retransmit**은 Fast Retransmit이 발동하지 않는 특정 TCP 환경에서, 중복 ACK의 임곗값을 낮춰서 Fast Retransmit을 유발하는 기능입니다. RFC5827 'Early Retransmit for TCP and Stream Control Transmission Protocol(SCTP)'로 규격화되었으며, Linux Kernel 3.5 이후에 구현되었습니다.

265쪽에서 설명한 것처럼, Fast Retransmit은 일정 횟수(Linux OS의 경우 2회) 이상의 중복 ACK를 받지 않는 한 발동하지 않습니다. Fast Retransmit이 발동하지 않으면 재전송 타임아웃까지 기다려야만 하지만, 이래서는 재전송까지 시간이 너무 많이 걸리게 되어 처리량이 저하됩니다. 그래서 Early Retransmit은 송신하고 싶지만 ACK를 받지 못하는 미처리 TCP 세그먼트가 4개 미만이고 3회 이상의 중복 ACK가 발생하지 않는 TCP 상태(예를 들면, 혼잡 윈도우가 작을 때나, 송신 데이터의 가장 마지막 부분 등)에서 중복 ACK의 임곗값을 '미처리 TCP 세그먼트 수 – 1'까지 낮춰, Fast Retransmit이 발동하기 쉽게 합니다. 이를 통해, 급격한 처리량 저하를 방지합니다.

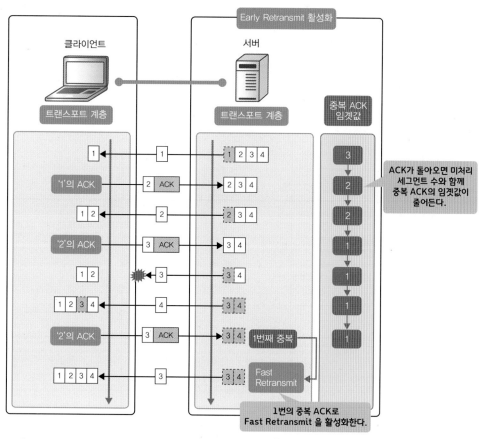

그림 5.2.20 ● Early Retransmit이 활성화되었을 때의 교환

## Tail Loss Probe

Tail Loss Probe(TLP)는 송신한 일련의 TCP 세그먼트 중, 가장 마지막 부분이 유실되었을 때 재전송 타임아웃보다 빠르게 재전송을 시도하는 기능입니다. Windows 10에서는 Anniversary Update(Version 1607)에서, Linux OS에서는 Linux Kernel 3.10 이후에 구현되었습니다.

265쪽에서 설명한 것처럼 Fast Retransmit은 일정 횟수(Linux OS의 경우는 3회) 이상의 중복 ACK를 받지 않는 한 발동하지 않습니다. 따라서 송신하는 TCP 세그먼트가 적은 가장 마지막 부분에서 패킷이 유실되어도 중복 ACK의 횟수가 부족해, Fast Retransmit이 발동하지 않습니다. 그래서 Tail Loss Probe는 재전송 타임아웃과 별도로, 계산상 그보다 짧은 값이 되는 일이 많은 '프로브 타임아웃(PTO, Probe Timeout)'을 정의합니다. 데이터를 보낼 때 타이머를 시작하고, 프로브 타임아웃에 도달하면 재전송을 시도합니다. 또한, Early Retransmit과 연계해서 Fast Retransmit을 촉발합니다.

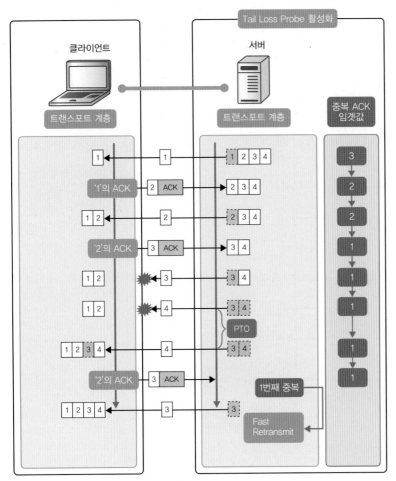

그림 5.2.21 • Tail Loss Probe로부터 Early Retransmit으로의 흐름

# 5.2.4 방화벽의 동작(TCP편)

245쪽에서 설명한 것처럼 방화벽은 송신지/수신지 IP 주소, 트랜스포트 계층 프로토콜, 송신지/
수신지 포트 번호(5 tuple)로 커넥션을 식별하고, 통신 제어하는 네트워크 기기입니다. 통신 허가/
거부를 정의하는 '필터링 규칙'과 통신을 관리하는 '커넥션 테이블'을 사용해, 스테이트풀 인스펙
션을 실행합니다.

TCP에서도 UDP와 마찬가지로 필터링 규칙과 커넥션 테이블이 핵심인 점은 다르지 않습니다.
단, 커넥션 테이블에 커넥션 정보를 나타내는 열이 추가되고, 그 정보를 기반으로 커넥션 엔트리
를 관리합니다.

여기에서는 다음 그림과 같은 네트워크 환경에서 클라이언트(웹브라우저)가 HTTP(TCP/80번)로
웹서버에 액세스하는 상황을 가정해서 일반적인 스테이트풀 인스펙션 동작을 설명합니다.

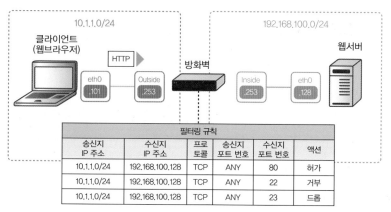

그림 5.2.22 • 방화벽 통신 제어를 이해하기 위한 네트워크 구성

① 방화벽은 클라이언트 측에 있는 Outside 인터페이스로 SYN 패킷을 받아 필터링 규칙과
조합합니다.

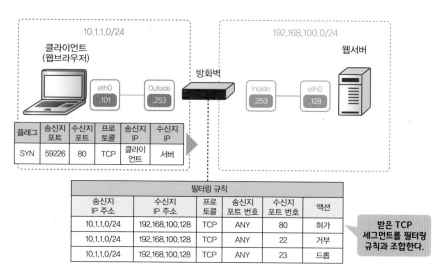

그림 5.2.23 • 필터링 규칙과 조합

② 액션이 '허가(accept, permit)'인 엔트리인 경우, 커넥션 테이블에 커넥션 엔트리를 추가합니
다. 그와 동시에, 그 커넥션 엔트리에 대응한 반환 통신을 허가하는 필터링 규칙을 동적
으로 추가합니다. 반환 통신의 허가 규칙은 커넥션 엔트리에 있는 송신지와 수신지를 반
전시킨 것입니다. 필터링 엔트리를 추가한 뒤, 서버에 TCP 세그먼트를 전송합니다.

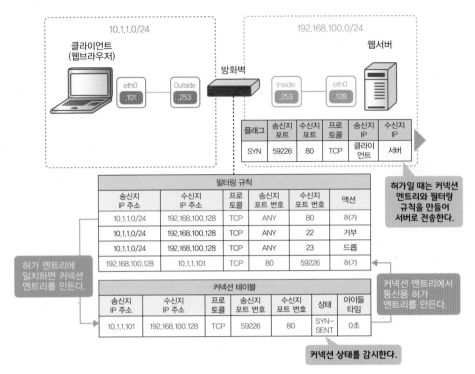

| 플래그 | 송신지 포트 | 수신지 포트 | 프로토콜 | 송신지 IP | 수신지 IP |
|---|---|---|---|---|---|
| SYN | 59226 | 80 | TCP | 클라이언트 | 서버 |

허가일 때는 커넥션 엔트리와 필터링 규칙을 만들어 서버로 전송한다.

**필터링 규칙**

| 송신지 IP 주소 | 수신지 IP 주소 | 프로토콜 | 송신지 포트 번호 | 수신지 포트 번호 | 액션 |
|---|---|---|---|---|---|
| 10.1.1.0/24 | 192.168.100.128 | TCP | ANY | 80 | 허가 |
| 10.1.1.0/24 | 192.168.100.128 | TCP | ANY | 22 | 거부 |
| 10.1.1.0/24 | 192.168.100.128 | TCP | ANY | 23 | 드롭 |
| 192.168.100.128 | 10.1.1.101 | TCP | 80 | 59226 | 허가 |

허가 엔트리에 일치하면 커넥션 엔트리를 만든다.

커넥션 엔트리에서 통신용 허가 엔트리를 만든다.

**커넥션 테이블**

| 송신지 IP 주소 | 수신지 IP 주소 | 프로토콜 | 송신지 포트 번호 | 수신지 포트 번호 | 상태 | 아이들 타임 |
|---|---|---|---|---|---|---|
| 10.1.1.101 | 192.168.100.128 | TCP | 59226 | 80 | SYN-SENT | 0초 |

커넥션 상태를 감시한다.

그림 5.2.24 • 통신을 허가하는 경우: 커넥션 엔트리를 추가하고, 서버에 전송

한편, 액션이 '거부(reject)'인 엔트리인 경우, 커넥션 테이블에 커넥션 엔트리를 추가하지 않고 클라이언트에 대해 RST 패킷을 반환합니다.

**필터링 규칙**

| 송신지 IP 주소 | 수신지 IP 주소 | 프로토콜 | 송신지 포트 번호 | 수신지 포트 번호 | 액션 |
|---|---|---|---|---|---|
| 10.1.1.0/24 | 192.168.100.128 | TCP | ANY | 80 | 허가 |
| 10.1.1.0/24 | 192.168.100.128 | TCP | ANY | 22 | 거부 |
| 10.1.1.0/24 | 192.168.100.128 | TCP | ANY | 23 | 드롭 |

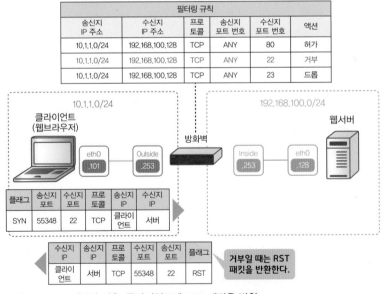

| 플래그 | 송신지 포트 | 수신지 포트 | 프로토콜 | 송신지 IP | 수신지 IP |
|---|---|---|---|---|---|
| SYN | 55348 | 22 | TCP | 클라이언트 | 서버 |

| 수신지 IP | 송신지 IP | 프로토콜 | 수신지 포트 | 송신지 포트 | 플래그 |
|---|---|---|---|---|---|
| 클라이언트 | 서버 | TCP | 55348 | 22 | RST |

거부일 때는 RST 패킷을 반환한다.

그림 5.2.25 • 거부인 경우: 클라이언트에 RST 패킷을 반환

또한 액션이 '드롭(drop)'인 엔트리인 경우에는 UDP에서와 마찬가지로, 커넥션 테이블에 커넥션 엔트리를 추가하지 않고 클라이언트에 대해서도 아무것도 하지 않습니다. TCP 세그먼트를 조용히 파기(silently discard)하고, 거기에 아무것도 없는 것처럼 진행합니다.

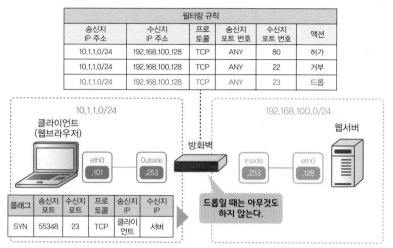

| 필터링 규칙 | | | | | |
|---|---|---|---|---|---|
| 송신지 IP 주소 | 수신지 IP 주소 | 프로토콜 | 송신지 포트 번호 | 수신지 포트 번호 | 액션 |
| 10.1.1.0/24 | 192.168.100.128 | TCP | ANY | 80 | 허가 |
| 10.1.1.0/24 | 192.168.100.128 | TCP | ANY | 22 | 거부 |
| 10.1.1.0/24 | 192.168.100.128 | TCP | ANY | 23 | 드롭 |

| 플래그 | 송신지 포트 | 수신지 포트 | 프로토콜 | 송신지 IP | 수신지 IP |
|---|---|---|---|---|---|
| SYN | 55348 | 23 | TCP | 클라이언트 | 서버 |

그림 5.2.26 ● 드롭인 경우: 클라이언트에는 아무것도 하지 않음

또한, 클라이언트는 SYN/ACK 패킷이 돌아오지 않으면 OS나 그 버전별로 정해진 간격으로, 정해진 횟수만큼 SYN을 계속 재전송합니다. 예를 들어, Ubuntu 20.04에서는 재전송 횟수는 6회, $2^{(N-1)}$초 간격(N은 N번째 재전송을 의미한다)으로 SYN 패킷을 재전송합니다.

③ 허가(accept, permit)의 엔트리인 경우에는 서버로부터 SYN/ACK 패킷을 반환합니다. 이 반환 통신은 송신지와 수신지를 반전한 통신입니다. 방화벽은 반환 통신을 받으면 ② 에서 만든 필터링 규칙을 사용해서 허가 제어를 실행하고, 클라이언트에 전송합니다. 이와 함께 커넥션 상태에 맞춰, 커넥션 엔트리 상태를 'SYN-SENT → ESTABLISHED'로 업데이트하고, 아이들 타임(무통신 시간)을 '0초'로 초기화합니다.

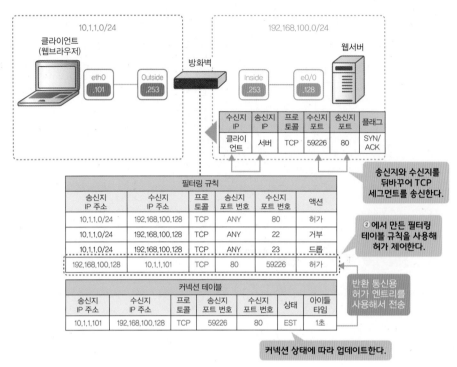

**그림 5.2.27** ● 반환 통신을 제어

④ 애플리케이션 데이터 전송이 끝나면 4웨이 핸드셰이크에 의한 클로즈 처리가 실행됩니다. 방화벽은 클라이언트와 웹서버 사이에서 교환되는 'FIN/ACK → ACK → FIN/ACK → ACK'라는 패킷의 흐름을 보고 커넥션 엔트리를 삭제합니다. 또한, 그에 맞춰 반환 통신용 규칙도 삭제합니다.

그리고 애플리케이션 데이터를 보내는 도중에 단말이 중지되는 등 커넥션을 정상적으로 클로즈할 수 없는 경우에는 ④의 처리를 할 수 없고, 불필요한 커넥션 엔트리와 반환 통신용 필터링 규칙이 방화벽의 메모리상에 계속 남게 됩니다. 방화벽은 불필요한 메모리 자원을 잡아먹지 않도록, 아이들 타임이 타임아웃되면 커넥션 엔트리와 반환 통신용 필터링 규칙을 삭제하고 메모리를 해제합니다.

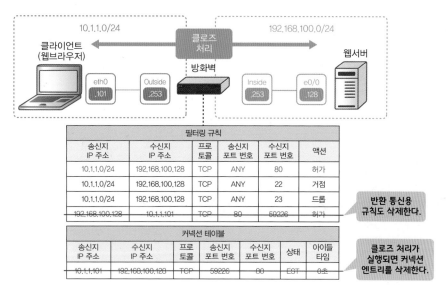

필터링 규칙

| 송신지<br>IP 주소 | 수신지<br>IP 주소 | 프로<br>토콜 | 송신지<br>포트 번호 | 수신지<br>포트 번호 | 액션 |
|---|---|---|---|---|---|
| 10.1.1.0/24 | 192.168.100.128 | TCP | ANY | 80 | 허가 |
| 10.1.1.0/24 | 192.168.100.128 | TCP | ANY | 22 | 거점 |
| 10.1.1.0/24 | 192.168.100.128 | TCP | ANY | 23 | 드롭 |
| ~~192.168.100.128~~ | ~~10.1.1.101~~ | ~~TCP~~ | ~~80~~ | ~~50226~~ | ~~허가~~ |

**반환 통신용 규칙도 삭제한다.**

커넥션 테이블

| 송신지<br>IP 주소 | 수신지<br>IP 주소 | 프로<br>토콜 | 송신지<br>포트 번호 | 수신지<br>포트 번호 | 상태 | 아이들<br>타임 |
|---|---|---|---|---|---|---|
| ~~10.1.1.101~~ | ~~192.168.100.128~~ | ~~TCP~~ | ~~50226~~ | ~~80~~ | ~~EST~~ | ~~0초~~ |

**클로즈 처리가 실행되면 커넥션 엔트리를 삭제한다.**

그림 5.2.28 ● 클로즈 처리가 실행되면 엔트리를 삭제

# 6

# 애플리케이션 계층

애플리케이션 계층은 네트워크상에서 애플리케이션이 동작하
도록 다양한 기능을 제공하는 계층입니다. 물리 계층, 데이터링
크 계층, 네트워크 계층을 통해 전송되고 트랜스포트 계층에서
선별된 패킷은 최종적으로 애플리케이션 계층에서 처리됩니다.

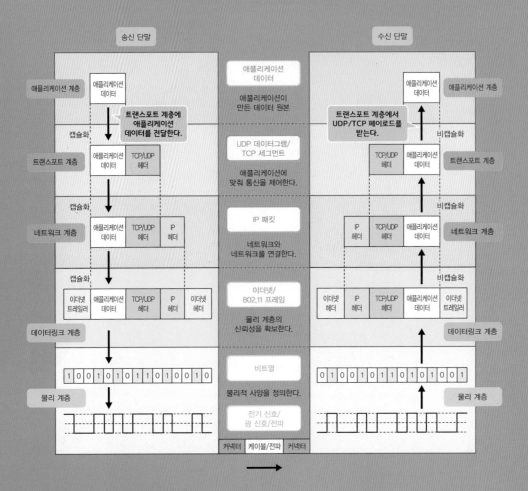

애플리케이션 계층은 애플리케이션으로서의 처리를 수행하고 최적적으로 사용자를 연결합니다. 트랜스포트 계층은 전송 제어하고, 애플리케이션별로 패킷을 선별하는 것까지 담당합니다. 그 이상의 일은 하지 않습니다. 패킷을 받은 애플리케이션은 각 애플리케이션이 담당하여 처리합니다. 예를 들어, 웹브라우저로 웹서버에 연결하는 경우 패킷은 물리 계층, 데이터링크 계층, 네트워크 계층 프로토콜을 통해 웹서버까지 전송되어, 트랜스포트 계층의 프로토콜에서 HTTP 서버 애플리케이션에 선별되고 애플리케이션 계층의 프로토콜에서 HTTP 서버 애플리케이션을 통해 처리됩니다.

애플리케이션 계층의 프로토콜은 세션 계층(5계층, L5), 프레젠테이션 계층(6계층, L6), 애플리케이션 계층(7계층, L7)을 모아서 하나의 애플리케이션 프로토콜로 표준화되었습니다. 이 책은 수많은 애플리케이션 프로토콜 중 대표적인 사용자 프로토콜이라 할 수 있는 HTTP, HTTPS, DNS를 설명한 뒤, 운용 관리 프로토콜이나 다중화 프로토콜 등 네트워크 구축 현장에서 중요한 프로토콜을 카테고리별로 골라서 설명합니다.

# 6.1 | HTTP

애플리케이션 계층에서 동작하는 애플리케이션 프로토콜 중, 가장 깊고도 잘 알려진 것인 HTTP(Hypertext Transfer Protocol)일 것입니다. 여러분도 웹브라우저에서 'http://…'와 같이 URL 을 입력한 경험이 있을 것입니다. 웹브라우저는 최초의 'http' 부분을 보고 'HTTP로 액세스합니 다.'라고 웹서버에게 선언하면서 요청을 송신합니다. 이에 대해 웹서버는 처리 결과를 응답으로 반환합니다.

HTTP는 원래 텍스트 파일을 다운로드하기 위한 목적의 간소한 프로토콜이었습니다. 하지만 지 금은 그 범위를 크게 넘어 파일 송수신에서 실시간 메시지 교환, 동영상 송출부터 웹 회의 시스 템에 이르기까지 셀 수 없이 많은 용도로 사용합니다. 인터넷은 HTTP와 함께 진화를 거듭했고, HTTP와 함께 폭발적으로 보급되었다고 해도 과언이 아닙니다.

## 6.1.1 HTTP 버전

HTTP는 1991년에 등장한 이래 'HTTP/0.9 → HTTP/1.0 → HTTP/1.1 → HTTP/2 → HTTP/3' 로 네 번의 큰 버전 업그레이드가 있었습니다. 어떤 버전에서 연결하는지는 웹브라우저와 웹서 버의 설정에 따라 다릅니다. 상호 설정이나 대응 상황이 다른 경우에는 데이터 교환 중 적절한 프로토콜 버전을 선택합니다.

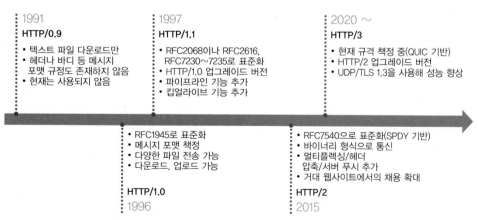

그림 6.1.1 • HTTP 버전의 변화

## HTTP/0.9

HTTP/0.9는 HTML(Hypertext Markup Language)로 기술된 텍스트 파일(HTML 파일)을 서버에서 다운로드하기 위한 단순한 것이었습니다. 지금이야 일부러 좋아서 사용할 이유는 없어졌지만, 그 단순함이 이후에 폭발적으로 보급된 원인임은 부정할 수 없습니다.

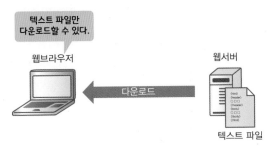

그림 6.1.2 • HTTP/0.9: 텍스트 파일 다운로드만

## HTTP/1.0

HTTP/1.0은 1996년에 RFC1945 'Hypertext Transfer Protocol – HTTP/1.0'으로 표준화되었습니다. HTTP/1.0에서는 텍스트 파일 이외에도 다양한 파일을 다룰 수 있게 되어, 다운로드뿐만 아니라 업로드나 삭제도 가능해짐에 따라 프로토콜로서 그 폭이 크게 넓어졌습니다. 메시지(데이터)의 포맷이나 요청(request)과 응답(response)의 기본적인 사용도 이 시점에서 확립되었고, 현재까지 이어져 HTTP의 토대가 되었습니다.

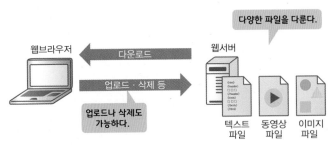

그림 6.1.3 • HTTP/1.0: 업로드나 삭제도 가능

HTTP/0.9와 HTTP/1.0은 리퀘스트마다 TCP 커넥션을 만들고 부수는 순서를 반복했습니다. 예를 들어, 4개의 콘텐츠(파일)로 구성된 웹사이트를 HTTP/0.9 또는 HTTP/1.0을 통해 보는 경우, TCP 커넥션을 오픈하고 콘텐츠 다운로드가 끝나면 클로즈하는 과정을 4번 반복합니다.

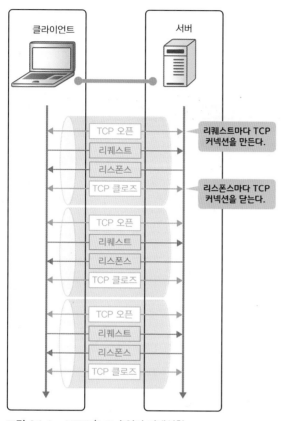

**그림 6.1.4 ● HTTP/1.0: 수없이 커넥션함**

클라이언트가 1대뿐이라면 이를 처리하는 데 특별히 부하가 걸리지는 않습니다. 하지만 클라이언트가 10,000대가 되면 이야기가 달라집니다. 티끌 모여 태산이 되듯, 서버에 막대한 부하가 걸립니다. 신규 커넥션 처리는 SSL 핸드셰이크(318쪽)와 함께, 부하가 되기 쉬운 처리의 하나입니다.

또한, 웹브라우저는 하나의 서버에 대해 동시에 오픈할 수 있는 TCP 커넥션 수(최대 커넥션 수, 최대 연결 수)가 결정되어 있으며 최근의 기본값은 '6'입니다. 웹브라우저는 최대 6개의 TCP 커넥션을 만들고 응답받은 뒤, 차례로 새로운 TCP 커넥션을 만들어 갑니다.

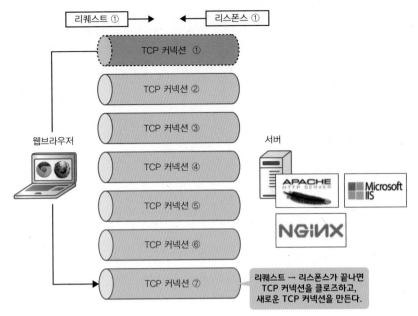

리퀘스트 ①  →     ←  리스폰스 ①

TCP 커넥션 ①

TCP 커넥션 ②

TCP 커넥션 ③

웹브라우저

TCP 커넥션 ④

서버

TCP 커넥션 ⑤

TCP 커넥션 ⑥

TCP 커넥션 ⑦

리퀘스트 → 리스폰스가 끝나면
TCP 커넥션을 클로즈하고,
새로운 TCP 커넥션을 만든다.

그림 6.1.5 • HTTP/1.0: 점점 TCP 커넥션을 만들어 감

## HTTP/1.1

HTTP/1.1은 1997년에 RFC2068 'Hypertext Transfer Protocol – HTTP/1.1'로 표준화되어, 1999
년에 RFC2616 'Hypertext Transfer Protocol – HTTP/1.1'로 업데이트되었습니다[1]. HTTP/1.1에
는 **킵얼라이브**(keep-alive, 지속적 연결)나 **파이프라인**(pipeline) 등 TCP 레벨에서 퍼포먼스 향상을
목표로 하는 기능이 추가되었습니다.

### ■ 킵얼라이브(지속적 연결)

킵얼라이브는 한 번 만들어진 TCP 커넥션을 재사용하는 기능입니다. HTTP/1.0에서는 확장
기능이었으나 HTTP/1.1에서는 표준 기능이 되었습니다. 최초에 TCP 커넥션을 만들어 두고,
그 위에 여러 HTTP 요청을 송신합니다. HTTP/1.0까지는 콘텐츠별로 수행하던 'TCP 오픈 →
HTTP 요청 → HTTP 응답 → TCP 클로즈' 중 TCP에 관한 처리가 사라지므로 신규 커넥션 수
가 줄어들고 시스템 전체의 처리 부하도 크게 줄어듭니다. 그리고 TCP 핸드셰이크의 패킷 왕복
시간(RTT, Round-Trip Time)이 짧아지기 때문에 처리량도 증가합니다.

---

1 RFC2616은 이후 2014년에 FRC7230~RFC7235에 따라 업데이트되었습니다. RFC2616 쪽이 간단하고 이해하기 쉬워 구축 현장에서는
  아직도 HTTP/1.1의 기본 지침으로 참조되는 경우가 많기 때문에 이 책에서는 이를 기반으로 설명합니다. RFC7230~RFC7235에 따라
  업데이트된 내용은 각 RFC의 'Changes from RFC2616' 섹션에 기재되어 있습니다.

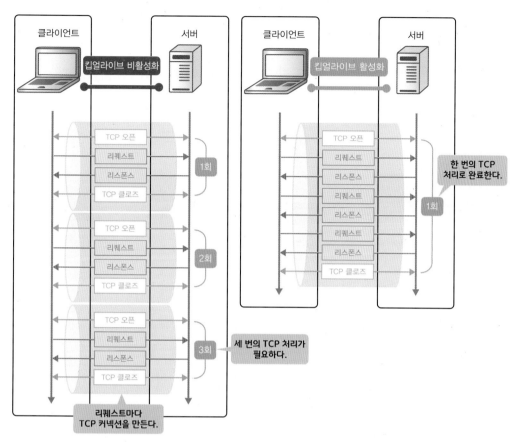

그림 6.1.6 ● 킵얼라이브의 효용

## ■ 파이프라인

파이프라인은 요청에 대한 응답을 기다리지 않고, 다음 요청을 송신하는 기능입니다. HTTP/1.0
은 요청을 송신한 뒤, 그 응답을 기다린 뒤 다음 요청을 송신하는 방식이었습니다. 하지만 이 방
식으로는 많은 콘텐츠로 구성된 웹사이트를 볼 때, 시간이 오래 걸릴 수밖에 없습니다. 파이프
라인을 이용하면 여러 리퀘스트를 계속 송신할 수 있게 되므로 콘텐츠가 표시될 때까지의 시간
단축을 기대할 수 있습니다(그림 6.1.7).

하지만 현실에서는 파이프라인이 기대한 만큼 성과를 올리지 못했습니다. 왜냐하면 HTTP/1.1
은 같은 TCP 커넥션 안에서 요청과 응답의 교환을 병렬 처리할 수 없는 사양이었기 때문에 서
버는 요청을 받은 순서대로 응답을 반환해야만 했습니다. 이 제한은 파이프라인에 직접적인 영
향을 미쳤습니다.

예를 들어, 클라이언트가 파이프라인으로 2개의 요청을 연속해서 송신했을 때, 서버가 최초의 요청을 처리하는 데 시간이 걸려 응답을 돌려주지 않으면 이어진 요청에 대한 응답도 반환되지 않습니다. 또한, 서버의 버퍼도 쓸데없이 소비됩니다. 이 현상을 **HoL 블로킹**(Head of Lock Blocking)이라 부릅니다. HoL 블로킹이 원인이 되어, 크롬은 물론 파이어폭스에서도 파이프라인은 기본 비활성화되어 있습니다.

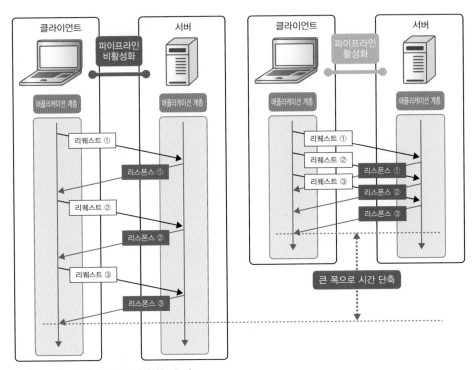

그림 6.1.7 • 파이프라인에 기대하는 효과

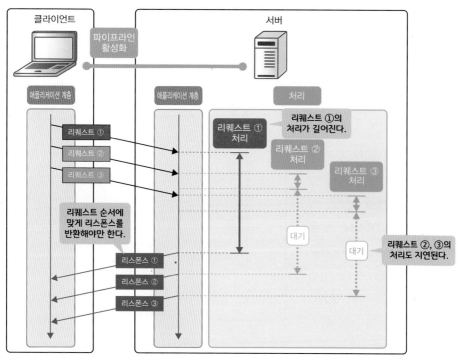

그림 6.1.8 • HoL 블로킹

## HTTP/2

HTTP/2는 구글이 개발한 SPDY(스피디)라는 프로토콜을 기반으로 2015년 RFC7540 'Hypertext Transfer Protocol Version 2(HTTP/2)'로 표준화되었습니다. HTTP/2는 이제까지 텍스트 형식의 메시지 단위로 교환하는 애플리케이션 데이터를 **프레임**(frame)이라 부르는 바이너리 형식 단위로 교환해 오버헤드 감소와 성능 향상을 목표로 합니다. 또한, **멀티플렉싱**(multiplexing)이나 **HPACK**, **서버 푸시**(server push) 등 TCP 레벨뿐만 아니라 애플리케이션 레벨에서도 성능 향상을 목표로 하는 기능들이 추가되었습니다.

### ■ 멀티플렉싱

HTTP/1.1의 파이프라인은 큰 폭의 성능 향상을 예상했지만, HoL 블로킹 문제를 안고 있었기 때문에 거의 사용되지 않은 채로 끝났습니다. 이를 보완해 파이프라인을 대신해 추가된 기능이 HTTP/2의 멀티플렉싱입니다.

멀티플렉싱은 1개의 TCP 커넥션 안에 **스트림**(stream)이라는 가상 채널을 만들고, 스트림별로 요청과 응답을 교환하게 함으로써 HoL 블로킹 문제를 해소합니다. 또한, 1개의 TCP 커넥션으로 파이프라인과 같은 병렬 처리를 구현할 수 있기 때문에 최소한의 TCP 처리 부하로 최대한의 성능을 발휘할 수 있습니다.

### ■ HPACK

HPACK은 메시지 헤더(HTTP 헤더)를 압축하는 기능입니다. 메시지 헤더는 HTTP에 관한 제어 정보를 저장한 필드입니다. HTTP/1.1은 같은 내용의 헤더를 수차례 교환하기 때문에 낭비가 매우 많은 프로토콜이었습니다. 또한, 압축하는 기능이 있었지만 메시지 바디(HTTP 페이로드)만이 대상이었고, 메시지 헤더는 대상이 아니었습니다.

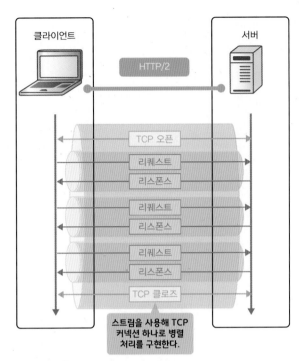

그림 6.1.9 • 멀티플렉싱에 의한 1개 TCP 커넥션으로 병렬 처리를 실현

HTTP/2는 자주 사용하는 HTTP 헤더 이름이나 헤더를 미리 정적으로 결정한 숫자로 치환하거나, 한 번 송신한 HTTP 헤더를 동적으로 할당한 숫자로 치환하는 등 헤더의 전송량을 줄이는 것이 목표입니다.

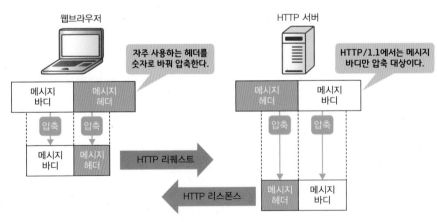

그림 6.1.10 • HPACK

## ■ 서버 푸시

HTTP/1.1까지 HTTP는 하나의 요청에 대해 하나의 응답을 반환하는 풀 타입 프로토콜이었습니다. HTTP/2에서는 하나의 요청에 대해 여러 응답을 반환하는 푸시 타입 기능을 추가했습니다. 이것이 서버 푸시입니다. **HTTP/2 서버는 클라이언트가 최초로 요청한 콘텐츠를 해석하고, 다음에 올 요청에 대한 응답을 요청이 오기 전에 보냅니다.** 웹브라우저는 그 응답을 캐시하고, 요청에 대한 응답을 캐시 영역에서 호출합니다. 이를 통해 웹사이트의 체감적인 표시 속도가 향상됩니다.

예를 들면, index.html이 script.js(자바스크립트 파일)와 style.css(CSS 파일)를 로딩하는 HTML일 때, index.html에 대한 요청 뒤에 script.js와 style.css에 대한 요청이 올 것을 예상할 수 있습니다. 이때, HTTP/2 서버는 그 요청이 오기 전에 script.js와 style.css를 응답합니다. 웹브라우저는 그 응답을 캐시해 두고 script.js와 style.css의 요청에 대한 응답을 캐시 영역에서 호출합니다.

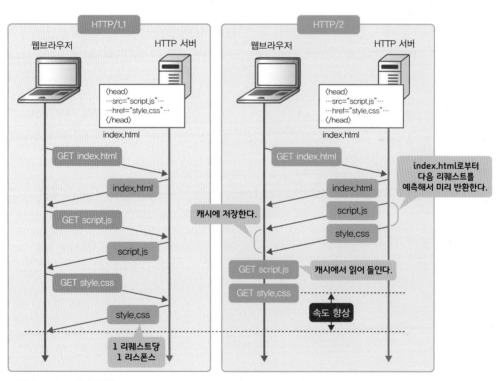

그림 6.1.11 • 서버 푸시

HTTP/2의 역사는 아직 길지 않지만 야후나 트위터, 페이스북과 같은 대규모 웹사이트에는 이미 채용되었으며, 최근 그 증가 추이에 박차를 가하고 있습니다. 웹사이트와 웹브라우저만 대응한다면 우리가 느끼지도 못하는 사이에 HTTP/2로 연결되어 있을 것입니다[2]. 그리고 HTTP/2는 SSL/TLS(330쪽)에 의한 암호화를 필수로 하고 있지는 않지만, 4대 주요 브라우저(크롬, 파이어폭스, 사파리, 에지)는 HTTP/2 over SSL/TLS에만 대응하고 있습니다.

## ▶ HTTP/3

HTTP/3는 구글이 개발한 QUIC(Quick UDP Internet Connections)를 기반으로, IETF에서 RFC 표준화를 진행하고 있습니다. HTTP/3는 애플리케이션 데이터를 보내지 않는 시간을 극단적으로 줄인 것으로, 뛰어난 성능 향상을 목표로 합니다.

### ■ UDP를 이용한 지연 감소

HTTP/3에서 가장 크게 변화한 부분은 TCP가 아니라 UDP를 사용하는 것입니다. 이제까지 HTTP라 하면 TCP를 사용하는 것이 당연했으므로 그것이 어떤 고정 관념처럼 되었습니다. 그 고정 관념을 깬 것이 HTTP/3입니다.

260쪽에서 설명한 것처럼, TCP에는 애플리케이션 데이터를 교환하기 전에 3웨이 핸드셰이크라는 처리를 해야 합니다. 3웨이 핸드셰이크는 신뢰성을 확보하기 위해 필요한 처리임은 분명합니다. 하지만 그 사이 데이터를 전송할 수 없기 때문에 병목되어 버립니다. HTTP/3는 UDP[3]를 사용함으로써, 3웨이 핸드셰이크에 걸리는 시간을 줄이고, 더 많은 HTTP 데이터를 보낼 수 있도록 합니다.

---

2  크롬이나 파이어폭스에서는 'HTTP/2 over SPDY indicator'라는 확장 기능을 이용해, 어떤 버전으로 연결하고 있는지 알 수 있습니다.

3  구체적으로는 UDP 443번을 사용합니다.

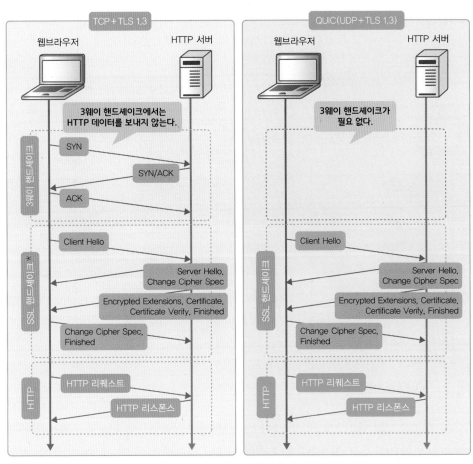

★ SSL 핸드셰이크는 암호화에 필요한 사전 준비입니다. 318쪽에서 설명합니다.

그림 6.1.12 • UDP를 이용한 성능 향상[4]

## ■ TLS 1.3을 이용한 지연 감소

HTTP/3는 지금의 보안 사정을 고려해 **TLS 1.3**(Transport Layer Security version 1.3)이라는 프로토콜을 이용한 암호화 통신을 제창하고 있습니다[5].

TLS는 암호화 통신을 하기 위해 **SSL 핸드셰이크** 처리합니다. SSL 핸드셰이크는 보안을 확보하기 위해 필요한 처리임은 확실합니다. 하지만 3웨이 핸드셰이크와 마찬가지로, 그 사이 애플리케이션 데이터를 교환할 수 없기 때문에 지연의 원인이 됩니다. TSL 1.3은 더욱 작은 패킷의 교환(왕복)으로, 매우 빠르게 인증/암호화할 수 있도록 SSL 핸드셰이크를 효율화해야 합니다. HTTP/3

---

4 HTTP/3는 TLS 1.3(345쪽)를 이용한 암호화가 필수이므로 TLS 1.3으로 암호화한 상태로 비교합니다.

5 TSL 1.3은 SSL 버전의 하나입니다. SSL은 330쪽에서 자세히 설명합니다.

는 TSL 1.3을 이용해 SSL 핸드셰이크에 걸리는 시간을 줄이고 더 많은 HTTP 데이터를 보낼 수 있게 됩니다.

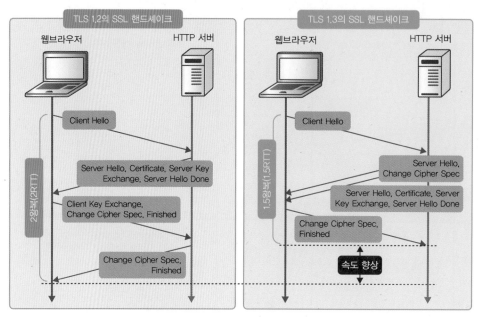

**그림 6.1.13 ● TLS 1.3을 이용한 성능 향상**

HTTP/3는 2020년 11월 기준으로, 아직 RFC로 표준화되지 않았으므로 미래의 프로토콜과 같은 느낌도 없지 않으나 사실 QUIC와 함께 이미 상당히 사용되고 있습니다. 예를 들어, 최근 크롬이나 스마트폰 애플리케이션에서 유튜브 동영상을 보고 있으면 눈치채지 못하는 사이에 HTTP/3로 연결될 것입니다. CDN도 점점 대응하기 시작했기 때문에 향후 대규모 사이트들도 점점 HTTP/3로 옮겨갈 것입니다.

## 6.1.2 HTTP/1.1의 메시지 포맷

HTTP에는 버전 업그레이드하면서 다양한 기능이 추가되었습니다. 하지만 메시지를 구성하는 기본 요소나 그 역할에 관해서 그만큼 큰 변화는 없습니다. 간단함 그 자체인 메시지 포맷이지만, 현재 진행형인 HTTP의 진화를 가져오고 있다고 해도 과언은 아닐 것입니다. 여기에서는 2020년 시점에서 가장 일반적이고 기본적인 버전인 HTTP/1.1의 메시지 포맷을 설명합니다.

HTTP에서 교환하는 정보를 **HTTP 메시지**라 부릅니다. HTTP 메시지에는 웹브라우저 서버에 처리를 요청하는 **리퀘스트 메시지**(request message), 서버가 웹브라우저에 처리 결과를 반환하는 리스폰스 메시지(response message)의 2가지가 있습니다. 두 메시지 모두 HTTP 메시지의 종류를 나타내는 **스타트 라인**(start line), 각종 제어 정보를 여러 행에 걸쳐 저장하는 **메시지 헤더**(message header), 애플리케이션 데이터의 본문을 저장하는 **메시지 바디(HTTP 페이로드)**(message body)의 3가지로 구성되어 있으며, 메시지 헤더와 메시지 바디 사이에는 경계선을 나타내는 빈 행의 줄 바꿈 코드(\r\n)가 들어갑니다.

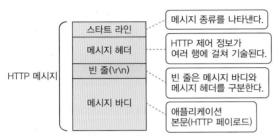

**그림 6.1.14 • HTTP 메시지 포맷**

리퀘스트 메시지와 리스폰스 메시지를 구체적으로 살펴봅니다.

## ■ 리퀘스트(요청) 메시지 포맷

리퀘스트 메시지는 1행의 **리퀘스트 라인**, 여러 HTTP 헤더로 구성된 **메시지 헤더**, 그리고 **메시지 바디** 3개로 구성됩니다. 리퀘스트 메시지의 메시지 헤더는 **리퀘스트 헤더**(request header), **일반 헤더**(generic header), **엔티티 헤더**(entity header), **기타 헤더**(auxiliary header)의 4개 HTTP 헤더 중 하나로 구성되어 있으며, 어떤 HTTP 헤더로 구성되는지는 웹브라우저[6]에 따라 다릅니다. 그리고 각 헤더 필드는 '〈헤더 이름〉:〈필드값〉'으로 구성됩니다.

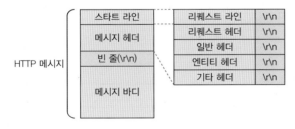

**그림 6.1.15 • 리퀘스트 메시지**

6  이 책에서는 HTTP/HTTPS 클라이언트 소프트웨어, HTTP/HTTPS 클라이언트 도구를 총칭해서 '웹브라우저'라는 용어를 사용합니다.

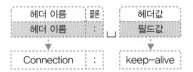

그림 6.1.16 • HTTP 헤더 필드의 구성 요소

## ■ 리퀘스트 라인

리퀘스트 라인은 이름 그대로 클라이언트가 서버에 '○○해 주십시오!'라는 처리를 요청하기 위한 행입니다. 리퀘스트 메시지에만 존재하는 행입니다. 리퀘스트 라인은 리퀘스트 종류를 나타내는 **메서드**(method), 리소스 식별자를 나타내는 **리퀘스트 URI**(Request Uniform Resource Identifier), HTTP 버전을 나타내는 **HTTP 버전**(HTTP version)의 3가지로 구성됩니다. 웹브라우저는 임의의 HTTP 버전에서 URI로 나타나는 웹서버상의 리소스(파일)에 대해, 메서드를 사용해 처리를 요청합니다.

그림 6.1.17 • 리퀘스트 라인 구성 요소

## ▶ 메서드

메서드는 클라이언트가 서버에 대해 요청하는 리퀘스트의 종류를 나타냅니다. RFC2616에 정의된 것은 다음 표에 나타낸 8종류입니다. 예를 들면, 웹사이트를 볼 때는 'GET' 메서드를 이용해서 웹서버상의 파일을 다운로드해서 표시합니다.

표 6.1.1 • RFC2616에 정의된 메서드

| 메서드 | 내용 | 대응 버전 |
|---|---|---|
| OPTIONS | 서버가 지원하는 메서드나 옵션을 확인한다. | HTTP/1.1~ |
| GET | 서버로부터 데이터를 얻는다. | HTTP/0.9~ |
| HEAD | 메시지 헤더만 얻는다. | HTTP/1.0~ |
| POST | 서버로 데이터를 전송한다. | HTTP/1.0~ |
| PUT | 서버로 로컬 데이터를 전송한다. | HTTP/1.1~ |
| DELETE | 파일을 삭제한다. | HTTP/1.1~ |
| TRACE | 서버로의 경로를 확인한다. | HTTP/1.1~ |
| CONNECT | 프록시 서버에 터널링을 요청한다. | HTTP/1.1~ |

## ▶ 리퀘스트 URI

리퀘스트 URI는 서버의 장소나 파일 이름, 파라미터 등 다양한 리소스를 식별하기 위해 사용하는 문자열입니다. RFC3986 'Uniform Resource Identifier(URI): Generic Syntax'로 규격화되어 있습니다. URI 포맷에는 리소스에 액세스하기 위해 필요한 정보를 모두 기술하는 **절대 URI**(absolute URI), 기준이 되는 URI로부터의 상대적인 위치를 나타내는 **상대 URI**(relative URI)가 있습니다.

절대 URI는 목적한 리소스(파일이나 프로그램 등)에 관해 처음부터 마지막까지 기술합니다. 구체적으로는 스킴 이름, 서버 주소, 포트 번호, 파일 경로, 쿼리 문자열, 프래그먼트 식별자 등으로 구성됩니다.

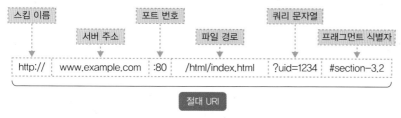

**그림 6.1.18 ● 절대 URI**

한편, 상대 URI는 예를 들면, '/html/index.html?uid=1234#section3-2'와 같이 기준이 되는 'http://www.example.com'을 기준으로 하는 상대적인 위치를 나타냅니다. 단순하게 웹사이트 정보를 GET할 때는 대부분 상대 URI를 사용합니다.

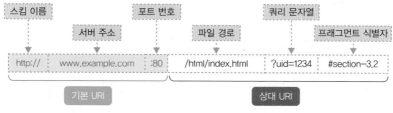

**그림 6.1.19 ● 상대 URI**

또한, URI 중에는 일반적으로 친숙한 URL(Uniform Resource Locator)이 있습니다. URL은 웹사이트에 접속할 때 입력하는 주소로, 네트워크에서 서버의 위치를 나타냅니다.

## ◼ 리스폰스(응답) 메시지 포맷

리스폰스 메시지는 한 개 행의 **스테이터스 라인**(status line), 여러 HTTP 헤더로 구성된 **메시지 헤더**(message header), 그리고 **메시지 바디**(message body)의 3가지로 구성되어 있습니다. 리스폰스 메시지의 메시지 헤더는 **리스폰스 헤더, 일반 헤더, 엔티티 헤더, 기타 헤더**라는 4가지 종류의 HTTP 헤더 중 하나로 구성되어 있으며, 어떤 HTTP 헤더로 구성되는지는 웹서버(HTTP 서버 소프트웨어)에 따라 다릅니다.

| HTTP 메시지 | 스타트 라인 | | 스테이터스 라인 | \r\n |
|---|---|---|---|---|
| | | | 리스폰스헤더 | \r\n |
| | 메시지 헤더 | | 일반 헤더 | \r\n |
| | 빈 줄(\r\n) | | 엔티티 헤더 | \r\n |
| | | | 기타 헤더 | \r\n |
| | 메시지 바디 | | | |

**그림 6.1.20 ●** 리스폰스 메시지

### ◼ 스테이터스 라인

스테이터스 라인은 웹서버가 웹브라우저에 대해 처리 결과의 개요를 반환하는 행입니다. 리스폰스 메시지에만 존재합니다. 스테이터스 라인은 HTTP 버전을 나타내는 **HTTP 버전**, 처리 결과의 개요를 2자리 숫자로 나타내는 **스테이터스 코드**(status code), 그 이유를 나타내는 **리즌 프레이즈**(reason phrase)로 구성되어 있습니다.

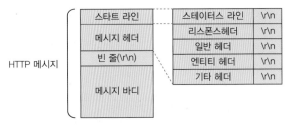

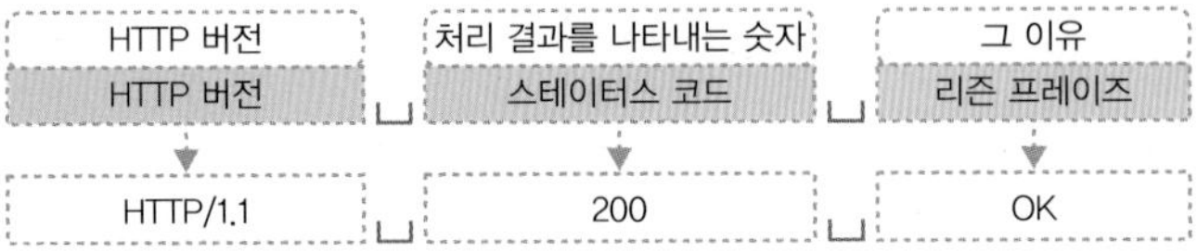

**그림 6.1.21 ●** 스테이터스 라인 구성 요소

스테이터스 코드와 리즌 프레이즈는 유일하게 묶여 있습니다. 대표적인 것들을 다음 표에 나타냈습니다.

예를 들면, 일반적으로 자주하는 것처럼 웹브라우저로 웹사이트에 액세스했을 때, 화면이 표시되는 경우의 스테이터스 라인에는 'HTTP/1.1 200 OK'가 설정됩니다.

표 6.1.2 ● 대표적인 스테이터스 코드와 리즌 프레이즈

| | 클래스 | 스테이터스 코드 | 리즌 프레이즈 | 설명 |
|---|---|---|---|---|
| 1xx | Informational | 100 | Continue | 클라이언트는 리퀘스트를 계속할 수 있다. |
| | | 101 | Switching Protocols | Upgrade 헤더를 사용해 프로토콜, 또는 버전을 변경한다. |
| 2xx | Success | 200 | OK | 정상적으로 처리를 종료했다. |
| 3xx | Redirection | 301 | Moved Permanently | Location 헤더를 사용해, 다른 URI에 리다이렉트(전송)한다. 영구 대응 |
| | | 302 | Found | Location 헤더를 사용해, 다른 URI로 리다이렉트(전송)한다. 임시 대응 |
| | | 304 | Not Modified | 리소스가 업데이트되지 않았다. |
| 4xx | Client Error | 400 | Bad Request | 리퀘스트 구분에 오류가 있다. |
| | | 401 | Unauthorized | 인증에 실패했다. |
| | | 403 | Forbidden | 해당 리소스에 대해 액세스가 거부되었다. |
| | | 404 | Not Found | 해당 리소스가 존재하지 않는다. |
| | | 406 | Not Acceptable | 대응하는 종류의 파일이 없다. |
| | | 412 | Precondition Failed | 전제 조건을 만족하지 않는다. |
| 5xx | Server Error | 503 | Service Unavailable | 웹서버 애플리케이션에 장애가 발생했다. |

# 6.1.3 다양한 HTTP 헤더

스테이트 라인(리퀘스트 라인 또는 스테이터스 라인) 뒤에는 HTTP 메시지를 제어하는 메시지 헤더가 이어집니다. 메시지 헤더는 **리퀘스트 헤더, 리스폰스 헤더, 일반 헤더, 엔티티 헤더, 기타 헤더**의 5종류의 HTTP 헤더의 조합으로 구성됩니다. 각각에 관해 제어 범위나 사용 용도를 설명합니다.

## ■ 리퀘스트 헤더

메시지 헤더 중에서도 리퀘스트 메시지를 제어하기 위한 헤더를 리퀘스트 헤더라 부릅니다. RFC2616에서는 다음 표에 표시한 19종류의 리퀘스트 헤더를 정의하고 있습니다. 웹브라우저는 이 중에서 HTTP 메시지 송수신에 필요한 헤더를 몇 가지 선택하고, 줄 바꿈 코드(\r\n)로 구분해 여러 행으로 구성합니다.

**표 6.1.3 • RFC2616에 정의된 리퀘스트 헤더**

| 헤더 | 설명 |
|---|---|
| Accept | 텍스트 파일이나 동영상 파일 등 웹브라우저가 받을 수 있는 미디어 타입 |
| Accept-Charset | Unicode나 ISO 등 웹브라우저가 처리할 수 있는 문자셋 |
| Accept-Encoding | gzip이나 compress 등 웹브라우저가 처리할 수 있는 메시지 바디 압축(콘텐츠 코딩) 타입 |
| Accept-Language | 한국어나 영어 등 웹브라우저가 처리할 수 있는 언어셋 |
| Expect | 송신하는 리퀘스트의 메시지 바디가 클 때, 서버가 받을 수 있는지 확인한다. |
| From | 사용자 메일 주소. 연락처를 전달하기 위해 사용한다. |
| Host | 웹브라우저가 요청하는 웹서버의 도메인 이름(FQDN) |
| If-Match | 조건부 리퀘스트. 서버는 리퀘스트에 포함된 ETag(Entity Tag) 헤더값이 서버상의 특정 리소스에 연결된 ETag값과 일치하면 응답을 반환한다. |
| If-Modified-Since | 조건부 리퀘스트. 서버는 이 날짜 이후에 업데이트된 리소스에 대한 리퀘스트인 경우 응답을 반환한다. |
| IF-None-Match | 조건부 리퀘스트. 서버는 리퀘스트에 포함된 Etag 헤더값이 서버상의 특정한 리소스에 연결된 ETag 값과 일치하지 않으면 응답을 반환한다. |
| If-Range | 조건부 리퀘스트. 값으로 Etag 또는 업데이트 일시를 넣고, Range 헤더와 함께 사용한다. 서버는 Etag 또는 업데이트 일시가 일치하면 Range 헤더를 처리한다. |
| If-Unmodified-Since | 조건부 리퀘스트. 서버는 이 날짜 이후에 업데이트되지 않은 리소스에 대한 리퀘스트인 경우 응답을 반환한다. |
| Max-Forwards | TRACE 또는 OPTIONS 메서드에서 전송해도 좋은 서버의 최대수 |
| Proxy-Authorization | 프록시 서버에 대한 인증 정보 |
| Range | '1000바이트부터 2000바이트까지'와 같이, 리소스의 일부를 얻는 레인지 리퀘스트일 때 사용된다. |
| Referer | 직전에 링크되었던 URL |
| TE | 웹브라우저가 받을 수 있는 메시지 바디의 분할(전송 코딩) 타입 |
| User-Agent | 웹브라우저 정보 |

이 책에서는 이 중에서 최근 웹브라우저에서 사용되는 몇 가지 리퀘스트 헤더를 골라 설명합니다.

### ■ Accept 헤더

**Accept 헤더**는 웹브라우저가 처리할 수 있는 파일의 종류(MIME 타입, 미디어 타입)와 그 상대적인 우선도를 웹서버에 전달하기 위해 사용되는 리퀘스트 헤더입니다. 웹브라우저는 Accept 헤더를 사용해 '○○의 파일이면 처리합니다!'라고 웹서버에 전달합니다. 웹서버는 그 정보를 기반으로, 웹브라우저가 처리할 수 있는 파일을 반환합니다. 대응하는 파일이 없는 경우, 웹서버는 '406 Not Acceptable'을 반환합니다.

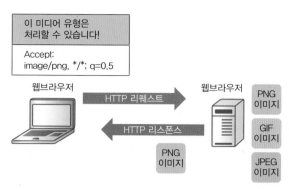

**그림 6.1.22 • Accept 헤더**

Accept 헤더에 사용하는 MIME(Multipurpose Internet Mail Extensions) 타입은 HTML 형식의 테스트 파일이면 'text/html', PNG 형식의 이미지 파일이면 'image/png'와 같이 '타입/서브타입' 포맷으로 표기합니다. 그리고 '＊'(애스터리스크)는 '모든'을 의미합니다. 예를 들면, '＊/＊'는 모든 파일을 나타내고, 'image/＊'는 모든 이미지 파일을 나타냅니다.

대표적인 MIME 타입과 대응하는 확장자로는 다음과 같은 것이 있습니다.

**표 6.1.4 • 대표적인 MIME 타입과 확장자**

| 파일 종류 | | MIME 타입 | 대응 확장자 |
|---|---|---|---|
| 텍스트 파일 | HTML 파일 | text/html | .html, .htm |
| | CSS 파일 | text/css | .css |
| | JavaScript 파일 | text/javascript | .js |
| | 플레인 텍스트 파일 | text/plain | .txt |
| 이미지 파일 | JPEG 이미지 파일 | image/jpeg | .jpg, .jpeg |
| | PNG 이미지 파일 | image/png | .png |
| | GIF 이미지 파일 | image/gif | .gif |
| 동영상 파일 | MPEG 동영상 파일 | video/mpeg | .mpeg, .mpe |
| | QuickTime 동영상 파일 | video/quicktime | .mov, .qt |
| 애플리케이션 파일 | XML 파일, XHTML 파일 | application/xhtml+xml | .xml, .xhtml, .xht |
| | 프로그램 파일 | application/octet-stream | .exe |
| | Microsoft Word 파일 | application/msword | .doc |
| | PDF 파일 | application/pdf | .pdf |
| | ZIP 파일 | application/zip | .zip |
| 모든 파일 | | ＊/＊ | 모든 확장자 |

또한, 여러 MIME 타입을 지정할 때는 ','(콤마)로 연결합니다. 예를 들면, GIF 이미지 파일에 대응하지 않는 경우에는 'image.png, image/jpeg'로 설정해서 대응하는 이미지 파일을 지정합니다.

여러 MIME 타입을 처리할 수 있고, 그 우선도를 붙이고 싶을 때는 'qvalue(품질 계수)'를 사용합니다. qvalue는 MIME 타입 뒤에 ';'(세미 콜론)을 붙이고 'q=○○'으로 정의합니다. 0~1까지의 값을 지정할 수 있으며, 1은 정의되지 않았을 때의 기본값으로 최우선을 의미합니다. 예를 들어, PNG 이미지 파일을 최우선으로 반환받고자 할 때는 'images/png,image/*;q=0.5'로 지정합니다. 이것으로 image/png에는 q=1이 지정되어 최우선으로 처리됩니다.

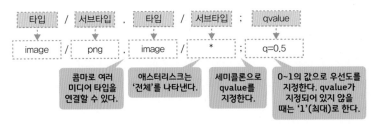

**그림 6.1.23** ● MIME 타입과 우선도 지정 예

리퀘스트 헤더에는 이외에도 'Accept-Charset'이나 'Accept-Language' 등 'Accept'로 시작하는 리퀘스트 헤더가 몇 가지 있습니다. 이 리퀘스트들은 모두 웹브라우저가 처리할 수 있는 것과 상대적인 우선도를 서버에 전달하기 위해 사용됩니다. 예를 들면, Accept-Charset은 UTF-8이나 Shift-JIS 등 웹브라우저가 처리할 수 있는 문제셋을 전달하고, Accept-Language는 한국어나 영어 등 웹브라우저가 처리할 수 있는 언어셋을 전달합니다. 필드값은 다르지만, 콤마와 세미콜론으로 구성된 포맷 자체는 동일합니다.

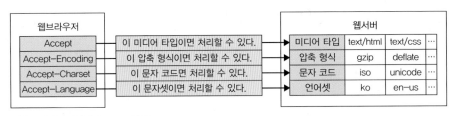

**그림 6.1.24** ● 기타 Accept 헤더

### ■ Host 헤더

**Host 헤더**(Host header)는 HTTP/1.1에서 유일한 필수 항목 헤더입니다. 웹브라우저가 리퀘스트하는 웹서버의 도메인 이름(FQDN)과 포트 번호가 설정됩니다. 예를 들어, 웹브라우저에 'http://www.example.com:8080/html/foobar.txt'를 입력해 웹서버에 액세스한 경우, Host 헤더에는 'www.example.com:8080'이 설정됩니다.

Host 헤더는 하나의 IP 주소로 여러 도메인을 운용하는 **Virtual Host** 기능을 사용할 때 그 효과를 발휘합니다. Virtual Host를 활성화하는 웹서버는 Host 헤더에 설정된 FQDN을 보고, 대상이 되는 Virtual Host에 리퀘스트를 분배하고, 그에 맞는 콘텐츠를 응답합니다.

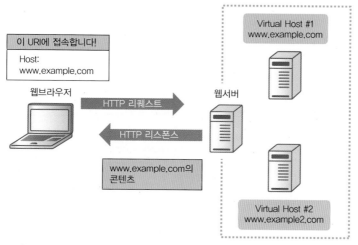

그림 6.1.25 • Host 헤더로 Virtual Host를 구분

### ■ Referer 헤더

**Referer 헤더**(Referrer header)는 직전의 연결 소스의 URI를 나타내는 헤더입니다. 예를 들어, 어떤 검색 키워드를 구글에서 검색하고, 검색 결과를 클릭해서 보고 싶은 웹사이트에 액세스했을 때 Referer 헤더에는 *https://www.google.co.kr/*이 설정됩니다.

여러분이 운용하는 웹사이트에 대한 액세스의 출처가 어디일까요? 이것은 세일즈 프로모션을 위한 매우 중요한 정보가 됩니다. 웹사이트 관리자는 Referer 헤더의 정보를 웹서버의 액세스 로그에 기록/분석해 마케팅 부서에 전달합니다. 마케팅 부서는 그 정보를 기반으로, 어디에 세일즈 프로모션을 중점적으로 시행할지 전략을 수립합니다.

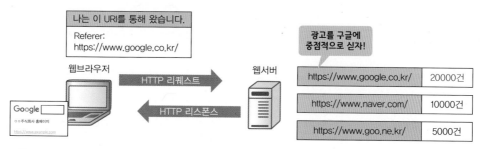

그림 6.1.26 • Referer 헤더로 연결 소스를 얻음

## ■ User-Agent 헤더

**User-Agent 헤더**는 웹브라우저나 OS 등 사용자의 환경을 나타내는 헤더입니다. 사용자가 이용하는 웹브라우저의 종류와 버전, OS의 종류와 버전은 웹사이트 관리자가 액세스 해석을 할 때 반드시 필요한 정보입니다. 이 정보를 기반으로 웹사이트의 콘텐츠를 사용자의 액세스 환경에 맞춰 디자인을 수정하거나 내용을 최적화합니다.

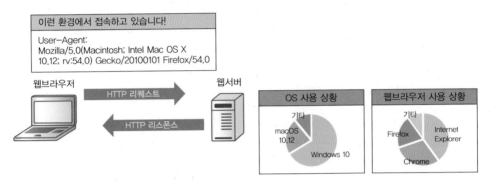

**그림 6.1.27 •** User-Agent 헤더

User-Agent 헤더의 내용은 통일된 포맷이 없고 웹브라우저에 따라 다릅니다. 특히 최근에는 에지이지만 'Chrome'이나 'Safari'라는 문자열이 들어 있거나, 크롬이지만 'Safari'라는 문자열이 기록되어 있는 등 가지각색입니다. 그러므로 어떤 OS의 어떤 브라우저를 나타내는지는 헤더 전체를 보고 판단해야만 합니다. 예를 들어, Windows 10에서 파이어폭스를 사용하는 경우, 다음 그림의 문자열 요소로 구성되어 있습니다.

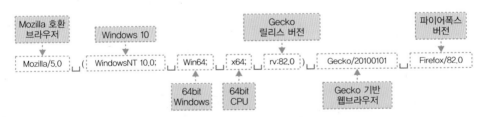

**그림 6.1.28 •** User-Agent 헤더의 포맷(Windows 10, 파이어폭스의 경우)

사용자의 액세스 환경을 간단하게 파악할 수 있기에 편리한 User-Agent 헤더이지만, 모든 데이터를 곧이곧대로 믿는 것은 위험합니다. User-Agent 헤더도 Referer 헤더와 마찬가지로 Fiddler 등의 디버깅 도구나 'User-Agent Switcher' 등의 웹브라우저 확장 기능으로 간단하게 변조할 수 있기 때문입니다. 어디까지나 참고로만 고려하는 것이 현명합니다.

## 리스폰스 헤더

메시지 헤더 중에서도 리스폰스 메시지를 제어하기 위한 헤더를 **리스폰스 헤더**(response header)라 부릅니다. RFC2616에서는 다음 표에 나타낸 9종류의 리스폰스 헤더를 정의하고 있습니다. 웹서 버는 이 중에서 HTTP 메시지 반송에 필요한 헤더를 몇 가지 선택해서, 줄 바꿈 코드(\r\n)로 구 분한 여러 행으로 구성되어 있습니다.

표 6.1.5 • RFC2616에 정의된 리스폰스 헤더

| 헤더 | 내용 |
|---|---|
| Accept-Ranges | 텍스트 파일이나 이미지 파일 등 웹브라우저가 받을 수 있는 미디어 타입 |
| Age | 오리진 서버의 리소스가 프록시 서버에 캐시 된 후의 경과 시간. 단위=초 |
| ETag | 엔티티 태그. 파일 등의 리소스를 유일하게 식별하는 문자열. 리소스가 업데이트되면 ETag도 업데이트된다. |
| Location | 리다이렉트할 때의 리다이렉트 위치 |
| Proxy-Authenticate | 프록시 서버로부터 클라이언트에 대한 인증 요청 및 인증 방식 |
| Retry-After | 리퀘스트를 재실행할 때까지의 시간, 혹은 시각 지정 |
| Server | 웹서버로 사용하는 서버 소프트웨어의 이름, 버전, 옵션 |
| Vary | 오리진 서버로부터 프록시 서버에 대한 캐시 관리 정보. Vary 헤더로 지정한 HTTP 헤더의 리퀘스트에만 캐시를 사용한다. |
| WWW-Authenticate | 웹서버로부터 클라이언트에 대한 인증 요구 및 인증 방식 |

이 책에서는 이 중에서 몇 가지 대표적인 헤더들을 설명합니다.

### ■ ETag 헤더

**ETag 헤더**는 웹서버가 가진 파일 등의 리소스를 유일하게 식별하기 위한 헤더입니다. 웹서버 는 자신이 가진 리소스에 대해 '엔티티 태그'라는 유일한 문자열을 할당합니다. 이 값을 판단 기 준으로 응답합니다. 엔티티 태그는 리소스를 업데이트할 때 변경됩니다. 이 구조를 이용해 **IF-Match 헤더**, **IF-None-Match 헤더** 등의 리퀘스트 헤더와 조합해 사용됩니다.

IF-Match 헤더는 값에 Etag를 넣어 사용합니다. 웹서버상의 리소스가 지정한 ETag와 일치 할 때만 리퀘스트를 받도록 의뢰하는 헤더입니다. ETag가 일치하면 리퀘스트에 맞는 리스폰 스를 반환합니다. ETag가 일치하지 않을 때는 전제 조건을 만족하지 않는 것으로 보고 '412 Precondition Failed'를 반환합니다.

애플리케이션 계층

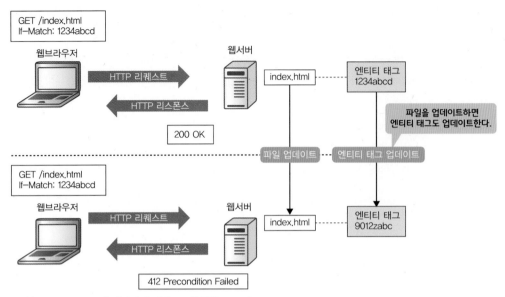

**그림 6.1.29 • ETag가 일치하면 리퀘스트를 받음**

IF-None-Match 헤더는 If-Match 헤더와 조건이 반대입니다. 웹서버상의 리소스가 지정한 ETag 와 일치하지 않았을 때만 리퀘스트를 받도록 의뢰하는 헤더입니다. ETag가 일치하지 않을 때는 리소스가 업데이트되었음을 의미하므로 그 콘텐츠를 반환합니다. 반대로 ETag가 일치했을 때는 리소스가 업데이트되지 않았음을 의미하므로 '304 Not Modified'를 반환합니다.

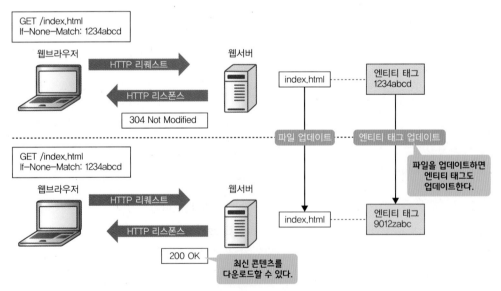

**그림 6.1.30 • ETag가 일치하지 않으면 리퀘스트를 받음**

## ■ Location 헤더

**Location 헤더**는 리다이렉트 위치를 알리기 위해 사용하는 헤더입니다. 리다이렉트를 나타내는 300번대의 스테이터스 코드와 조합해서 사용합니다. Location 헤더에는 리다이렉트 대상지의 URI가 설정되어 있습니다. 대부분의 웹브라우저는 Location 헤더를 포함하는 리스폰스를 받으면 자동으로 Location 헤더가 가리키는 리다이렉트 대상지로 액세스하도록 되어 있습니다.

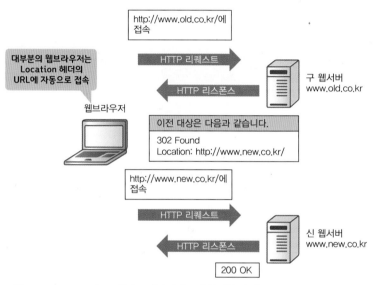

**그림 6.1.31 • Location 헤더로 리다이렉트 대상지를 알림**

## ■ Server 헤더

**Server 헤더**는 웹서버의 정보가 설정되어 있는 헤더입니다. 구체적으로는 웹서버의 OS나 그 버전, 소프트웨어나 그 버전 등이 설정되어 있습니다. 서버 헤더는 서버의 정보를 그대로 전 세계에 알리게 되므로 보안상 문제가 있습니다. 예를 들어, 악의를 가진 사용자가 Server 헤더를 보고 'Apache 2.4.18을 사용하고 있다'고 안다면 해당 소프트웨어의 취약성을 기반으로 공격할 것이 분명합니다. 불필요한 취약성을 알리지 않도록, 웹서버 설정으로 Server 헤더를 비활성화합니다. Apache에서는 'mod_headers'라는 모듈을 사용해 비활성화할 수 있습니다.

**그림 6.1.32 • Server 헤더로 웹서버의 정보를 전달**

# 일반 헤더

리퀘스트 메시지, 리스폰스 메시지 모두에서 범용으로 사용되는 헤더가 **일반 헤더**입니다. 리퀘스트 헤더나 리스폰스 헤더와 마찬가지로 웹브라우저와 웹서버에 의해 필요에 따라 선택되어, HTTP 메시지 전체를 제어합니다. RFC2616에서는 다음 표와 같이 9종류의 일반 헤더를 정의하고 있습니다.

표 6.1.6 • RFC2616에 정의된 일반 헤더

| 헤더 | 내용 |
|---|---|
| Cache-Control | 웹브라우저에 일시적으로 보존하는 캐시 제어. 캐시를 하지 않는, 또는 캐시를 하는 시간을 설정할 수 있다. |
| Connection | 킵얼라이브의 연결 관리 정보. 킵얼라이브에 대응하는 것을 알리고, TCP 커넥션을 클로즈할 때 사용한다. |
| Date | HTTP 메시지를 생성한 일시 |
| Pragma | 캐시에 관해 HTTP/1.0과의 하위 호환성을 목적으로 사용한다. |
| Trailer | 메시지 바디의 뒤에 기술하는 HTTP 헤더를 알린다. 청크(chunk) 전송 인코딩을 사용할 때 사용할 수 있다. |
| Transfer-Encoding | 메시지 바디의 전송 코딩 타입 |
| Upgrade | 다른 프로토콜 또는 다른 버전으로 전환한다. |
| Via | 경유한 프록시 서버를 추가로 기술한다. 루프 회피를 목적으로 사용한다. |
| Warning | HTTP 메시지에 반영되지 않은 스테이터스나 메시지의 변화에 관한 추가 정보 |

이 책에서는 이 중에서 최근의 웹브라우저에서 사용되는 대표적인 몇 가지 일반 헤더들을 설명합니다.

## ■ Cache-Control 헤더

**Cache-Control 헤더**는 웹브라우저나 서버의 캐시를 제어하기 위해 사용하는 헤더입니다. 캐시(cache)란 한 번 액세스한 웹페이지의 데이터를 지정한 디렉토리에 저장하는 기능입니다. 캐시를 이용하면 한 번 액세스한 웹페이지의 이미지를 즉시 표시할 수 있게 되어, 웹서버에 대한 리퀘스트 수를 줄이는 등 다양한 장점이 있습니다.

캐시는 **프라이빗 캐시**(private cache)와 **공유 캐시**(shared cache)의 2가지 종류가 있습니다. 프라이빗 캐시는 주로 웹브라우저에 저장되는 캐시입니다. 웹브라우저는 최초 리퀘스트에 대한 리스폰스 데이터를 프라이빗 캐시로 저장하고, 같은 URL에 대해 2번째 이후의 리스폰스로 사용합니다. 공유 캐시는 프록시 서버나 CDN의 에지 서버에 저장되는 캐시입니다. 이 서버들은 첫 번째 사용자의 리스폰스 데이터를 공유 캐시로 저장하고, 두 번째 사용자 이후의 모든 사람의 리스폰스로 사용합니다.

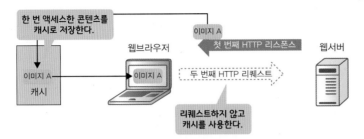

그림 6.1.33 • 프라이빗 캐시

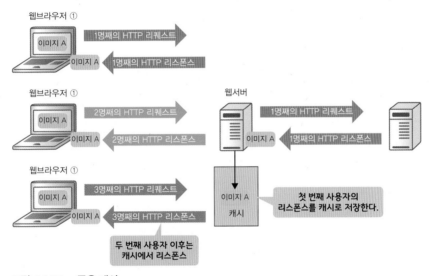

그림 6.1.34 • 공유 캐시

Cache-Control 헤더는 '디렉티브(directive)'라는 명령어를 필드값으로 저장해 캐시 여부, 공유 기한, 캐시 위치 등을 제어합니다. 디렉티브는 리퀘스트 헤더에 사용되는 '리퀘스트 디렉티브 (request directive)'와 리스폰스 헤더에 사용되는 '리스폰스 디렉티브(response directive)' 2가지가 있으며, 각각 다음 표와 같이 정의되어 있습니다.

표 6.1.7 • 대표적인 디렉티브

| 디렉티브 | | 내용 |
|---|---|---|
| 리퀘스트 디렉티브 | no-cache | 유효성을 확인하지 않으면 캐시를 사용하지 않는다. |
| | no-store | 프라이빗 캐시, 공유 캐시에 관계없이 캐시를 사용하지 않는다. |
| | max-age = [sec] | 캐시의 유효 기간을 지정한다. |

표 6.1.7 • 대표적인 디렉티브(계속)

| 디렉티브 | | 내용 |
|---|---|---|
| 리스폰스 디렉티브 | public | 공유 캐시로 캐시한다. |
| | private | 공유 캐시로 캐시하지 않는다. |
| | no-cache | 유효성을 확인하지 않으면 캐시를 사용하지 않는다. |
| | no-store | 프라이빗 캐시, 공유 캐시에 관계없이 캐시를 사용하지 않는다. |
| | must-revalidate | 캐시의 유효 기간이 넘은 경우, 유효성을 확인하지 않으면 캐시하지 않는다. |
| | max-age = [sec] | 캐시의 유효 기간을 지정한다. |
| | s-max-age = [sec] | 공유 캐시에 대해 max-age보다도 우선하는 유효 기간을 지정한다. |
| | immutable | 유효성을 확인하지 않고 캐시를 사용한다. |

## ■ Connection 헤더/Keep-Alive 헤더

Connection 헤더(Connection header)와 **Keep-Alive 헤더**(Keep-Alive header)[7]는 모두 킵얼라이브(지속적 연결)를 제어하는 헤더입니다. 웹브라우저는 Connection 헤더에 'keep-alive'를 설정하고, '킵얼라이브에 대응합니다.'라고 웹서버에 전달합니다. 이에 대해 웹서버도 마찬가지로 Connection 헤더에 'keep-alive'를 설정해 리스폰스합니다. 그리고 함께 Keep-Alive 헤더를 사용해 다음 리퀘스트가 오지 않을 때의 타임아웃 시간(timeout 디렉티브)나 그 TCP 커넥션에 대한 잔여 리퀘스트 수(max 디렉티브) 등 킵얼라이브에 관한 정보를 전달합니다. 그리고 Connection 헤더에 'close'가 설정되면 TCP 커넥션을 닫습니다.

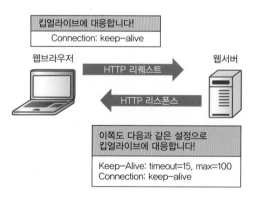

그림 6.1.35 • Connection 헤더로 킵얼라이브 대응을 서로 알림

---

7 Keep-Alive 헤더는 RFC2068로 정의되어 있습니다.

## ▣ 엔티티 헤더

리퀘스트 메시지와 리스폰스 메시지에 포함되는 메시지 바디에 관련한 제어 정보를 포함하는 헤더가 엔티티 헤더입니다. RFC2616에서는 다음 표에 표기한 10종류의 엔티티 헤더를 정의하고 있습니다.

표 6.1.8 • RFC2616에 정의된 엔티티 헤더

| 헤더 | 내용 |
| --- | --- |
| Allow | 서버가 클라이언트에게 대응하는 메서드를 알린다. |
| Content-Encoding | 서버가 실행한 메시지 바디의 압축(콘텐츠 코딩)의 타입 |
| Content-Language | 한국어, 영어 등 메시지 바디에 사용된 언어셋 |
| Content-Length | 메시지 바디 크기. 바이트 단위로 기술 |
| Content-Location | 메시지 바디의 URI |
| Content-MD5 | 메시지 바디에 대한 MD5 해시값. 변조 감지에 사용 |
| Content-Range | 레인지 리퀘스트에 대한 리스폰스에 사용 |
| Content-Type | 텍스트 파일이나 이미지 파일 등 메시지 바지의 미디어 타입 |
| Expires | 리소스의 유효 기간 일시 |
| Last-Modified | 리소스가 가장 마지막으로 업데이트된 일시 |

이 책에서는 이 중에서 몇 가지 대표적인 헤더들을 설명합니다.

### ■ Content-Encoding 헤더/Accept-Encoding 헤더

**Content-Encoding 헤더**(Content-Encoding header)와 **Accept-Encoding 헤더**(Accept-Encoding header)는 웹브라우저가 처리할 수 있는 메시지 바디의 압축 방식(콘텐츠 코딩)을 지정하는 헤더입니다. 최근의 웹서버, 웹브라우저에서 자주 사용되는 콘텐츠 코딩 형식은 gzip(GNU zip), compress(UNIX 표준 압축), deflate(zlib), identify(인코딩 없음)의 4가지입니다.

웹브라우저는 자신이 대응하는(받아들일 수 있는) 콘텐츠 코딩 형식을 Accept-Encoding 헤더에 설정해 리퀘스트합니다. 이에 대해 웹서버는 Accept-Encoding 헤더 안에서 선택한 콘텐츠 코딩 형식으로 HTTP 메시지를 압축하고, 그 방식을 Content-Encoding 헤더에 설정한 뒤 웹브라우저에 리스폰스합니다.

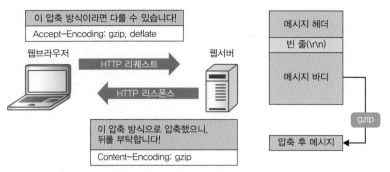

그림 6.1.36 • 메시지 바디의 압축 방식(콘텐츠 코딩)을 알림

### ■ Content-Length 헤더

HTTP/1.0에서는 콘텐츠 단위로 'TCP 헤더 → HTTP 리퀘스트 → HTTP 리스폰스 → TCP 클로즈'되었기 때문에 메시지 바디의 길이를 특별히 의식할 필요가 없었습니다. 하지만 HTTP/1.1에서는 킵얼라이브(지속적 연결)에 따라 하나의 커넥션을 재활용하는 경우가 있기 때문에 반드시 TCP 커넥션이 클로즈된다고 단언할 수 없습니다. 그래서 **Content-Length 헤더**(Content-Length header)를 사용해 메시지의 경계를 TCP에 전달하고, 적절하게 TCP 커넥션이 클로즈되도록 합니다.

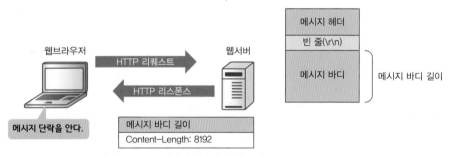

그림 6.1.37 • Content-Length로 메시지 바디의 길이를 알림

### ▢ 기타 헤더

HTTP에는 지금까지 설명한 리퀘스트 헤더나 리스폰스 헤더 등 주요한 4종류의 HTTP 헤더로는 분류되지 않지만, 자주 사용하는 몇 가지 헤더가 있습니다. 이 중에서도 시스템 구축 현장에서 특히 중요한 몇 가지 헤더들을 설명합니다.

표 6.1.9 • 기타 헤더

| 헤더 | 내용 |
|---|---|
| Set-Cookie | 서버가 세션 관리에 사용하는 세션 ID나 사용자 개별 설정 등을 웹브라우저로 전송한다. |
| Cookie | 웹브라우저가 Set-Cookie를 통해 주어진 Cookie 정보를 서버에 전송한다. |
| X-Forwarded-For | 부하 분산 장치로 NAPT 되는 환경에서 변환 전의 IP 주소를 저장한다. |
| X-Forwarded-Proto | 클라이언트가 사용하고 있는 프로토콜을 저장. 부하 분산 장치에서 SSL 오프로드하는 환경 등에서, 원 프로토콜(HTTP 또는 HTTPS)을 특정할 때 사용한다. |

## ■ Set-Cookie/Cookie

Cookie란 HTTP 헤더와의 통신에서 특정한 정보를 브라우저에 저장시키는 구조 및 저장한 파일입니다. Cookie는 웹브라우저상에서 FQDN(Fully Qualified Domain Name, 전체 주소 도메인 이름)(364쪽)별로 관리됩니다. 쇼핑 사이트나 SNS 사이트 등에서 사용자 이름과 비밀번호를 입력하지 않았는데도 로그인되는 경험을 했을 것입니다. 이것은 Cookie가 그 원인입니다. 웹브라우저가 사용자 이름과 비밀번호를 이용해 한 번 로그인에 성공하면 서버는 세션 ID를 발생하고 **Set-Cookie 헤더**(Set-Cookie header)에 설정해서 리스폰스합니다. 그 뒤의 리퀘스트는 **Cookie 헤더**(Cookie header)에 세션 ID를 설정해서 수행되기 때문에 자동으로 로그인이 실행됩니다.

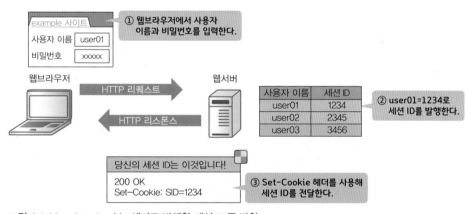

그림 6.1.38 • Set-Cookie 헤더로 발생한 세션 ID를 반환

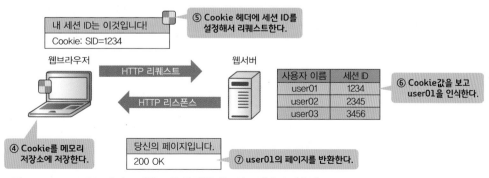

그림 6.1.39 • Cookie 헤더로 세션 ID를 알림(순서는 앞 그림에서 계속됨)

## ■ X-Forwarded-For

X-Forwarded-For 헤더는 부하 분산 장치에서 송신지 IP 주소가 변환되는 환경에서, 변환 전의 송신지 IP 주소를 저장하는 헤더입니다. 부하 분산 장치를 도입할 때, 네트워크의 설정 방법에 따라서는 송신지 IP 주소를 NAPT 하지 않으면 부하 분산 처리를 할 수 없는 경우가 있습니다. 하지만 NAPT를 하면 어느 클라이언트로부터 액세스되었는지 알 수 없게 됩니다. 그래서 X-Forwarded-For를 사용하면 어느 IP 주소로부터 액세스되었는지 특정할 수 있습니다.

AWS(Amazon Web Services)의 부하 분산 장치인 ELB(Elastic Load Balancing)나 ALB(Application Load Balancer)도 송신지 IP 주소가 ELB/ALB의 IP 주소로 변환됩니다. 그러므로 단순히 송신지 IP 주소만 보면 어느 IP 주소로부터 액세스되었는지 알 수 없습니다. X-Forwarded-For의 값을 보면[8], 어느 IP 주소로부터 액세스되었는지 특정할 수 있습니다.

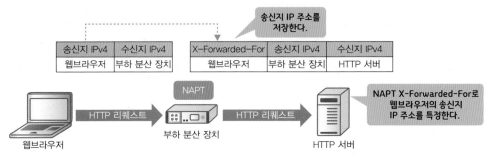

그림 6.1.40 • X-Forwarded-For

## ■ X-Forwarded-Proto

X-Forwarded-Proto 헤더는 X-Forwarded-For의 프로토콜 버전입니다. 부하 분산 장치에서 프로토콜이 변화되는 환경에서, 변환 전 프로토콜을 저장합니다. 부하 분산 장치에는 처리 부하가 되기 쉬운 SSL 처리를 서버에서 대신하는 **SSL 오프로드**[SSL Offload, **SSL 액셀러레이션**(SSL Acceleration)]라는 기능이 있습니다(362쪽). SSL 오프로드하면 부하 분산 장치가 HTTPS를 복호화해서 HTTP로 변환하기 때문에 서버 측에서 웹브라우저가 리퀘스트에 사용한 원 프로토콜을 알 수 없게 됩니다. 그래서 **X-Forwarded-Proto를 사용해, 원 프로토콜을 특정할 수 있도록 합니다.**

---

8  ELB/ALB는 기본으로 부하 분산 대상의 HTTP 트래픽에 대해 X-Forwarded-For 헤더를 삽입합니다.

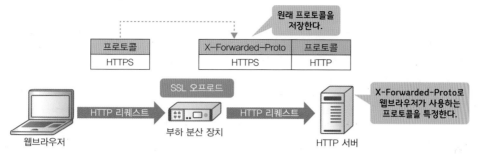

그림 6.1.41 • X-Forwarded-Proto

## 메시지 바디

HTML 데이터나 이미지 파일, 동영상 파일 등 실제로 보내고자 하는 애플리케이션 데이터 그 자체가 들어 있는 필드가 '메시지 바디(message body)'입니다. 메시지 바디는 옵션 사항입니다. 메서드나 스테이터스 코드에 따라 있거나 없을 수 있습니다.

# 6.1.4 HTTP/2의 메시지 포맷

HTTP/2는 HTTP/1.1의 기본 요소나 그 역할을 유지하면서, 교환하는 형식을 바꿈으로써 전송 효율을 향상한 것입니다.

HTTP/1.1은 메시지 헤더와 메시지 바디를 줄 바꿈 코드(\r\n)로 구분한, 테스트 형식의 메시지 단위로 TCP 커넥션으로 보냅니다. 텍스트 형식은 사람의 눈으로는 이해하기 쉽지만, 컴퓨터가 그것을 해석하기에는 바이너리 형식으로의 변환 처리가 필요합니다. 그에 비해 HTTP/2는 메시지 헤더를 **HEADERS 프레임**(HEADERS frame)에, 메시지 바디를 **DATA 프레임**(DATA frame)에 각각 분할해서 저장하고, 바이너리 형식의 프레임 단위로 스트림에 보냅니다. 그리고 그때 프레임에 스트림을 식별하는 **스트림 ID**(stream ID)를 부여해서 어떤 스트림에 프레임을 보내는지 지정합니다. 바이너리 형식이므로 변환 처리할 필요가 없습니다.

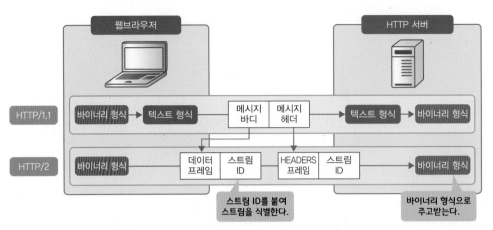

그림 6.1.42 • 바이너리 형식으로 교환

표 6.1.10 • RFC7540에 정의된 프레임 종류

| 번호 | 타입 | 내용 |
|---|---|---|
| 0 | DATA | 메시지 바디를 저장한다. |
| 1 | HEADERS | 메시지 헤더를 저장한다. |
| 2 | PRORITY | 스트림 우선 순위를 변경한다. |
| 3 | RST_STREAM | 스트림 취소가 요청되거나 스트림 오류가 발생했을 때 스트림을 즉시 종료한다. |
| 4 | SETTINGS | 동시 스트림 수나 서버 푸시 비활성화 등 커넥션에 관한 연결 설정을 변경한다. |
| 5 | PUSH_PROMISE | 서버로부터 데이터를 푸시하는 스트림을 예약한다. |
| 6 | PING | 커넥션을 유지하거나 왕복 지연 시간(RTT)을 측정한다. |
| 7 | GOAWAY | 통신하는 데이터가 없거나 중요한 에러가 발생했을 때, 커넥션을 끊는다. |
| 8 | WINDOW_UPDATE | 흐름 제어를 위해 윈도우 크기를 변경한다. |
| 9 | CONTINUATION | 하나의 프레임에 담을 수 없는 HEADERS 프레임이나 PUSH_PROMISE의 이어진 부분을 송신한다. |

## ■ 리퀘스트 라인과 스테이터스 라인

바이너리 형식으로의 변경과 함께, 메시지 포맷도 몇 가지 변경되었습니다. 그중 가장 큰 변경은 리퀘스트 라인과 스테이터스 라인입니다. HTTP/2에서는 리퀘스트 라인과 스테이터스 라인의 구성 요소를 헤더로 취급합니다. 조금 더 자세하게 설명합니다.

### ■ 리퀘스트 라인

HTTP/1.1의 리퀘스트 라인은 리퀘스트의 종류를 나타내는 **메서드**, 리소스의 식별자를 나타내는 **리퀘스트 URI**, HTTP 버전을 나타내는 **HTTP 버전**을 1행의 텍스트로 송신합니다. 그에 비해

HTTP/2는 메서드를 :method 헤더에, 리퀘스트 URI를 :path 헤더에, HTTP 버전을 :version 헤더에 각각 저장한 뒤 HEADERS 프레임으로 송신합니다.

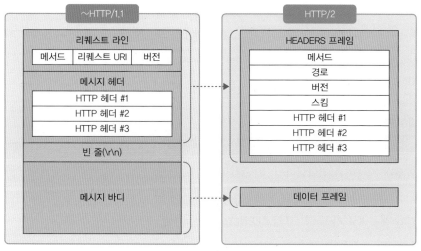

그림 6.1.43 • HTTP/2의 리퀘스트 메시지 포맷

## ■ 스테이터스 라인

HTTP/1.1의 스테이터스 라인은 HTTP 버전을 나타내는 'HTTP 버전', 처리 결과의 개요를 3자리 문자열로 나타내는 '스테이터스 코드', 그 이유를 나타내는 '리즌 프레이즈'를 1행의 텍스트로 송신합니다. 그에 비해 HTTP/2는 HTTP 버전을 :version 헤더에, 스테이터스 코드를 :status 헤더에 각각 저장한 뒤 HEADERS 프레임으로 송신합니다. 리즌 프레이즈는 사라졌습니다.

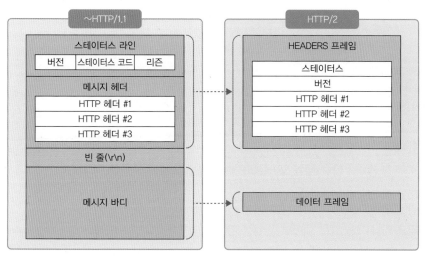

그림 6.1.44 • HTTP/2의 리스폰스 메시지 포맷

## ■ 프로토콜 업그레이드

HTTP/1.x와 HTTP/2는 기본적인 구성 요소나 그 역할에 큰 차이는 없지만, 다른 형식을 이용해 교환하기 때문에 호환성은 없습니다. 그래서 **HTTP/2로 연결하기 위해서는 연결 상황에 따라, 몇 가지 순서를 거쳐야 합니다.** 여기에서는 **SSL 핸드셰이크 패턴**(SSL handshake pattern), **HTTP 헤더 패턴**(SSL header pattern), **다이렉트 연결 패턴**(direct connection pattern)으로 3가지 패턴의 연결 상황으로 나누어 설명합니다.

### ■ SSL 핸드셰이크 패턴

**SSL 핸드셰이크**란 SSL/TLS로 암호화 통신하기 전에 수행하는 사전 준비입니다. SSL 핸드셰이크 처리는 352쪽부터 자세히 설명합니다만, 간단히 말하면 보안을 확보하기 위해 암호화 방식이나 인증 방식을 결정하거나 상호 인증을 하거나 암호화에 사용할 공통키(암호키)를 교환합니다. HTTP/2로 연결할 때는 SSL 핸드셰이크의 **ALPN**(Application-Layer Protocol Negotiation)이라는 확장 기능을 사용합니다. ALPN을 사용해, 서로 HTTP/2에 대응하는 것을 전달하고, HTTP/2로 접속합니다.

크롬이나 파이어폭스 등 최근 많이 사용하는 웹브라우저는 SSL/TLS의 HTTP/2에만 대응하고 있어 이 패턴을 채용하는 것이 대부분입니다.

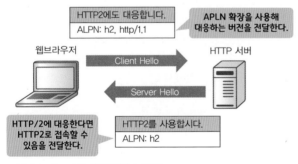

그림 6.1.45 • SSL 핸드셰이크 패턴

### ■ HTTP 헤더 패턴

SSL/TLS로 암호화 통신하지 않을 때는 SSL 핸드셰이크의 ALPN을 사용할 수 없습니다. 그래서 여기에서는 HTTP 헤더를 사용합니다.

웹브라우저는 최초에 HTTP/1.1로 데이터를 얻을 때(GET), 여기에 **Upgrade 헤더**(Upgrade header)를 붙여, 'HTTP/2에도 대응합니다.'라고 전달합니다. 서버가 HTTP/2에 대응한다면 마찬가지로

Upgrade 헤더를 붙여[9], '101 Switching Protocol'의 스테이터스 코드를 반환하고 HTTP/2로 이행합니다. 서버가 HTTP/2에 대응하지 않으면 그대로 HTTP/1.1로 연결합니다.

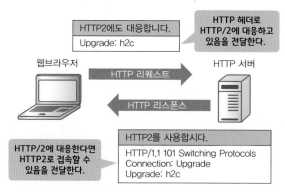

그림 6.1.46 • HTTP 헤더 패턴

이 패턴에는 또 하나, 서버부터 HTTP/2로의 이행을 제안하는 경우도 있습니다. 서버는 HTTP/1.1의 리스폰스에 Upgrade 헤더를 붙여서 'HTTP/2에도 대응하고 있습니다.'라고 웹브라우저에게 알립니다. 웹브라우저는 이 정보를 보고 Upgrade 헤더를 포함하는 HTTP/1.1 리퀘스트를 송신합니다. 서버는 Switching Protocol의 HTTP 리스폰스를 반환하고, HTTP/2로 이행합니다.

### ■ 다이렉트 연결

미리 서버가 HTTP/2에 대응함을 알고 있다면 불필요한 준비는 필요하지 않습니다. 즉시 HTTP/2로 연결할 수 있습니다. 이 패턴은 미리 클라이언트와 서버가 함께 HTTP/2로 연결할 수 있음을 알고 있는 검증 환경 등에서 사용합니다.

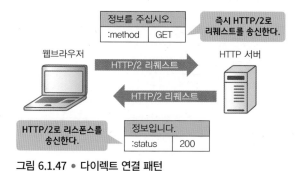

그림 6.1.47 • 다이렉트 연결 패턴

---

9 구체적으로는 'Upgrade: h2c'라는 HTTP 헤더가 들어갑니다.

## 6.1.5 부하 분산 장치의 동작

부하 분산 장치는 네트워크 계층(IP 주소)이나 트랜스포트 계층(포트 번호), 애플리케이션 계층(메시지)의 정보를 이용해, 여러 서버에 커넥션을 할당하는 기능입니다. 부하 분산 장치상에 설정한 가상적인 서버 **가상 서버**(virtual server)에서 받은 커넥션을 정해진 규칙에 따라 '이 통신은 서버 ①로, 이 통신은 서버 ②로' 할당함으로써, 처리 부하를 여러 서버로 분산합니다.

### ■ 수신지 NAT

서버 부하 분산 기술의 기본은 **수신지 NAT**입니다. 수신지 NAT는 NAT의 하나로, 패키지의 수신지 IP 주소를 변환하는 기술입니다. 부하 분산 장치는 클라이언트로부터 패킷을 받으면 서버의 살아 있는 상태나 커넥션의 상태를 확인하고, 최적의 서버의 IP 주소로 수신지 IP를 변환합니다.

부하 분산 장치의 수신지 NAT는 **커넥션 테이블**(connection table)이라 부르는 메모리상의 테이블 정보를 기반으로 수행합니다. 부하 분산 장치는 받은 커넥션의 '송신지 IP 주소:포트 번호', '가상 IP 주소(변환 전 수신지 IP 주소):포트 번호', '서버 IP 주소(변환 후 수신지 IP 주소):포트 번호', '프로토콜' 등의 정보를 커넥션 테이블로 관리하고, 어느 커넥션을 어느 IP 주소에 수신지 NAT 할 것인지 파악합니다.

커넥션 테이블을 사용해 어떻게 부하 분산 기술이 동작하는지 설명합니다. 여기에서는 클라이언트가 가상 서버에 HTTP 액세스를 하고, 3대의 웹서버에 부하를 분산하는, 다음 그림의 환경을 가정합니다.

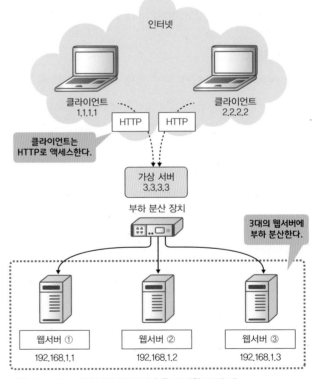

**그림 6.1.48 ● 서버 부하 분산 기술을 고려한 구성 예**

① 부하 분산 장치는 가상 서버로 클라이언트의 커넥션을 받습니다. 이때, 수신지 IP 주소는 가상 서버의 IP 주소 **가상 IP 주소**(virtual IP address)입니다. 받은 커넥션은 커넥션 테이블로 관리됩니다.

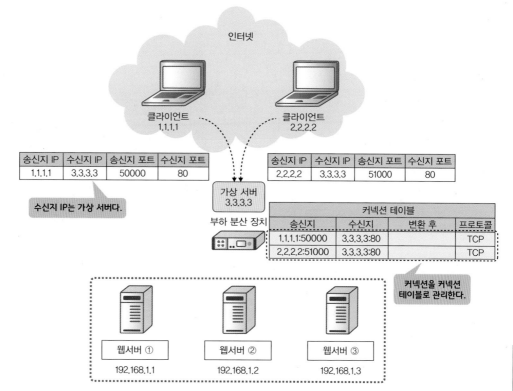

**그림 6.1.49 ●** 클라이언트는 가상 서버에 액세스

② 부하 분산 장치는 가상 IP 주소로 된 수신지 IP 주소를, 그에 관련한 부하 분산 대상 서버의 IP 주소로 변환합니다. 변환한 IP 주소를 서버의 상태나 커넥션 상태 등 다양한 상태에 따라 동적으로 바꿈으로써 커넥션이 분산됩니다. 변환한 IP 주소도 커넥션 테이블에 기록 및 관리됩니다.

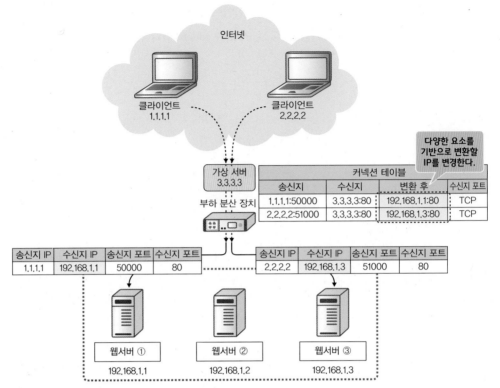

그림 6.1.50 • 부하 분산 장치가 수신지 IP를 변환

③ 커넥션을 받은 서버는 애플리케이션 처리를 한 뒤, 기본 게이트웨이로 되어 있는 부하 분
산 장치에 반환 통신을 보냅니다. 부하 분산 장치는 가야 할 수신지 NAT와 반대의 처리,
다시 말해, 송신지 IP 주소를 NAT합니다. 부하 분산 장치는 대상 통신을 커넥션 테이블
상에 확실히 관리하고 있으므로 그 정보에 기반해 클라이언트에 반환 통신을 보냅니다.

인터넷

클라이언트
1.1.1.1

클라이언트
2.2.2.2

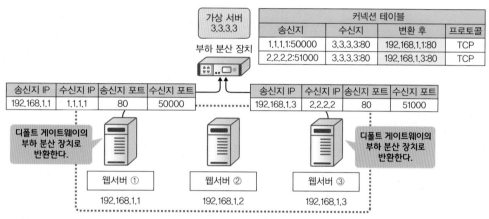

가상 서버
3.3.3.3

부하 분산 장치

| 커넥션 테이블 | | | |
|---|---|---|---|
| 송신지 | 수신지 | 변환 후 | 프로토콜 |
| 1.1.1.1:50000 | 3.3.3.3:80 | 192.168.1.1:80 | TCP |
| 2.2.2.2:51000 | 3.3.3.3:80 | 192.168.1.3:80 | TCP |

| 송신지 IP | 수신지 IP | 송신지 포트 | 수신지 포트 |
|---|---|---|---|
| 192.168.1.1 | 1.1.1.1 | 80 | 50000 |

| 송신지 IP | 수신지 IP | 송신지 포트 | 수신지 포트 |
|---|---|---|---|
| 192.168.1.3 | 2.2.2.2 | 80 | 51000 |

디폴트 게이트웨이의
부하 분산 장치로
반환한다.

디폴트 게이트웨이의
부하 분산 장치로
반환한다.

웹서버 ①
192.168.1.1

웹서버 ②
192.168.1.2

웹서버 ③
192.168.1.3

그림 6.1.51 • 부하 분산 장치에 반환 통신을 보냄

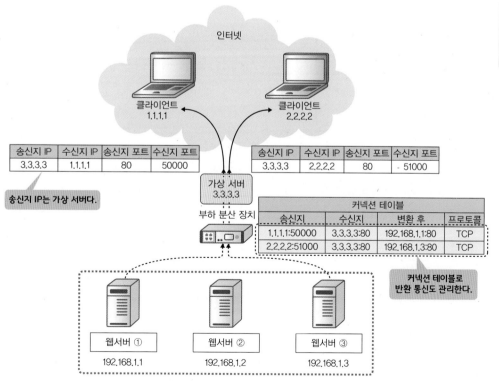

인터넷

클라이언트
1.1.1.1

클라이언트
2.2.2.2

| 송신지 IP | 수신지 IP | 송신지 포트 | 수신지 포트 |
|---|---|---|---|
| 3.3.3.3 | 1.1.1.1 | 80 | 50000 |

| 송신지 IP | 수신지 IP | 송신지 포트 | 수신지 포트 |
|---|---|---|---|
| 3.3.3.3 | 2.2.2.2 | 80 | 51000 |

송신지 IP는 가상 서버다.

가상 서버
3.3.3.3

부하 분산 장치

| 커넥션 테이블 | | | |
|---|---|---|---|
| 송신지 | 수신지 | 변환 후 | 프로토콜 |
| 1.1.1.1:50000 | 3.3.3.3:80 | 192.168.1.1:80 | TCP |
| 2.2.2.2:51000 | 3.3.3.3:80 | 192.168.1.3:80 | TCP |

커넥션 테이블로
반환 통신도 관리한다.

웹서버 ①
192.168.1.1

웹서버 ②
192.168.1.2

웹서버 ③
192.168.1.3

그림 6.1.52 • 클라이언트에 반환 통신을 보냄

## ■ 헬스 체크

**헬스 체크**(Health Check)는 부하 분산 대상 서버의 상태를 감시하는 기능입니다. 중단된 서버에 커넥션을 할당해도 의미가 없습니다. 응답하지 않기 때문입니다. 부하 분산 장치는 서버에 대해 정리적으로 감시 패킷을 보내서 가동 여부를 감시하고, 중단이라고 판단하면 해당 서버를 부하 분산 대상에서 제외합니다. 제조사에 따라 '헬스 모니터'나 '프로브' 등으로 부르기도 하지만 모두 같은 것입니다. 헬스 체크는 크게 **L3 체크**, **L4 체크**, **L7 체크** 3가지로 구분할 수 있습니다.

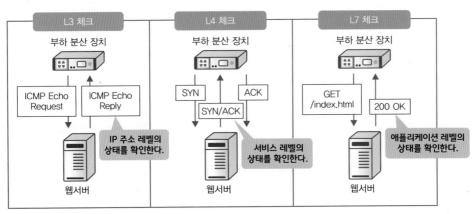

그림 6.1.53 ● 헬스 체크

---

**NOTE** 헬스 체크 방식 선택

3종류의 헬스 체크 중, 실무 현장에서는 'L3 체크 + L4 체크' 또는 'L3 체크 + L7 체크'의 조합을 자주 사용합니다. 계층이 다른 2종류의 헬스 체크를 사용함으로써, 장애가 발생했을 때 어느 계층까지 발생하는지 구분하기 쉽습니다.

어떤 조합 기법을 사용하는지는 서버의 부하 상황에 따라 다릅니다. L3 체크는 큰 부하가 되지 않지만, L7 체크는 애플리케이션 레벨의 정보를 확인하기 때문에 L4 체크에 비해 서버에 부하가 됩니다. 헬스 체크가 서비스에·영향을 미쳐서는 안 됩니다. 서버의 리소스에 여유가 있다면 'L3 체크 + L7 체크', 그렇지 않다면 'L3 체크 + L4 체크'를 선택합니다.

---

## ■ 부하 분산 방식

'어느 정보를 사용해, 어느 서버로 분배하는지'를 결정하는 것이 부하 분산 방식입니다. 부하 분산 방식에 따라 수신지 NAT에 다시 쓰이는 수신지 IP 주소가 달라집니다. 부하 분산 방식은 크게 **정적** 부하 분산과 **동적** 부하 분산으로 나뉩니다.

정적 부하 분산 방식은 서버의 상황과 관계없이, 미리 정의된 설정에 따라 분배할 서버를 정하는 방식입니다. 순서대로 할당하는 **라운드 로빈**(round robin), 미리 정해 둔 비율에 기반해 할당하는 **비율** 방식 등이 있습니다.

동적 부하 분산 방식은 서버 상황에 맞춰 할당할 서버를 결정하는 방식입니다. 커넥션 수에 맞춰 할당하는 **최소 커넥션 수**, 응답 시간에 맞춰 할당하는 **최단 응답 시간** 방식 등이 있습니다.

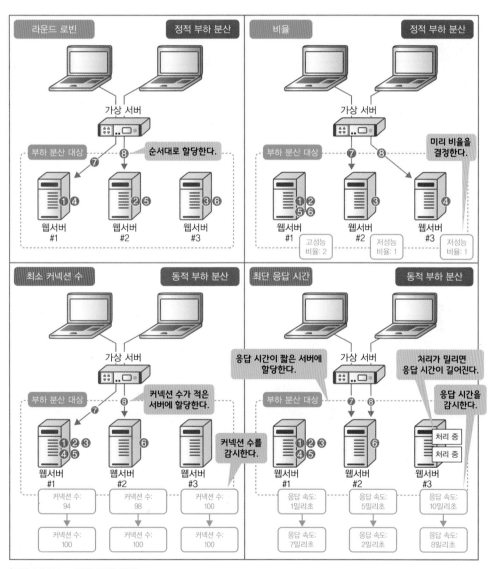

그림 6.1.54 ● 부하 분산 방식

## ■ 옵션 기능

부하 분산 장치는 이전에는 네트워크 계층이나 트랜스포트 계층에서의 동작이 중심이었으나, 최근은 그 활약의 범위를 애플리케이션 계층까지 넓혀 지금은 **애플리케이션 딜리버리 컨트롤** (ADC, Application Delivery Control)이라고도 부르게 되었습니다. 이를 지탱하는 것이 다양한 옵션 기능입니다. 여기에서는 부하 분산 장치가 가진 풍부한 옵션 기능 중에서 HTTP에 특히 관련이 깊은 **퍼시스턴스**(persistence), **애플리케이션 스위칭**(application switching), **HTTP/2 오프로드**를 설명합니다.

### ■ 퍼시스턴스

퍼시스턴스는 애플리케이션의 같은 세션을 같은 서버에 계속 할당하는 기능입니다. 부하 분산 기술임에도 같은 서버에 계속 할당한다는 것은 어떤 의미로는 모순처럼 느껴질 수 있지만, 거시적으로 보면 부하 분산하는 것임을 알 수 있습니다.

애플리케이션에 따라서 일련의 처리를 동일한 서버에서 수행하지 않으면 그 처리의 정합성을 얻을 수 없는 경우가 있습니다. 쇼핑 사이트가 좋은 예입니다. 쇼핑 사이트는 '카트에 넣는다 → 구입한다'는 일련의 처리를 같은 서버에서 수행해야 합니다. 서버 ①에서 카트에 넣었는데, 서버 ②에서 구입 처리할 수는 없습니다. 서버 ①의 카트에 넣었다면 서버 ①에서 구입 처리를 해야만 합니다. 여기에서 퍼시스턴스를 사용합니다. '카트에 넣는다 → 구입한다'는 일련의 처리를 같은 서버에서 수행할 수 있도록, 특정한 정보를 기반으로 같은 서버에 계속 할당합니다. 퍼시스턴스는 어떤 정보를 기반으로 퍼시스턴스하는지에 따라, 다음 표와 같은 몇 가지 방식으로 나뉩니다.

표 6.1.11 ● 대표적인 퍼시스턴스 방식(F5 네트워크사, BIG-IP의 경우)

| 퍼시스턴스 방식 | 퍼시스턴스 기반 정보 |
|---|---|
| 송신지 IP 주소 퍼시스턴스 | 클라이언트의 송신지 IP 주소 |
| Microsoft Remote Desktop | Microsoft 원격 데스크톱 세션 |
| 수신지 IP 주소 퍼시스턴스 | 클라이언트의 수신지 IP 주소 |
| SIP | SIP의 임의의 헤더 필드 |
| SSL | SSL 세션 ID |
| 유니버설 | 임의의 필드 |
| 해시 | 임의의 필드를 해시화 |
| Cookie 퍼시스턴스 | 클라이언트의 Cookie 정보 |

이 중 자주 사용되는 방식이 **송신지 IP 주소 퍼시스턴스, Cookie 퍼시스턴스**입니다.

송신지 IP 주소 퍼시스턴스는 클라이언트의 IP 주소를 기반으로 같은 서버에 할당을 계속하는 방식입니다. NAPT 환경이나 프록시 환경 등 여러 클라이언트가 송신지 IP 주소를 경유하는 환경에서는 같은 서버에 세션이 집중되어 버리지만, 동작이 단순하고 이해하기 쉬워 송신지 IP 주소가 개별적으로 되기 쉬운 인터넷 서버 등에서 많이 사용됩니다.

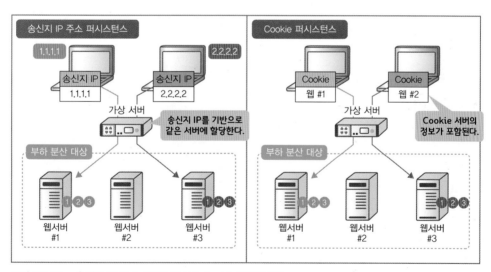

그림 6.1.55 ● 송신지 IP 주소 퍼시스턴스와 Cookie 퍼시스턴스

Cookie 퍼시스턴스는 Cookie 정보를 기반으로 같은 서버에 할당을 계속하는 방식입니다. 부하 분산 장치는 최초의 리퀘스트에 대한 리스폰스에 서버 정보를 포함한 Cookie를 삽입합니다. 다음 번 이후의 리퀘스트에는 그 Cookie가 포함되므로 부하 분산 장치는 그 정보를 기반으로 할

당할 서버를 고정할 수 있습니다. Cookie를 사용하므로 대항 프로토콜이 HTTP로 한정되거나[10], 처리 부하가 다소 오르기도 하지만, 송신지 IP 주소가 같아지는 NAPT 환경이나 프록시 환경에서도 더 유연하게 부하를 분산할 수 있습니다.

### ■ 애플리케이션 스위칭

이제까지 설명한 부하 분산 기능은 클라이언트에서 받은 패킷을 헬스 체크와 부한 분산 방식에 따라 서버에 할당하는 매우 단순한 것이었습니다. 애플리케이션 스위칭 기능은 이 단순한 부하 분산 장치에 더해, 리퀘스트 URI(297쪽)나 웹브라우저 종류 등 애플리케이션 데이터에 포함된 다양한 정보를 기반으로 더 세세하고 폭넓은 부하 분산을 수행합니다. 이 기능을 사용하면 이미지 파일만을 특정 서버로 분산하거나 스마트폰으로부터 액세스했을 때 스마트폰용 웹서버로 부하를 분산하는 등 다양한 정책을 적용할 수 있습니다.

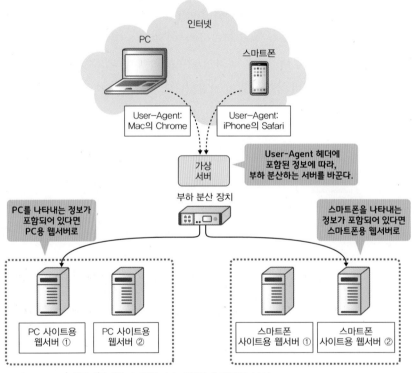

그림 6.1.56 ● 애플리케이션 스위칭으로 다양하게 부하를 분산

---

10 부하 분산 장치에서 SSL 오프로드(362쪽)되고 있는 HTTP도 포함합니다. SSL 오프로드 환경에서는 최초의 리스폰스를 HTTP에서 HTTPS로 암호화하기 전에 Cookie를 삽입합니다. 그리고 다음번 이후의 리퀘스트를 HTTPS에서 HTTP로 복호화한 뒤 Cookie 정보를 확인합니다.

## ■HTTP/2 오프로드

오프로드는 서버가 수행할 처리를 '대신하는' 기능입니다. HTTP/2 오프로드는 HTTP/2 처리를
대신합니다. 시대에 맞춰 웹서버 자체를 HTTP/2에 대응하게 하려면 서버 OS의 업데이트 혹은
웹서버 애플리케이션의 모듈을 추가해야 하는 등의 복잡한 작업을 해야 합니다. HTTP/2 오프
로드를 사용하면 서버는 HTTP/1.1인 상태에서도 시스템을 HTTP/2로 대응할 수 있어 구현하기
까지의 시간을 절약할 수 있습니다.

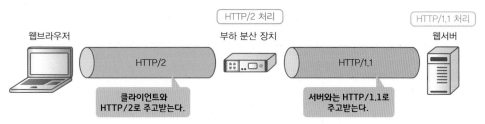

그림 6.1.57 ● 부하 분산 장치로 HTTP/2 처리를 대신함

# 6.2 | SSL/TLS

SSL(Secure Socket Layer)/TLS(Transport Layer Security)는 애플리케이션을 암호화하는 프로토콜입니다. 지금은 일상생활의 일부가 된 인터넷이지만, 언제 들이닥칠지 모를 위협이 함께 한다는 것을 잊어서는 안 됩니다. 전 세계에 있는 수많은 사람과 사물이 논리적으로 하나로 연결된 인터넷에서는 언제 누가 데이터를 엿보거나 변조할지 모릅니다. SSL/TLS[11]는 데이터를 암호화하거나 통신 상대를 인증하는 등으로 중요한 데이터를 보호합니다.

그림 6.2.1 • SSL로 정보를 보호

다양한 웹사이트를 보는 중 어느 새인가 URL이 'https://~'로 바뀌어 있고, 주소에 자물쇠 마크가 표시되는 것을 본 적이 있을 것입니다. 이것은 통신이 SSL로 암호화되어 데이터가 보호되고 있음을 나타냅니다. HTTPS는 'HyperText Transfer Protocol Secure'의 약자로 HTTP를 SSL로 암호화한 것입니다.

---

**11** TLS는 SSL의 버전을 업데이트한 것입니다. 이후에는 읽기 쉽도록 하기 위해 'SSL/TLS'를 'SSL'로 표기합니다. 명시적으로 구분하지 않는 한, 'TSL'도 함께 의미합니다.

그림 6.2.2 • 주소창에 자물쇠 마크가 표시

또한, 구글이나 야후 등 일반적으로 잘 알려져 있는 대규모 웹사이트는 HTTP로 연결해도 HTTPS 사이트로 강제 리다이렉트됩니다. 시대는 점점 모든 트래픽이 SSL로 암호화되는 '상시 SSL화 시대'가 되어 가고 있습니다.

# 6.2.1 SSL에서 이용하는 기술

SSL은 실제로 데이터를 암호화하기까지의 처리가 핵심으로, 그것이 전부라 해도 과언이 아닙니다. 하지만 그 처리를 이해하기 위해서는 사전 지식이 많이 필요합니다. 그래서 먼저 SSL을 사용하는 목적이나 SSL을 구성하는 다양한 기술부터 설명합니다.

## ☐ SSL로 방지할 수 있는 위협

SSL은 **암호화, 해시화, 디지털 인증서**라는 3가지 기술을 조합해 사용함으로써, 인터넷상에 존재하는 다양한 보안 위협에 대항합니다. 각 기술이 어떤 위협에 대항하는지 설명합니다.

### ■ 암호화를 통한 도청 방지

암호화는 정해진 규칙에 기반해 데이터를 변환하는 기술입니다. 암호화를 통해 제3자가 데이터를 엿보는 **도청**을 방지합니다. 중요한 데이터가 그 상태로 흘러 다니면 엿보고 싶은 것이 사람의 본성입니다. SSL은 암호화를 통해 설령 도청되더라도 내용을 알 수 없도록 합니다.

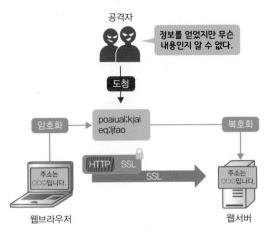

그림 6.2.3 • 암호화: 도청으로부터 보호

## ■ 해시화를 통한 변조 방지

해시화는 애플리케이션 데이터로부터 정해진 계산(해시 함수)에 기반해 고정된 길이의 데이터(해시값)를 추출하는 기술입니다. 애플리케이션 데이터가 바뀌면 해시값도 바뀝니다. 이 구조를 이용해 제3자가 데이터를 바꾸어 쓰는 **변조**를 감지할 수 있습니다. SSL은 데이터가 변조되지 않았는가를 확인하기 위해, 데이터화 해시값을 함께 전송합니다. 이를 받은 단말은 데이터로부터 계산해서 얻은 해시값과 함께 전송된 해시값을 비교합니다. 같은 데이터에 대해 같은 계산을 하므로 같은 해시값이면 데이터가 변조되지 않았음을 알 수 있습니다.

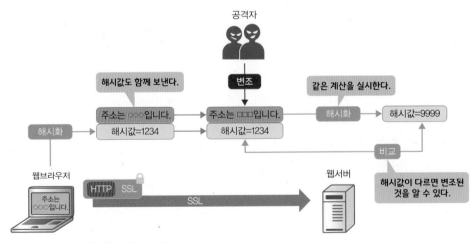

그림 6.2.4 • 해시화: 변조로부터 보호

### ■ 디지털 인증서를 통한 신분 위조 방지

디지털 인증서는 그 단말이 진짜임을 증명하는 파일입니다. 디지털 인증서에 기반해 통신 상대가 진짜인지 아닌지를 확인함으로써 **신분 위조**를 방지할 수 있습니다. SSL에서는 데이터를 송신하기 전에 '당신의 정보를 주십시오'라고 질문하고, 전송받은 디지털 인증서를 기반으로 올바른 상대인가를 확인합니다.

디지털 인증서의 진위 여부는 **인증 기관**(CA, Certification Authority)이라 부르는 신뢰할 수 있는 제3자 기관의 **디지털 서명**으로 판단합니다. 디지털 서명은 보증과 비슷합니다. 디지털 인증서는 DigiCert나 세콤 트랜스 시스템즈 등 인증 기관에서 디지털 서명이라는 보증을 받은 뒤에 세계에서 진짜라고 인정받을 수 있습니다.

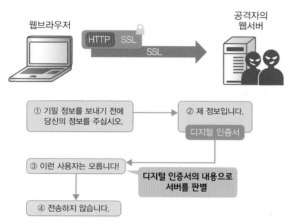

그림 6.2.5 ● 디지털 인증서: 신분 위조로부터 보호

## SSL에서 이용하는 암호화 방식

SSL의 암호화 처리에는 데이터를 암호화하기 위한 **암호화키**, 암호화를 풀기 위한 **복호화키**가 필요합니다[12]. 네트워크에서의 암호화 방식은 클라이언트와 서버의 암호화키, 복호화키를 갖는 방식에 따라 크게 **공통키 암호화 방식**과 **공개키 암호화 방식**의 2가지로 나뉩니다.

---

12  키의 실제 형태는 문자열을 포함하는 텍스트 파일입니다.

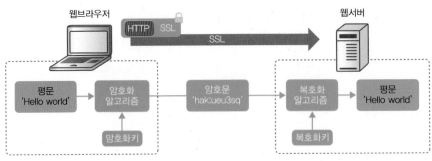

**그림 6.2.6 ● 암호화와 복호화**

## ■공통키 암호화 방식

공통키 암호화 방식은 암호화키와 복호화키로 동일한 키(공통키)를 사용하는 암호화 방식입니다. 같은 키를 대칭적으로 사용하기 때문에 '대칭키 암호화 방식'이라 부르기도 합니다. 클라이언트와 서버는 미리 같은 키를 공유하고, 암호화키로 암호화한 뒤 암호화키와 완전히 같은 키로 복호화합니다.

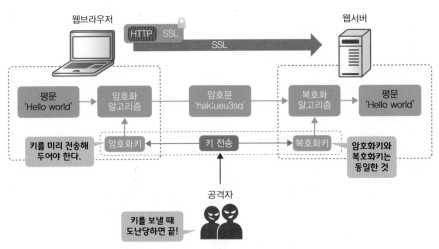

**그림 6.2.7 ● 공통키 암호화 방식: 암호화와 복호화에 같은 키를 사용**

공통키 암호화 방식은 **스트림 암호**와 **블록 암호**로 나뉩니다. 스트림 암호는 1비트 단위 또는 1바이트 단위로 암호화 처리하는 암호화 방식입니다. 블록 암호에 비해 빠르게 처리할 수 있지만 대표적인 스트림 암호인 RC4(Rivest's Cipher 4/Ron's Code 4)에 치명적인 취약성이 발견되어, 현재는 사용하지 않는 경향이 있습니다.

이에 비해 블록 암호는 데이터를 일정 비트 수 단위(블록)로 구분해 하나하나 암호화 처리를 적용합니다. 스트림 암호에 비해 처리에 다소 시간이 걸리지만, 대표적인 블록 암호인

AES(Advanced Encryption Standard)는 현재 눈에 띄는 취약성이 보고되지 않아, 현재 높은 확률로 이 방법을 사용합니다.

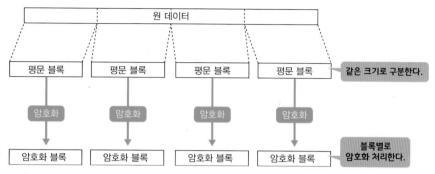

**그림 6.2.8 • 블록 암호**

공통키 암호화 방식의 가장 큰 장점은 그 처리 속도와 처리 부하입니다. 구조 자체가 단순 명쾌하기 때문에 암호화 처리는 물론 복호화 처리 속도가 빠르며, 큰 처리 부하가 걸리지 않습니다. 한편, 단점은 키 전송 문제입니다. 앞에서 '미리 같은 키를 공유하고…'라고 간단히 말했지만, 잘 생각해 보면 '대체 어떻게 키를 공유하는가?'라는 의문이 듭니다. 공통키 암호화 방식은 암호화키와 복호화키가 같기 때문에 그 키가 유출되면 그것으로 끝입니다. '서로 공유하는 키를 어떻게 상대에게 전송하는가?' 하는 전송 문제를 다른 구조로 해결해야만 합니다.

### ■ 공개키 암호화 방식

공개키 암호화 방식은 암호화키와 복호화키로 다른 키를 사용하는 암호화 방식입니다. 다른 키를 비대칭으로 사용하기 때문에 '비대칭키 암호화 방식'이라 부르기도 합니다. RSA 암호나 DH/DHE(디피/헬만 키 공유), ECDH/ECHDE(타원곡선 디피/헬만 키 공유)가 이 방식을 사용합니다.

공개키 암호화 방식을 지탱하는 것은 **공개키**와 **비밀키**입니다. 이름 그대로 공개키는 누구에게나 공개해도 괜찮은 키이고, 비밀키는 모두에게는 비밀로 해야 하는 키입니다. 이 두 키는 **키 페어**(key pair)라 불리며, 쌍으로 존재합니다. 키 페어는 수학적인 관계로 성립하고 있어, 한쪽 키에서 다른 한쪽 키를 도출할 수 없습니다. 또한, 한쪽 키에서 암호화한 데이터는 다른 한쪽 키로만 복호화할 수 있습니다. 그럼 가장 간단한 공개키 암호화 방식의 흐름을 순서에 따라 설명합니다.

① 웹서버는 공개키와 비밀키(키 페어)를 만듭니다.

② 웹서버는 공개키를 모두에게 공개/배포하고 비밀키만 보관합니다.

③ 웹브라우저는 공개키를 암호화키로 사용해서 데이터를 암호화한 뒤 전송합니다.

④ 웹서버는 비밀키를 복호화키로 사용해서 데이터를 복호화합니다.

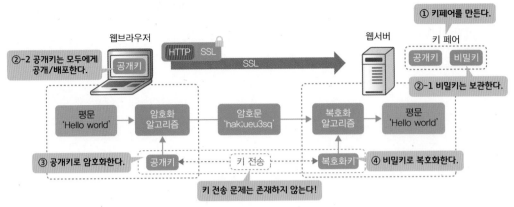

그림 6.2.9 ● 공개키 암호화 방식: 공개키와 비밀키를 사용

공개키 암호화 방식의 장점은 키를 전송할 필요가 없다는 것입니다. 암호화에 사용하는 공개키는 누구에게나 공개해도 좋은 키입니다. 그렇기 때문에 키 전송에 신경 쓰지 않아도 됩니다. 한편, 단점은 그 처리 속도와 처리 부하입니다. 공개키 암호화 방식은 처리가 복잡하기 때문에 그만큼 암호화 처리와 부호화 처리에 시간이 소요되며 처리 부하도 걸립니다.

## ■ 하이브리드 암호화 방식

공통키 암호화 방식과 공개키 암호화 방식은 장점과 단점이 정확하게 반대 관계에 있습니다. SSL은 이 두 암호화 방식을 조합해서 사용함으로써 처리 효율을 높입니다.

표 6.2.1 ● 공통키 암호화 방식과 공개키 암호화 방식 비교

| 암호화 방식 | 공통키 암호화 방식 | 공개키 암호화 방식 |
| --- | --- | --- |
| 대표적인 암호화 종류 | 3DES, AES, Camellia | RSA, DH/DHE, ECDHE |
| 키 관리 | 통신 상대별로 관리 | 공개키와 비밀키로 관리 |
| 처리 속도 | 빠름 | 느림 |
| 처리 부하 | 가벼움 | 무거움 |
| 키 전송 문제 | 있음 | 없음 |

방식은 다음과 같습니다. 가장 먼저 공개키 암호화 방식을 사용해서 서로 공유해야만 하는 공통키의 재료를 교환합니다. 그 후, 각각 공통키의 재료에서 공통키를 만들고, 그 키를 사용해서 공통키 암호화 방식으로 데이터를 암호화합니다. SSL은 공개키 암호화 방식으로 키 전송 문제를 해결하고, 공통키 암호화 방식으로 처리 부하 문제를 해결합니다. 그럼 실제 처리의 흐름을 살펴봅니다.

(1) 웹서버는 공개키와 비밀키를 만듭니다.

(2) 웹서버는 공개키를 모두에게 공개/배포하고 비밀키만 보관합니다.

(3) 웹브라우저는 공통키(공통키 암호화 방식에서 사용하는 키)의 재료를 공개키로 암호화해서 보냅니다.

(4) 웹서버는 공통키의 재료를 비밀키로 복호화합니다.

(5) 웹서버와 웹브라우저는 공통키의 재료로부터 공개키를 생성합니다.

(6) 웹브라우저는 애플리케이션 데이터를 공통키로 암호화합니다.

(7) 웹서버는 애플리케이션 데이터를 공통키로 복호화합니다.

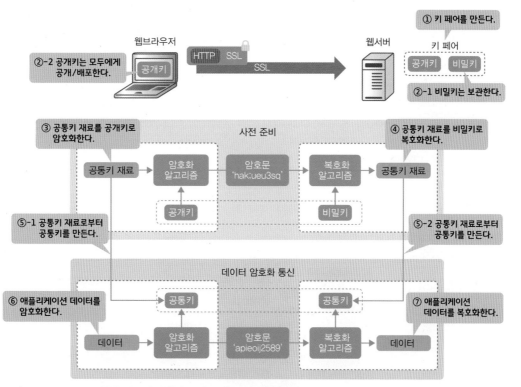

그림 6.2.10 • SSL: 공통키 암호화 방식과 공개키 암호화 방식을 사용

## ■ SSL에서 이용하는 해시 함수

해시화는 애플리케이션 데이터를 해시 포테이토(hashed potato)처럼 잘게 쪼개서 같은 크기의 데이터로 모으는 기술입니다. 메시지를 요약하는 것과 같은 이미지 때문에 '메시지 다이제스트(message digest)'라 부르거나, 메시지의 지문을 얻는 것과 같은 이미지 때문에 '핑거프린트(fingerprint)'라 부르기도 합니다.

### ■ 해시값을 비교하는 편이 보다 효율적

어떤 데이터와 다른 데이터가 완전히 같은가, 변조되지 않았는가(완전성, 진정성)를 확인하고 싶을 때는 데이터 그 자체를 도구로 비교하는 것이 가장 간단하고 빠른 방법일 것입니다. 이 방법은 데이터 크기가 작을 때는 매우 효과적입니다. 하지만 데이터 크기가 커지면 그렇게 할 수 없습니다. 비교하는 데도 시간이 걸리고, 처리 부하도 상당합니다. 그래서 데이터를 해시화해서 비교하기 쉽게 합니다.

해시화는 **단방향 해시 함수**라는 특수한 계산을 이용해서 데이터를 잘게 쪼개고, 같은 크기의 **해시값**으로 모읍니다. 단방향 해시 함수와 해시값은 구체적으로 다음과 같은 성질을 가집니다.

### ▶ 데이터가 다르면 해시값도 다르다

단방향 해시 함수라 해도 결국 단순한 계산에 지나지 않습니다. 1에 5를 곱하면 5가 되는 것과 같이, 데이터가 1비트라도 다르면 해시값은 완전히 다른 것이 됩니다. 이 성질을 이용해 데이터 변조를 감지할 수 있습니다.

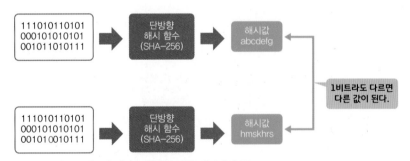

그림 6.2.11 • 1비트만 달라도 완전히 다른 해시값이 됨

### ▶ 데이터가 같으면 해시값도 같다

간단히 말하면 앞에서 설명한 내용과 정반대입니다. '당연하다'고 생각하는 분들도 있겠지만 만약 단방향 해시 함수의 계산식 중에 날짜나 시각과 같은 변동 요소가 포함되었다면 데이터가 같더라도 값이 변할 가능성이 충분합니다. 단방향 해시 함수에는 위와 같은 변동 요소가 포함되

지 않기 때문에 데이터가 같으면 해시값도 반드시 같아집니다. 이 성질을 이용해서 항상 데이터를 비교할 수 있습니다.

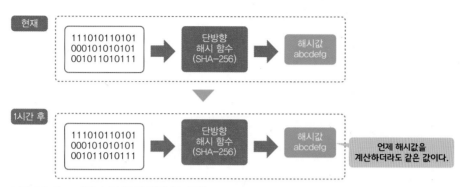

그림 6.2.12 • 데이터가 같으면 해시값도 같음

### ▶ 해시값에서 원 데이터를 복원할 수 없다

해시값은 어디까지나 데이터를 요약한 것입니다. 책의 요약본만 읽어서 문장 전체를 이해할 수 없는 것과 마찬가지로 해시값에서 원 데이터를 복원할 수는 없습니다. 원 데이터 → 해시값의 일방통행입니다. 그렇기 때문에 설령 누군가 해시값을 훔친다고 하더라도 보안상 문제가 되지 않습니다.

그림 6.2.13 • 해시 함수의 처리는 일방 통행

### ▶ 데이터 크기가 같아도, 해시값 크기는 고정된다

단방향 해시 함수로 산출되는 해시값의 길이는 데이터가 1비트든, 1메가 바이트든, 1기가 바이트든 동일합니다. 예를 들어, 현재 많이 사용되는 SHA-256으로 산출된 해시값의 길이는 원 데이터 크기에 관계없이 반드시 256비트입니다. 이 성질을 이용하면 일정 길이만 비교하면 되므로 처리 속도도 높일 수 있습니다. 또한, 비교 처리에 걸리는 부하도 억제할 수 있습니다.

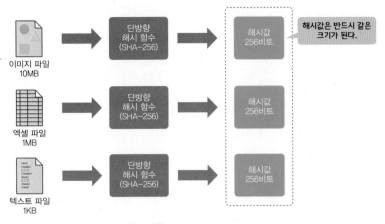

**그림 6.2.14 ● 해시값의 크기는 같음**

SSL에서는 이 해시화를 '애플리케이션 데이터 검증'과 '디지털 인증서 검증'에 사용합니다. 각각의 경우에 관해 설명합니다.

### ■ 애플리케이션 데이터 검증

이것은 해시화의 가장 전형적인 사용 방법입니다. 송신자는 애플리케이션 데이터와 해시값을 전송합니다. 수신자는 애플리케이션 데이터로부터 해시값을 계산하고, 전송된 해시값과 자신이 계산한 해시값을 비교합니다. 그 결과가 일치하면 변조가 없고, 일치하지 않으면 변조되었다고 판단합니다.

그리고 SSL에서는 간단한 단방향 해시 함수가 아닌, 이를 발전시킨 **메시지 인증 코드**(MAC, Message Authentication Code)라는 기술을 사용합니다. 메시지 인증 코드는 애플리케이션 데이터와 MAC키(공통키)를 뒤섞어 MAC값(해시값)를 계산하는 기술입니다. 단방향 해시 함수에 공통키의 요소가 추가되므로 변조 감지뿐만 아니라 상대를 인증할 수도 있습니다.

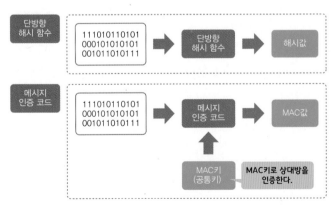

**그림 6.2.15 ● 메시지 인증 코드**

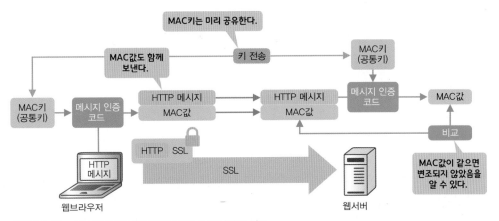

그림 6.2.16 • 메시지 인증으로 애플리케이션 데이터를 검증

또한, 공통키를 사용한다는 것은 동시에 키 전송 문제가 존재한다는 것임을 기억해야 합니다. SSL에서는 메시지 인증에서 사용하는 공통키는 공개키 암호화 방식으로 교환한 공통키 재료로부터 생성합니다.

### ■ 디지털 인증서 검증

SSL에서는 디지털 인증서의 검증에도 해시화를 사용합니다. 아무리 통신을 암호화하더라도 데이터를 보내는 상대 자체가 전혀 모르는 사람이라면 아무런 의미가 없습니다. SSL에서는 디지털 인증서를 사용해 자신이 자신이고, 상대가 상대임을 증명합니다.

여기에서 중요한 것은 설령 '내가 A입니다!'라고 소리치더라도 거기에는 신뢰성이 없다는 것입니다. 실제 A인지 아닌지는 알 수 없습니다. 혹시라도 B가 '내가 A입니다!'라고 소리치는 것일 수도 있습니다. 그래서 SSL 세계에서는 제3자 인증이라는 구조를 채용하고 있습니다. 세계에서 신뢰를 받는 제3자 '인증 기관(CA)'에 'A가 A인 것'을 디지털 서명이라는 형태로 승인받습니다. 그리고 그 디지털 서명에 해시화를 사용합니다.

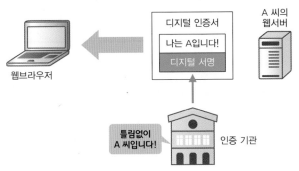

그림 6.2.17 • 인증 기관이 제3자 인증

디지털 인증서는 다음 그림과 같이 **서명 전 인증서, 디지털 서명 알고리즘, 디지털 서명**으로 구성됩니다[13]. 서명 전 인증서는 서버나 서버 소유자의 정보입니다. 서버의 URL을 나타내는 **공통 이름**(common name)이나 인증서 유효 기간, 공개키 등이 여기에 포함됩니다. 디지털 서명 알고리즘에는 디지털 서명에서 사용하는 해시 함수 이름이 포함됩니다. 디지털 서명은 서명 전 인증서와 디지털 서명의 알고리즘으로 지정된 해시 함수로 해시화한 뒤, 인증 기관의 비밀키로 암호화한 것입니다.

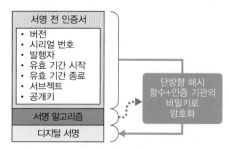

**그림 6.2.18 ● 디지털 인증서의 구성 요소**

디지털 인증서를 받은 수신자는 디지털 서명을 인증 기관의 공개키(CA 인증서)로 복호화해서 서명 전 인증서의 해시값과 비교, 검증합니다. 값이 일치하면 인증서가 변조되지 않았음, 다시 말해, 서버가 진짜인 것을 알 수 있습니다. 반대로 값이 일치하지 않으면 그 서버가 가짜라고 판단해 이를 의미하는 메시지를 반환합니다.

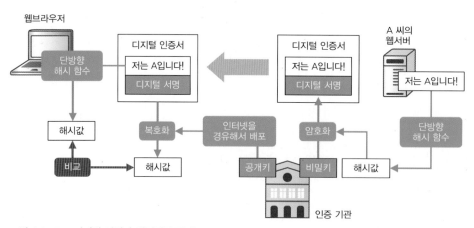

**그림 6.2.19 ● 디지털 서명과 해시값의 관계**

---

13 디지털 서명 알고리즘은 서명 전 인증서의 일부로 존재합니다. 이 책에서는 이해하기 쉽게 별도 구성된 것으로 설명합니다.

## ■ SSL에서 이용하는 기술 정리

지금까지 SSL에서 사용하는 암호화 방식과 해시화 방식을 설명했습니다. 이제까지 설명한 기술들을 다음 표에 정리했습니다.

표 6.2.2 • SSL에서 사용하는 기술 정리

| 단계 | 기술 | 역할 | 최근 사용되고 있는 종류 |
|------|------|------|------------------------|
| 사전 준비 | 공개키 암호화 방식 | 공통키 재료를 전송한다. | RSA, DG/DHE ECDH/ECDHE |
| | 디지털 서명 | 제3자로부터 인증을 받는다. | RSA, DSA, ECDSA, DSS |
| 암호화 데이터 통신 | 공통키 암호화 방식 | 애플리케이션 데이터를 암호화한다. | 3DES, AES, AES-GCM, Camellia |
| | 메시지 인증 코드 | 애플리케이션 데이터에 공통키를 붙여, 해시화한다. | SHA-256, SHA-384 |

# 6.2.2 SSL 버전

SSL 버전의 역사는 그야말로 취약성과의 전쟁의 역사라 할 수 있습니다. 치명적인 취약성이 발견될 때마다 'SSL 2.0 → SSL 3.0 → TLS 1.0 → TLS 1.1 → TLS 1.2 → TLS 1.3'으로 5번의 버전 업그레이드를 거쳤으며, 지금 현재도 취약성을 찾는 공격자와 전문가 사이의 다툼이 계속 이어지고 있습니다.

어느 버전으로 연결할 것인가는 웹브라우저와 웹서버 대응 상황과 설정에 따라 다릅니다. 어느 버전을 사용하는지는 암호화 통신에 앞서 공개키 방식으로 수행되는 **SSL 핸드셰이크**에 따라 결정됩니다.

그림 6.2.20 • SSL 버전

## SSL 2.0

버전 번호가 '2.0'부터 시작하기 때문에 다소 위화감을 느낄 수도 있겠지만, 'SSL 1.0'은 출시되기도 전에 치명적인 취약성이 발견되어 채 하루도 되지 않아 폐기되었습니다. 그렇기 때문에 사실상 SSL 2.0이 SSL의 첫 번째 버전입니다.

SSL 2.0은 웹브라우저 개발 벤더였던 Netscape Communications가 SSL 1.0의 취약성을 수정해 1994년에 출시한 버전입니다. 하지만 다운그레이드 공격(downgrade attack)[14]이나 버전 롤백 공격 (version rollback attack)[15] 등의 치명적인 취약성이 발견되어, 지금은 이에 대응하는 소프트웨어를 찾아보기 어렵습니다. IETF도 RFC6176 'Prohibiting Secure Sockets Layer(SSL) Version 2.0'에서 SSL 2.0 사용을 금지했습니다.

## SSL 3.0

SSL 3.0은 Netscape Communications가 SSL 2.0의 보안 향상, 및 기능 확장을 목적으로 1995년에 출시한 버전입니다. 원래 RFC에서 표준화되지는 않았지만 2011년에 그 역사적인 가치를 인정해 RFC6101 'The Secure Sockets Layer(SSL) Protocol Version 3.0'으로 공개되었습니다. SSL 3.0은 오랜 기간에 걸쳐 SSL의 대표 주자로 군림했으나 POODLE(Padding Oracle On Downgraded Legacy Encryption) 공격[16]의 발견을 계기로, 그 역할을 다했습니다. RFC7568 'Deprecating Secure Sockets Layer Version 3.0'에서도 폐지가 되었으며 최근 크롬이나 파이어폭스에서도 대응하지 않습니다.

## TLS 1.0

TLS 1.0은 1999년에 RFC2246 'The TLS Protocol Version 1.0'으로 표준화되었습니다. 기본 기능은 SSL 3.0과 크게 다르지 않습니다. SSL 3.0의 아킬레스건이었던 POODLE 공격에 대응하고, AES나 Camellia 등과 같은 강력한 암호화 방식에 대응함으로써 안정성 향상을 목표로 했습니다. TLS 1.0은 20년 이상에 걸쳐 사용되었지만, 대응하는 암호화 방식이나 인증 방식이 노후화된 이유도 있어 2020년에 주요 4대 브라우저(크롬, 파이어폭스, 사파리, 에지)에서 지원을 중단한다고(비활성화한다고) 발표했습니다.

---

14  가장 강도가 약한 암호화 방식을 강제로 사용하도록 함으로써, 해독하기 쉬운 암호화 통신을 하게 만드는 공격.

15  원래 이용할 수 있는 버전보다도 낮은 버전을 강제로 사용하도록 함으로써, 해독하기 쉬운 암호화 통신을 하게 만드는 공격.

16  블록 암호인 CBC(Cipher Block Chaining) 모드의 취약성을 이용한 공격으로, 패딩을 악용해 암호화 통신을 해독합니다.

## ■ TLS 1.1

TLS 1.1은 2006년에 RFC4346 'The Transport Layer Security(TLS) Protocol Version 1.1'로 표준화되었습니다. TLS 1.1은 TLS 1.0에서 취약성을 지적받은 BEAST(Browser Exploit Against SSL/TSL) 공격[17]에 대응하고, 수출용 암호[18]를 폐지함으로써 안정성 향상을 목표로 했습니다. TSL 1.1 역시 TLS 1.0과 함께 2020년에 주요 4대 브라우저에서 지원을 중단한다고 발표했습니다.

## ■ TLS 1.2

TLS 1.2는 2008년에 RFC5246 'The Transport Layer Security(TLS) Protocol Version 1.2'로 표준화되었습니다. TLS 1.2는 SHA-2(SHA-256, SHA-384) 해시 함수에 대응하고, 인증 기능을 붙인 암호화 방식(GCM, CCM)에 대응함으로써 안정성을 한층 더 향상하는 것을 목표로 했습니다. 이후, 뒤에서 설명할 TLS 1.3으로 이행이 진행될 것으로 생각하지만, 2020년 현재 가장 많이 사용되는 버전이라 할 수 있습니다. TLS 1.0과 TLS 1.1의 지원이 중단되면 소프트웨어 측의 TSL 1.3 대응이 안정될 때까지 TLS 1.2만이 유지될 것입니다.

## ■ TLS 1.3

TLS 1.3은 2018년에 RFC8446 'The Transport Layer Security(TLS) Protocol Version 3'으로 표준화되었습니다. TLS 1.3은 더욱 강력한 해시 함수, 암호화 방식에 대응함으로써 안정성의 향상과 동시에 SSL 핸드셰이크 프로세스를 간략화해서 성능 향상을 목표로 했습니다. HTTP/3와의 호환성이 높아 이후 점점 TLS 1.3으로 옮겨가게 될 것입니다.

## 6.2.3 SSL 레코드 포맷

SSL을 통해 전달되는 메시지를 **SSL 레코드**(SSL record)라고 부릅니다. SSL 레코드는 SSL 제어 정보를 다루는 **SSL 헤더**(SSL header)와 그 뒤를 잇는 **SSL 페이로드**(SSL payload)로 구성됩니다. 또한, SSL 헤더는 **콘텐츠 타입**, **프로토콜 버전**, **SSL 페이로드 길이**라는 3가지 필드로 구성되어 있습니다. 각각에 관해 설명합니다.

---

17  블록 암호인 CBC(Cipher Block Chaining) 모드의 취약성을 이용한 공격으로, 브라우저 내의 Cookie를 입수합니다.
18  미국의 수출 규제에 대응하기 위해, 해독하기 쉽게 설계된 암호화/해시 함수의 조합(암호 스위트).

| | 0비트 | 8비트 | 16비트 | 24비트 |
|---|---|---|---|---|
| 0바이트 | 콘텐츠 타입 | 프로토콜 버전 | | SSL 페이로드 길이 |
| 가변 | SSL 페이로드 길이 | SSL 페이로드 | | |

그림 6.2.21 • SSL 레코드 포맷

'콘텐츠 타입'은 SSL 레코드 종류를 나타내는 1바이트(8비트) 필드입니다. SSL은 레코드를 **핸드 세이크 레코드**(handshake record), **암호 사양 변경 레코드**(change cipher spec record), **얼럿 레코드**(alert record), **애플리케이션 데이터 레코드**(application data record)의 4가지로 분류하고, 각각 다음 표와 같이 타입 코드를 할당합니다.

표 6.2.3 • 콘텐츠 타입

| 콘텐츠 타입 | 타입 코드 | 의미 |
|---|---|---|
| 핸드셰이크 레코드 | 22 | 암호화 통신에 앞서 수행되는 'SSL 핸드셰이크'에서 사용하는 레코드 |
| 암호 사양 변경 레코드 | 20 | 암호화나 해시화에 관한 사양을 확정하거나, 변경하기 위해 사용하는 레코드 |
| 얼럿 레코드 | 21 | 상대에 대해 에러를 알리기 위해 사용하는 레코드 |
| 애플리케이션 데이터 레코드 | 23 | 애플리케이션 데이터를 나타내는 레코드 |

각 콘텐츠 타입에 관해 설명합니다.

### ▶ 핸드셰이크 레코드

핸드셰이크 레코드는 실제 암호화 통신에 앞서 수행되는 'SSL 핸드셰이크'에서 사용하는 레코드 입니다. 핸드셰이크 레코드에는 다음 표에 표시한 10가지 종류의 핸드셰이크 타입이 정의되어 있습니다.

표 6.2.4 • 핸드셰이크 타입

| 핸드셰이크 타입 | 타입 코드 | 의미 |
|---|---|---|
| Hello Request | 0 | Client Hello를 요청하는 레코드. 이를 받은 클라이언트는 Client Hello를 송신한다. |
| Client Hello | 1 | 클라이언트가 대응하는 암호화 방식이나 해시화 방식, 확장 기능 등을 서버에 알리는 레코드 |
| Server Hello | 2 | 서버가 대응을 확정한 암호화 방식이나 해시화 방식, 확장 기능 등을 클라이언트에게 알리는 레코드 |
| Certificate | 11 | 디지털 인증서를 송신하는 코드 |
| Server Key Exchange | 12 | 서버가 인증서를 갖고 있지 않을 때, 일시적으로 사용하는 키를 전송하는 레코드 |

표 6.2.4 • 핸드셰이크 타입(계속)

| 핸드셰이크 타입 | 타입 코드 | 의미 |
|---|---|---|
| Certificate Request | 13 | 클라이언트 인증에사 클라이언트가 인증서를 요청하는 레코드 |
| Server Hello Done | 14 | 서버로부터 클라이언트에 대해 모든 정보를 보냈음을 나타내는 레코드 |
| Certificate Verify | 15 | 클라이언트 인증에서, 지금까지 교환한 SSL 핸드셰이크 정보를 해시화해서 송신하는 레코드 |
| Client Key Exchange | 16 | 실제 암호화 통신에 사용하는 공통키의 재료를 송신하는 레코드 |
| Finished | 20 | SSL 핸드셰이크가 완료되었음을 나타내는 레코드 |

## ▶ 암호 사양 변경 레코드

암호 사양 변경(change cipher spec) 레코드는 SSL 핸드셰이크에 따라 결정된 다양한 사양(암호화 방식이나 해시화 방식 등)을 확정하거나 변경하기 위해 사용합니다. 이 레코드 이후의 통신은 모두 암호화됩니다.

## ▶ 얼럿 레코드

얼럿 레코드는 상대에게 SSL에 관계된 에러가 발생했음을 전달하는 레코드입니다. 이 레코드를 보면 에러에 관한 대략의 내용을 알 수 있습니다. 얼럿 레코드는 얼럿의 심각도를 나타내는 'Alert Level', 그 내용을 나타내는 'Alert Description' 2가지 종류의 필드로 구성됩니다. Alert Level은 Fatal(치명적)과 Warning(경고)의 2종류이며, Fatal이면 즉시 커넥션이 끊어집니다. Alert Description별로 Alert Level이 정의되거나 정의되지 않을 수 있습니다. 정의되지 않은 것은 송신자의 재량으로 어떤 Alert Level을 사용할지 결정할 수 있습니다.

표 6.2.5 • Alert Description

| Alert Description | 코드 | Alert Level | 의미 |
|---|---|---|---|
| close_notify | 0 | Warning | SSL 세션을 닫을 때 사용하는 레코드 |
| unexpectied_message | 10 | Fatal | 예상할 수 없는 부적절한 레코드를 수신했음을 나타내는 레코드 |
| bad_record_mac | 20 | Fatal | 올바르지 않은 MAC(Message Authentication Code)값을 수신했음을 나타내는 레코드 |
| decription_failed | 21 | Fatal | 복호화에 실패했음을 나타내는 레코드 |
| record_overflow | 22 | Fatal | SSL 레코드의 크기 상한을 넘는 레코드를 수신했음을 나타내는 레코드 |
| decompression_failure | 30 | Fatal | 압축 풀기 처리에 실패했음을 나타내는 레코드 |
| handshake_failure | 40 | Fatal | 일치하는 암호화 방식 등이 없어, SSL 핸드셰이크에 실패했음을 나타내는 플래그 |
| no_certificate | 41 | 임의 선택 | 클라이언트 인증에서 클라이언트 인증서가 없음을 나타내는 레코드 |

표 6.2.5 • Alert Description(계속)

| Alert Description | 코드 | Alert Level | 의미 |
|---|---|---|---|
| bad_certificate | 42 | 임의 선택 | 디지털 인증서가 손상되거나 검증할 수 없는 디지털 서명이 포함되어 있음을 나타내는 레코드 |
| unsupported_certificate | 43 | 임의 선택 | 디지털 인증서를 지원하지 않음을 나타내는 레코드 |
| certificate_revoked | 44 | 임의 선택 | 디지털 인증서가 관리자에 의해 실효 처리되었음을 나타내는 레코드 |
| certificate_expired | 45 | 임의 선택 | 디지털 인증서의 기한이 초과했음을 나타내는 레코드 |
| illegal_parameter | 47 | Fatal | SSL 핸드셰이크 중 파라미터가 범위 외, 또는 다른 필드와 모순되어 정확하지 않음을 나타내는 레코드 |
| unknown_ca | 48 | 임의 선택 | 유효한 CA 인증서가 없거나 일치하는 CA 인증서가 없음을 나타내는 레코드 |
| access_denied | 49 | 임의 선택 | 유효한 디지털 인증서를 받았지만 액세스 컨트롤에 의해 핸드셰이크 중지된 것을 나타내는 레코드 |
| decode_error | 50 | 임의 선택 | 필드값이 범위 밖이거나 메시지 길이에 이상이 있어 메시지를 디코드할 수 없음을 나타내는 레코드 |
| decrypt_error | 51 | 임의 선택 | SSL 핸드셰이크의 암호화 처리에 실패했음을 나타내는 레코드 |
| export_restriction | 60 | Fatal | 익스포트 규제를 준수하지 않은 니고시에이션을 발견했음을 나타내는 레코드 |
| protocol_version | 70 | Fatal | SSL 핸드셰이크에서 대응하는 프로토콜 버전이 없음을 나타내는 레코드 |
| insufficient_security | 71 | Fatal | 클라이언트가 요청한 암호화 방식이 서버가 인정하는 암호화 강도 수준에 도달하지 않음을 나타내는 레코드 |
| internal_error | 80 | Fatal | SSL 핸드셰이크에 관계없는 내부적인 에러에 의해 SSL 핸드셰이크가 실패했음을 나타내는 레코드 |
| user_cancelled | 90 | 임의 선택 | 사용자에 의해 SSL 핸드셰이크가 취소되었음을 나타내는 레코드 |
| no_renegotiation | 100 | Warning | 재협상에 의해 보안에 관한 파라미터를 변경할 수 없음을 나타내는 레코드 |
| unsupported_extension | 110 | Fatal | 지원하지 않는 확장 기능(extension)을 받았음을 나타내는 레코드 |

### ▶ 애플리케이션 데이터 레코드

애플리케이션 데이터 레코드는 이름 그대로 실제 애플리케이션 데이터(메시지)를 포함한 레코드입니다. SSL 핸드셰이크에 따라 확정한 다양한 사양(암호화 방식이나 해시 방식, 압축 방식 등)에 기반해 설정됩니다.

### ■ 프로토콜 버전

프로토콜 버전은 SSL 레코드의 버전을 나타내는 2바이트(16비트) 필드입니다. 상위 1바이트(8비트)가 메이저 버전, 하위 1바이트(8비트)가 마이너 버전을 나타내며 각각 다음 표와 같이 정의됩니다. 또한, 버전 필드에서 TSL은 SSL 3.0의 마이너 버전 업데이트와 같이 취급됩니다.

표 6.2.6 • 대표적인 확장 기능

| 프로토콜 버전 | 메이저 버전(상위 1바이트) | 마이너 버전(하위 1바이트) |
|---|---|---|
| SSLv2.0 | 2(00000010) | 0(00000000) |
| SSLv3.0 | 3(00000011) | 0(00000000) |
| TLSv1.0 | 3(00000011) | 1(00000001) |
| TLSv1.1 | 3(00000011) | 2(00000010) |
| TLSv1.2 | 3(00000011) | 3(00000011) |
| TLSv1.3 | 3(00000011) | 3(00000011)[19] |

## ■ SSL 페이로드 길이

SSL 페이로드 길이는 SSL 페이로드의 길이를 바이트 단위로 정의한 2바이트(16비트) 필드입니다. 이론상 최대 $2^{16}-1$(65536)바이트의 레코드를 다룰 수 있지만, TSL 1.2를 정의하고 있는 RFC5246 'The Transport Layer Security(TLS) Protocol Version 1.2'에서는 $2^{14}$(16384)바이트 이하가 되도록 정의합니다. 또한, 애플리케이션 계층에서 받은 데이터가 16384바이트를 넘을 때는 $2^{14}$(16384)바이트로 분할(프래그먼트)되어 암호화됩니다.

# 6.2.4 SSL 접속에서 종료까지의 흐름

SSL은 암호화나 해시화 등 다양한 보안 기술을 조합한 총합적 암호화 프로토콜입니다. 많은 기술을 조합해서 연결하기 위해 접속할 때까지 많은 처리를 수행합니다. 이 책에서는 TLS 1.2에 대응하는 HTTPS 서버를 인터넷에 공개하는 것을 전제로, 접속에서 절단까지의 흐름을 하나하나 정리합니다.

## 서버 인증서 준비

HTTPS 서버를 인터넷에 공개할 때, SSL 서비스를 실행한 서버를 준비한 뒤 곧바로 '자! 공개!' 할 수는 없습니다. HTTPS 서버로 공개하기 위해서는 서버 인증서(서버를 증명하기 위한 디지털 인증서)를 준비, 인증 기관으로의 신청 등을 사전에 준비해 두어야 합니다. 공개하기 위한 사전 준

---

19 TLS 1.3은 하위 호환성을 고려해 TLS 1.2와 같은 프로토콜 버전을 사용합니다. TLS 1.3의 식별에는 Client Hello와 Server Hello에 포함된 'supported_version'을 사용합니다.

비는 크게 4단계로 나눌 수 있습니다.

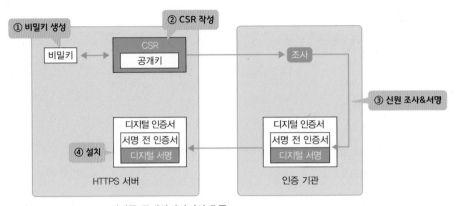

**그림 6.2.22 • HTTPS 서버를 공개하기까지의 흐름**

각각의 단계를 순서대로 설명합니다.

① HTTPS 서버에서 비밀키를 만듭니다. 비밀키는 '-----BEGIN RSA PRIVATE KEY-----'로 시작해서 '-----END RSA PRIVATE KEY-----'로 끝나는 텍스트 파일입니다[20]. 기밀 정보이므로 주의를 기울여 보관해야 합니다.

**그림 6.2.23 • 비밀키 파일**

② ① 에서 만든 비밀키를 기반으로 **CSR**(Certificate Signing Request)을 만들어 인증 기관에 보냅니다. CSR이란 간단히 말하면 서버 인증서를 얻기 위해 인증 기관에 제출하는 신청서와 같은 것입니다. 서버 관리자는 서명 전 인증서(349쪽)의 정보를 입력해 CSR을 만듭니다. CSR을 만들기 위해 필요한 정보는 **고유 이름**(distinguish name)이라 부르며, 다음 표에 표시한 항목 등이 있습니다[21].

---

20  지정하는 공개키 암호화 방식에 따라 처음과 마지막 행의 문장에 조금씩 다릅니다. 여기에서는 RSA를 지정했습니다.

21  신청하는 증명 기관에 따라 필요한 신청 항목이나 사용할 수 있는 문자의 종류, 요구하는 공개키의 길이 등 다양한 제한이 있습니다. 미리 인증 기관의 웹사이트를 확인하는 것이 좋습니다.

**표 6.2.7 • 고유 이름의 일부 항목**

| 항목 | 내용 | 예 |
|---|---|---|
| 일반 이름 | SSL 서버의 URL(FQDN) | www.example.com |
| 조직 이름 | 사이트를 운영하는 조직의 정식 영어 명칭 | Example Korea |
| 부문 이름 | 사이트를 운영하는 부문, 부서 이름 | Information Technology Dept. |
| 주소지 1(City) | 사이트를 운영하는 조직의 주소지 1 | Yongin-Si |
| 주소지 2(Province) | 사이트를 운영하는 조직의 주소지 2 | Gyonggi-Do |
| 국가 코드 | 국가 코드 | KR |

CSR은 서명 전 인증서의 정보를 암호화한 텍스트 파일입니다. '-----BEGIN CERTIFICATE REQUEST-----'로 시작해서 '-----END CERTIFICATE REQUEST-----'로 끝납니다. 이를 복사해서 인증 기관의 신청 사이트의 지정된 부분에 붙여 넣습니다.

```
-----BEGIN CERTIFICATE REQUEST-----
MIICtjCCAZ4CAQAwcTELMAkGA1UEBhMCSIAxETAPBgNVBAgMCFRva3lvLXRvMRIw
EAYDVQQHDAINaW5hdG8ta3UxITAfBgNVBAoMGEludGVybmV0IFdpZGdpdHMgUHR5
IEx0ZDEYMBYGA1UEAwwPd3d3LndlYjAxLmxvY2FsMIIBIjANBgkqhkiG9w0BAQEF
AAOCAQ8AMIIBCgKCAQEA0TTHJRzkqYhaICHeBrqdoCTyxbRpG4Hq4zKoITovqoOC

N7tP8jUbBcY59CdfSoCh4q1GErvC14aXA3u8jddH/r9b1KoA7L1v4q2xnffe7mKm
BWGYbBS/S1estKUW7PKMIJQIgQjSVpKwNVmXMB7LTH2NKLYYNGf4YPzdvdaFYILb
P93UAX9S3BHqMUiVo9uyNA2fsWX/VM4aRMCJUmIS3+d0Ng4X16nZHmMx5WN7bAMq
wIj7zeVeu1RAwDLpATJoYlBK7nLinHPu7HA=
-----END CERTIFICATE REQUEST-----
```

**그림 6.2.24 • CSR 파일**

③ 인증 기관이 신청자의 신원을 조사합니다. 조사는 다양한 여신(신용) 데이터를 조회하거나 제3자 기관의 데이터베이스에 기재된 전화 번호로 전화하는 등 인증 기관 안에서 정해진 여러 프로세스에 기반해 수행합니다. 조사를 통과하면 CSR을 해시화, 인증 기관의 비밀 키로 암호화해서 디지털 서명으로 만듭니다. 그리고 인증 기관은 서버 인증서를 발생하고 요청자에게 송신합니다. 서버 인증서는 '-----BEGIN CERTIFICATE-----'로 시작해서 '-----END CERTIFICATE-----'로 끝나는 텍스트 파일입니다.

```
-----BEGIN CERTIFICATE-----
MIIFKjCCBBKgAwIBAgIQZe7XJ1acMbhu6KtWUZreaTANBgkqhkiG9w0BAQsFADCBvDELMAkGA1UE
BhMCSIAxHTAbBgNVBAoTFFN5bWFudGVjIEphcGFuLCBJbmMuMS8wLQYDVQQLEyZGb3IgVGVzdCBQ
dXJwb3NlcyBPbmx5LiBObyBhc3N1cmFuY2VzLjE7MDkGA1UECxMyVGVybXMgb2YgdXNlIGF0IGh0
dHBzOi8vd3d3LnN5bWF1dGGguY29tL2Nwcy90ZXN0N0Y2ExIDAeBgNVBAMTF1RyaWFFsIFNTTCBKYXBh

M0Qk7HS+Pcg5kFq992971F7vjYT0IDqxSL1Ar3YbepYoTMO6alfa7jBf3VkiLLKGcRPSJUCRzISu
/vf8E4GsCR2kWozN5ApOmD26gu6Qd5hSwcDvc5D2cMF7z6SB/r7zX1ujAavNo7QIhoeBXPyqyapt
4Xeq0lrWSEZ4e8rP5fq68g3mCwjjGrFQYvrHg82rM31TYCJTU75O3ZAzKbWUQxszkQnWEraz11Sx
IKFeV+4nfZdeUut2wMac9v/LCDrhHSekuyXSweKOjIS9/3xHMof0BmVUUjWDYsFsLT9d7L44+CPi
w4U3Po2NTSSuMN0jH9ts
-----END CERTIFICATE-------
```

**그림 6.2.25 • 서버 인증서 파일**

④ 인증 기관에서 받은 서버 인증서를 서버에 설치합니다. 최근의 인증 기관은 **중간 인증서**(중간 CA 인증서, 체인 인증서)도 함께 설치하게 되어 있습니다. 중간 인증서는 중간 인증 기관이 발생/서명하는 디지털 인증서로 중간 인증 기관에서 얻을 수 있습니다. 인증 기관은 많은 인증서를 관리하기 위해 루트 인증 기관을 꼭짓점으로 하는 계층 구조로 되어 있습니다. 중간 인증 기관은 루트 인증 기관의 인증을 받아 움직이는 하위 인증 기관입니다. 서버에 중간 인증서를 함께 설치함으로써 웹브라우저는 인증서의 계층에 올바르게 도달할 수 있게 됩니다.

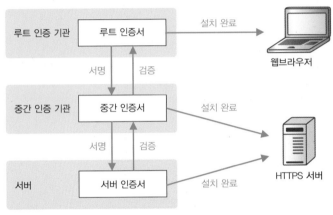

그림 6.2.26 ● 인증서의 계층 구조

## ■ SSL 핸드 셰이크를 통한 사전 준비

서버 인증서를 설치했다면 이제 웹브라우저에서 SSL 접속을 받을 수 있습니다. SSL은 갑자기 메시지를 암호화해서 보낼 수 있는 것이 아닙니다. 메시지를 암호화하기 전에 암호화하기 위한 정보나 통신 상대를 확인하는 사전 준비를 처리하는 **SSL 핸드셰이크**라는 단계를 갖습니다. 핸드셰이크란 TCP에서도 접속에 사용하는 3웨이 핸드셰이크(SYN → SYN/ACK → ACK)와 단절에 사용하는 4웨이 핸드셰이크(FIN/ACK → ACK → FIN/ACK → ACK)가 있지만, 그것과는 완전히 다릅니다.

SSL은 TCP의 3웨이 핸드셰이크로 TCP 커넥션을 연 뒤, 핸드셰이크 레코드를 이용해서 SSL 핸드셰이크하고, 여기에서 결정된 정보를 기반으로 메시지를 암호화합니다. SSL 핸드셰이크는 **대응 방식 제시**, **통신 상대 증명**, **공통키 재료 교환**, **최종 확인**의 4단계로 구성되어 있습니다. 처리의 흐름을 살펴봅니다.

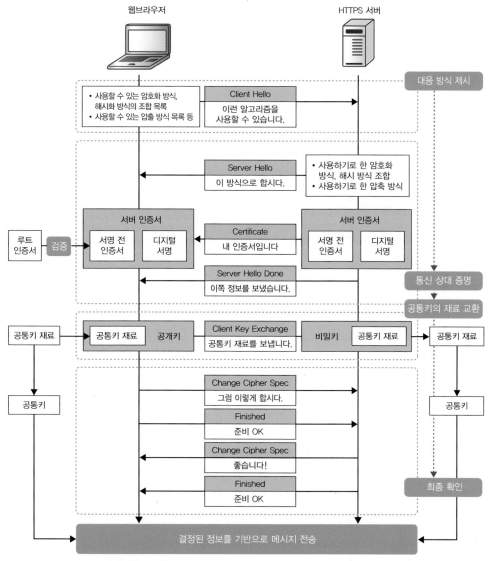

대응 방식 제시

- 사용할 수 있는 암호화 방식, 해시화 방식의 조합 목록
- 사용할 수 있는 압출 방식 목록 등

**Client Hello**
이런 알고리즘을 사용할 수 있습니다.

**Server Hello**
이 방식으로 합시다.

- 사용하기로 한 암호화 방식, 해시 방식 조합
- 사용하기로 한 압축 방식

루트 인증서　검증

서버 인증서
서명 전 인증서 ｜ 디지털 서명

**Certificate**
내 인증서입니다

서버 인증서
서명 전 인증서 ｜ 디지털 서명

**Server Hello Done**
이쪽 정보를 보냈습니다.

통신 상대 증명

공통키의 재료 교환

공통키 재료

공통키 재료　공개키

**Client Key Exchange**
공통키 재료를 보냅니다.

비밀키　공통키 재료

공통키 재료

공통키

**Change Cipher Spec**
그럼 이렇게 합시다.

**Finished**
준비 OK

**Change Cipher Spec**
좋습니다!

**Finished**
준비 OK

최종 확인

공통키

결정된 정보를 기반으로 메시지 전송

**그림 6.2.27 •** SSL 핸드셰이크의 흐름

### ① 대응하는 암호화 방식과 해시 함수 제시

이 단계에서는 웹브라우저가 사용할 수 있는 암호화 방식이나 단방향 해시 함수를 제시합니다. '암호화한다, 해시화한다'고 해도 그 방식은 여러 가지입니다. 그래서 **Client Hello**를 사용해 이용 가능한 암호화 방식이나 단방향 해시 함수의 조합을 목록으로 제시합니다. 이 조합을 **암호 스위트**(cipher suite)라 부릅니다.

또한, 이 단계에서는 이외에도 SSL이나 HTTP의 버전, 공통키 작성에 필요한 **client random** 등 서버와 맞춰 두어야 하는 확장 기능의 파라미터도 전송합니다.

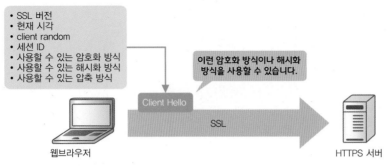

- SSL 버전
- 현재 시각
- client random
- 세션 ID
- 사용할 수 있는 암호화 방식
- 사용할 수 있는 해시화 방식
- 사용할 수 있는 압축 방식

이런 암호화 방식이나 해시화 방식을 사용할 수 있습니다.

Client Hello

SSL

웹브라우저

HTTPS 서버

그림 6.2.28 • Client Hello

표 6.2.8 • 대표적인 확장 기능

| 타입 | 파라미터 이름 | |
|---|---|---|
| 0 | server_name | 접속할 서버의 FQND를 저장한다. |
| 16 | application_layer_protocol_negotiation | 대응하는 애플리케이션 계층 프로토콜 리스트를 저장한다. HTTP/2나 HTTP/3로의 업그레이드에 사용한다(318쪽 참조). |
| 43 | supported_versions | TLS 1.3에 대응함을 나타낸다. |

② 통신 상대 증명

이 단계에서는 실제 서버와 통신하고 있는가를 서버 인증서로 확인합니다. 이 단계는 Server Hello, Certificate, Server Hello Done의 3가지 프로세스로 구성됩니다.

(1) Server Hello

서버는 Client Hello에서 받은 암호 스위트 리스트와 자신이 가진 암호 스위트 리스트를 참조해서 일치한 암호 스위트 안에서 가장 우선도가 높은(리스트의 최상위에 있는) 암호 스위트를 선택합니다. 또한, 그 외에도 SSL이나 HTTP의 버전, 공통키 작성에 사용하는 server random 등 클라이언트와 맞춰야만 하는 확장 기능의 파라미터도 포함해 Server Hello로 반환합니다.

(2) Certificate

Certificate로 자기 자신의 서버 인증서를 보내고, '자신이 제3자 기관으로부터 인증받은 본인이라는 것'을 증명합니다.

(3) Server Hello Done

Server Hello Done으로 '내 정보는 모두 보냈습니다'라고 알립니다. 웹브라우저는 받은 서버 인증서를 검증(루트 인증서로 복호화 → 해시값을 비교)하고, 올바른 서버인지 확인합니다.

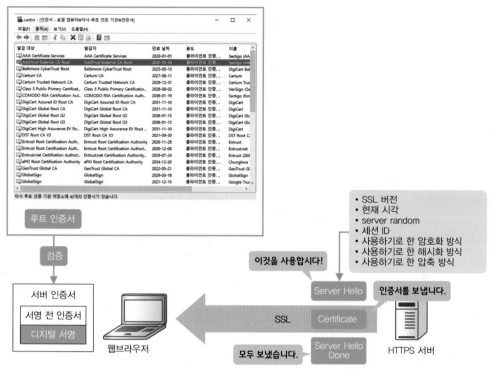

다음 그림의 설명:

- SSL 버전
- 현재 시각
- server random
- 세션 ID
- 사용하기로 한 암호화 방식
- 사용하기로 한 해시화 방식
- 사용하기로 한 압축 방식

이것을 사용합시다!

인증서를 보냅니다.

루트 인증서

검증

서버 인증서

서명 전 인증서

디지털 서명

웹브라우저

SSL

Server Hello

Certificate

Server Hello Done

모두 보냈습니다.

HTTPS 서버

**그림 6.2.29 ● 3가지 프로세스로 통신 상대를 증명**

### ③ 공통키 교환

이 단계에서는 애플리케이션 데이터의 암호화와 해시화에 사용할 공통키의 자료를 교환합니다. 웹브라우저는 통신 상대가 실제 서버인 것을 확인하면 **프리 마스터 시크릿**(premaster secret)이라는 공통키의 재료를 만들어 서버로 보냅니다. 이것은 공통키 그 자체가 아니라, 어디까지나 공통키를 만들기 위한 재료입니다. 웹브라우저와 HTTPS 서버는 프리 마스터 시크릿과 Client Hello로 얻은 client random, Server Hello에서 얻은 server random을 섞어 **마스터 시크릿**(master secret)을 만듭니다.

client random과 server random이 ①과 ② 단계에서 교환하므로 서로 같은 것을 갖고 있습니다. 여기에서 프리 마스터 시크릿만 보내면 같은 마스터 시크릿을 만들어 낼 수 있습니다. 이 마스터 시크릿을 이용해 애플리케이션 데이터의 암호화에 사용하는 공통키 **세션키**(session key)와 해시화에 사용하는 **MAC키**를 만듭니다.

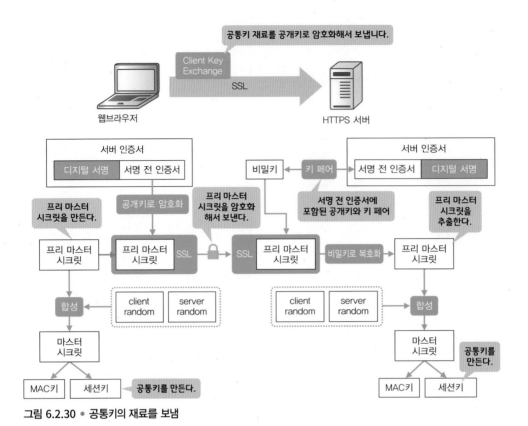

그림 6.2.30 • 공통키의 재료를 보냄

웹브라우저는 **Client Key Exchange**로 프리 마스터 시크릿을 공개키로 암호화해서 보냅니다. 이를 받은 서버는 비밀키로 복호화해서 프리 마스터 시크릿을 추출하고 client random과 server random을 뒤섞어 마스터 시크릿을 만듭니다. 그리고 마스터 시크릿에서 세션키와 MAC키를 만듭니다. 이것으로 공통키 생성을 완료합니다.

④ **최종 확인 작업**

이 단계는 최종 확인 작업입니다. 서로 **Change Cipher Spec**과 **Finished**를 교환하고, 이제까지 결정한 사항들을 확인하고, SSL 핸드셰이크를 종료합니다. 이 과정이 종료되면 SSL 세션이 만들어지고, 애플리케이션 데이터 암호화 통신을 시작합니다.

그림 6.2.31 ● SSL 핸드셰이크를 최종 확인

## 암호화 통신

SSL 핸드셰이크가 끝나면 이제 애플리케이션 데이터 암호화 통신을 시작합니다. 애플리케이션 데이터를 MAC키로 해시화한 뒤, 세션키로 암호화해서 애플리케이션 데이터 레코드로 전송합니다.

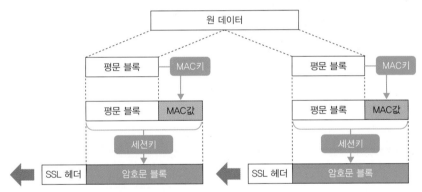

그림 6.2.32 ● 애플리케이션 데이터를 해시화 + 암호화해서 전송

## SSL 세션 재이용

SSL 핸드셰이크는 디지털 인증서를 보내거나 공통키의 재료를 보내는 등 처리하는 데 시간이 오래 걸립니다. 그래서 SSL에서는 최초의 SSL 핸드셰이크에서 생성한 세션 정보를 캐시해서 **2번째 이후에 재사용하는 SSL 세션 재이용**(SSL session resumption)이라는 기능을 제공합니다. SSL 세션 재이용을 사용하면 Certificate나 Client Key Exchange 등 공통키를 생성하기 위해 필요한 처리를 생략할 수 있어 SSL 핸드셰이크에 걸리는 시간을 크게 줄일 수 있습니다. 또한, 여기에 수반되는 처리 부하도 함께 줄일 수 있습니다.

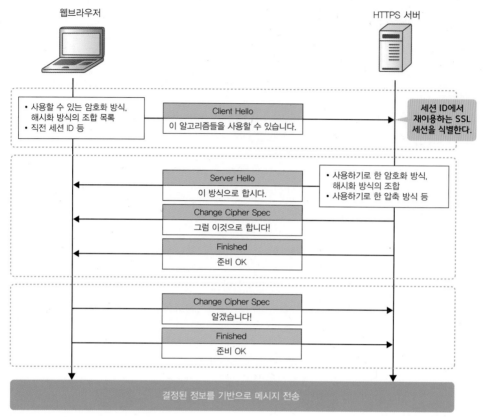

그림 6.2.33 • SSL 세션 재이용

## ☐ SSL 세션 종료

마지막으로 SSL 핸드셰이크에서 연 SSL 세션을 닫습니다(close). 세션을 닫을 때는 웹브라우저 혹은 서버에 관계없이 종료하고 싶은 측에서 **close_notify**를 송출합니다. 그 뒤, TCP의 4웨이 핸드셰이크하고 TCP 커넥션을 종료합니다.

그림 6.2.34 • close_notify로 SSL 세션을 닫음

## 6.2.5 클라이언트 인증서를 이용한 클라이언트 인증

SSL에서는 서버를 인증하는 **서버 인증**(server authentication), 클라이언트를 인증하는 **클라이언트 인증**(client authentication)의 2가지 인증 구조를 제공합니다. 서버 인증은 이제까지 설명한 것과 같습니다. 서버 인증서를 이용해서 서버를 인증합니다. 그에 비해, 클라이언트 인증은 미리 웹브라우저에 설치한 **클라이언트 인증서**를 이용해 클라이언트를 인증합니다.

클라이언트 인증의 SSL 핸드셰이크에서는 지금까지 설명한 서버 인증의 SSL 핸드셰이크에, 클라이언트 인증서를 요청하거나 클라이언트를 인증하는 프로세스가 추가됩니다.

클라이언트 인증에서의 독특한 프로세스인 **Certificate Request**, **Certificate**(클라이언트), **Certificate Verify**에 초점을 맞추어, 클라이언트 인증 처리의 흐름을 설명합니다.

### ① 클라이언트 인증서 요청

우선 Client Hello → Server Hello → Certificate라는 흐름은 변하지 않습니다. HTTPS 서버는 Certificate로 서버 인증서를 송신한 뒤, Certificate Request로 클라이언트 인증서를 요청합니다. 이어서, Server Hello Done으로 자신의 정보를 모두 보냈음을 알립니다.

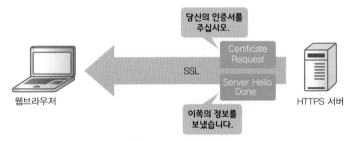

**그림 6.2.35 ● 클라이언트 인증서 요청**

### ② 클라이언트 인증서 전송

Certificate Request와 Server Hello Done을 받은 웹브라우저는 Certificate(클라이언트)에 미리 설치된 클라이언트 인증서를 송신합니다. 만약 Certificate Request에 적합한 클라이언트 인증서를 갖고 있지 않다면 'no_certificate'를 반환하고, 서버는 TCP 커넥션을 클로즈합니다. 또한, 적합한 클라이언트 인증서를 여럿 가졌을 때는 웹브라우저상에서 어떤 클라이언트 인증서를 보낼지 선택한 뒤 전송합니다.

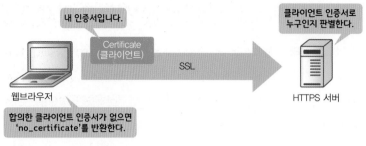

그림 6.2.36 • 클라이언트 인증서를 송부

### ③ 이제까지의 해시값을 송부

클라이언트 인증서를 송신한 웹브라우저는 계속해서 Client Key Exchange로 프리 마스터 시크릿을 송신합니다. 이 처리는 서버 인증 시와 같습니다. 계속해서 'Certificate Verity'로 이제까지의 교환(client hello부터 client key exchange까지)을 해시화, 비밀키로 암호화해서 **디지털 서명**으로 송신합니다.

Certificate Verify를 받은 서버는 Certificate(클라이언트) 안에 포함된 공개키를 복호화하고, 스스로 계산한 해시값과 비교해 변조되지는 않았는지 확인합니다.

이후 처리는 서버 인증과 같습니다. Change Cipher Spec과 Finished를 서로 송신하고, 실제 애플리케이션 데이터의 암호화 통신을 진행합니다.

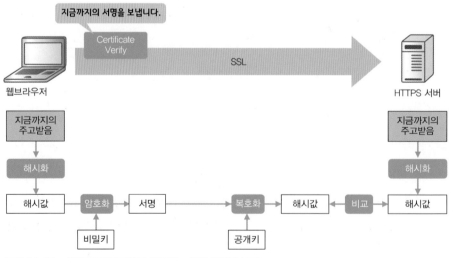

그림 6.2.37 • 이제까지의 교환을 해시화 + 암호화해서 보냄

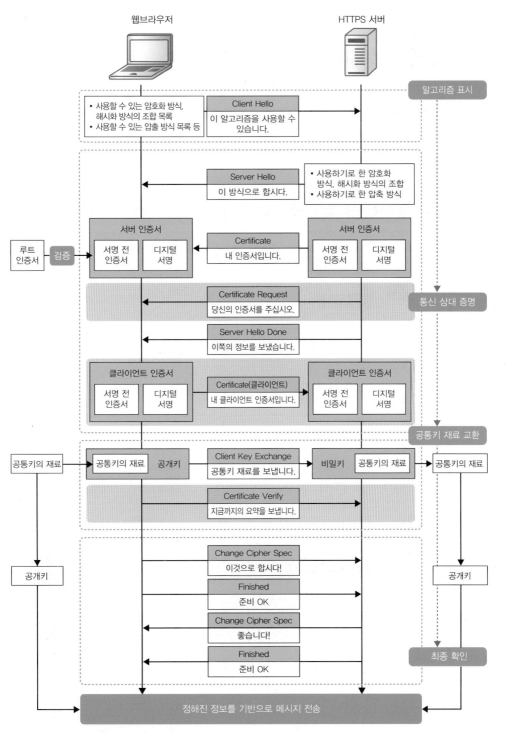

웹브라우저          HTTPS 서버

**알고리즘 표시**

- 사용할 수 있는 암호화 방식,
 해시화 방식의 조합 목록
- 사용할 수 있는 압출 방식 목록 등

Client Hello
이 알고리즘을 사용할 수
있습니다.

Server Hello
이 방식으로 합시다.

- 사용하기로 한 암호화
 방식, 해시화 방식의 조합
- 사용하기로 한 압축 방식

루트
인증서   검증

서버 인증서
| 서명 전 인증서 | 디지털 서명 |

Certificate
내 인증서입니다.

서버 인증서
| 서명 전 인증서 | 디지털 서명 |

Certificate Request
당신의 인증서를 주십시오.

**통신 상대 증명**

Server Hello Done
이쪽의 정보를 보냈습니다.

클라이언트 인증서
| 서명 전 인증서 | 디지털 서명 |

Certificate(클라이언트)
내 클라이언트 인증서입니다.

클라이언트 인증서
| 서명 전 인증서 | 디지털 서명 |

**공통키 재료 교환**

공통키의 재료

공통키의 재료   공개키

Client Key Exchange
공통키 재료를 보냅니다.

비밀키   공통키의 재료

공통키의 재료

Certificate Verify
지금까지의 요약을 보냅니다.

Change Cipher Spec
이것으로 합시다!

공개키

Finished
준비 OK

공개키

Change Cipher Spec
좋습니다!

**최종 확인**

Finished
준비 OK

정해진 정보를 기반으로 메시지 전송

그림 6.2.38 ● 클라이언트 증명의 흐름

# 6.2.6 SSL 오프로드 기능의 동작

SSL 오프로드는 부하 분산 장치의 옵션 기능의 하나로, 이제까지 서버에서 수행하던 SSL 처리를 부하 분산 장치에서 수행하는 기능입니다. 지금까지 설명한 것처럼 SSL은 인증이든 암호화든 서버에 처리 부하를 주는 프로토콜입니다. 그 처리를 부하 분산 장치가 대신합니다. 클라이언트는 항상 HTTPS로 리퀘스트합니다. 그 리퀘스트를 받은 부하 분산 장치는 자신이 SSL 처리하고, 부하 분산 대상 서버에는 HTTP로 전달합니다. 서버가 SSL의 처리를 하지 않아도 되기 때문에 처리 부하가 극적으로 줄어듭니다. 그 결과, 시스템 레벨에서 높은 수준으로 부하 분산할 수 있습니다.

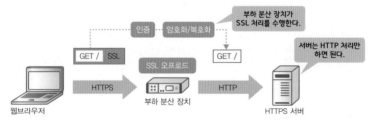

그림 6.2.39 ● SSL 오프로드 기능

# 6.3 | DNS

DNS(Domain Name System)는 IP 주소와 도메인 이름을 상호 교환하는 프로토콜입니다. 인터넷에서는 단말을 식별하기 위해 IP 주소를 사용합니다. 하지만 IP 주소는 숫자의 나열이므로 그것을 본다고 하더라도 무엇에 사용되는 것인지, 무엇을 의미하는 것인지 알 수 없습니다. 그래서 **DNS**는 IP 주소에 **도메인 이름**이라는 이름을 붙여, 사람이 이해하기 쉬운 형태로 통신할 수 있게 합니다. 예를 들어, 여러분이 자주 이용하는 구글의 웹서버에는 '172.217.175.4[22]'라는 글로벌 IPv4 주소가 할당되어 있습니다. 그러나 이 주소가 구글의 웹서버라고 기억하고, 착오 없이 사용하는 것은 무리일 것입니다. DNS에서는 이 IP 주소에 'www.google.com'이라는 도메인 이름을 붙입니다. 이 문자열을 보면 구글이라는 기업의 웹서버(World Wide Web 서버)임을 알 수 있습니다.

실제 웹브라우저에서 구글의 웹사이트에 액세스할 때는 먼저 웹브라우저가 DNS 서버에게 www.google.com에 할당되어 있는 IP 주소를 문의하고, 응답받은 IP 주소에 HTTPS로 액세스합니다.

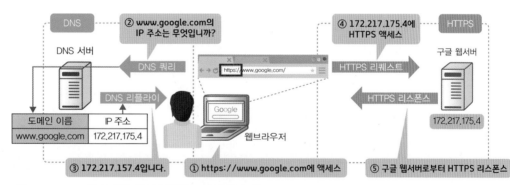

**그림 6.3.1 ● DNS로 도메인 이름에 연결된 IP 주소를 조사**

DNS는 RFC1034 'DOMAIN NAMES - CONCETPS AND FACILITIES'와 RFC1035 'DOMAIN NAMES - IMPLEMENTATION AND SPECIFICATION'으로 표준화되었습니다[23].

---

22 이외에도 '216.58.220.132'나 '172.21.31.132' 등 여러 글로벌 IPv4 주소가 할당되어 있습니다. 여기에서는 이해하기 쉽도록 그 주소들 중 하나만을 기재합니다.

23 RFC1034와 RFC1035는 어디까지나 DNS의 기본이 되는 부분을 규정한 것입니다. DNS는 그 뒤, 여러 RFC에 의해 수차례 업데이트되었습니다.

RFC1034에서는 기본 구성 요소나 그 역할 등 DNS의 개념과 기능을 간단하게 정의하고 있습니다. RFC1035에서는 도메인 이름에 관한 다양한 규칙이나 메시지 포맷 등 구현과 사양에 관해 세세하게 정의하고 있습니다.

## 6.3.1 도메인 이름

도메인 이름은 'www.example.com'과 같이 점(.)으로 구분된 문자열로 구성됩니다. 이 문자열 하나하나를 **라벨**(label)이라 부릅니다. 도메인 이름은 **FQDN**(Fully Qualified Domain Name, 전체 주소 도메인 이름)이라 불리며 **호스트 부분**과 **도메인 부분**으로 구성되어 있습니다. 호스트 부분은 FQDN의 가장 왼쪽에 있는 라벨로 컴퓨터 그 자체를 나타냅니다. 도메인 부분은 오른쪽부터 순서대로 '루트, 탑 레벨 도메인(TDL, Top Level Domain), 세컨드 레벨 도메인(2LD, 2nd Level Domain), 서드 레벨 도메인(3LD, 3rd Level Domain)…'으로 구성되어 있으며, 국가나 조직 혹은 기업 등을 나타냅니다. 그리고 오른쪽 끝의 루트는 '.(점)'으로 나타내며 일반적으로 생략합니다.

탑 레벨 도메인에는 지역별로 할당된 **ccTLD**(country code Top Level Domain, 국가 코드 탑 레벨 도메인)과 특정한 영역/분야에 할당된 **gLTD**(generic Top Level Domain, 분야별 탑 레벨 도메인)의 2가지 종류가 있습니다. 예를 들면, 'kr'은 한국을 나타내는 ccTDL입니다. 또한, 'com'은 커머셜 사이트를 나타내는 gTLD입니다. 그 뒤, '세컨드 레벨 도메인, 서드 레벨 도메인…'으로 왼쪽으로 가면서 각 도메인 아래에서 관리되는 도메인(서브 도메인)임을 나타냅니다. 다시 말해, 세컨드 레벨 도메인은 탑 레벨 도메인의 서브 도메인이며, 서드 레벨 도메인은 세컨드 레벨 도메인의 서브 도메인이 됩니다.

도메인 이름은 '루트를 꼭짓점으로 탑 레벨 도메인, 세컨드 레벨 도메인, 서브 레벨 도메인…'으로 나누어지는 트리 형태의 계층 구조로 되어 있으며, 오른쪽부터 순서대로 라벨을 따라 가면 결국 대상이 되는 서버에까지 도달하도록 되어 있습니다. 이 도메인 이름에 따라 구성되어 있는 트리 모양의 계층 구조를 **도메인 트리**(domain tree)라 부릅니다.

**표 6.3.1 •** 대표적인 TLD

| 도메인 종류 | 도메인 | 용도 |
|---|---|---|
| ccTLD<br>(국가별 코드 탑 레벨 도메인) | kr | 한국을 의미하는 도메인 |
| | us | 미국을 의미하는 도메인 |
| | uk | 영국을 의미하는 도메인 |
| | fr | 프랑스를 의미하는 도메인 |
| | de | 독일을 의미하는 도메인 |
| | au | 오스트레일리아를 의미하는 도메인 |

표 6.3.1 • 대표적인 TLD(계속)

| 도메인 종류 | 도메인 | 용도 |
| --- | --- | --- |
| gTLD<br>(분야별 코드 탑 레벨 도메인) | com | 커머셜 사이트/커머셜 조직용 도메인 |
| | net | 네트워크에 관련된 서비스/조직용 도메인 |
| | org | 비영리 조직용 도메인 |
| | app | 애플리케이션 관련 서비스용 도메인 |
| | cloud | 클라우드 관련 서비스용 도메인 |
| | blog | 블로그 관련 서비스용 도메인 |

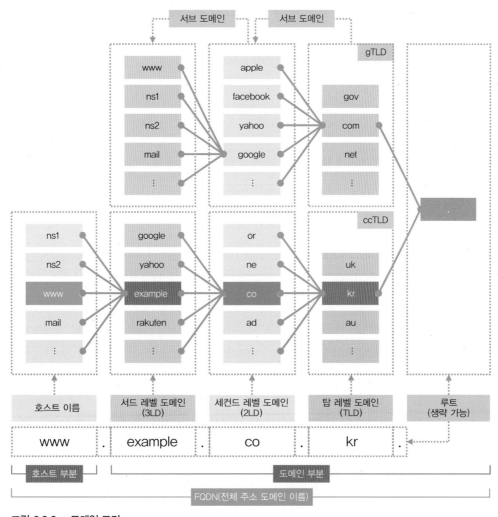

그림 6.3.2 • 도메인 트리

# 6.3.2 이름 결정과 존 전송

DNS는 **이름 결정**(name resolution)과 **존 전송**(zone transfer)이라는 2개 구조를 제공합니다. 이 2개 구조는 역할이나 기능, 사용하는 레이어4 프로토콜 등 모든 점에서 크게 다릅니다. 이번 절에서는 각각을 나누어서 설명합니다.

## 이름 결정

IP 주소와 도메인 이름을 서로 교환하는 처리를 **이름 결정**이라 부릅니다. DNS를 이용한 이름 결정은 **DNS 클라이언트, 캐시 서버, 권위 서버**가 서로 연계함으로써 성립합니다.

### ■ DNS 클라이언트[별명: 스텁 리졸버(stub resolver)]

DNS 클라이언트는 DNS 서버에 이름 결정을 요청하는 클라이언트 단말/소프트웨어입니다. 웹 브라우저나 메일 소프트웨어웨어, Windows OS의 'nslookup 명령어', Linus OS의 'dig 명령어' 등과 같은 이름 결정 명령어가 이에 해당합니다.

DNS 클라이언트는 캐시 서버에 대해 이름 결정 요청(재귀 쿼리)을 송신합니다. 그리고 캐시 서버로부터 받은 응답(DNS 리플라이)의 결과를 일정 시간 캐시(일시 보관)해 두고, 같은 질문이 있을 때 재이용함으로써 DNS 트래픽을 억제합니다.

### ■ 캐시 서버[별명: 풀 서비스 리졸버(full service resolver), 참조 서버(reference server)]

캐시 서버는 DNS 클라이언트로부터의 재귀 쿼리를 받아, 인터넷상에 있는 권위 서버로 이름 결정 요청(반복 쿼리)을 송신하는 DNS 서버입니다. DNS 클라이언트가 인터넷상에 공개되어 있는 서버에 액세스할 때 사용합니다. 캐시 서버도 DNS 클라이언트와 마찬가지로 권위 서버로부터 받은 응답(DNS 리플라이) 결과를 일정 기간 캐시해 두고, 같은 질문이 있을 때 재이용함으로써 DNS 트래픽을 억제합니다.

### ■ 권위 서버[별명: 콘텐츠 서버(contents server), 존 서버(zone server)]

권위 서버(authoritative server)는 자신이 관리하는 도메인에 관해 캐시 서버로부터의 반복 쿼리를 받아들이는 DNS 서버입니다. 자신이 관리하는 도메인 범위[존(zone)]에 관련된 각종 정보(도메인 이름이나 IP 주소, 제어 정보 등)를 **존 파일**(zone file)이라는 데이터베이스에 **리소스 레코드**(resource record) 형태로 저장합니다.

인터넷상의 권위 서버는 **루트 서버**(root server)라 부르는 부모격의 서버를 꼭짓점으로 한 트리 형태의 계층 구조로 되어 있습니다. 루트 서버는 탑 레벨 도메인의 존의 관리를, 탑 레벨 도메인의 권위 서버에 위임합니다. 또한, 탑 레벨 도메인의 권위 서버는 세컨드 레벨의 도메인 존의 관리를 세컨드 레벨 도메인 권위 서버에 위임합니다. 이후 '서드 레벨 도메인, 포스 레벨 도메인…'으로 위임 관계가 이어집니다.

DNS 클라이언트로부터 재귀 쿼리를 받은 캐시 서버는 받은 도메인 이름의 라벨로부터 순서대로 검색해서, 그 존을 관리하는 권위 서버로 점점 반복 쿼리를 실행해 갑니다. 마지막까지 도달하면 그 권한 서버로부터 도메인 이름에 대응하는 IP 주소를 받습니다.

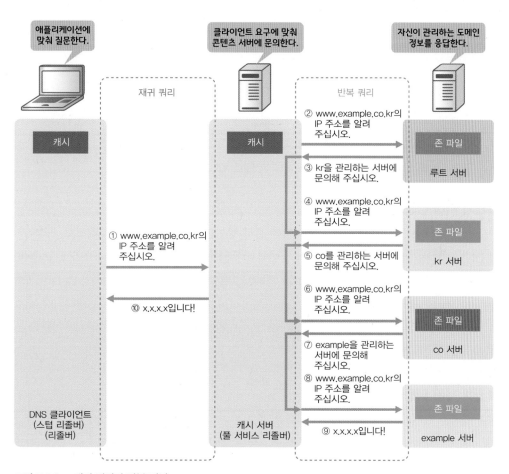

**그림 6.3.3 ● 재귀 쿼리와 반복 쿼리**

'DNS 서버'라는 용어는 캐시 서버(별명: 풀 서비스 리졸버, 참조 서버)를 가리키는 경우와 권위 서버(별명: 콘텐츠 서버, 존 서버)를 가리키는 경우, 양쪽 모두를 가리키는 경우가 있습니다. 문맥에 따라 의미가 달라지기도 하므로 어떤 의미로 사용되는지 주의해야 합니다.

또한, 문맥에 따라서 '네임 서버(name server)'라는 용어를 사용하기도 합니다. 이것은 권위 서버를 가리키는 경우와, 캐시 서버와 권위 서버를 함께 가리키는 경우가 있습니다.

용어가 통일되지 않아 다소 귀찮지만, DNS라는 등장 인물은 그림 6.3.3에 표시한 3가지이므로 잘 정리해 두도록 합니다.

## ■ DNS 서버 자동화와 존 전송

DNS를 통한 이름 결정은 웹 액세스나 메일 전송에 앞서 수행되는 중요한 처리입니다. 이름 결정에 실패하면 목적한 웹사이트에 액세스할 수 없습니다. 여기에서 DNS 서버는 싱글 구성이 아니라, **프라이머리 DNS 서버**와 **세컨더리 DNS 서버**로 다중 구성하는 것이 기본입니다. 또한, 캐시 서버와 권위 서버의 경우 다중화 방식이 크게 다르므로 각각 설명합니다.

### ■ 캐시 서버 다중화

캐시 서버는 DNS 클라이언트가 문의한 이름 결정 정보를 캐시할 뿐입니다. 그러므로 프라이머리 DNS 서버와 세컨더리 DNS 서버와의 사이에서 무언가의 정보를 동기화할 필요가 없고, 서버 기능으로 다중화할 필요는 없습니다. DNS 클라이언트 측의 설정으로 프라이머리 DNS 서버와 세컨더리 DNS 서버를 지정해 둡니다. 그리고 프라이머리 DNS 서버로부터 리플라이가 돌아오지 않으면 세컨더리 DNS 서버에 다시 쿼리합니다. 이처럼 문의 대상지를 다수 설정함으로써 다중화합니다.

### ■ 권위 서버 다중화

권위 서버는 자신이 관리하는 도메인에 관한 정보(존 파일)를 유지하는 중요한 서버입니다. 만약 프라이머리 서버가 중단되어도 세컨더리 DNS 서버로 같은 정보를 반환할 수 있도록, 같은 존 파일을 잃지 않고 저장해야 합니다. 같은 존 파일을 보존하기 위해, DNS 서버 사이에서 존 파일을 동기하는 처리를 **존 전송**이라 부릅니다. 프라이머리 DNS 서버의 존 파일의 사본을 세컨더리 DNS 서버로 전송합니다. 존 전송은 정기적, 또는 임의의 타이밍에 실행됩니다. 상위 DNS 서버에는 프라이머리 DNS 서버와 세컨더리 DNS 서버, 양측의 정보를 등록합니다. 이 설정에 따라, 어느 한쪽의 DNS로 문의가 날아들어도 결과적으로 같은 정보를 반환합니다.

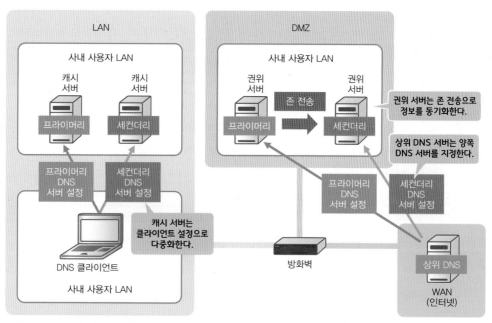

그림 6.3.4 • DNS 서버 다중화

## 존 파일과 리소스 레코드

하나의 존 파일로 관리하는 도메인 이름의 범위를 **존**(zone)이라 부릅니다. 존 파일은 여러 종류의 리소스 레코드로 구성되어 있으며, 그 안에 모든 존이 들어 있습니다. 권위 서버는 존 파일의 정보에 기반해 반복 쿼리에 응답합니다.

```
$ORIGIN example.co.kr
$TTL    604800
@         IN      SOA     ns1.example.co.kr. admin.example.co.kr. (
                          2017082901          ; Serial
                          604800              ; Refresh
                          86400               ; Retry
리소스 레코드(SOA 레코드)   2419200             ; Expire
                          604800 )            ; Negative Cache TTL
          IN      NS      ns1.example.co.kr.
          IN      NS      ns2.example.co.kr.   리소스 레코드(NS 레코드)
;
ns1       IN      A       192.168.100.128
ns2       IN      A       192.168.100.129     리소스 레코드(A 레코드)
web01     IN      A       192.168.100.1
web02     IN      A       192.168.100.2
```

그림 6.3.5 • DNS 존 파일(BIND 예)

**표 6.3.2** ● 대표적인 리소스 레코드

| 리소스 레코드 | 내용 |
|---|---|
| SOA 레코드 | 존의 관리 정보가 기술된 리소스 레코드. 존 파일 최초에 기술된다. |
| A 레코드 | 도메인 이름에 대응하는 IPv4 주소가 기술된 리소스 레코드 |
| AAAA 레코드 | 도메인 이름에 대응하는 IPv6 주소가 기술된 리소스 레코드 |
| NS 레코드 | 도메인을 관리하고 있는 DNS 서버, 또는 관리를 위임하고 있는 DNS 서버가 기술된 리소스 레코드 |
| PTR 레코드 | IPv4/IPv6 주소에 대응하는 도메인 이름이 기술된 리소스 레코드 |
| MX 레코드 | 메일 도달지가 될 메일 서기 기술된 리소스 레코드 |
| CNAME 레코드 | 호스트 이름의 별명이 기술된 리소스 레코드 |
| DS 레코드 | 해당 존에서 사용되는 공개키의 다이제스트값이 기술된 레코드. DNSSEC에서 사용 |
| NSEC3 레코드 | 리소스 레코드를 정렬하기 위해 사용하는 레코드. DNSSEC에서 사용 |
| RRSIG 레코드 | 리소스 레코드에 대한 서명이 기술된 레코드. DNSSEC에서 사용 |
| TXT 레코드 | 코멘트가 기술된 리소스 레코드 |

# 6.3.3 DNS 메시지 포맷

DNS는 이름 결정과 존 전송에 대해 서로 다른 레이어4 프로토콜을 사용합니다.

이름 결정은 웹 액세스나 메일 전송 등 애플리케이션 통신에 앞서 수행됩니다. 이 처리에 시간이 걸리면 그 이후의 애플리케이션 통신도 점점 지연됩니다. 그래서 이름 결정은 UDP(포트 번호: 53 번)를 사용해 처리 속도를 우선합니다[24]. 한편, 존 전송은 자기 도메인 모두를 관리하는 존 파일을 교환합니다. 이 파일이 빠지거나 사라지면 도메인 전체를 관리할 수 없게 되거나 서비스에 큰 영향을 미칩니다. 그래서 존 전송은 TCP(포트 번호: 53번)를 사용해 신뢰성을 우선합니다.

DNS 메시지는 **Header 섹션**, **Question 섹션**, **Answer 섹션**, **Authority 섹션**, **Additional 섹션**이라는 5개 섹션으로 구성됩니다.

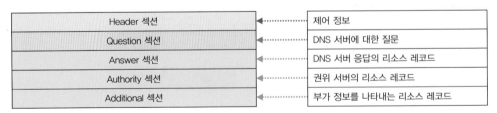

**그림 6.3.6** ● DNS 메시지 포맷

---

24 이름 결정에서도 메시지 크기가 클 때는 TCP를 사용합니다. 이 책은 입문서이므로 가장 일반적인 사용 방법을 설명합니다.

# 6.3.4 DNS를 이용한 기능

지금까지 설명한 것처럼, DNS는 HTTP 패킷이나 HTTPS 패킷, 메일 패킷의 행선지를 결정하는 매우 중요한 역할을 담당합니다. 여기에서는 이를 그것을 응용한 몇 가지 확장 기술을 소개합니다.

## ■ DNS 라운드 로빈

DNS 라운드 로빈은 DNS를 이용한 부하 분산 기술입니다. 권위 서버에서 하나의 도메인(FQDN)에 여러 IP 주소를 등록해 두면 DNS 쿼리(반복 쿼리)를 받을 때마다 순서대로 다른 IP 주소를 반환합니다. 이를 통해 클라이언트는 같은 도메인 이름으로 다른 서버에 접속할 수 있게 되므로 서버 부하를 분산할 수 있습니다.

DNS 라운드 로빈은 부하 분산 장치를 준비하지 않아도, 권위 서버의 존 파일 설정만으로 손쉽게 서버의 부하 분산을 구현할 수 있습니다. 그러나 서버의 상태나 애플리케이션의 움직임에 관계없이 순서대로 IP 주소를 반환하기 때문에 장애에 대한 내성이나 유연성은 부족하다는 단점이 있습니다.

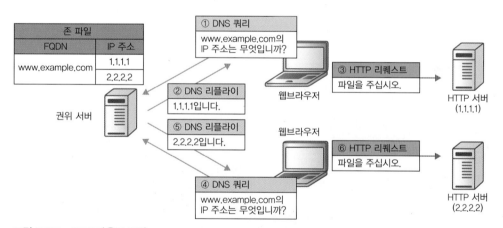

그림 6.3.7 • DNS 라운드 로빈

## ■ 광역 부하 분산

지리적으로 떨어져 있는 사이트(장소)에 있는 서버에 통신을 할당해 부하를 분산하는 기술을 **광역 부하 분산**(GSLB, Global Server Load Balancing)이라고 부릅니다. 앞에서 설명한 DNS 라운드 로빈으로도 물리적으로 다른 사이트의 IP 주소를 여러 개 등록하면 다른 사이트의 서버에 통신을 할당할 수 있습니다. 하지만 DNS 라운드 로빈은 서버의 장애를 감지하지 못하고, 통신을 균등하게 할당할 수밖에 없기 때문에 부하 분산이라는 관점에서 생각해 볼 때 여러 문제가 있었습니다. 그래서 그 문제를 해결해 향상시킨 것이 '광역 부하 분산 기술'입니다. 광역 부하 분산 기술은 온프레미스(자사 운용)에서는 부하 분산 장치의 한 기능으로 제공됩니다[25]. 또한, 클라우드에서는 DNS 서비스의 한 기능으로 제공됩니다.

광역 부하 분산 기술은 부하 분산 장치나 클라우드 서비스의 광역 부하 분산 기능이 권위 서버가 되며 IP 주소를 반환합니다. 또한, 각 사이트의 상태(서비스 기동 상태나 네트워크 사용률 등)를 감시하고 그 결과에 따라 응답하는 IP 주소를 바꿈으로써 부하를 유연하게 분산합니다. 광역 부하 분산 기술은 부하 분산의 목적보다 재난이 발행했을 때 다른 사이트에서 계속 서비스를 제공하는 재난 대책을 목적으로 사용되는 경우가 많아졌습니다.

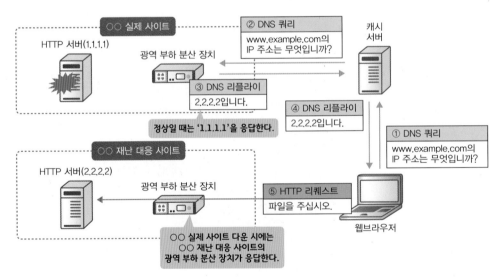

**그림 6.3.8 ●** 광역 부하 분산 기술

---

25 광역 부하 분산 기능을 사용하기 위해서는 별도 소프트웨어 라이선스가 필요한 경우가 있습니다.

# CDN

CDN(Content Delivery Network)은 웹콘텐츠를 대량 송신하기 위해 최적화된 인터넷상 서버 네트워크입니다. 오리지널 컨텐츠를 가진 오리진 서버(origin server)와 그 캐시를 가진 에지 서버(edge server)로 구성됩니다. CDN 자체는 DNS에 특화된 기능을 하는 것은 아닙니다. 사용자를 물리적으로 더 가까운 에지 서버로 유도하기 위해 DNS를 사용합니다.

구체적인 처리의 흐름을 설명합니다. 권위 서버의 존 파일은 CDN의 권위 서버의 FQDN(전체 주소 도메인 이름)을 CNAME 레코드(별명)로 등록해 둡니다. 권위 서버는 클라이언트의 DNS 쿼리를 받으면 CNAME의 FQDN, 다시 말해, CDN의 권위 서버의 FQDN을 반환합니다. DNS 라이브러리를 받은 클라이언트는 CDN의 권위 서버에 DNS 쿼리를 송신하고, CDN의 권위 서버는 클라이언트의 IP 주소를 보고 가장 가까운 에지 서버의 IP 주소를 반환합니다.

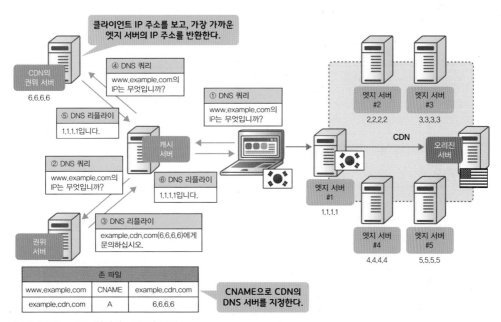

**그림 6.3.9 •** CDN에서의 DNS의 동작

# 6.4 | 메일 계열 프로토콜

인터넷에서 웹(World Wide Web) 다음으로 머리에 떠오르는 것이 메일(전자메일)일 것입니다. 메일도 인터넷을 대표하는 서비스입니다. 최근에는 라인(LINE)이나 슬랙(Slack) 등의 인스턴스 메세징 도구를 사용해 대화로 안건이나 프로젝트를 많이 진행하지만, 메일은 증거를 남기기 위해서도 유효한 도구임은 예나 지금이나 같습니다. 메일은 송신과 수신에 각각 다른 프로토콜을 사용합니다.

## 6.4.1 메일 송신 프로토콜

메일 송신에는 **SMTP**(Simple Mail Transfer Protocol)를 사용합니다. SMTP는 클라이언트의 리퀘스트에 대해 서버가 리플라이를 반환하는, 전형적인 클라이언트 서버 타입 프로토콜입니다. 이름에 'Simple'이 포함된 것에서도 추측할 수 있듯이 매우 간단한 프로토콜입니다. 하지만 그만큼 보안 문제를 안고 있기에, 그 상태 그대로 사용하지는 않습니다. 인증하거나 암호화하는 등 다양한 형태로 확장해서 사용합니다. 여기에서는 최초에 기반이 되는 오리지널 SMTP를 설명한 뒤, 각종 확장 기능을 설명합니다.

### ■ SMTP

SMTP는 RFC5321 'Simple Mail Transfer Protocol'로 표준화된 프로토콜로, TCP 25번을 사용해 통신합니다. 메일 소프트웨어(SMTP 클라이언트)는 메일 서버(SMTP 서버)에 대해 메일을 보낼 때, SMTP를 사용합니다. 또한, 메일 서버가 상대 메일 서버에 메일을 전송할 때도 SMTP를 사용합니다.

그럼 메일을 전송할 때의 대략의 흐름을 살펴봅니다. 메일 서버는 메일 소프트웨어로부터 메일을 받으면 수신지 메일 주소의 앳 마크(@) 뒤에 기술된 FQDN(Fully Qualified Domain Name, 전체 주소 도메인 이름)을 보고 DNS 서버로 MX 레코드(SMTP 서버의 IP 주소)를 문의합니다. DNS 서버에 의해 상대 메일 서버의 IP 주소를 확인하면 그 IP 주소에 대해 메일을 송신합니다. 여기에서의 메일 서버는 우체통을 생각하면 쉬울 것입니다. SMTP 서버라는 우체통에 편지를 넣으면 다음은 네트워크라는 우체국이 우편을 배달합니다.

메일을 받은 수신 측 메일 서버는 수신지 메일 주소의 @(앳) 마크의 앞쪽에 기술된 사용자 이름을 보고, 사용자별로 제공한 저장소 영역 **메일 박스**로 메일을 나누고 저장합니다. 메일 박스는 가장 가까운 우체국 사서함을 생각하면 이해하기 쉬울 것입니다. 여기까지가 SMTP 및 SMTP 서버의 업무입니다. 이 시점에서는 아직 상대에게 메일이 도착하지 않습니다.

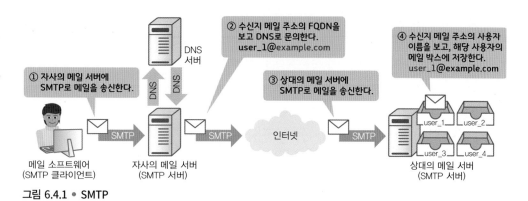

그림 6.4.1 • SMTP

그럼 RFC에 표준화된 오리지널 SMTP는 인증 기능이나 암호화 기능을 갖고 있지 않습니다. 누군가를 흉내내 메일 서버에 메일을 보낼 수 있으며, 마음만 먹으면 경로 도중에 메일을 도청/변조할 수도 있습니다. 그래서 STMP를 사용할 때는 다양한 확장 기능을 이용해서 인증 기능이나 암호화 기능을 갖도록 함으로써 보안 레벨을 향상시킵니다.

■ 인증 기능

인증에 관한 확장 기능에는 **SMTP 인증**(SMTP-AUTH)과 **POP before SMTP**의 2가지 종류가 있습니다.

▶ SMTP 인증

SMTP 인증은 RFC4954 'SMTP Service Extension for Authentication'에 표준화된 사용자 인증 기능으로 TCP 587번을 사용합니다. SMTP 인증의 구조는 매우 간단합니다. 메일 서버는 메일을 송신하기 전에 사용자 이름과 비밀번호로 사용자를 체크합니다. 인증에 성공하면 메일을 받습니다.

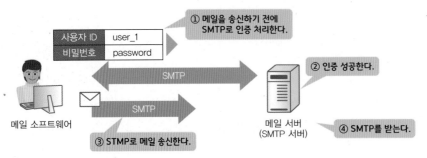

**그림 6.4.2** ● SMTP 인증

### ▶ POP before SMTP

POP before SMTP는 POP를 이용한 사용자 인증 기능입니다. POP는 메일을 수신할 때에 사용하는 프로토콜입니다. POP는 메일을 수신하기 전에, 사용자 인증합니다. 그 인증 기능을 응용합니다 메일 클라이언트는 메일을 송신하기 전에 POP로 인증합니다. 메일 서버는 인증에 성공하면 일정 시간 동안 그 IP 주소로부터 메일을 받습니다.

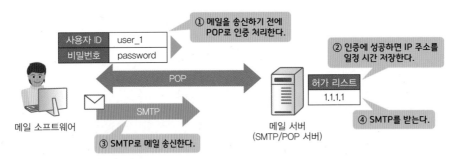

**그림 6.4.3** ● POP before SMTP

> **NOTE  현재는 SMTP 인증을 이용한다**
>
> 두 가지 인증 기능 중, 실제 현장에서 압도적으로 많이 사용하는 것은 SMTP 인증입니다. POP before SMTP는 SMTP 인증이 세상에 보급되기 전까지의 임시 인증이라는 의미가 강하며, SMTP 인증이 보급된 현재는 거의 사용되지 않습니다. 이런 기능도 있다는 정도로만 이해해 두기 바랍니다.

### ■ 암호화 기능

암호화에는 **SMTPS**(SMTPS over SSL/TLS)를 사용합니다. SMTPS는 HTTPS와 마찬가지로 SSL/TLS로 암호화한 프로토콜이지만, 암호화할 때까지의 처리가 조금 다릅니다

HTTPS는 갑자기 서버에 SSL 핸드셰이크를 걸어, 암호화처리로 이행합니다. 그에 비해 **SMTPS**는 최초에 서로가 SMTPS에 대응하고 있는 것을 **STARTTLS**라는 SMTP의 확장 기능을 사용해 확인합니다. 서로가 SMTPS에 대응하고 있음을 알면 SSL 핸드셰이크로 인증이나 키 교환을 수행하고 암호화 처리를 진행합니다.

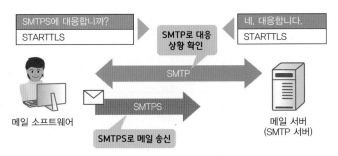

**그림 6.4.4 ● STARTTLS**

# 6.4.2 메일 수신 프로토콜

SMTP에 의해 전송된 메일은 메일 서버의 '메일 박스'라는 이름의 사서함에 저장됩니다. 사용자는 그 사서함으로부터 **POP3**(Post Office Protocol version 3)나 **IMAP**(Internet Message Access Protocol)라는 프로토콜을 사용해 자신의 메일을 추출합니다.

## ■ POP3

POP3는 RFC1939 'Post Office Protocol - Version 3'로 표준화된 프로토콜로 TCP 110번을 사용해서 통신합니다. 메일 소프트웨어(POP3 클라이언트)는 메일 서버(POP3 서버)로부터 메일을 추출할 때 POP3를 사용합니다.

메일의 구조 안에서 최후의 수신에 POP3를 사용하는 것에는 물론 이유가 있습니다. SMTP는 데이터를 송신하고자 할 때 보내는 '푸시 타입'의 프로토콜입니다. 푸시 타입 프로토콜은 전원이 계속 켜 있는 서버에 대한 통신이나 서버 사이의 통신이라면 실시간으로 데이터를 송신할 수 있어 매우 편리합니다. 하지만 메일 소프트웨어를 움직이는 PC의 전원이 반드시 계속 켜 있다고 단정할 순 없습니다. 그래서 전원이 켜 있고, 또한, 원할 때만 메일 박스에 메일 데이터를 다운로드할 수 있도록, 최후의 수신만큼은 '풀 타입'의 프로토콜인 POP3를 사용합니다.

메일 소프트웨어(POP 클라이언트)는 수동 또는 정기적으로 메일 서버(POP3 서버)에 '내 메일을 주십시오.'라고 리퀘스트합니다. POP3 서버는 메일 소프트웨어에서 받은 사용자 이름과 비밀번호를 인증합니다. 그리고 인증에 성공하면 메일 박스에서 메일을 추출해 메일 데이터를 전송합니다.

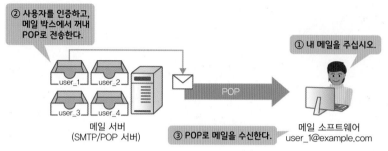

그림 6.4.5 • POP3

## ■ 암호화 기능

RFC로 표준화된 오리지널 POP3는 인증 기능은 있으나 암호화 기능은 없으므로 경로 도중에 도출될 수 있습니다. 그래서 SMTP와 같이 확장 기능을 이용해서 암호화합니다. 암호화에 관한 확장 기능에는 **APOP**(Authenticated Post Office Protocol)와 **POP3S**(POP3 over SSL/TLS)의 2가지 종류가 있습니다.

APOP는 해시 함수를 이용해 비밀번호를 암호화하는 기능입니다. 메일 본문이 암호화되는 것은 아니지만 '없는 것 보다는 낫다' 정도의 일정한 보안 효과가 있습니다. 그리고 POP3S는 POP3를 SSL/TLS로 암호화하는 기능입니다. TCP 995번을 사용해 통신합니다. TCP/995번을 3웨이 핸드셰이크로 열고, SSL 핸드셰이크로 인증이나 키 교환을 수행한 뒤, POPS로 메일 데이터를 교환합니다. 비밀번호뿐만 아니라 메일 본문도 포함해 암호화하므로 보안 레벨이 향상합니다.

표 6.4.1 • POP3 암호화 기능

| 프로토콜 | 포트 번호 | 보안 레벨 | 특징 |
|---|---|---|---|
| APOP | TCP/110 | 낮음 | 해시 함수를 사용해 비밀번호를 암호화. 메일 본문은 암호화되지 않는다. |
| POP3S | TCP/995 | 높음 | SSL/TLS를 사용해, 비밀번호와 메일 본문을 암호화 |

## ■ IMAP4

IMAP4는 RFC3501 'INTERNET MESSAGE ACCESS PROTOCOL – VERSION 4rev1'로 표준화된 프로토콜로, TCP 143번을 사용해 통신합니다. IMAP4는 '메일을 메일 박스에서 꺼낸다'는 점에 있어서는 POP3와 크게 다르지 않습니다. '메일을 메일 서버에 남긴다'는 점이 크게 다릅니다.

POP3는 메일을 메일 서버로부터 다운로드하고, 메일 소프트웨어에 저장/관리합니다. 기본적으로 메일 서버의 메일은 삭제됩니다[26]. 그에 비해 **IMAP4는 메일을 메일 서버에 남긴 채, 메일 소프트웨어에서 열람합니다**[27]. IMAP4는 단말에 메일을 저장할 필요가 없으므로 단말의 저장 공간을 절약할 수 있습니다. 또한, 메일 서버에서 메일을 일괄 관리할 수 있으므로 PC나 태블릿, 스마트폰 등 여러 단말에서 동일하게 메일을 관리할 수 있습니다.

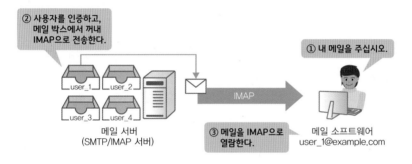

그림 6.4.6 ● IMAP4

## ■ 암호화 기능

RFC에 표준화되어 오리지널 IMAP4도 인증 기능이 있지만, 암호화 기능은 없습니다. 그래서 POP3와 마찬가지로 IMAP4를 SSL/TLS로 암호화한 **IMAP4S**(IMAP4 over SSL/TLS)로 확장합니다. IMAP4S는 TCP 993번을 사용해 통신합니다. TCP/993번을 3웨이 핸드셰이크로 열고, SSL 핸드셰이크로 인증이나 키 교환을 수행한 후 IMAPS로 메일 데이터를 교환합니다.

POP3와 IMAP4 중 어느 쪽을 사용하는지는 이용 환경에 따라 다릅니다. 두 방법의 특징, 장단점을 이해한 후, 어느 쪽을 사용할지 판단합니다.

---

26  설정에 따라서는 메일을 삭제하지 않을 수도 있습니다.

27  설정에 따라서는 메일을 메일 소프트웨어상에 캐시(일시적 저장)할 수도 있습니다.

표 6.4.2 • POP3와 IMAP4 비교

| 프로토콜 | POP3 | IMAP4 |
|---|---|---|
| 포트 번호 | TCP/110 | TCP/143 |
| 암호화 기능 | POP3S | IMAP4S |
| 암호화 기능 사용 시 포트 번호 | TCP/995 | TCP/993 |
| 메일 위치 (관리 위치) | 각 단말의 메일 소프트웨어 | 메일 서버 |
| 장점 | 서버 스토리지 영역을 절약할 수 있다. 오프라인 상태에서도 메일을 관리할 수 있다. | 단말 스토리지 영역을 절약할 수 있다. 여러 단말에서 메일을 일괄적으로 관리할 수 있다. |
| 단점 | 단말의 스토리 영역이 줄어든다. 여러 단말에 메일을 일괄적으로 관리할 수 없다. | 서버 스토리지 영역이 줄어든다. 오프라인 상태에서는 메일을 관리할 수 없다. |
| 최적의 이용 환경 | 1대의 단말에서 메일을 이용하는 사용자 | 여러 단말에서 메일을 이용하는 사용자 |

# 6.4.3 웹메일

**웹메일**(web mail)은 웹브라우저를 사용해서 메일을 송수신하거나 편집할 수 있는 서비스입니다. Gmail이나 네이버 메일을 떠올리면 쉽게 이해할 수 있습니다. 웹메일은 인터넷에 접속할 수 있는 환경만 있다면 메일을 확인할 수 있기 때문에 폭발적으로 보급되어 정착했습니다. 웹메일의 경우에는 웹브라우저가 메일 클라이언트가 되고, 메일 서버와의 교환은 HTTPS로 수행합니다. 그럼 웹메일에서의 송수신 처리의 흐름을 살펴봅니다.

(1) 웹브라우저를 사용해 웹메일 서버에 HTTPS로 액세스합니다. 이때 사용자 ID와 비밀번호로 인증합니다. 웹브라우저상에서 메일을 작성하고, 송신 버튼을 클릭하면 메일이 HTTPS로 POST됩니다[28].

(2) 웹메일 서버는 DNS로 상대편 웹메일 서버[29]의 IP 주소를 찾고, 그 IP 주소에 대해 SMTP로 메일을 전송합니다.

(3) 상대편 웹메일 서버는 받은 메일을 사용자별로 제공하는 메일 박스에 저장합니다.

---

28 구체적으로는 HTTP로 POST한 것을 SSL/TLS로 암호화해서 송신합니다. 이를 'HTTPS로 POST'라 표현합니다.

29 물론 상대편이 웹메일 서버가 아닐 때도 있습니다. 여기에서는 웹메일로 수신한 상태를 설명하고자 하므로 상대편도 웹메일을 사용한다고 가정합니다.

④ 수신지 메일 주소의 사용자는 웹브라우저를 사용해, 웹메일 서버에 액세스합니다. 이때 사용자 ID와 비밀번호로 인증하고, 함께 메일 박스의 정보를 HTTPS로 GET합니다[30].

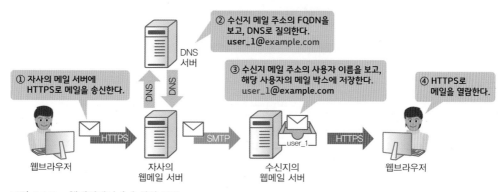

그림 6.4.7 ● 웹메일에서 송수신의 흐름

---

30  구체적으로는 HTTP로 GET한 것을 SSL/TLS로 암호화해서 수신합니다. 이를 'HTTPS로 GET'이라 표현합니다.

# 6.5 | 관리 액세스 프로토콜

**관리 액세스 프로토콜**은 원격(리모트)에서 네트워크 기기의 정보를 확인하거나 설정할 때 사용하는 프로토콜입니다. 관리 액세스 사용자 인터페이스(조작 화면)에는 그래픽 기반의 **GUI**(Graphical User Interface)와 텍스트 기반의 **CLI**(Command Line Interface)의 2가지 종류가 있습니다.

GUI는 화면상 아이콘이나 버튼을 마우스로 조작하는 사용자 인터페이스입니다. 그래픽 기반인 만큼 리소스(CPU나 메모리 등)를 소비하기 쉬운 경향이 있지만, 직관적으로 조작할 수 있으며 시간/기간 값의 변화를 확인할 때 편리합니다. CLI는 커맨드 라인을 이용해 키보드로 조작하는 사용자 인터페이스입니다. 문자만 사용하므로 한번에 보기에는 어렵지만, 같은 설정을 단번에 전송하거나 필요한 최소한 정보를 간단하게 확인할 때 등에 편리합니다.

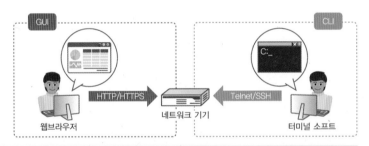

| 비교 항목 | GUI(Graphical User Interface) | CLI(Command Line Interface) |
|---|---|---|
| 개요 | 그래픽 기반 | 텍스트 기반 |
| 조작 방법 | 마우스 및 키보드 | 키보드 |
| 사용하는 소프트웨어 | 웹브라우저 | 터미널 소프트 |
| 장점 | • 직관적으로 알기 쉽다.<br>• 그래프 등으로 시간 변화를 확인할 수 있다.<br>• 다양한 정보를 함께 확인할 수 있다. | • 비슷한 설정을 할 때, 필요 최소한의 정보를 매우 편하게 확인할 수 있다.<br>• 자원(CPU나 메모리 등)을 소비하지 않는다. |
| 단점 | • 동일한 설정을 하나하나 해야 하므로 번잡하다.<br>• 불필요한 정보도 함께 표시되므로 리소스(CPU나 메모리 등)를 소비하기 쉽습니다. | • 한 눈에 알아보기 어렵다.<br>• 기본적으로 해당 시점의 정보만 얻을 수 있다*.<br>• 필요 최소한의 정보만 확인할 수 있다. |
| 비암호화 프로토콜 | HTTP | Telnet |
| 암호화 프로토콜 | HTTPS | SSH(Secure SHell) |

★ 명령어 중에는 텍스트 기반의 그래프를 그리는 것도 있습니다.

**그림 6.5.1 •** CLI와 GUI

최근에는 대부분의 네트워크 기기가 GUI, CLI 모두에 대응하고 있으며[31], 각각 사용하는 프로토콜이 다릅니다. GUI에서는 HTTP 혹은 HTTPS, CLI에서는 **Telnet** 또는 **SSH**(Secure SHell)를 사용합니다. HTTP와 HTTPS는 지금까지 설명한 대로입니다. 네트워크 기기상에서 웹서버가 기동하고 있고, 웹브라우저로부터 서버에 액세스합니다. 이전에는 HTTP를 많이 사용했지만, 최근에는 어떤 네트워크도 보안상 신뢰하지 않는 **제로 트러스트 네트워크**(zero-trust network)의 흐름도 있어 HTTPS를 많이 사용합니다.

서론이 길어졌지만, 여기에서는 CLI에서 사용하는 Telnet과 SSH를 세부적으로 설명합니다. 둘의 차이는 간단히 말하자면 암호화 여부입니다. Telnet이 암호화하지 않는 것에 반해, SSH는 암호화합니다. GUI에서의 HTTPS와 마찬가지로 최근에는 SSH를 더 많이 사용합니다.

## 6.5.1 Telnet

Telnet은 RFC854 'TELNET PROTOCOL SPECIFICATION'으로 표준화된 관리 액세스 프로토콜입니다. 여러 애플리케이션 프로토콜 중에서도 가장 원시적이며 단순한 프로토콜로, 애플리케이션 헤더(L7 헤더)가 없고 애플리케이션 페이로드(L7 페이로드)에 명령어나 ASCII 코드 텍스트 데이터를 그대로 저장합니다.

Telnet 클라이언트(터미널 소프트)는 Telnet 서버(관리 대상의 네트워크 기기)에 액세스하면 3웨이 핸드셰이크로 TCP 커넥션을 엽니다. 사용자 이름과 비밀번호로 인증하고, 인증에 성공하면 애플리케이션 데이터를 받습니다. Telnet은 기본적으로 TCP 23번 포트를 사용하지만, 포트 번호를 변경할 수 있어 HTTP/1.1이나 SMTP, POP, IMAP 등과 같은 텍스트 데이터를 교환하는 애플리케이션 명령어 처리(예를 들면, HTTP의 GET이나 POST 등)를 실행하는 등 다양하게 사용할 수 있습니다. 하지만 비밀번호를 포함한 모든 데이터가 암호화되지 않은 평문(플레인 텍스트)으로 교환되기 때문에 도중에 도청될 수 있는 보안상 문제를 안고 있습니다.

chapter 6

애플리케이션 계층

---

31 어느 쪽을 사용할지는 경우에 따라 다릅니다. 또한, 제조사나 기종에 따라서도 차이가 있으므로 실제로 조직해 보고, 어떤 경우에 이느 쪽을 사용할지 판단하는 것이 좋습니다.

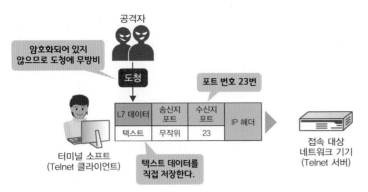

그림 6.5.2 • Telnet

과거에는 'CLI에서 사용하는 프로토콜=Telnet'이라는 느낌이었습니다. 하지만 최근에는 앞에서 설명한 제로 트러스트 네트워크의 흐름도 있어 암호화 기능을 제공하는 SSH로 바뀐 경향이 있습니다. 극히 최근에는 관리 액세스보다는 트랜스포트 계층 레벨의 트러블슈팅에서 더 많이 사용합니다.

## ■ Telnet을 이용한 트러블슈팅

219쪽에서 설명한 것처럼 네트워크 현장의 트러블슈팅 대부분이 ping으로 시작해, 응답이 오면 트랜스포트 계층 레벨의 소통 확인을 진행합니다. 여기에서 포트 번호를 변경해 Telnet 접속을 시도해 봄으로써, 3웨이 핸드셰이크를 확립할 수 있는지 TCP 레벨의 소통 확인할 수 있습니다. 그리고 암호화를 수반하지 않는 텍스트 계열 애플리케이션이라면 명령어를 입력해서 애플리케이션 레벨의 소통 확인할 수 있습니다.

표 6.5.1 • 트러블슈팅의 흐름

| 계층 | 레이어 이름 | 주요 확인 항목 | 주요 도구 | 결과 |
|---|---|---|---|---|
| 5~7계층 | 애플리케이션 계층 | 애플리케이션 헤더, 애플리케이션 데이터 | 각종 애플리케이션 커맨드 | 소통 확인 |
| 4계층 | 트랜스포트 계층 | 포트 번호, 커넥션 테이블, 필터링 규칙, NAT 테이블 | telnet | 소통 확인 |
| 3계층 | 네트워크 계층 | IP 주소, 라우팅 테이블, 필터링 규칙, NAT 테이블 | pint, traceroute | 문제없음 |
| 2계층 | 데이터링크 계층 | MAC 주소, MAC 주소 테이블, ARP 테이블 | arp | 문제없음 |
| 1계층 | 물리 계층 | LAN 케이블, 전파 | 케이블 테스터, 와이파이 안테나 | 문제없음 |

위쪽 방향으로
소통 확인한다.

ping이 정상이면
아래쪽은 문제없다.

Telnet은 Windows OS의 경우 제어판의 '프로그램 및 기능 → Windows 기능 켜기/끄기'에서 '텔넷 클라이언트'를 활성화한 뒤, 명령어 프롬프트에서 'telnet [IP 주소] [포트 번호]'를 입력하면 사용할 수 있습니다. 물론 Tera Term이나 Putty 등의 서드 파티 터미널 애플리케이션에서도 사용할 수 있습니다.

## 6.5.2 SSH

SSH(Secure Shell)는 RFC4253 'The Secure Shell(SSH) Transport Layer Protocol'에 표준화된 관리 액세스 프로토콜입니다. 기본으로 TCP 22번을 사용합니다. 앞에서 설명한 것처럼 Telnet은 암호화하지 않은 텍스트 데이터를 송신하기 때문에 보안에 어려움이 있었습니다. 그래서 Telnet에 암호화와 공개키 인증, 메시지 인증 등의 기능을 추가해 업그레이드한 것이 SSH입니다. SSH를 사용하면 도중에 도청을 걱정할 필요가 없고, 무차별 대입(brute force) 공격에도 비밀키가 유출되지 않는 한 로그인할 수 없습니다. 안심하고 안전하게 접속할 수 있습니다.

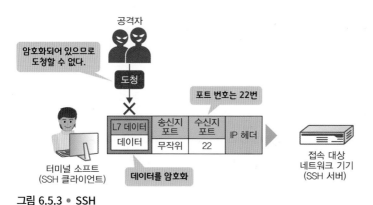

그림 6.5.3 • SSH

SSH 클라이언트(터미널 소프트)는 SSH 서버(관리 대상 네트워크 기기)에 액세스하면 3웨이 핸드셰이크로 TCP 커넥션을 엽니다. 그 후, 다음의 4단계로 처리합니다.

### ① 파라미터 교환

이 단계에서는 대응하는 버전이나 암호화 방식, 인증 방식 등 안전하게 통신하기 위해 맞춰 두어야 할 각종 파라미터를 리스트로 교환합니다. SSH에는 SSHv1과 SSHv2가 있으며 호환성은 없습니다. SSHv2 쪽이 보안 레벨이 높기 때문에 현재 SSHv1을 선택하지는 않을 것입니다.

## ② 키 공유

이 단계에서는 DH(디피/헬만) 키 공유(335쪽)로 공개키를 교환하고, 데이터 암호화에 사용하는 공통키를 공유합니다. 이것으로 암호화 통신의 준비가 완료되며 암호화 통신로가 완성됩니다.

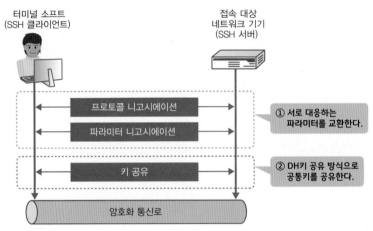

그림 6.5.4 • 파라미터 교환과 키 공유

## ③ 사용자 인증

이 단계에서는 접속하는 것이 실제 올바른 사용자인가를 서버가 확인합니다. 사용자 인증에는 **비밀번호 인증**과 **공개키 인증**이 있습니다. 비밀번호 인증은 Telnet과 같습니다. 서버는 사용자 이름과 비밀번호로 사용자를 인증합니다. Telnet과 달리 두 가지 모두 암호화되므로 제3자에게 도청될 걱정은 없습니다.

그림 6.5.5 • 비밀번호 인증

공개키 인증은 이름 그대로 공개키를 사용해 사용자를 인증합니다. 미리 클라이언트는 비밀키와 공개키의 페어, 서버는 그 사용자의 공개키를 가집니다(다음 그림 ①, ②). 서버는 클라이언트로부터 접속 요청을 받으면 난수를 생성하고 공개키로 암호화해서 송신합니다(다음 그림 ③, ④). 클라이언트는 그것을 비밀키로 복호화하고, 난수를 추출해서 해시값으로 반송합니다(다음 그림 ⑤, ⑥). 해시값을 받은 서버는 직접 난수로부터 해시값을 계산하고 같은 값이면 인증 성공으로 판단합니다(그림 가운데 부분 ⑦, ⑧).

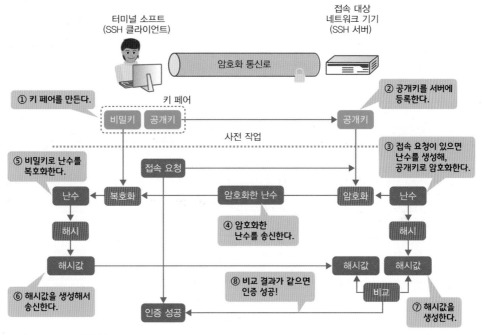

**그림 6.5.6** ● **공개키 인증**

사용자 인증과 관련해 어떤 방식을 사용할지는 조건에 따라 다르지만, 경향으로 볼 때 인터넷을 경유할 때는 공개키 인증, 그렇지 않을 때는 비밀번호 인증을 선택하는 경우가 많습니다[32].

**④ 로그인**

사용자 인증이 끝나면 로그인이 완료됩니다. Telnet과 마찬가지로 명령어를 실행할 수 있게 되지만, 모두 암호화되므로 제3자가 도청할 수 없게 됩니다.

지금까지 SSH를 관리 액세스 프로토콜이라는 측면에서 설명했습니다. SSH에는 그 외에도 다양한 사용 방법이 있으며 시스템 구축 현장의 곳곳에서 활약하고 있습니다. 여기에서는 그중에서도 특히 알아 두면 편리한 '파일 전송'과 '포트 포워딩'을 설명합니다.

---

32 '인터넷을 경유할 때'라 해도 IPsec으로 미리 암호화되는 등의 환경에서는 비밀번호 인증을 많이 선택합니다.

## ■ 파일 전송

SSH를 이용한 파일 전송 기능은 **SCP**(Secure CoPy)와 **SFTP**(SSH File Transfer Protocol)의 2가지 종류가 있습니다. 2가지 모두 SSH로 만든 암호화 통신로를 사용해 파일을 전송하는 점은 같습니다. 다음 표에 나타낸 것처럼 여러 가지 세세한 차이가 있기는 하나, 간단하고 경쾌한 SCP, 다양한 기능을 가진 SFTP라고 간단히 이해해도 좋습니다.

실제 현장에서는 네트워크 기기의 소프트웨어 버전 업그레이드 시의 업로드나, 트러블슈팅 시의 로그 파일이나 패킷 캡처 파일의 다운로드 등에 많이 사용합니다.

표 6.5.2 • SCP와 SFTP

| 비교 항목 | SCP<br>(Secure Copy Protocol) | SFTP<br>(SSH File Transfer Protocol) |
|---|---|---|
| 프로토콜 | TCP | TCP |
| 포트 번호 | 22번 | 22번 |
| 간략한 특징 | 단순한 기능 | 다양한 기능 |
| 명령어 | scp | sftp |
| 비슷한 명령어 | cp 명령어 | ftp 명령어 |
| 대화 형식 | 비대화형 | 대화형 |
| 로컬 단말에서 리모트 단말로 파일 전송 | O | O |
| 리모트 단말에서 로컬 단말로 파일 전송 | O | O |
| 리모트 단말에서 리모트 단말로 파일 전송 | O | X |
| 디렉터리 전송 | O | O |
| 파일 삭제 | X | O |
| 디렉터리 삭제 | X | O |
| 파일 리스트 열람 | X | O |
| 다시 시작(resume) | X | O |

## ■ 포트 포워딩

포트 포워딩은 특정한 포트 번호에 대한 통신을 SSH로 만든 암호화 통신로를 사용해서, 다른 단말에 전송하는 기능입니다. 실제 현장에서 포트 포워딩이 도움이 되는 경우로는 CLI 환경에서만 제공되는 점프 서버(jump server)를 경유해, 목적지 서버나 네트워크 기기에 GUI로 로그인하고 싶을 때가 있습니다. 점프 서버는 이름 그대로 서버나 네트워크 기기에 로그인하기 위해 거쳐가는 서버로, 패킷을 중계하는 서버입니다. 점프 서버가 있으면 로그인 경로를 일원화할 수 있어, 관리 액세스에 대한 보안 레벨이나 운용 관리 레벨을 높일 수 있습니다. 앞에서 설명한 것처럼 CLI와 GUI는 각각 장단점이 있어 때와 장소에 따라 대부분 구분해서 사용합니다. 그래서 포트 포워딩을 이용해 GUI 액세스를 구현합니다.

글로만 설명하면 다소 복잡한 느낌이 들기도 하므로 어떻게 포트 포워딩이 작용하는가를 순서대로 살펴봅니다. 여기에서는 CLI 환경(SSH)에서만 제공하는 점프 서버를 경유해서 관리 대상 부하 분산 장치에 GUI(HTTPS)로 로그인하는 경우를 예로 들어 설명합니다.

① SSH 클라이언트로부터 점프 서버(SSH 서버)에 대해 SSH(TCP/22번)로 로그인하고, 암호화 통신로를 만듭니다.

② SSH 클라이언트에서 포트 포워드를 설정합니다. 구체적으로는 '몇 번 TCP(로컬 포트)의 패킷을 이 IP 주소(원력 주소)의 몇 번 TCP(리모트 포트)로 전송해 주십시오.'라고 설정합니다. 이 설정에 따라 자기 자신(localhost, 127.0.0.1, ::1)에서 로컬 포트가 Listen 상태가 됩니다[33]. 여기에서는 'TCP 10443번의 패킷을 부하 분산 장치의 TCP 443번으로 전송해 주십시오.'라고 설정합니다.

③ 자기 자신의 로컬 포트에 액세스합니다. 여기에서는 웹브라우저로 *https://localhost:10443/* 에 액세스합니다. 그러면 자기 자신의 TCP/10443번에 HTTPS 패킷이 보내집니다. 이것을 SSH 클라이언트가 픽업합니다.

④ SSH 클라이언트 ①에서 만든 암호화 통신로를 사용해 점프 서버에 SSH(TCP/22번)로 패킷을 전송합니다. 인터넷상을 흐르는 패킷은 어디까지나 SSH입니다. 만약 경로상에 방화벽이 있을 때는 점프 서버에 대한 SSH만 허가해 둡니다.

⑤ 점프 서버는 리모트 주소(부하 분산 장치)의 리모트 포트(TCP/443번)에 대해 패킷을 전송합니다. 이렇게 해서 점프 서버를 경유해 부하 분산 장치에 GUI(HTTPS)로 로그인할 수 있습니다.

---

33  자기 자신에 로컬 포트를 가진 서버가 기동하고 있는 것으로 생각하면 됩니다.

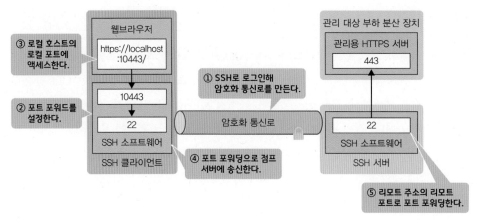

그림 6.5.7 • 포트 포워딩

## 6.6 | 운용 관리 프로토콜

**운용 관리 프로토콜**은 네트워크나 서버를 더욱 원만하게 운용/관리하기 위한 프로토콜입니다. 네트워크는 설계/구축하는 것에서 끝나지 않습니다. 오히려 그것이 시작입니다. 운용 관리 프로토콜을 사용하면 이후에 일어날 다양한 트러블에 더 빠르고 효율적으로 대응할 수 있습니다. 여기에서는 여러 운용 관리 프로토콜 중 일반적으로 많이 사용하는 몇 가지 프로토콜을 설명합니다.

### 6.6.1 NTP

**NTP**(Network Time Protocol)는 네트워크 기기나 서버의 시각을 맞추기 위해 사용하는 프로토콜입니다. TFC7822 'Network Time Protocol Version 4(NTPv4) Extension Fields'로 표준화되었습니다. '시간을 맞추는 것에 의미가 있는가?'라고 생각하는 분도 있겠지만, 그 중요성은 막상 문제가 발생해야만 실감할 수 있습니다. 여러 네트워크 기기가 조합되어 나타나는 문제의 원인을 파악해 해결하기 위해서는 '시계열로 정리하는 것'이 가장 중요합니다. 어떤 기기에서 몇 시, 몇 분, 몇 초에 무슨 일이 일어났는가? 그 흐름을 정리하기 위해 시계열표는 꼭 필요합니다.

NTP의 동작은 간단합니다. NTP 클라이언트가 '지금 몇 시입니까?'라고 UDP 123번[34]로 질문하고(NTP Query), NTP 서버가 '○○시 ○○분 ○○초입니다!'라고 응답합니다(NTP Reply).

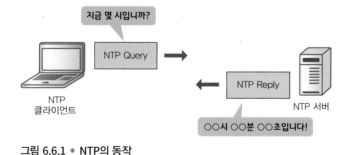

그림 6.6.1 • NTP의 동작

---

34 NTP는 수신지 포트와 송신지 포트 번호가 모두 123번입니다.

## ■ NTP 계층 구조

NTP는 **Stratum**이라는 값을 이용한 계층 구조로 되어 있습니다. Stratum은 최상위 시각 생성지에서 얼마만큼의 계층을 경유했는지 나타냅니다. 최상위 시각 생성지는 원자 시계나 GPS 시계 등 정밀도가 높은 정확한 시각을 유지하기 때문에 Stratum의 값은 '0'입니다. 거기에서 NTP 서버를 경유할 때마다 Stratum은 증가합니다. Stratum '0' 이외의 NTP 서버는 상위 NTP 서버에 대한 NTP 클라이언트이며, 하위 NTP 클라이언트에 대한 NTP 서버이기도 합니다. 그리고 상위 NTP 서버와 시각을 동기하지 못하는 한, 하위 시각을 배포하지 않습니다.

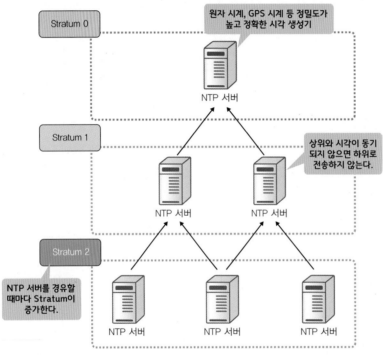

그림 6.6.2 • NTP: Stratum을 사용한 계층 구조

## 6.6.2 SNMP

**SNMP**(Simple Network Management Protocol)는 네트워크 기기나 서버의 성능 감시, 장애 감시에 사용하는 프로토콜입니다. IT 시스템에 있어 '장애의 배후를 놓치지 않는 것'은 매우 중요합니다. SNMP를 사용해 CPU 사용률이나 메모리 사용률, 트래픽양, 패킷양 등 다양한 관리 대상 기기 정보를 정기적으로 수집하고 지속적으로 감시해 장애 징후를 빠르게 감지합니다.

## ■ SNMP 버전

SNMP에는 **v1, v2c, v3**의 3가지 버전이 있습니다. 간단히 말하면 v1이 베이스, v2c는 기능 추가, v3는 보안 강화입니다. 2020년 현재 가장 많이 보급된 것은 v2c입니다. 하지만 v2c는 암호화 기능이 없기 때문에 이후 제로 트러스트 네트워크라는 시류에 맞춰 v3로 바뀌게 될 것입니다.

표 6.6.1 • SNMP 버전 별 특징

| 버전 | 관련 RFC | 인증 | 암호화 기능 |
|------|----------|------|-------------|
| v1 | RFC1155, 1157, 1212, 1213, 1215 | 커뮤니티 이름을 이용한 평문 인증 | 없음 |
| v2c | RFC1156, 2578, 2579, 2580, 3416, 3417, 3418 | 커뮤니티 이름을 이용한 평문 인증 | 없음 |
| v3 | RFC3411~3415 | 사용자별 비밀번호 인증 | 있음 |

## ■ SNMP 관리자와 SNMP 에이전트

SNMP의 구성 요소에는 관리하는 **SNMP 관리자**(SNMP Manager)와 관리 대상인 **SNMP 에이전트**(SNMP Agent)의 2가지가 있습니다[35]. 이 두 구성 요소의 사이에 몇 가지 메시지를 조합해서 교환함으로써, 관리자가 에이전트의 상태를 파악할 수 있게 되어 있습니다.

SNMP 관리자는 SNMP 에이전트가 가진 관리 정보를 수집/감시하는 애플리케이션입니다. 유명한 제품으로 Zabbix, TWSNMP 매니저 등이 있습니다. 어떤 애플리케이션이든 수집한 정보를 가공해서 웹 GUI 기반으로 가시화함으로써 보기 쉽게 만듭니다.

SNMP 에이전트는 SNMP 관리자의 요청을 받아 장애를 알리거나 하는 프로그램입니다. 대부분의 네트워크 기기나 서버에 구현되어 있습니다. SNMP 에이전트는 **OID**(Object IDentifier)라는 숫잣값으로 식별되는 객체를 **MIB**(Management Information Base)라는 계층형 데이터베이스로 저장합니다. 에이전트는 관리자의 요청에 포함된 OID를 보고, 그에 관련된 값을 반환하거나, OID의 값의 변화를 보고 장애를 감지하기도 합니다.

chapter 6

애플리케이션 계층

---

35  SNMPv3에서는 'SNMP 관리자'와 'SNMP 에이전트'라는 표현이 사라지고, 양쪽 모두 'SNMP 엔티티(SNMP Entity)'라 표현하게 되었습니다. SNMP 엔티티는 SNMPv3의 각종 애플리케이션으로 구성되어 있으며, 각 단말은 그중에서 필요한 기능을 조합함으로써 관리자와 에이전트가 동등한 기능을 구현할 수 있습니다.

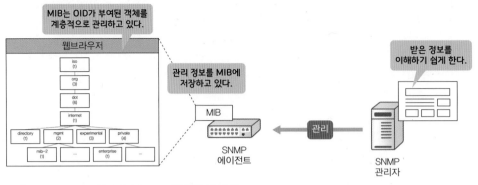

그림 6.6.3 • SNMP 관리자가 SNMP 에이전트를 관리

## 3가지 동작

SNMP는 UDP를 사용하기 때문에 동작이 간단하고 이해하기 쉽습니다. **GetRequest**, **GetNextRequest**, **SetReqeust**, **GetResponse**, **Trap**의 5가지 종류의 메시지를 조합해 **SNMP Get**, **SNMP Set**, **SNMP Trap**의 3가지 동작을 구현합니다. 3가지 동작 모두 **커뮤니티 이름**이라는 용어와 일치하면 비로소 통신이 성립됩니다. 각각의 동작에 관해 살펴봅니다.

## SNMP Get

SNMP Get은 기기의 정보를 얻는 동작입니다. 'OO의 정보를 주십시오!'와 같은 질문에 'OO입니다!'와 같이 응답하는 간단한 형태입니다.

SNMP 관리자는 SNMP 에이전트에 OID를 포함한 형태로 GetRequest를 송신합니다. GetRequest는 UDP의 유니캐스트로 수행되며 161번 포트를 사용합니다. 그에 비해 SNMP 에이전트는 지정된 OID값을 GetResponse로 반환합니다. MIB의 계층적으로 다음 오브젝트의 정보가 필요할 때는 관리자가 ODI를 포함해 GetNextRequest를 송신하고, 에이전트가 GetResponse를 반환합니다. 계속해서 이 과정을 반복합니다.

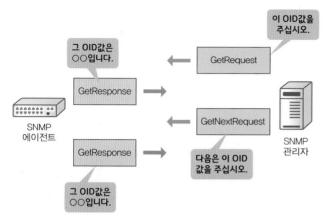

그림 6.6.4 • SNMP Get으로 OID의 동작을 얻음

## SNMP Set

SNMP Set은 기기의 정보를 업데이트하는 동작입니다. '○○의 정보를 업데이트해 주십시오!'라는 요구에 대해 '완료했습니다!'와 같이 응답합니다. SNMP Set의 사용 예시로, 네트워크 기기나 서버의 포트 셧다운 등이 있습니다. 에이전트는 포트의 상태를 OID값으로 저장합니다. 이 값을 업데이트함으로써 포트를 셧다운할 수 있습니다.

동작은 SNMP Get과 크게 다르지 않습니다. 사용하는 메시지가 다를 뿐입니다. SNMP 관리자는 SNMP 에이전트에 OID를 포함한 형태로 SetRequest를 송신합니다. SetRequest는 SNMP Get과 마찬가지로 UDP 유니캐스트로 수행되며 161번 포트를 사용합니다. 그에 대해 SNMP 에이전트는 업데이트한 값을 GetResponse로 반환합니다.

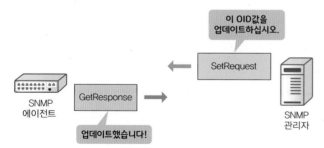

그림 6.6.5 • SNMP Set으로 OID값을 업데이트

## ■ SNMP Trap

SNMP Trap은 장애를 알리는 동작입니다. '○○에 장애가 발생했습니다!'와 같은 메시지가 에이전트로부터 송신됩니다. SNMP Get도 SNMP Set도 관리자에서 시작되는 통신이었습니다. Trap만은 에이전트에서 시작되는 통신입니다.

SNMP 에이전트는 OID의 값에 특정한 변화가 있을 때, 그것을 장애라 판단하고 Trap을 관리자에게 송신합니다. Trap은 UDP의 유니캐스트로 수행되고 162번 포트를 사용합니다.

그림 6.6.6 • SNMP Trap으로 장애 감지

## 6.6.3 Syslog

**Syslog**는 네트워크 기기나 서버의 로그를 전송하기 위해 사용되는 프로토콜입니다. RFC3164 'The BSD Syslog Protocol' 및 RFC5424 'The Syslog Protocol'로 표준화되었습니다. 네트워크 기기나 서버는 다양한 이벤트를 로그(기록)로 기기 내부의 메모리나 하드 디스크에 일정 기간 저장합니다. Syslog는 이 로그를 Syslog 서버에 전송해서 로그를 일원화합니다.

그림 6.6.7 • Syslog로 로그 전송

Syslog의 동작은 간단하며 이해하기 쉽습니다. 어떤 이벤트가 발생하면 그것을 자신의 메모리나 디스크에 저장함과 동시에 Syslog 서버로 전송할 뿐입니다. 전송은 유니캐스트로 수행하며 L4 프로토콜로서는 UDP, TCP 모두에 대응합니다. 그러나 TCP는 거의 사용하지 않으며 대부분 UDP를 사용합니다. 514번 포트를 이용합니다. Syslog 메시지는 **PRI**(Priority), **헤더**, **메시지**의 3개 필드로 구성되며 각각의 의미는 다음 표와 같습니다.

표 6.6.2 • Syslog의 구성 요소

| 필드 | 의미 |
|------|------|
| PRI | 로그의 종류를 나타내는 'Facility'와 그 긴급도를 나타내는 'Severity'가 저장된다. |
| 헤더 | 타임 스탬프, 단말의 이름 혹은 IP 주소 등이 저장된다. |
| 메시지 | 로그 메시지 자체가 텍스트 메시지로 저장된다. |

그중 가장 중요한 요소가 PRI입니다. PRI는 'Facility'와 'Severity'로 구성됩니다. 각각에 관해 설명합니다.

## Facility

Facility는 로그 메시지의 종류를 나타냅니다. 24종류의 Facility로 구성되며, 다음 표와 같이 지표로 표시합니다. 또한, 네트워크 기기에 따라서는 Facility를 변경할 수 없기도 합니다.

표 6.6.3 • Facility: 로그 메시지의 종류

| Facility | 코드 | 설명 |
|----------|------|------|
| kern | 0 | 커널 메시지 |
| user | 1 | 임의의 사용자 메시지 |
| mail | 2 | 메일 시스템(sendmail, qmail 등) 메시지 |
| daemon | 3 | 시스템 데몬 프로세스(ftpd, named 등) 메시지 |
| auth | 4 | 보안/허가(login, su 등) 메시지 |
| syslog | 5 | Syslog 데몬 메시지 |
| lpr | 6 | 라인 프린터 서브 시스템 메시지 |
| news | 7 | 네트워크 뉴스 서브 시스템 메시지 |
| uucp | 8 | UUCP 서브 시스템 메시지 |
| cron | 9 | 클록 데몬(cron과 at) 메시지 |
| auth-priv | 10 | 보안/허가 메시지 |
| ftp | 11 | FTP 데몬 메시지 |
| ntp | 12 | NTP 서브 시스템 메시지 |
| - | 13 | 로그 감시 메시지 |
| - | 14 | 로그 경고 메시지 |
| - | 15 | 클럭 데몬 메시지 |
| local0 | 16 | 임의 용도 |
| local1 | 17 | 임의 용도 |

표 6.6.3 • Facility: 로그 메시지의 종류(계속)

| Facility | 코드 | 설명 |
|---|---|---|
| local2 | 18 | 임의 용도 |
| local3 | 19 | 임의 용도 |
| local4 | 20 | 임의 용도 |
| local5 | 21 | 임의 용도 |
| local6 | 22 | 임의 용도 |
| local7 | 23 | 임의 용도 |

## Severity

Severity는 로그 메시지의 중요도를 나타내는 값입니다. 0~7의 8단계로 구성되어 있으며, 값이 작을수록 중요도가 높습니다. 로그의 운용 설계할 때는 '어느 Severity 이상의 메시지를 Syslog에 전송할 것인가', '어느 Severity 이상의 미상의 메시지를 얼마만큼의(크기, 또는 기간) 유지할 것인가'를 정의합니다. 예를 들어, 'warning 이상을 Syslog 서버에 전송하고, informational 이상을 40,960바이트까지 버퍼에 유지한다'는 느낌으로 정의되어 있습니다[36].

표 6.6.4 • Severity: 로그 메시지의 긴급도

| 이름 | 설명 | Severity | 중요도 |
|---|---|---|---|
| Emergency | 시스템이 불안정해지는 에러 | 0 | 높음 |
| Alert | 긴급하게 대처해야하는 에러 | 1 | |
| Critical | 치명적인 에러 | 2 | |
| Error | 에러 | 3 | |
| Warning | 경고 | 4 | |
| Notice | 알림 | 5 | |
| Informational | 정보 | 6 | |
| Debug | 디버그 | 7 | 낮음 |

---

36 로그를 출력하는 것은 처리 부하이므로 기기에 따라서는 부담이 되기도 합니다. 처리 부하가 걸리지 않으면서 필요한 로그를 얻을 수 있도록 설계합니다.

## 6.6.4 인접 기기 발견 프로토콜

네트워크에서 발생하는 트러블은 케이블 절단이나 포트 불량 등 물리 계층이 원인인 경우가 많습니다. 그렇기 때문에 '어떤 포트에, 어떤 기기가, 어떻게 접속되어 있는가'는 네트워크를 운용 관리하는 데 매우 중요한 정보가 됩니다. 이 정보를 주고받은 프로토콜을 **인접 기기 발견 프로토콜**(Adjacent Device Discovery Protocol)이라 부릅니다[37]. 네트워크 기기나 서버는 인접한 기기에 대해, 소프트웨어 버전이나 접속 포트 번호, 호스트 이름이나 IP 주소 등 다양한 관리 정보가 들어 있는 패킷을 정기적으로 송신하고, 수신한 정보를 캐시해서 메모리에 유지합니다.

인접 기기 발견 프로토콜에는 **CDP**(Cisco Discovery Protocol), **LLDP**(Link Layer Discovery Protocol)의 2가지 종류가 있으며, 서로 호환성은 없습니다. Cisco 기기로 통일된 네트워크 환경에서는 CDP, 그 이외의 환경에서는 LLDP를 많이 사용합니다.

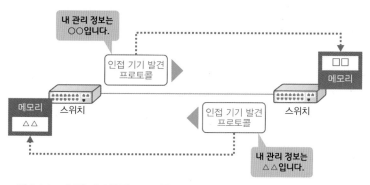

그림 6.6.8 • 인접 기기 발견 프로토콜

chapter 6

애플리케이션 계층

---

37 인접 기기 발견 프로토콜은 데이터링크 계층에서 동작합니다. 이 책에서는 운용 관리 프로토콜 측면을 중요하게 생각해, 애플리케이션 계층 안에서 다루고 있습니다.

다중화 프로토콜(redundancy protocol)은 이름 그대로, 네트워크 기기를 다중화하기 위한 프로토콜입니다. 네트워크 기기가 서버의 성능이 아무리 높다 하더라도 고장이 나지 않는 것은 아닙니다. 언젠가는 어딘가 반드시 고장이 납니다. 그래서 아무리 장애가 발생하더라도 즉시 다른 경로를 확보하고, 유지해서 서비스를 제공할 수 있도록 모든 계층의 모든 지점에서 빈틈없는 다중화를 목표로 합니다. 이 책에서는 각 계층에서의 다중화 기술 및 그와 관련된 다중화 프로토콜을 설명합니다.

## 6.7.1 물리 계층의 다중화 기술

물리 계층의 다중화 기술은 여러 물리 요소를 하나의 논리 요소로 모으는 형태로 구현됩니다. 이렇게 말하면 다소 어려운 느낌이 들기도 하나, 그렇게 어렵게 생각할 필요는 없습니다. 물리적으로 여럿 존재하는 대상을 하나로 다루는 것이라 생각하면 됩니다. 이 책에서는 '링크, 기기, NIC'라는 3가지 물리 요소를 설명합니다.

### ■ 링크 애그리게이션

여러 물리 링크를 하나의 논리 링크로 모으는 기술을 링크 애그리게이션(LAG, Link Aggregation)이라 부릅니다. 벤더에 따라서는 이더 채널(either channel), 트렁크(trunk)라 부르기도 하나 같은 것이라고 생각해도 좋습니다. 링크 애그리게이션은 일반적으로 링크 대역 확장과 다중화를 동시에 구현하는 기술로 사용합니다.

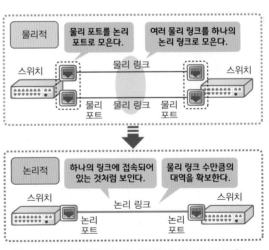

그림 6.7.1 ● 여러 물리 링크를 하나의 논리 링크로 모음

링크 애그리게이션은 몇 개의 스위치의 포트(물리 포트)를 논리 포트로 그룹화하고, 인접 스위치의 논리 포트와 접속해 논리 링크를 만듭니다. 아무리 이더넷이 고속이라 해도 하나의 링크의 대역에는 한계가 있습니다. 링크 애그리게이션을 사용하면 보통 때는 논리 링크에 포함된 모든 물리 링크로 프레임 전송함으로써 물리 링크 수만큼 대역을 확보할 수 있습니다. 또한, 링크 장애[38]가 발생했을 때는 즉시 장애 링크를 절단하고 우회하면서 프레임을 계속 전송할 수 있습니다. 장애로 발생하는 다운 타임은 ping 레벨에서 1초 정도입니다. 이것은 애플리케이션 레벨의 통신에서는 거의 영향이 없습니다. 예를 들어, 2개의 10BASE-T 포트를 링크 애그리게이션으로 연결하면 보통 때는 20Gbps의 대역폭을 확보할 수 있으며, 설령 하나의 물리 링크가 중지되어도 10Gbps의 대역폭을 확보하면서 패킷을 계속 전송할 수 있습니다.

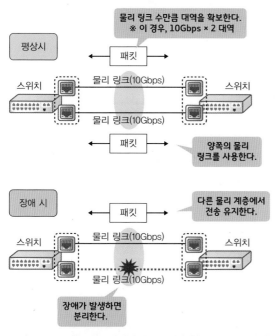

그림 6.7.2 ● 링크 애그리게이션으로 대역 확장과 다중화를 함께 실현

## ■ 티밍

여러 물리 NIC를 하나의 논리 NIC로 모으는 기술을 **티밍**(teaming)이라 부릅니다. Linux OS에서는 본딩(bonding)이라 부르기도 하지만 같은 것이라 생각해도 좋습니다. 티밍은 일반적으로 서

---

38  구체적으로는 LAN 케이블이 끊어지거나 물리 포트가 고장 났을 때 링크 장애가 발생합니다.

버의 NIC 대역을 확장하거나 다중화하는 기술로 사용합니다. 이 책에서는 실제 네트워크 환경에서, 특히 많이 사용하는 티밍 방식을 물리 환경, 가상화 환경으로 나누어 설명합니다.

## ■ 물리 환경에서의 티밍

물리 환경에서의 티밍은 OS 표준 기능으로 구현합니다. 티밍을 설정하면 하나의 논리 NIC가 만들어지므로 그 논리 NIC에 설정을 추가합니다. 그리고 이때 티밍 방식도 함께 설정합니다.

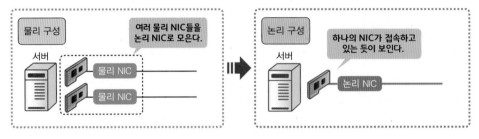

**그림 6.7.3 •** 물리 환경의 티밍

물리 환경에서 사용할 수 있는 티밍 방식은 OS별로 여러 가지를 제공하고 있지만, 그중에서 일반적으로 가장 많이 사용하는 것은 **폴트 톨러런스**(fault tolerance, 장애 허용), **로드 밸런싱**(load balancing), **링크 애그리게이션**(link aggregation)의 3가지입니다. 이 중에서 어떤 것을 사용할지는 요건에 따라 다르지만, 필자의 경험에 따르면 통신 경로를 알기 쉽고, 관리하기 쉬운 폴트 톨러런스가 많았습니다.

**표 6.7.1 •** 3종류의 티밍

| 방식 | 설명 | 운용 관리성 | 대역폭 | 스위치 설정 |
|---|---|---|---|---|
| 폴트 톨러런스 | 액티브/스탠바이로 구성한다. | ○(패킷이 어느 NIC를 경유하는지 알기 쉽고, 관리하기 쉬움) | △(액티브 NIC만 사용할 수 있으므로 원래 대역폭보다 낮아짐) | 필요 없음 |
| 로드 밸런싱 | 액티브/액티브로 구성한다. | △(패킷이 어느 NIC를 경유하는지 알 수 없어 관리하기 어려움) | ○(모든 NIC를 사용하므로 원래 대역폭 전체를 사용할 수 있음) | 필요 없음 |
| 링크 애그리게이션 | 링크 애그리게이션을 구성한다. | △(패킷이 어느 NIC를 경유하는지 알 수 없어 관리하기 어려움) | ○(모든 NIC를 사용하므로 원래 대역폭 전체를 사용할 수 있음) | 필요함(스위치의 포트에 링크 애그리게이션 설정이 필요) |

## ■ 가상화 환경에서의 티밍

가상화된 서버나 네트워크 기기(가상 머신)는 가상화 소프트웨어에서 동작하는 가상 스위치에 접속하고, 거기에 연결된 물리 NIC를 경유해 네트워크에 접속합니다. 가상화 환경의 티밍은 통신을 여러 물리 NIC에 분산함으로써 구현합니다.

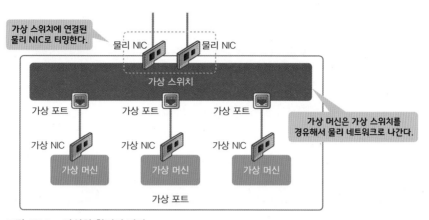

**그림 6.7.4** • 가상화 환경의 티밍

가상화 환경의 티밍에도 몇 가지 방식이 있습니다. 예를 들면, VMWare의 가상화 소프트웨어 vShpere에서는 '명시적 페일 오버(fail over) 순서 사용', '송신지 포트 ID 기반 경로', '발신지 MAC 해시 기반 경로', 'IP 해시값 기반 경로'라는 4가지 종류가 있습니다.

이 중에서 가장 많이 사용되는 방식이 포트 ID입니다. 가상화 소프트웨어는 가상 스위치에 가상 머신이 접속되면 포트 ID라는 식별자를 할당합니다. 이 포트 ID별로 사용하는 물리 NIC를 선택하고, 할당된 물리 NIC 수만큼 대역을 확장합니다.

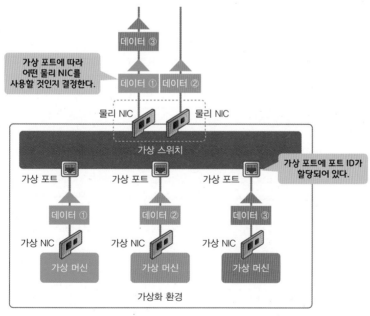

**그림 6.7.5** • 포트 ID를 이용한 부하 분산

표 6.7.2 • 티밍 방식(VMWare의 vSphere 기준)

| 방식 | 설명 |
|---|---|
| 명시적 페일 오버 순서 사용 | 액티브/스탠바이로 구성한다. |
| 송신지 포트 ID 기반 경로 | 가상 포트 ID를 기반으로 사용할 물리 NIC를 결정한다. |
| 발신지 MAC 해시 기반 경로 | 패킷의 송신지 MAC 주소를 기반으로 사용할 물리 NIC를 결정한다. |
| IP 해시값 기반 경로 | 패킷의 송신지 IP 주소와 수신지 IP 주소를 기반으로 사용할 물리 NIC를 결정한다. |

## 스택 기술

여러 스위치를 **스택 케이블**(stack cable)이라 부르는 특수한 케이블이나 광대역 LAN 케이블로 접속해 하나의 논리 기기로 모으는 기술을 **스택 기술**이라 부릅니다. 스택 기술은 단순환 다중화가 아니라 링크 애그리게이션과 조합해 전송 능력을 확장하거나, 네트워크 구성을 단순하게 하는 등 기존 네트워크가 가진 문제를 단번에 해결할 수 있는 기술로 지금은 꼭 필요한 것이 되었습니다.

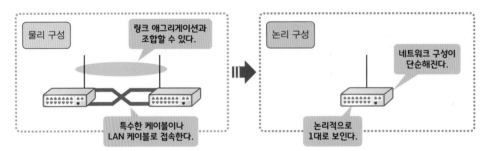

그림 6.7.6 • 스택 기술

# 6.7.2 데이터링크 계층 다중화 기술

데이터링크 계층 다중화 기술은 **STP**(Spanning-Tree Protocol)라는 다중화 프로토콜을 사용해서 구현합니다. STP는 물리적으로 루프하는 네트워크의 어딘가의 포트를 막아서 논리적으로 트리 구성을 만드는 프로토콜입니다. STP는 인접 스위치 사이에서 **BPDU**(Bridge Protocol Data Unit)라는 특수한 이더넷 프레임을 주고받으면서 트리 구성의 시작점이 되는 **경로 브리지**(route bridge)와 패킷을 보내지 않는 **블로킹 포트**(blocking port)를 결정합니다. 패킷이 흐르는 경로의 어딘가 장애가 발생하면 블로킹 포트를 열어 우회 경로를 확보합니다.

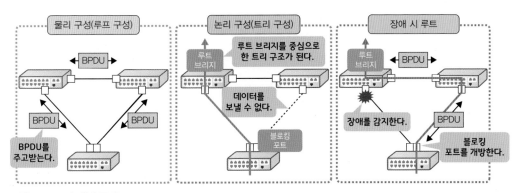

**그림 6.7.7 ●** 스패닝 트리

STP는 **STP**, **RSTP**(Rapid STP), **MSTP**(Multiple STP)의 3가지 종류로 나눌 수 있습니다. STP는 IEEE802.1d에 표준화된 프로토콜로 STP의 원점입니다. STP는 장애가 발생했을 때 'n초 기다린 후 ○를 하고, m초 기다린 후 △를 한다'와 같은 식으로 처리하기 때문에 우회 경로를 확보하는 데 시간이 걸립니다. 그래서 이 약점을 보완하는 형태로 만들어진 프로토콜이 RSTP입니다. IEEE802.1w에 표준화되었습니다. RSTP는 '○가 발생하면 □를 하고, □를 한 뒤에 △를 한다'와 같은 식으로 도중에 기다리지 않고 차례차례 처리하기 때문에 즉시 우회 경로를 확보할 수 있습니다. 하지만 한쪽 경로로 트래픽이 집중되기 때문에 효율이 좋다고는 말할 수 없습니다. 이 약점을 보완하는 형태로 만들어진 프로토콜이 MSTP입니다. IEEE802.1s에 표준화되었습니다. MSTP는 VLAN을 '인스턴스'라는 그룹으로 모으고, 인스턴스별로 경로 브리지와 블로킹 포트를 만듦으로써 경로의 부하 분산을 할 수 있습니다.

**표 6.7.3 ●** STP의 종류

| STP 종류 | STP | RSTP | MSTP |
|---|---|---|---|
| 프로토콜 | IEEE802.1d | IEEE802.1w | IEEE802.1s |
| 수렴 시간 | 느림 | 빠름 | 빠름 |
| 수렴 방식 | 타이머 기반 | 이벤트 기반 | 이벤트 기반 |
| BPDU 단위 | VLAN | VLAN | 인스턴스 |
| 경로 브리지 단위 | VLAN | VLAN | 인스턴스 |
| 블로킹 포트 단위 | VLAN | VLAN | 인스턴스 |
| 부하 분산 | 불가[39] | 불가[40] | 인스턴스 단위로 가능 |

---

39 Cisco 스위치의 경우 STP를 독자적으로 확장한 'PVST+'를 사용할 수 있습니다. PVST+는 VLAN별로 경로 브리지와 블로킹 포트를 결정해서 트래픽 부하를 분산할 수 있습니다.

40 Cisco 스위치의 경우 RSTP를 독자적으로 확장한 'PVRST+'를 사용할 수 있습니다. PVRST+도 VLAN별로 경로 브리지와 블로킹 포트를 결정해서 트래픽 부하를 분산할 수 있습니다.

## ■ 루프 방지 프로토콜

지금까지 STP가 어떻게 경로를 다중화하는지 설명했습니다. 그러나 실제로 최근에는 스택 기술을 적용한 네트워크 구성이 널리 이용되기 때문에 다중화 프로토콜로서 STP는 이미 과거의 것이 되었습니다. 최근에는 STP를 다중화 프로토콜이 아니라 **브리징 루프**를 방지하는 루프 방지 프로토콜로 많이 사용합니다.

### ■ 브리징 루프

브리징 루프(bridging loop)는 이더넷 프레임이 경로 위를 빙빙 도는 현상입니다. 사람에 따라 L2 루프(L2 loop) 간단히 루프(loop)라 부르기도 하나 모두 같은 의미입니다. 브리징 루프는 네트워크의 물리적 또는 논리적인 루프 구성이 원인이 되어 발생합니다. L2 스위치는 브로드캐스트를 플러딩(flooding)하는 것처럼 되어 있습니다. 그렇기 때문에 루프와 같은 경로가 있으면 브로드캐스트가 한 바퀴 돌아서 다시 플러딩하는 동작을 계속 반복합니다. 이 동작에 따라 최종적으로 통신 불능 상태에 빠집니다.

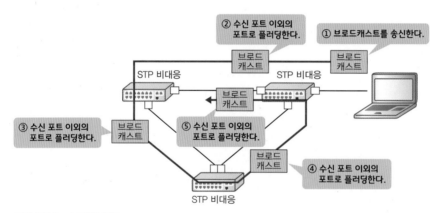

그림 6.7.8 • 브리징 루프

### ■ BPDU 가드

브리징 루프는 IP 헤더에 있는 것과 같은 TTL(Time To Live)의 개념이 없는 이더넷을 사용하는 한, 피할 수 없는 큰 문제입니다. 잘 예방해서 대응하는 수밖에 없습니다. 이를 예방하는 방법 중 하나가 **BPDU 가드**(BPDU guard)입니다.

STP를 활성화한 스위치의 포트는 트리 구성을 만드는 계산을 수행하기 때문에 패킷을 전송할 수 있게 되기까지 보통 50초 정도의 시간이 소요됩니다. 하지만 PC나 서버가 접속되는 포트에서는 그것을 계산할 필요가 없기 때문에 접속과 동시에 패킷을 전송할 수 있도록 **PortFast**라는 설정을 수행합니다. BPDU 가드는 PortFast를 설정하는 포트에서 BPDU를 받았을 때 그 포트를 강제로 다운시키는 기능입니다. 네트워크에 루프가 발생하면 의도하지 않은 BPDU가 PortFast를 설정한 포트로 날아듭니다. 그것을 BPDU 가드로 보완해 셧다운합니다. 셧다운하면 루프가 구성되지 않으므로 브리지 루프를 걱정하지 않아도 됩니다.

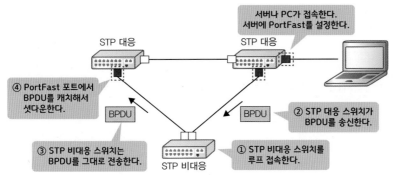

그림 6.7.9 ● BPDU 가드

BPDU 가드 외에도 다음 표와 같은 브리지 루프 방지 기능이 있습니다. 이 기능들을 병행하거나 사용하지 않는 포트는 셧다운시켜서 브리지 루프를 방지합니다.

표 6.7.4 ● L2 그룹 방지 기능

| L2 루프 방지 기능 | 각 기능 개요 |
| --- | --- |
| 스트림 컨트롤 | 인터페이스상을 흐르는 패킷양이 임곗값을 넘으면 넘은 만큼의 패킷을 파기한다. |
| UDLD(단일 방향 링크 검출) | 링크 업/링크 다운을 판별하는 L2 컨트롤. 프레임을 송신할 수 있으나 수신할 수 없는 '단일 방향 링크 장애'를 검출하면 포트를 즉시 셧다운한다. |
| 루프 가드 | STP로 다중화한 구성에서 블로킹 포트로 BPDU를 수신할 수 없는 경우, 포워딩 상태가 아닌 부정합 블로킹 상태로 이행한다. |

## 6.7.3 네트워크 계층 다중화 기술

네트워크 계층의 다중화 기술은 FHRP(First Hop Redundancy Protocol)를 사용해서 구현합니다. FHRP는 서버나 PC의 첫 번째 홉(first hop), 다시 말해, 기본 게이트웨이를 다중화할 때 사용하는 프로토콜입니다.

FHRP는 여러 기본 게이트웨이를 하나의 가상적인 기본 게이트웨이와 같이 동작시켜서 다중화 를 달성합니다. 양쪽 기기 각각이 가진 IP 주소(실제 IP 주소)와 별개로, 공유하는 IP 주소(가상 IP 주소)[41]를 그룹 ID와 함께 설정하면 하트비트 패킷(장애 감시 패킷)으로 서로 상태를 인식하고 한쪽 기기가 액티브, 다른 한쪽 기기가 스탠바이로 동작하게 됩니다. 평소에는 생사 감시 패킷 에 포함된 우선도가 높은 라우터가 액티브 기기가 되고, 그 기기만이 가상 IP 주소에 대한 ARP Request에 응답해 패킷을 처리합니다. 그리고 스탠바이 기기가 생사 감시 패킷을 받을 수 없게 되거나[42], 우선도가 낮은 Hello 패킷을 받으면[43] failover(장애 복구)[44]가 걸립니다.

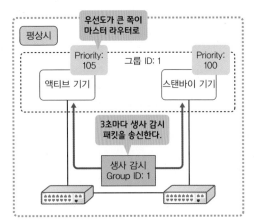 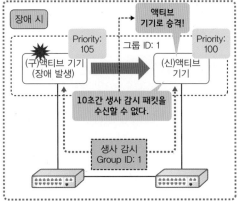

그림 6.7.10 • Hello 패킷으로 상대의 상태를 파악

현장에서 사용하는 FHRP에는 크게 **HSRP**(Hot Standby Router Protocol)와 **VRRP**(Virtual Router Redundancy Protocol)의 2가지 종류가 있습니다. 양쪽에 큰 차이는 없지만, 다음 표와 같이 기본

41 가상 IP 주소의 MAC 주소를 '가상 MAC 주소'라 부르며, 기본적으로 자동 생성됩니다.

42 액티브 기기가 고장 나면 스탠바이 기기가 생사 감시 패킷을 받을 수 없어 페일 오버가 걸립니다.

43 액티브 기기의 메인터넌스 등으로 의도적으로 페일 오버를 실행하고자 할 때, 액티브 기기의 우선도를 낮춰 페일 오버를 걸 수 있습니다.

44 액티브 기기와 스탠바이 기기에서 다중화가 필요한 환경에서, 액티브 기기에 장애가 발생했을 때, 자동으로 스탠바이 기기가 처리를 이 어받아, 그대로 처리를 계속하는 기술입니다.

값이나 명칭이 미묘하게 다릅니다. Cisco의 라우터나 L3 스위치를 사용하는 환경에서는 HSRP, 그 이외의 환경에서는 VRRP를 사용하는 경우가 많습니다.

표 6.7.5 • HSRP와 VRRP

| FHRP 종류 | HSRP | VRRP |
|---|---|---|
| RFC | RFC2281 | RFC5798 |
| 그룹 이름 | HSRP 그룹 | VRRP 그룹 |
| 그룹 ID(식별자) 이름 | 그룹 ID | 가상 라우터 ID |
| 그룹을 구성하는 기기 이름 | 액티브/스탠바이 라우터 | 마스터/슬레이브 라우터 |
| 생사 감시 패킷 이름 | Hello 패킷 | Advertisement 패킷 |
| 생사 감시 패킷에 사용하는 멀티캐스트 주소 | 224.0.0.2[45] | 224.0.0.18 |
| 생사 감시 패킷 전송 간격 | 3초 | 1초 |
| 생사 감시 패킷의 타임아웃 | 10초 | 3초 |
| 가상 IP 주소 | 실제 IP 주소와는 별도 설정 | 실제 IP 주소와 같은 IP 주소 설정 가능 |
| 가상 MAC 주소 | 00-00-0c-07-ac-xx[46] (xx는 그룹 ID의 16진수) | 00-00-3e-00-01-xx (xx는 가상 라우터 ID의 16진수) |
| 자동 페일 백 기능(Preempt 기능) | 기본 비활성화 | 기본 비활성화 |
| 인증 기능 | 있음 | 있음 |

## ■ 트래킹

액티브 기기와 스탠바이 기기는 생사 감시 패킷에 포함된 우선도에 따라 결정됩니다. FHRP는 특정한 오브젝트(인터페이스나 ping 소통 등)의 상태를 감시하고, 장애라고 판단하면 우선도를 낮추는 **트래킹**(tracking)이라는 기능을 제공합니다. 감시하는 오브젝트에 장애가 발생하면 우선도를 낮춘 생사 감시 패킷을 송신하고, 페일 오버를 촉진합니다.

그럼 다음 그림과 같은 네트워크 구성을 기반으로 트래킹이 어떻게 동작하는지 살펴봅니다. 이 구성은 WAN 인터페이스에 장애가 발생해도 페일 오버가 발생하지 않고, 통신 경로에 오류가 발생하게 됩니다. 그래서 WAN 측 포트 상태를 감시해서 장애가 발생하면 우선도를 낮춘 생사 감시 패킷을 송신하도록 트래킹을 설정합니다. 그 생사 감시 패킷을 받은 스탠바이 기기는 액티브 기기로 승격되고, 통신 경로를 확보할 수 있습니다.

---

45 '224.0.0.2'는 HSRPv1의 멀티캐스트 주소입니다. HSRPv2에서는 '224.0.0.102'를 사용합니다.
46 '00-00-0c-07-ac-xx'는 HSRPv1의 가상 MAC 주소입니다. HSRPv2에서는 '00-00-0x-9f-fx-xx'를 사용합니다.

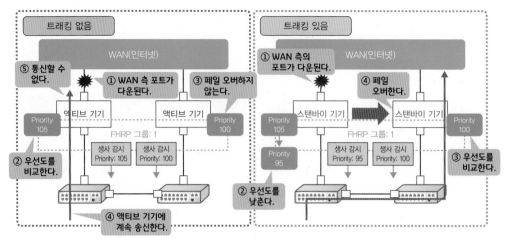

그림 6.7.11 • 트래킹

최근에는 감시 오브젝트로 정의할 수 있는 내용의 폭이 매우 넓어졌습니다. 예를 들어, CPU 사용률이나 메모리 사용률 감시, 라우팅 테이블의 정보 감시 등 다양한 것을 할 수 있습니다. 물론 그 기능들을 어디까지 사용할지는 필요에 따라 다릅니다. 그러나 복잡하게 정의하면 할수록 확인하기 어렵다는 것을 인식해야 합니다.

## 방화벽 다중화 기술

방화벽 다중화 기술의 기본 동작은 HFRP와 크게 다르지 않습니다. 평상시에는 액티브 기기가 가상 IP 주소에 대한 ARP Request에 응답하고, 액티브 기기만 패킷을 처리합니다. 액티브 기기에 장애가 발생하면 스탠바이 기기가 액티브 기기로 승격되어 패킷을 처리합니다. FHRP와의 가장 큰 차이는 **동기 기술**입니다. FHRP는 생사 감시 패킷으로 서로의 상태를 감시하지만, 기본적으로는 독립적으로 동작하고 설정 내용 또한, 각각 다릅니다. 방화벽 다중화 기술은 액티브 기기가 처리한 커넥션 정보를 스탠바이 기기에 동기화해 동일한 필터링 규칙을 만듭니다. 이것을 통해, 액티브 기기에 장애가 발생해도 서비스를 멈추지 않고 패킷을 계속 처리할 수 있게 됩니다. 그리고 가상 IP 주소 등 공유해 줘야 할 설정을 동기화해 양 기기의 설정에 차이가 발생하지 않도록 합니다.

방화벽의 동기 패킷은 서로의 생사 감시뿐만 아니라, 커넥션 정보나 설정 정보 등 여러 정보를 실시간으로 주고받으므로 FHRP의 생사 감시 패킷보다 대역을 소비하기 쉬운 경향이 있습니다. 그래서 대부분, 양 기기를 직접 접속하거나 동기 패킷 전용의 스위치를 접속하는 등 사용자 패킷을 처리하는 경로와는 다른 경로를 설정하는 경우가 많습니다. 또한, 방화벽의 동기 패킷은 그 주고받음에 따라 CPU 리소스를 소비하기 쉬운 경향이 있습니다. 최근의 애플리케이션은 접속할 수 없는 상황에서는 곧바로 재시도(retry)하는 기능을 제공하기 때문에 반드시 동기가 유효

하다고 단정할 수는 없습니다. 애플리케이션의 동작과 CPU의 부하 상황의 균형을 고려하면서
사용 여부를 확인해야 합니다.

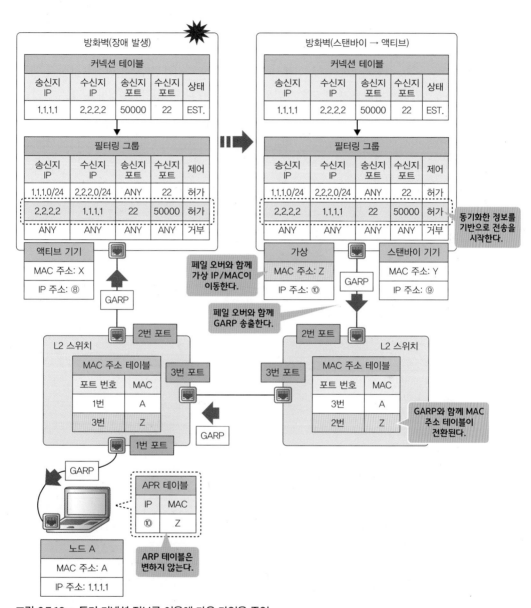

그림 6.7.12 ● 동기 커넥션 정보를 이용해 다운 타임을 줄임

## ■ 부하 분산 장치 다중화 기술

부하 분산 장치 다중화 기술은 방화벽 다중화 기술에 애플리케이션 레벨의 동기화 기술을 추가
함에 따라, 더 고차원의 다중화를 실현합니다. 기본 동작은 방화벽과 크게 다르지 않습니다. 다

른 것은 동기화 범위뿐입니다. 부하 분산 장치는 퍼시스턴스 정보나 콘텐츠 자체를 스탠바이 기기에 동기화해서 설령 페일 오버가 발생하더라도 애플리케이션으로서 정합성을 유지하도록 합니다.

부하 분산 장치의 동기 패킷은 상호 생사 감시뿐만 아니라, 커넥션 정보나 설정 정보, 콘텐츠 정보에 이르기까지 거의 모든 정보를 스탠바이 기기에 전송하기 때문에 방화벽의 동기 패킷보다 한층 대역을 소비하기 쉬운 경향이 있습니다. 그래서 대부분, 양쪽 기기를 직접 접속하거나, 동기 패킷 전용 스위치에 접속하거나 사용자 패킷을 처리하는 경로와는 다른 경로를 설정하는 경우가 많습니다. 또한, 부하 분산 장치의 동기 패킷은 주고받는 방법에 따라, 방화벽의 동기 패킷보다 CPU 리소스를 소비하기 쉬운 경향이 있습니다. 최근의 애플리케이션은 접속할 수 없는 상황에서는 곧바로 재시도(retry)하는 기능을 제공하기 때문에 반드시 동기가 유효하다고 단정할 수는 없습니다. 애플리케이션의 동작과 CPU의 부하 상황의 균형을 고려하면 사용 여부를 확인해야 합니다.

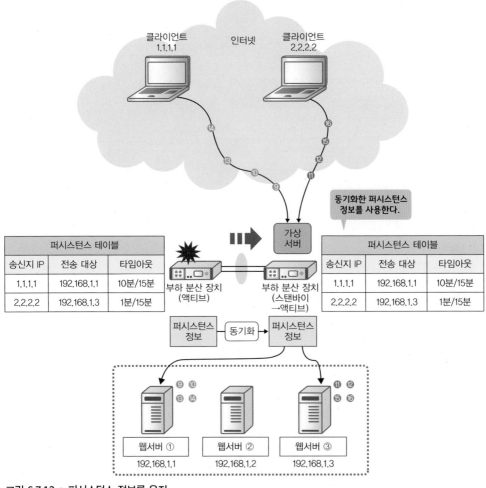

그림 6.7.13 • 퍼시스턴스 정보를 유지

# 6.8 | ALG 프로토콜

대부분의 애플리케이션은 예를 들어, SSH라면 TCP/22번, HTTPS라면 TCP/443번이라는 조합으로 같은 포트 번호를 계속 사용해서 통신합니다. 하지만 모든 애플리케이션이 동일하게 이처럼 통신하는가 하면 반드시 그렇지도 않습니다. 몇몇 프로토콜은 최초에 애플리케이션 레벨에서 사용하는 포트 번호를 동적으로 결정하고, 도중에 포트 번호를 바꾸어 통신합니다. 이런 특수한 프로토콜을 'ALG 프로토콜'이라 부릅니다. ALG 프로토콜의 ALG는 Application Level Gateway[47]의 약자로, 애플리케이션 레벨의 정보를 기반으로 통신을 제어하는, 방화벽이나 부하 분산 장치의 기능입니다. 통신 도중에 포트 번호가 변경되는 등의 프로토콜을 방화벽이나 부하 분산 장치에서 처리하기 위해서는 ALG 기능이 필요합니다.

표 6.8.1 • 대표적인 ALG 프로토콜

| ALG 프로토콜 | 최초 포트 번호 | 설명 |
|---|---|---|
| FTP(File Transfer Protocol) | TCP/21 | TCP로 파일 전송하는 프로토콜. 컨트롤 커넥션과 데이터 커넥션을 만든다. |
| TFTP(Trivial File Transfer Protocol) | UDP/69 | UDP로 파일 전송하는 프로토콜. Cisco 기기의 OS를 업로드하거나 하는 PXE(415쪽)에 의한 네트워크 설치 시 자주 사용한다. |
| SIP(Session Initiation Protocol) | TCP/5060, UDP/5060 | IP 전화 호출 제어하는 프로토콜. 어디까지나 호출 제어만을 수행하고, 전화 음성은 RTP(Real-time Transport Protocol) 등 다른 프로토콜을 사용해 전송한다. |
| RTSP(Real Time Streaming Protocol) | TCP/554 | 음성이나 동영상을 스트리밍할 때 사용하는 프로토콜. 오래된 프로토콜이므로 최근에는 잘 사용되지 않는다. |
| PPTP(Point-to-Point Tunneling Protocol) | TCP/1723 | 리모트 액세스 VPN에서 사용하는 프로토콜. 데이터 전송은 'GRE(Generic Routing Encapsulation)'라는 별도 프로토콜로 수행한다. 데이터가 암호화되어 있지 않으므로 최근에는 IPsec으로 전환하는 분위기다. macOS에서의 대응도 중단되었다. |

---

47 Application Layer Gateway라 부르는 사람도 있지만, 같은 기능을 의미한다고 생각해도 문제없습니다.

# 6.8.1 FTP

**FTP**(File Transfer Protocol)는 이름 그대로, 파일 전송용 애플리케이션 프로토콜입니다. 원래 RFC959 'FILE TRANSFER PROTOCOL(FTP)'로 표준화되었으며, 이후 다양한 기능이 추가되었습니다. 암호화 기능을 제공하지 않으므로[48], 보안상 문제가 있지만 오래전부터 존재하는 전통적인 프로토콜이기도 하고 다양한 OS에서 안정적으로 사용할 수 있어, 의외로 지금도 여전히 현장에서 활약하고 있습니다.

FTP는 **컨트롤 커넥션**(control connection)과 **데이터 커넥션**(data connection)이라는 2개의 커넥션을 조합해서 사용합니다. 컨트롤 커넥션은 애플리케이션 제어에 사용하는 TCP/21번의 커넥션입니다. 이 커넥션을 사용해 명령어를 송신하거나 그 결과를 반환합니다. 데이터 커넥션은 실제 데이터 전송에 사용하는 커넥션입니다. 컨트롤 커넥션상에서 보내진 명령어별로 데이터 커넥션을 만들고, 그 위에서 데이터를 송수신합니다.

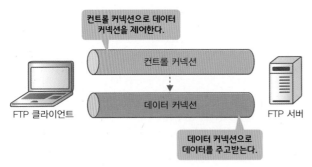

**그림 6.8.1 • FTP: 2가지 커넥션을 사용**

FTP에는 **액티브 모드**와 **패시브 모드**라는 2가지 전송 모드가 있으며, 데이터 커넥션을 만드는 방법과 사용하는 포트 번호가 다릅니다.

액티브 모드는 서버에서 클라이언트에 대해 데이터 커넥션을 만듭니다. 액티브 모드의 데이터 커넥션은 송신지 포트에 TCP/20번, 수신지 포트에 컨트롤 커넥션에서 클라이언트에게 받은 것을 사용합니다.

---

48 FTP를 SSL/TLS로 암호화하는 'FTPS(FTP over SSL/TLS)'도 있지만, 사용성이 좋다고 할 수 없어 실무 현장에서는 그다지 사용되지 않습니다. FTPS를 사용하는 것보다 오히려 SFTP(388쪽)를 더 많이 사용합니다. SFTP는 SSH 파일 전송 기능을 FTP와 비슷하게 만든 것입니다. FTP와는 프로토콜 측면에서 직접 관계는 없습니다.

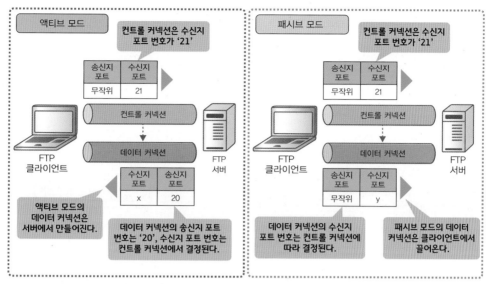

그림 6.8.2 • 액티브 모드와 패시브 모드

한편, 패시브 모드는 클라이언트에서 서버에 대해 데이터 커넥션을 만듭니다. 패시브 모드의 데이터 커넥션은 송신 포트에 무작위 번호, 수신지 포트에 컨트롤 커넥션에서 서버로부터 받은 것을 사용합니다.

## 6.8.2 TFTP

**TFTP**(Trivial File Transfer Protocol)는 UDP로 파일을 전송하기 위한 프로토콜입니다. RFC1350 'THE TFTP PROTOCOL(REVISION 2)'로 표준화되었습니다. TFTP는 인증 기능, 암호화 기능이 없으므로 인터넷 환경에서 사용하는 경우는 거의 없습니다. TFTP가 활약하는 곳은 네트워크 기기의 펌웨어 버전 업데이트나, PXE(Preboot eXecution Environment)[49]를 통한 OS의 네트워크 설치일 것입니다. 프로그램 코드 자체가 작고, 동작이 가벼워 적은 리소스로도 TFTP 소프트웨어를 실행할 수 있어 특정한 용도에서 사용됩니다.

---

49 서버에서 OS 이미지를 로딩하고 네트워크를 경유해서 OS를 설치하는 기능. DHCP로 IP 주소를 얻은 뒤, TFTP를 이용해 이미지를 다운로드하고 설치합니다.

**그림 6.8.3 • TFTP**

TFTP는 최초 리퀘스트가 UDP/69번으로 고정되어 있지만, 그 후의 처리에서는 포트 번호가 동적으로 바뀌기 때문에 도중에 병화벽이나 부하 분산 장치가 있을 때는 ALG 처리해야 합니다.

① TFTP 클라이언트가 TFTP 서버에 리퀘스트를 실행합니다. 송신지 포트 번호는 무작위, 수신지 포트 번호는 UDP/69번입니다.

② TFTP 서버는 지정된 파일을 전송합니다. 송신지 포트 번호는 무작위, 수신지 포트 번호는 ①의 송신지 포트 번호입니다.

③ TFTP 클라이언트는 UDP로 확인 응답 패킷(ACK)을 반환합니다.

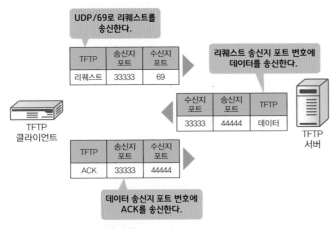

**그림 6.8.4 • TFTP 처리 흐름**

## 6.8.3 SIP

**SIP**(Session Initiation Protocol)는 IP 전화 호출 제어하는 프로토콜입니다. '호출 제어'란 전화를 걸거나 끊기 위한 처리입니다. IP 전화는 SIP로 SIP 서버에 전화를 걸고, **RTP**(Real-time Transport Protocol)'이라는 별도 프로토콜로 상대와 직접(peer-to-peer) 음성이나 동영상을 주고받습니다.

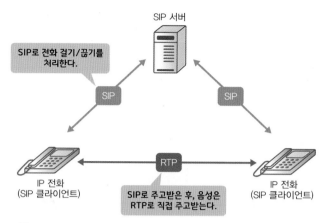

**SIP로 전화 걸기/끊기를 처리한다.**

SIP 서버

SIP

SIP

IP 전화
(SIP 클라이언트)

RTP

**SIP로 주고받은 후, 음성은 RTP로 직접 주고받는다.**

IP 전화
(SIP 클라이언트)

그림 6.8.5 • SIP

SIP는 RFC3261 'SIP: Session Initiation Protocol'로 표준화된 프로토콜입니다. TCP와 UDP를 모두 사용할 수 있지만, 대부분 UDP를 사용합니다. SIP 메시지는 HTTP/1.1과 매우 비슷한 텍스트 형식으로 IP 전화의 IP 주소나 포트 번호가 저장되어 있습니다. 그럼 IP 전화 A에서 IP 전화 B에 전화를 거는 상황을 예로 들어, SIP에서 RIP로 이행할 때까지의 흐름을 살펴봅니다.

① IP 전화는 기동과 동시에 SIP 서버에 자기 자신의 IP 주소나 전화 번호를 등록합니다.

② SIP 서버는 그 정보를 데이터베이스에 등록합니다.

③ IP 전화 A가 IP 전화 B에 전화를 겁니다. 그러면 SIP 서버에 발신 메시지가 전송됩니다.

④ SIP 서버는 데이터베이스를 검색해, IP 전화 B의 IP 주소로 발신 메시지를 전송합니다.

⑤ IP 전화 B가 전화를 받습니다. 그러면 SIP 서버에 응답 메시지가 전송됩니다.

⑥ SIP 서버는 응답 메시지를 IP 전화 A로 전송합니다.

⑦ 서로의 IP 주소를 알았으므로 RTP로 직접 데이터를 주고받습니다.

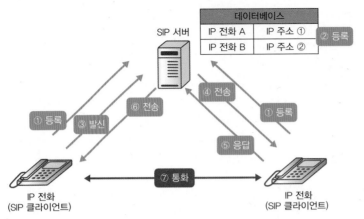

**그림 6.8.6** ● IP 전화로 이야기할 수 있게 되기까지

방화벽이나 부하 분산 장치의 ALG는 SIP 메시지에 포함된 IP 주소나 포트 번호를 보고 RTP의
경로를 엽니다.